Coordenação
NELSON NERY JUNIOR
ROSA MARIA DE ANDRADE NERY

Diretora Responsável
GISELLE TAPAI

Diretora de Operações de Conteúdo
JULIANA MAYUMI ONO

Editores: Danielle Oliveira, Elisabeth Bianchi, Flávio Viana Filho, Henderson Fiirst e Iviê A. M. Loureiro Gomes

Editorial
Coordenação
JULIANA DE CICCO BIANCO

Analistas Editoriais: Amanda Queiroz de Oliveira, Andréia Regina Schneider Nunes, Danielle Castro de Morais, Flávia Campos Marcelino Martines, George Silva Melo, Georgia Renata Dias, Luara Coentro dos Santos e Ivo Shigueru Tomita

Técnicos de Processos Editoriais: Maria Angélica Leite e Paulo Alexandre Teixeira

Assistentes Documentais: Roberta Alves Soares e Samanta Fernandes Silva

Capa: Chrisley Figueiredo

Coordenação Administrativa
RENATA COSTA PALMA E ROSANGELA MARIA DOS SANTOS

Assistente: Karla Capelas

Editoração Eletrônica
Coordenação
ROSELI CAMPOS DE CARVALHO

Equipe de Editoração: Carolina do Prado Fatel, Gabriel Bratti Costa, Ladislau Francisco de Lima Neto, Luciana Pereira dos Santos, Luiz Fernando Romeu e Vera Lúcia Cirino

Produção Gráfica
Coordenação
CAIO HENRIQUE ANDRADE

Auxiliar: Rafael da Costa Brito

Dados Internacionais de Catalogação na Publicação (CIP)
(Câmara Brasileira do Livro, SP, Brasil)

Nery, Rosa Maria de Andrade
 Manual de direito civil : obrigações / Rosa Maria de Andrade Nery ; Nelson Nery Junior, Rosa Maria de Andrade Nery, coordenação. -- São Paulo : Editora Revista dos Tribunais, 2013. -- (Coleção manuais instrumentais para a graduação)

 Bibliografia.
 ISBN 978-85-203-4940-3

 1. Direito civil 2. Direito civil - Brasil I. Nery Junior, Nelson. II. Título. III. Série.

13-09436   CDU-347

Índices para catálogo sistemático: 1. Direito civil 347

Manuais Instrumentais
PARA GRADUAÇÃO

NELSON NERY JUNIOR
ROSA MARIA DE ANDRADE NERY

MANUAL DE DIREITO CIVIL

OBRIGAÇÕES

Nelson Nery Junior
Rosa Maria de Andrade Nery
coordenação

THOMSON REUTERS
REVISTA DOS TRIBUNAIS™

MANUAL DE DIREITO CIVIL
OBRIGAÇÕES

Nelson Nery Junior
Rosa Maria de Andrade Nery

Coordenação
Nelson Nery Junior
Rosa Maria de Andrade Nery

© desta edição [2013]
Editora Revista dos Tribunais Ltda.

0656

Giselle Tapai
Diretora responsável

Rua do Bosque, 820 – Barra Funda
Tel. 11 3613-8400 – Fax 11 3613-8450
CEP 01136-000 – São Paulo, SP, Brasil

Proibida a reprodução total ou parcial, por qualquer meio ou processo, especialmente por sistemas gráficos, microfílmicos, fotográficos, reprográficos, fonográficos, videográficos. Vedada a memorização e/ou a recuperação total ou parcial, bem como a inclusão de qualquer parte desta obra em qualquer sistema de processamento de dados. Essas proibições aplicam-se também às características gráficas da obra e à sua editoração. A violação dos direitos autorais é punível como crime (art. 184 e parágrafos do Código Penal) com pena de prisão e multa, busca e apreensão e indenizações diversas (arts. 101 a 110 da Lei 9.610, de 19.02.1998, Lei dos Direitos Autorais).

Central de Relacionamento RT
(atendimento, em dias úteis, das 8 às 17 horas)
Tel. 0800-702-2433

e-mail de atendimento ao consumidor: sac@rt.com.br

Visite nosso *site*: www.rt.com.br

Impresso no Brasil [09-2013]

Universitário (texto)

Fechamento desta edição [03.09.2013]

ISBN 978-85-203-4940-3

Apresentação da Coleção

Com o objetivo de facilitar o aprendizado do estudante iniciante no Direito, a centenária editora jurídica Revista dos Tribunais dá a público este ambicioso projeto denominado *Manuais Instrumentais para a Graduação*.

Trata-se de coleção voltada ao estudante universitário de Direito, a fim de que possa ter seus primeiros contatos com as matérias ministradas no Curso de Graduação. A coleção abrange praticamente todas as disciplinas ministradas na maioria dos cursos de graduação em Direito do Brasil. O espectro de abrangência, a uniformidade no trato das matérias, da diagramação, das citações das obras e da jurisprudência referidas, a exposição clara e direta são pontos que trazem homogeneidade à coleção e possibilitam o fácil acesso do aluno a todos os títulos da coleção durante todo o curso de graduação em Direito.

Como o nome da coleção indica, os *manuais* são a primeira leitura do estudante universitário de direito no curso de graduação. A linguagem procura ser escorreita, clara e direta. Sóbria, como exige o texto de direito, mas sem ser rebuscada.

O fato de a linguagem ser clara e direta não significa descuido com o conteúdo científico e programático dos temas tratados em cada um dos títulos da coleção.

As matérias de cada título foram atribuídas a especialistas no tema, professores de direito, advogados, procuradores públicos, defensores públicos, Magistrados e membros do Ministério Público, todos com reconhecida experiência na área em que atuam, de modo a preservar o rigor científico que, mesmo e notadamente em *manuais*, deve ser respeitado.

Não são textos profundos nem rasos. São expostos na medida certa para serem a primeira leitura do estudante de curso de graduação em Direito, textos que procuram dirigir o estudante para o estudo mais aprofundado do tema, ao mesmo tempo em que instigam o leitor a pensar, meditar e criticar.

As referências doutrinárias e jurisprudenciais são feitas ao longo do texto, para que não haja solução de continuidade na leitura. Mas há indicações bibliográficas das obras de referência e das mais importantes na matéria de cada título, que fazem com que o aluno possa continuar a pesquisa mais profundamente, se assim o desejar.

Procurou-se padronizar, tanto quanto possível, os títulos da coleção, de modo que o aluno possa ficar familiarizado com o método da exposição do tema, facilitando a consulta e a leitura.

O projeto de diagramação dos livros foi cuidadosamente elaborado para permitir leitura agradável. A apresentação física do livro e sua portabilidade são outros fatores de vantagem trazidos pelos volumes da coleção.

Quando aceitamos, com muita honra e responsabilidade, a missão de coordenar a coleção, vislumbramos excelente oportunidade para concitar o autor de cada título a propiciar a *formação* e não apenas a informação do estudante universitário. Dar a ele o primeiro norte, direto e claro, mas indicar o caminho para leitura mais aprofundada.

Temos a certeza de que a *Coleção Manuais Instrumentais para a Graduação* trará importante contribuição à literatura jurídica brasileira e auxiliará os estudantes de Direito em seu primeiro contato com as matérias de que se ocuparão durante o curso de graduação.

Nelson Nery Junior
Rosa Maria de Andrade Nery
Coordenadores

Sumário

Apresentação da Coleção 5

PARTE I
TEORIA GERAL DO DIREITO DE OBRIGAÇÕES

CAPÍTULO I
INTRODUÇÃO AO PENSAMENTO DE DIREITO DE OBRIGAÇÕES

1. DIREITO DE OBRIGAÇÕES: PREOCUPAÇÕES PRELIMINARES 19
   1.1 Circulação livre e civilizada de riquezas 19
   1.2 Peculiaridades da experiência jurídica 20
   1.3 Situações e relações jurídicas: uma primeira palavra 22
   1.4 Obrigações jurídicas no cenário de outros interesses 24
2. A ABRANGÊNCIA DO DIREITO DE OBRIGAÇÕES 25
3. O DEVER JURÍDICO E O DEVER MORAL 26
   3.1 Vontade e coerção 26
   3.2 Interesse de todos pelo cumprimento da palavra 26
   3.3 Deveres e obrigações 27
4. O CONCEITO DE *OBLIGATIO* PARA OS ROMANOS: *QUID DEBETUR* E *CUR DEBETUR* 27
5. OBRIGAÇÃO, VONTADE E *PACTA SUNT SERVANDA* 29
6. OBRIGAÇÃO E BOA-FÉ: CONCEPÇÃO OBJETIVA DA CAUSA DA OBRIGAÇÃO 30

7. OBRIGAÇÃO E CONDUTA SOCIALMENTE TÍPICA 30

8. OBRIGAÇÃO EM SENTIDO AMPLO 31

   8.1 Situações jurídicas. Uma segunda palavra: obrigação, dever e ônus 32

9. PRESSUPOSTOS LÓGICOS DAS OBRIGAÇÕES QUE DECORREM DA VONTADE E DAS QUE DECORREM DO FATO. 33

10. OBJETO DAS OBRIGAÇÕES 34

    10.1 A patrimonialidade da prestação 34

CAPÍTULO II
PRESSUPOSTOS LÓGICOS PARA A COMPREENSÃO DA ESTRUTURA AXIOLÓGICA DO DIREITO DE OBRIGAÇÕES

1. SISTEMA DE DIREITO 37

   1.1 Estrutura subjetiva e estrutura objetiva do sistema de obrigações 38
   1.2 Os elementos da noção de obrigação e o sistema de responsabilidade civil ... 38
   1.3 Poder do credor sobre o patrimônio do devedor 40

2. EFICÁCIA JURÍDICA DO CRÉDITO 41

3. AS BASES DO NEGÓCIO JURÍDICO: SUBJETIVA E OBJETIVA 41

4. IMPUTAÇÃO CIVIL DOS DANOS E PATRIMÔNIO MÍNIMO 44

5. OBRIGAÇÃO E BOA-FÉ 45

6. BOA FÉ-OBJETIVA COMO CLÁUSULA GERAL 46

   6.1 Proibição de comportamento contraditório e *venire contra factum proprium* 48

7. PRINCÍPIO DA SOLIDARIEDADE SOCIAL 49

8. OBRIGAÇÕES NATURAIS 50

9. PRINCÍPIO DA AUTONOMIA PRIVADA 50

   9.1 Nova maneira de ver o princípio da autonomia privada 51

10. VÍNCULOS OBRIGACIONAIS QUE SURGEM INDEPENDENTEMENTE DA DISPOSIÇÃO VOLITIVA DE ALGUÉM SE OBRIGAR 52

11. NÃO APENAS DOS CONTRATOS NASCEM AS OBRIGAÇÕES 53

12.	PRINCÍPIO DA PROPORCIONALIDADE DAS PRESTAÇÕES	53
13.	PRINCÍPIO DA EXCUSSÃO MENOS GRAVOSA PARA O DEVEDOR	54
14.	VÍNCULO DE OBRIGAÇÃO E DE PROPORÇÃO	55
15.	DÍVIDA E RESPONSABILIDADE...	56
16.	BREVES APONTAMENTOS SOBRE O DIREITO GERMÂNICO	57
17.	*SCHULD* E *HAFTUNG*...	57
18.	A PROPORCIONALIDADE DAS PRESTAÇÕES	59
19.	O DIREITO DE OBRIGAÇÕES E O SISTEMA ECONÔMICO-FINANCEIRO	59

CAPÍTULO III
SISTEMATIZAÇÃO DO DIREITO DE OBRIGAÇÕES

1.	FONTES DE OBRIGAÇÕES: FATOS, ATOS E NEGÓCIOS JURÍDICOS ...	67
2.	DECLARAÇÃO DE VONTADE DE PESSOA FÍSICA E JURÍDICA	68
	2.1 Vontade de efeitos jurídicos..	70
3.	EFEITOS DOS FATOS JURÍDICOS	71
4.	NEGÓCIOS JURÍDICOS...	72
5.	CONTRATOS E FUNÇÃO SOCIAL DO CONTRATO	73
6.	CONDIÇÕES GERAIS DE CONTRATOS E CLÁUSULAS CONTRATUAIS GERAIS	74
	6.1 Controle de cláusulas gerais...	75
7.	OBRIGAÇÕES ORIUNDAS DE CLÁUSULAS PREDISPOSTAS UNILATERALMENTE: CONTRATO DE ADESÃO E CONTRATOS DE MASSA	77
8.	DECLARAÇÕES UNILATERAIS DE VONTADE E OUTRAS FIGURAS.....	78
9.	ATO ILÍCITO CIVIL	78
10.	OS SISTEMAS DE RESPONSABILIDADE CIVIL	81

11. ENRIQUECIMENTO SEM CAUSA E PAGAMENTO INDEVIDO 82

12. ATO E ATIVIDADE COMO FONTES DE RESPONSABILIDADE CIVIL ... 84

13. ATO LÍCITO (OU ATO JURÍDICO EM SENTIDO AMPLO) 85

    13.1 Quase negócio jurídico: gestão de negócios (*negotiorum gestio*) 86

    13.2 Operações jurídicas 86

14. DEVERES ACESSÓRIOS 87

15. DIREITOS DE FORMAÇÃO 88

16. POSIÇÃO CONTRATUAL 88

17. OBRIGAÇÃO COMO PROCESSO 89

18. OBRIGAÇÕES *IN REM SCRIPTAE* 90

19. OBRIGAÇÕES *OB REM* E *PROPTER REM* 91

PARTE II
OBRIGAÇÕES EM GERAL

CAPÍTULO I
MODALIDADES DAS OBRIGAÇÕES

1. AS PRESTAÇÕES 95

2. CLASSIFICAÇÃO DAS OBRIGAÇÕES A PARTIR DA FORMA QUE A PRESTAÇÃO ASSUME EM RELAÇÃO AO SUJEITO 96

3. PRESTAÇÕES DE DAR 97

4. PRESTAÇÕES DE DAR COISA CERTA E COISA INCERTA 98

    4.1 Obrigações de dar os acessórios de coisa certa 99

5. PRESTAÇÕES DE FAZER E DE NÃO FAZER 99

    5.1 Obrigações de fazer de natureza infungível 101

6. DAS PRESTAÇÕES ALTERNATIVAS E CONJUNTIVAS 101

7. DAS PRESTAÇÕES DIVISÍVEIS E INDIVISÍVEIS 105

8. DAS PRESTAÇÕES SOLIDÁRIAS 108

9. DA SOLIDARIEDADE ATIVA 109

10. DA SOLIDARIEDADE PASSIVA 111

11. OBRIGAÇÕES DE PRESTAÇÃO PECUNIÁRIA 113

12. OBRIGAÇÕES PURAS, CONDICIONAIS, A TERMO E COM ENCARGO.... 114

13. OBRIGAÇÕES COM CLÁUSULA PENAL E COM ARRAS 119

14. OBRIGAÇÕES PRINCIPAIS E ACESSÓRIAS 119

15. OBRIGAÇÕES POSITIVAS LÍQUIDAS E ILÍQUIDAS 120

16. EXIGIBILIDADE E RECUSA DA PRESTAÇÃO 121

17. NATUREZA JURÍDICA DA OBRIGAÇÃO E *ASTREINTES* 122

CAPÍTULO II
TRANSMISSÃO DA OBRIGAÇÃO

1. MUDANÇA DO TITULAR DE UMA SITUAÇÃO JURÍDICA: SUCESSÃO *MORTIS CAUSA* E *INTER VIVOS*, A TÍTULO SINGULAR E A TÍTULO UNIVERSAL 125

2. CESSÃO DE CRÉDITO 127

   2.1 Conceito de cessão 127

   2.2 Cessão e endosso 130

   2.3 Cedibilidade do crédito 131

   2.4 Forma do negócio de cessão de crédito e sua eficácia perante terceiros 134

   2.5 Cessão de direitos de garantia e sua forma 136

   2.6 Cessão de direitos litigiosos 138

3. ASSUNÇÃO DA DÍVIDA... 143

   3.1 Delegação 145

   3.2 Modalidades de assunção da dívida... 146

   3.3 Expromissão: assunção da dívida e estipulação em favor de terceiro 147

4. CESSÃO DA POSIÇÃO CONTRATUAL 147

CAPÍTULO III
ADIMPLEMENTO E EXTINÇÃO DAS OBRIGAÇÕES

1. NOÇÕES GERAIS SOBRE A FORMA COMO AS OBRIGAÇÕES SÃO EXECUTADAS 149

2. PATOLOGIAS DO VÍNCULO OBRIGACIONAL, DESFAZIMENTO DO NEGÓCIO SEM O DEVIDO CUMPRIMENTO E IMPEDIMENTO PARA O CUMPRIMENTO DA OBRIGAÇÃO 150

   2.1 Inexistência e nulidade do negócio jurídico 151

       2.1.1 Conversão 153

   2.2 Anulabilidade 154

       2.2.1 Confirmação 156

   2.3 Resilição 158

   2.4 Resolução 160

   2.5 Rescisão 161

   2.6 Onerosidade excessiva 162

       2.6.1 Teoria da imprevisão 165

       2.6.2 Teoria da base do negócio 167

   2.7 Revisão judicial do contrato 169

   2.8 Obrigações sujeitas à condição: um problema de validade ou de eficácia do negócio jurídico? 171

3. CUMPRIMENTO DAS OBRIGAÇÕES: O PAGAMENTO E A LIBERAÇÃO DO DEVEDOR 172

4. QUEM DEVE PAGAR 173

5. A QUEM SE DEVE PAGAR 175

6. OBJETO DO PAGAMENTO E SUA PROVA 176

7. LUGAR DO PAGAMENTO 178

8. TEMPO DO PAGAMENTO 179

9. OBRIGAÇÕES SUJEITAS AO IMPLEMENTO DE CONDIÇÃO 181

10. PAGAMENTO EM CONSIGNAÇÃO 182

    10.1 Depósito insuficiente 184

    10.2 Atualização do depósito: responsabilidade do depositário 185

11. PAGAMENTO EM SUB-ROGAÇÃO 186

12. IMPUTAÇÃO DO PAGAMENTO 188

13. DAÇÃO EM PAGAMENTO 189

14. NOVAÇÃO 191

15. COMPENSAÇÃO 196

16. REMISSÃO DE DÍVIDAS 199

17. CONFUSÃO 199

18. PRESCRIÇÃO LIBERATÓRIA 201

19. QUITAÇÃO 206

20. QUITAÇÃO CELEBRADA MEDIANTE ADESÃO 207

CAPÍTULO IV
INADIMPLEMENTO E EXTINÇÃO DAS OBRIGAÇÕES

1. INADIMPLEMENTO ABSOLUTO E RELATIVO 211

    1.1 Exceção de contrato não cumprido (*exceptio non adimpleti contractus*) 212

2. VIOLAÇÃO POSITIVA DO CONTRATO. CUMPRIMENTO DEFEITUOSO DA OBRIGAÇÃO (*EXCEPTIO NON RITE ADIMPLETI CONTRACTUS*) 216

3. MORA 217

    3.1 A mora do devedor nas obrigações positivas e líquidas 222

    3.2 Interpelação do devedor 222

    3.3 Mora do credor 224

    3.4 Comissão de permanência 225

4. CLÁUSULA PENAL 228

    4.1 Diferença entre cláusula penal e *mulcta poenitencialis* 231

5. PERDAS E DANOS 233

6. JUROS 236

7. ARRAS OU SINAL 242

8. CASO FORTUITO E FORÇA MAIOR 244

9. A EXECUÇÃO FORÇADA DO DEVEDOR 246

10. PARTES LEGÍTIMAS PARA A EXECUÇÃO 246

PARTE III
SISTEMA DE RESPONSABILIDADE CIVIL

CAPÍTULO I
TEORIA GERAL DA RESPONSABILIDADE CIVIL

1. RESPONSABILIDADE CIVIL NA TEORIA GERAL DO DIREITO PRIVADO 253

2. UMA IDEIA ANTERIOR À IMPUTAÇÃO: A RELAÇÃO POTENCIAL DE CAUSA/CAUSADO 261

3. A RESPONSABILIDADE CONTRATUAL E EXTRACONTRATUAL 263

4. RESPONSABILIDADE PÓS E PRÉ-CONTRATUAL 265

5. RESPONSABILIDADE OBJETIVA E SUBJETIVA 267

6. RESPONSABILIDADE E IMPUTAÇÃO CIVIL 272

7. RESPONSABILIDADE E INDENIZABILIDADE: DANO MORAL E MATERIAL 272

8. INDENIZABILIDADE DO DANO MORAL 277

9. RESPONSABILIDADE CIVIL DA ADMINISTRAÇÃO PÚBLICA 282

BIBLIOGRAFIA 287

ÍNDICES
   Legislativo 301
   Onomástico 311
   Alfabético-Remissivo 321

OUTRAS OBRAS DOS AUTORES 365

Parte I
Teoria Geral do Direito de Obrigações

Capítulo I

Introdução ao Pensamento de Direito de Obrigações

1. Direito de obrigações: preocupações preliminares

1.1 Circulação livre e civilizada de riquezas

O direito de obrigações acompanha de perto as transformações sociais e os progressos da ciência e da tecnologia em todos os setores onde se dá a presença do elemento econômico e onde se opera a circulação livre e civilizada de riquezas.

Isto já é o bastante para revelar a importância do caráter jurídico das relações jurídicas de direito de obrigações, economicamente apreciáveis e capazes de impor a alguém, de forma transitória, a sujeição de certo ato ou fato (prestação), por decorrência de obrigação assumida.

Em sentido mais amplo, o direito de obrigações forma uma estrutura única e compacta, inteligentemente estruturada no decorrer da evolução histórico-cultural do direito, desde os primórdios do Direito Romano.

Quando se fala em civilidade, em aperfeiçoamento dos costumes, em requinte de cultura e de enlevo das relações humanas para um grau ideal de pacificação dos povos, os temas que nos vêm à mente, imediatamente, relacionam-se com o custo da sobrevivência das pessoas, com a pobreza extrema de muitos, com a disputa pela água e pelos solos férteis e, em geral, com a intrincada e difícil equação da circulação de riqueza entre as pessoas no mundo.

A humanidade caminha para compreender ser intolerável, em nosso tempo, a existência de pessoas que vivem abaixo da linha da pobreza.

Percebe-se que fatos, diuturnamente revelados pela imprensa internacional, a respeito de bolsões de pobreza extrema nos lugares mais pobres do planeta, logo despertam a reação da opinião pública, que se revela cada vez mais escandalizada com notícias desse teor.

Essas realidades movimentam, imediatamente, organismos internacionais especializados no atendimento dessas demandas e põem em prática estruturas bem definidas, para corrigir essas escandalosas ocorrências.

Mas são, em verdade, paliativos emergenciais de caráter político-humanitário.

Há outras ciências que se debruçam sobre o mesmo problema e têm muito a dizer, constantemente, sobre esses mesmos fatos: o direito, a economia, a geografia humana, a geopolítica, a administração pública, a política, a ética, a teologia, a religião, as ciências sociais.

O direito de obrigações tem algo a dizer a respeito disso, porque toda a sua estrutura de circulação de riquezas se faz por meio de negócios jurídicos, que é o ponto de ouro da disciplina e uma das mais extraordinárias estruturas lógicas de garantia da expressão de liberdade civil da pessoa, sujeito de direitos e de obrigações.

Os negócios jurídicos são a construção mais delicada e requintada posta a serviço da liberdade do homem na sociedade civil.

O estudo de sua disciplina constitui-se no tema mais importante do direito privado. É:

a) um dos temas da Parte Geral do Código Civil (arts. 104 a 184);
b) o cerne do direito de obrigações, uma das matérias da parte especial do Código Civil, tratada em dez títulos do Livro I, "Do Direito de Obrigações", dos arts. 233 ao 965;
c) a estrutura que dá vida à empresa, porque é o lado jurídico do fenômeno econômico da iniciativa privada;
d) a pedra de toque da liberdade de instituir família e de transmitir bens por testamento.

1.2 Peculiaridades da experiência jurídica

Toda a experiência humana do direito se manifesta por situações e por relações jurídicas protagonizadas por sujeitos de direito, diante de bens e interesses que despertam sua pretensão e movimentam fatos que são causa do direito.

Com essa afirmação, cuidamos do tripé fundamental da teoria geral do direito: sujeito, objeto, causa; assunto da Teoria Geral do Direito Privado (arts. 1.º a 232 do CC/2002), já estudado.

Dar contornos civis a essa fenomenologia, dotando-a de mecanismo eficiente de segurança, é a finalidade da ciência do direito.

O pensamento jurídico se organiza diante dessa realidade, de forma direcionada para a estabilidade e a garantia das pessoas, por meio de um sistema lógico e principiológico de segurança social.

Por vezes, o fenômeno jurídico se apresenta para o intérprete como uma situação jurídica; outras vezes, como uma relação jurídica.

Para melhor especificar esse fato e distinguir a importância teórica da diferença entre situações jurídicas e relações jurídicas (que veremos no capítulo seguinte), podemos realçar duas hipóteses emblemáticas e elucidadoras, a guisa de exemplo.

Pode-se pensar duas realidades do sujeito de direito no mundo fenomênico de sua experiência:

a) a primeira, com natureza situacional, absoluta e, portanto, não relacional;

b) a segunda, com natureza relativa e, portanto, relacional.

Para a primeira hipótese, pensemos em um homem, já velho e incapaz, que por não poder cuidar de sua pessoa e de seus bens, é interditado.

Para a segunda hipótese, imaginemos um homem, jovem e em perfeito estado de saúde física e mental, com pretensões de agir livremente, exercendo direitos civis e fazendo contratos.

Ambos são sujeitos de direito e o sistema de direito devota todos os seus esforços para que eles tenham proteção e segurança totais para a vida civil, em toda a sua extensão – até mesmo antes de seu início e para depois de seu fim – e possam praticar todos os atos da vida civil.

No nosso exemplo, o primeiro, para ter sua pessoa e bem garantidos, é interditado e passa a ser representado por um curador. Sua vontade será declarada por meio de outra pessoa, que tem o múnus de protegê-lo; o segundo, mercê de sua capacidade plena de exercício, realiza atos da vida civil e celebra contratos com outro sujeito, expressando sua vontade de forma livre e direta.

A fenomenologia jurídica apresenta contornos interessantes em cada uma dessas situações, cada qual com suas peculiaridades.

No caso da pessoa interditada, vê-se que ela vive uma situação jurídica (de incapacidade) que independe do relacionamento dela com outro sujeito para se mostrar presente e necessitada de tratamento jurídico: o interditado vive uma *situação jurídica absoluta*, de direito privado. Nada impede, evidentemente, que a pessoa interditada, por seu curador, possa vivenciar *relações jurídicas* de seu interesse, devidamente representada por seu curador, como se disse. O importante, entretanto, desse destaque, é realçar que a fenomenologia do direito alcança um fato anterior à relação jurídica – que pode, evidentemente, depois se estabelecer – fato esse que não é relacional, mas situacional (a incapacidade de exercício), e isso também é jurídico.

No caso da pessoa capaz, que livre e diretamente pratica atos da vida civil, celebrando contratos, vê-se imediatamente sua qualidade de sujeito de direitos, com personalidade e capacidade de exercício para os atos da vida civil. Na prática desses atos, um fenômeno com natureza de *relação jurídica,* na medida em que se pode identificar, precisamente, cada um dos sujeitos da *relação jurídica de direito de obrigações,* no caso, da relação jurídica de direito contratual: sujeito ativo e sujeito passivo.

Os dois fenômenos (*situações absolutas e relativas – relações jurídicas*) são jurídicos: interessam para o direito em geral e para o direito de obrigações, em especial.

1.3 Situações e relações jurídicas: uma primeira palavra

A propósito do tema *situações* e *relações* jurídicas, pode-se afirmar que situação jurídica – em sentido amplo, aqui entendida as situações absolutas (que não são relacionais) e as situações relativas (como é o caso das relações jurídicas) – é situação vivida por pessoas, submetida ao crivo da ciência jurídica, para que se permita a solução de problemas humanos.

É um fenômeno cultural, detectável à luz da ciência do direito, compreendido em seu aspecto social, não pessoal.

A situação jurídica não é um mero fato jurídico: é uma síntese cultural de *fato* e de *valor.*

Não é um fenômeno pré-jurídico, como são as *normas,* nem apenas algo que possa ser visto pelo aspecto empírico do acontecimento, como ocorre com um *caso concreto.* É a combinação desses dois aspectos: ocorrência concreta, vista à luz de normas e de princípios, ou seja: direito realizado.

A situação jurídica pressupõe o direito realizado e produzindo efeitos. Por isso, pode-se dizer que se dá o nome de *situação jurídica* a uma maneira de teorização do fenômeno básico da realização do direito.

A classificação das situações jurídicas atende a particularidades de cada uma dessas classificações, para que se possa bem compreender os traços principais desses fenômenos.

   a) se possuem um ou mais elementos, classificam-se como situação jurídica *simples* ou *complexa.* Quando a situação jurídica compõe-se de um único elemento, diz-se tratar-se de situação jurídica simples. Quando, entretanto, o fenômeno jurídico é composto de muitas situações jurídicas autônomas que, reunidas, formam um conjunto novo e próprio, diz-se tratar-se de situação jurídica complexa. Para se ter ideia dessa dicotomia, a *pretensão* pode ser classificada como situação jurídica simples e o *direito de propriedade* como situação jurídica complexa, porque na situação jurídica de propriedade, por exemplo, estão reunidos, num só feixe, direitos e deveres, ônus e faculdades, pretensões e submissões;

b) se assistem a mais de um sujeito, ou não, a situação jurídica se classifica em situação jurídica *plurissubjetiva* ou *unissubjetiva*. Se na experiência humana da situação jurídica for distinguido apenas um sujeito, diz-se que a situação jurídica experimentada é unissubjetiva; se mais de um sujeito, ela é plurissubjetiva. Por exemplo, o *dever* é situação unissubjetiva, pois o distinguido é apenas aquele que deve cumpri-lo; a obrigação tem outro contorno, porque há alguém que deve cumpri-la em face de outrem, pelo que é plurissubjetiva.

c) se dependem de outra situação, ou não, em situação jurídica *absoluta ou relativa*. São absolutas as situações jurídicas não relacionais, que se esgotam em uma pessoa. Dessa qualidade são, por exemplo, as *situações jurídicas de direito de personalidade, as situações jurídicas de direitos difusos*. Não se pensa, por essa ótica, no vínculo criado entre sujeitos, mas no contexto onde o direito se realiza, ou não, como determinante de efeitos para o sujeito, ou para os sujeitos que a protagonizam.

d) se têm *conteúdo econômico intrínseco*, ou meramente *compensatório*, em situação jurídica *patrimonial* ou *não patrimonial*. Usamos, aqui, a terminologia usual da doutrina e da jurisprudência. Porém, conforme já salientamos na Teoria Geral do Direito Privado, melhor seria considerar que essas situações jurídicas podem ser *econômicas* e *compensatórias*.

e) se representam uma vantagem, ou um peso, em situação jurídica *ativa ou passiva*. São ativas as situações jurídicas que proveem de normas que conferem poder, ou permitem condutas; são passivas as situações jurídicas que submetem o sujeito por virtude de normas proibitivas ou impositivas. As situações complexas (como o direito de propriedade) podem conter, em si, situações ativas (ex.: direito de reivindicar) e situações passivas (como as limitações de vizinhança).

f) se decorrem de formas lógicas, ou se representam esquemas pré-constituídos, históricos e culturais, em situação jurídica *analítica* ou *compreensiva*. Por exemplo: (a) *o direito de retenção*, na locação, deriva de fórmulas lógicas, postas na lei; (b) os *direitos humanos* derivam de outra estrutura: pressupõem um conteúdo histórico-cultural em determinada conjuntura política estabelecida, em determinado tempo e espaço.

Com tudo isso em mente, como se podem classificar os fenômenos de direito de obrigações?

A grande maioria dos fenômenos jurídicos de interesse da disciplina intitulada *direito de obrigações* compõe-se de *situações jurídicas relativas,* ou seja, de *situações jurídicas não absolutas*. Melhor dizendo: compõem-se de *relações jurídicas de obrigações,* que podem ser assim melhor consideradas:

a) situação jurídica complexa, plurissubjetiva (adstritos estão credor e devedor);

b) relativa (normalmente se está diante de relação jurídica);

c) patrimonial;

d) ativa ou passiva, conforme seja a norma de que deriva a situação específica do credor ou devedor, no desenrolar das diversas fases do processo obrigacional, das tratativas preliminares, da formação do vínculo, até a execução final da obrigação e a plena expiração da eficácia do vínculo obrigacional.

1.4 Obrigações jurídicas no cenário de outros interesses

A doutrina afirma, muito corretamente, que a Economia e o Direito de Obrigações contêm técnicas que não devem desconhecer-se (Mário Júlio de Almeida Costa. *Aspectos modernos do direito de obrigações,* p. 79), porque o direito de obrigações se ocupa *"das coisas do ponto de vista dos direitos que pode o homem exercer sobre elas"* (destaquei) (Paulo de Lacerda; Tito Fulgêncio. *Manual do Código Civil Brasileiro,* vol. X, p. 6).

A elaboração do conceito de obrigação não despreza, ao contrário, deve privilegiar e bem compreender "a massificação, o pluralismo, o tecnicismo e o tecnocracismo que caracterizam a sociedade contemporânea", principalmente porque "o direito das obrigações, a que se atribui um especial valor educativo para os juristas, desempenha também importante papel na formação dos cultores da economia. É que, não só lhes comunica o rigor típico do método jurídico, como ainda lhes possibilita um conhecimento acabado da vida econômica" (Mário Júlio de Almeida Costa. Aspectos modernos...cit., p. 75 e 80).

Afinal, apesar de a lógica jurídica não dispensar o estudo do elemento básico a que denomina de *bens,* é o homem, e não os bens, que desempenha o papel principal, no cenário da criação das riquezas (René Savatier. *La théorie des obligations en droit privé économique,* n. 74, p. 91).

Isto é de capital importância para compreender a vontade do devedor, que – em direito de obrigações – se põe submetido ao poder de excussão do credor, para o cumprimento daquilo a que se obrigou.

Aliás, é esse o toque extraordinário que permite a distinção entre o dever moral e a obrigação jurídica:

a) o dever moral revela um esforço que a pessoa faz sobre si; uma autodeterminação que distingue apenas uma pessoa;

b) a obrigação jurídica dá ensejo ao poder de coerção do credor sobre o devedor, para vê-lo cumprir, ainda que contra sua vontade, aquilo a que se obrigou.

Tanto mais se for considerado, com acerto, que "as normas jurídicas são formuladas em resposta aos problemas econômicos, sociais e políticos da sociedade", fato esse que acaba revelando que a ordem jurídica busca refletir "necessariamente os compromissos políticos, as contradições econômicas, os contrastes e as harmonias sociais, as convicções morais e religiosas, até as ideologias dominantes" (Fernando Noronha. *O direito dos contratos e seus princípios fundamentais*, p. 21).

2. A ABRANGÊNCIA DO DIREITO DE OBRIGAÇÕES

O direito de obrigações pressupõe, por isso, o direito como um sistema lógico e axiológico dentro da sociedade organizada que se interessa pelas relações entre as pessoas e busca garantir-lhes segurança pessoal e social, principalmente considerando os bens e interesses sobre os quais o homem pode exercer direitos, prevenindo ou solucionando os problemas econômicos, sociais ou políticos que ele vivencia na sociedade.

O direito de obrigações se caracteriza pela possibilidade de o credor poder submeter o devedor à execução forçada de seu patrimônio, por ter ficado adstrito para com o credor à realização de uma prestação, que pode ter sido derivada, tanto da vontade livre dirigida para esse fim, como por decorrência de uma situação jurídica de que lhe resultou responsabilidade civil.

O conceito fundamental do direito de obrigações, por isso, é o *vínculo obrigacional*. E o *vínculo obrigacional* possui duas diferentes vertentes lógicas:

a) uma, ligada à fonte/causa (vontade?; fato?) do surgimento da situação, ou da relação jurídica, de que decorre a obrigatoriedade da prestação, em virtude da liberdade das partes ou da realidade vivida por elas, que as leva a vivenciar situação jurídica de credor-devedor, acerca de uma prestação, no mundo fenomênico do direito (é o *aspecto subjetivo (originário ou derivado) do vínculo – que respeita ao tema da imputação)*;

b) outra, ligada à quantidade e à qualidade da prestação, sob cujo aspecto identifica-se uma relação jurídica de razão, que se impõe para que seja decifrada a proporcionalidade da prestação devida pelo devedor ao credor (é o *aspecto objetivo do vínculo – que respeita à economicidade do fenômeno jurídico*).

3. O DEVER JURÍDICO E O DEVER MORAL

3.1 Vontade e coerção

O fato jurídico tem consistência num conjunto que interessa a todas as ciências sociais e nesse contexto pode-se afirmar que revela aspectos que resvalam para a multidisciplinaridade.

Na ciência do direito, no feixe de fatos jurídicos que são objeto da disciplina de *obrigações,* revelam importância aqueles fatos que evidenciam "a submissão da vontade do homem a um princípio superior" (Carvalho de Mendonça. *Doutrina e prática das obrigações*, vol. I, I - 1, 75), porque aí reside a questão propícia de indagar-se se alguém pode ser compelido a prestar algo e fazê-lo em favor de outrem.

É para esse ponto que convergem as preocupações do estudo do direito de obrigações, porque a dívida que alguém deva saldar e o descumprimento de uma obrigação revelam-se como realidades de interesse direto de paz social e de segurança das relações jurídicas em geral, sujeitas – como ocorre com todo os fenômenos – à mutação e à estabilidade.

E o mais importante: são fatos jurídicos que o direito considera como tendo natureza jurídica de *deveres* e de *obrigações*.

O enfoque jurídico desse tema não se satisfaz com a mesma técnica, nem procede com a mesma funcionalidade, que se pode aplicar para a análise de todas as ações humanas.

A obrigação jurídica tem uma valoração própria: tem uma valoração patrimonial do seu objeto, pois seu adimplemento pressupõe um valor pecuniário e o devedor pode ser constrangido a seu adimplemento (Pietro Bonfante. *Corso di diritto romano*, vol. IV, appendici, p. 452/453).

Resumindo, o direito de obrigações ocupa-se por primeiro de identificar quais ações humanas são suscetíveis de coação externa e podem ser juridicamente exigidas por parte de quem vivencia a situação jurídica de vantagem sobre quem tem o dever jurídico de prestá-las.

3.2 Interesse de todos pelo cumprimento da palavra

Há um momento na trama da vida social em que todos os componentes do grupo almejam colher os frutos da confiança de que a palavra será cumprida e de que ninguém colocará em risco o direito de outrem, por ações suas, quer voluntária ou involuntariamente praticadas, e que prejudicam ou possam prejudicar o direito de outrem.

Isto se revela na lida cotidiana, por assim dizer, como manifestação da "percepção prática da justiça", que depende sempre da fidelidade do cumprimento dos deveres, ou do exercício do poder de coercibilidade para que os deveres venham a ser cumpridos: *fundamentum justitiae est fides* (Cícero. *De officiis,* 1.7).

Por muitas formas, entretanto, a teoria geral do direito apreende a maneira como o fenômeno originário do direito se revela, quer no contexto da disposição livre e responsável de quem cumpre o dever, quer quanto à estratégia de coercibilidade que decorre do exercício do poder, que permite que se obrigue o devedor a responder por aquilo que decorre de seu dever.

3.3 Deveres e obrigações

A epifania dessa situação pode dar-se no contexto de uma experiência que assista a um só sujeito (unissubjetiva), ou no contexto de ocorrência mais abrangente, que assista a mais de um sujeito (plurissubjetiva), de forma dependente de outra situação correspectiva.

Por esses aspectos, já se pode ter em conta as diferenças que existem entre o dever e a obrigação.

O *dever* distingue tão somente uma pessoa; a obrigação pressupõe a plurissubjetividade; o dever é uma situação absoluta; a obrigação é uma situação relativa, que dá origem a uma relação jurídica.

Qualquer que seja, portanto, a pergunta pela natureza do fenômeno jurídico, que movimenta o direito de obrigações, a resposta correspondente, por certo, não se distanciará da necessidade de ancorá-la em um princípio anterior, da universalidade do Direito, que a todos reconhece como pares, com mútuas necessidades humanas e com fins comuns.

Deveres e obrigações jurídicas, que são, portanto, fatos jurídicos objetos de direito de obrigações, não incluem, entretanto, alguns deveres, que são unissubjetivos, não sujeitos à coerção e estão ancorados na ética.

4. O CONCEITO DE *OBLIGATIO* PARA OS ROMANOS: *QUID DEBETUR* E *CUR DEBETUR*

Pelos textos compilados por Justiniano, imperador do império romano do oriente, no século VI d.C., textos esses que chegaram até os nossos dias e que a doutrina conhece por *corpus iuris civilis,* coloca-se à disposição de todos quantos queiram estudá-lo; verdadeira "bíblia" daquilo que pode ser considerado o melhor fruto do *direito romano.*

Graças a essa compilação, a cultura ocidental se vale, até hoje, do progresso que o direito romano fomentou para a formação da civilidade ocidental.

No que toca, especificamente, à definição de obrigação (*obligatio*), lá estão duas definições, que a tradição jurídica da Europa considera oficiais.

Ambas estão estampadas em textos antigos do direito romano, inseridos no *corpus iuris civilis*:

a) um primeiro texto que aparece nas Institutas de Justiniano (I,3,13 pr.), que a doutrina denomina *lex obligatio*;

b) outro, consistente numa sentença de Paulo, disposto no Digesto (Paulo, D. 44,7,3 pr.), que a doutrina denomina de *lex obligationum.*

Vamos dispor esses textos para leitura, com as traduções que os acompanham:

a) *Lex obligatio* (I,3,13 pr.): *Obligatio est iuris vinculum, quo necessitate adstringimur alicuius solvendae rei secundum nostrae civitatis iura* (A obrigação é um vínculo de direito, que nos adstringe rigorosamente a pagar alguma coisa segundo o nosso direito civil) (Corrêa & Sciascia. *Manual de direito romano,* vol. III, Institutas de Justiniano, p. 512/515).

b) *Lex obligationum* (Paulo, D. 44,7,3 pr.):*Obligationum substantia non in eo consistit, ut aliquod habeas nostrum, aut servitutem nostram faciat, sed ut alium nobis obstringat ad dandum aliquid, vel faciendum, vel præstandum* (La substancia de las obligaciones consiste no en que haga nuestra alguna cosa corpórea o una servidumbre, sino en que constriña a otro a darnos, a hacernos, o a prestarnos alguna cosa) (Digesto, l.XLIV, t. VII, III, Paulo – Garcia del Corral. *Cuerpo del derecho civil romano*, t. III, 1.ª parte, p. 506).

Como se vê de cada uma dessas definições, que se completam, o ponto central em torno do qual giram os seus elementos é:

a) o vínculo obrigacional;

b) a consequência do vínculo obrigacional.

Não se põe explicitada, de forma principal, nessas hipóteses, a *causa fundante* do vínculo (ou seja, o fenômeno que antecede, no tempo, a formação do vínculo) – que são a *vontade* e os *fatos* – tema que somente veio a ser melhor estudado pelo direito muito tempo depois.

Mas, de qualquer maneira, os romanos sempre souberam muito bem a diferença entre o objeto da obrigação, que é a prestação devida *(quid debetur),* e aquilo que foi a causa do vínculo e, consequentemente, da obrigação, que é a razão, o porquê da obrigação *(cur debetur)* (Fábio Konder Comparato. *Financiamento a consumidor com alienação fiduciária, RT* 514/49).

5. OBRIGAÇÃO, VONTADE E *PACTA SUNT SERVANDA*

No negócio jurídico, o sujeito não se limita a declarar o que quer. Mais que isso.

Pelo negócio jurídico, se põe a serviço do sujeito o poder de declarar a *coisa* que quer e, com isso, uma manifestação com conteúdo preceptivo, que ultrapassa a dicção do próprio querer e inaugura um fenômeno mais elaborado, agora consistente em prescrever um regulamento para episódio específico da vida privada, em favor do próprio interesse *(il legem rei suae dicere)* (Emilio Betti. *Teoria generale del negozio giuridico*, p. 50 e ss.).

Ao sujeito se impõe, portanto, refletir sobre as consequências de sua ação, projetando e prevendo seus efeitos.

É nesse sentido que os romanos falavam em *causae* (ações), como o terceiro elemento do tripé da estrutura fundamental da relação jurídica – sujeito (*cives*), objeto (*res*) e *causae* (ações) – e anteciparam, na história do direito privado, uma construção extraordinária da liberdade humana, chamada *negócio jurídico,* matéria já estudada na Teoria Geral do Direito Privado e fundamental para o Direito de Obrigações.

O *negócio jurídico* é causa fundante de obrigações.

Não é a única causa de obrigações, como já vimos, porque as obrigações podem derivar de *fatos* e *atos,* também. Mas é a causa, por assim dizer, mais elaborada e civilizada de que se originam as obrigações.

O negócio jurídico é fruto da vontade e fruto da vontade dirigida do agente, de obrigar-se, nos termos da declaração livre que ele próprio externou.

A grande maioria das obrigações, por isso, nasce dos negócios jurídicos, dos negócios jurídicos unilaterais e dos negócios jurídicos bilaterais, ou seja, dos contratos.

O objeto do contrato são as *obrigações* (relações jurídicas obrigacionais) criadas por ele, ou seja, "causadas" por ele.

A vontade do agente, então, como já dissemos, livremente expressada (sob os efeitos do *princípio da autonomia da vontade,* num primeiro momento), assume foros de lei privada para as partes, agora, por incidência do *princípio da autonomia privada.*

Por isso se diz que os negócios jurídicos são frutos da autonomia privada e que isso quer significar que o *dogma da vontade é* a pedra de toque do princípio da obrigatoriedade dos contratos *(pacta sunt servanda*):

> Quem livremente quer e declara livremente o que quer, visando obter o resultado daquilo que quer, se obriga a cumprir a prestação prometida.

É essa a equação que dá foros lógicos ao vínculo que se cria para a parte, ou para as partes, de um *negócio jurídico,* por força do *princípio da autonomia privada.*

6. OBRIGAÇÃO E BOA-FÉ: CONCEPÇÃO OBJETIVA DA CAUSA DA OBRIGAÇÃO

Mas nem só da vontade e da autonomia privada nasce o vínculo de obrigação.

As realidades novas da trama da vida jurídica *esmaeceram o dogma da vontade,* como diz Clóvis do Couto e Silva (*O princípio da boa-fé no direito brasileiro e português,* p. 54).

Não que a vontade tenha cedido importância para a *concepção objetiva da relação obrigacional,* mas admitiu-se, nessa equação lógica das causas das obrigações, um valor *novo e autônomo* (Clóvis do Couto e Silva. *O princípio da boa-fé...*cit., p. 54), também integrante de sistema mais amplo, que abarca todas as situações jurídicas de direito obrigacional.

Esse *valor autônomo* é a boa-fé, celebrada de maneira muito clara nos arts. 421 e 422 do CC/2002: a boa-fé independe, muitas vezes, da vontade do agente e não pode estar reduzida e limitada por ela.

Por isso, a extensão e o conteúdo da relação obrigacional medem-se, também, atualmente, por seus contornos objetivos.

Ou seja: além daqueles contornos subjetivos, tradicionalmente conhecidos, alusivos às *ações* (vontade livremente declarada para um desiderato almejado pelo agente), que são *causa eficiente* do negócio jurídico, entra em cena um outro fator.

Junto com a vontade, ao lado dela, paralela a ela e, por vezes, independentemente dela ou, raras vezes, até mesmo contra ela, há que se analisar se *outro fator contribuiu como causa* para o nascimento de um vínculo (agora *objetivo*), que também pode criar obrigações.

Esse fator é a *boa-fé objetiva,* que cria situações jurídicas, que modulam os vínculos e causam obrigações e muitas vezes criam situações jurídicas que obrigam, sem mesmo criar vínculos subjetivos ou pessoais.

7. OBRIGAÇÃO E CONDUTA SOCIALMENTE TÍPICA

Além da vontade e da boa-fé, a que já nos referimos, que são elementos motrizes de *negócios, atos* e moduladores jurídicos de *fatos* e que podem ser identificados como o *porquê* das obrigações e a causa de obrigatoriedade de efeitos derivados dessas obrigações, sob o comando de leis privadas e de um espectro mais amplo do sistema da responsabilidade civil, outro específico elemento merece atenção neste contexto, porque tem, também, a mobilidade jurídica de dar causa a obrigações.

Há que se construir, também, objetivamente, os contornos do *negócio,* do *ato* e do *fato* jurídico, elegendo-se – para compreensão lógica dessa estrutura – parâmetros normativos outros, que fogem do círculo de efeitos sob o comando da vontade das partes e impõem à interpretação judicial conceitos e efeitos que traçam aquilo que se logrou juridicamente denominar de *conduta socialmente típica.*

Melhor explicando: além da vontade e da boa-fé, a *conduta socialmente típica* molda uma estrutura propícia ao reconhecimento de um parâmetro normativo novo, além do que é traçado pela vontade, que junge as pessoas e cria obrigações.

Esse valor autônomo do sistema jurídico das obrigações tem sido reconhecido, algumas vezes, como fato que substitui a vontade no momento da aplicação da norma ao caso concreto, quando o resultado da vontade leva as partes para um resultado desproporcionado e desproporcional, ou ainda quando, pela análise das circunstâncias do ato e do fato, se possa perceber o desdobramento de consequências que possam (ou devam), ser marcadas por uma ponderação autorizada pela expectativa da *conduta socialmente típica.*

Outras vezes, esse valor autônomo é o único fator gerador de obrigações, ao lado da vontade explicitamente dirigida para esse fim, como se pode verificar deste exemplo:

> *"O respeito ao* pacta sunt servanda *cede passo quando surgem fatos supervenientes, suficientemente fortes para caracterizar a alteração da base em que o negócio foi realizado, que tornem insuportável o cumprimento da obrigação para uma das partes. Nessa hipótese, cabe revisão judicial do contrato, ou mesmo sua resolução"* (STJ, REsp 73370/AM, 4.ª T., j. 21.11.1995, v.u., rel. Min. Ruy Rosado de Aguiar, *DJU* 12.02.1996).

8. Obrigação em sentido amplo

No começo do Século XX, antes ainda do advento do Código Bevilaqua, Lacerda de Almeida ponderava que a dicotomia do *direito privado,* entre *direito civil e direito comercial,* não atendia à pretensão de igualdade de todos, prejudicando grandemente as pessoas, pois, em sua maioria, as regras de direito civil, naquela época, eram voltadas mais para preservar estruturas patrimoniais (a propriedade, o crédito) e muito pouco para as pessoas, enquanto o direito comercial cuidava de dar aos comerciantes privilégios que as outras pessoas não tinham, em evidente prejuízo do principio de que todos são iguais perante a lei (Francisco de Paula Lacerda de Almeida. *Obrigações,* p. XXVI).

Por essas razões, Lacerda de Almeida era um defensor vibrante da unidade do Direito Privado (Direito Civil e Comercial, no mesmo estatuto), como está no CC/2002, que mantém o direito de empresas sujeito às técnicas do direito privado em geral.

A observação feita levanta uma questão importante para o nosso tempo, relacionada com a extensão do conceito de obrigações e do direito de obrigações, para aportar na necessária conclusão de que, sob o controle das regras de direito privado, e mercê da natureza abstrata e adaptável dessa disciplina, o conceito de obrigações pode ser muito amplo e abarcar hipóteses muito diversas de obrigações (oriundas das diversas disciplinas de direito privado e de algumas disciplinas de direito público).

Mas isso não é suficiente para que se confunda *obrigação* com dever, ou *ônus*, que são situações jurídicas (todas de desvantagem), mas de naturezas diversas.

8.1 Situações jurídicas. Uma segunda palavra: obrigação, dever e ônus

A *obrigação*, como já o dissemos, tem natureza lógica de *situação jurídica relativa*, ou de *relação jurídica de direito de obrigações*, diferentemente do *ônus* e do *dever*, que são *situações jurídicas absolutas*.

A relação jurídica de direito obrigacional pressupõe *dois sujeitos* (o credor e o devedor) e um *objeto*, que é a prestação. A obrigação é, portanto, plurissubjetiva e pressupõe a adstrição do devedor ao credor, por decorrência da criação, inicial ou derivada, de uma relação subjetiva entre as partes.

O *ônus* e o *dever* são situações jurídicas absolutas, de desvantagem, vividas de forma singular pelo titular, que independe da conduta ou da adstrição de outrem.

Ao posicionar-se ao contrário da conduta esperada, o sujeito arca com os ônus e suporta os efeitos de não se conduzir conforme o esperado. O ônus não se configura em obrigação, que alguém possa compelir outrem a praticar. Trata-se de conduta posta a seu talante, que ele pode, ou não, realizar, mas em virtude de cujos efeitos ele irá experimentar um benefício, ou um malefício, conforme o risco de sua opção.

Por isso que se diz que, no processo, a conduta da parte de provar os fatos que alega é ônus seu. Pode a parte não fazer a prova, mas o risco dessa omissão, ou da prática imperfeita da conduta esperada, poderá reverter-se em seu malefício.

O dever também, como o ônus, é *uma situação jurídica unissubjetiva, de desvantagem*, que impõe ao seu titular uma perda, se o dever não é cumprido. O *dever* é situação jurídica mais desvantajosa do que o *ônus*, porque, *necessariamente*, o seu descumprimento acarretará uma perda jurídica para o sujeito.

Obrigações, deveres e ônus de um lado; créditos, poderes e faculdades, de outro, conforme já vimos no estudo de *teoria geral do direito privado*, são temas constantes do sistema de direito, pois, é em torno dessa engrenagem fenomênica que vive a trama da vida jurídica, em geral e é em torno dessa intrincada rede de interesses que surgem os conflitos, as lides e os embates jurídicos.

No direito de obrigações, entretanto, as *situações jurídicas* mais comuns são:
a) *a situação jurídica relativa, plurissubjetiva e desvantajosa*, vivida pelo devedor (comuns na responsabilidade civil subjetiva);
b) *a situação jurídica relativa, plurissubjetiva e vantajosa*, vivida pelo credor (comuns na responsabilidade civil subjetiva);
c) *as situações jurídicas absolutas, unissubjetivas e desvantajosas*, que adstringem um sujeito, fazendo surgir, por consequência, em seu desfavor, um dever de prestar (comuns na responsabilidade civil objetiva);
d) *as situações jurídicas absolutas, unissubjetivas e vantajosas*, que adstringem um sujeito, fazendo surgir, por consequência, em seu favor, um poder de exigir (comuns na responsabilidade civil objetiva).

9. Pressupostos lógicos das obrigações que decorrem da vontade e das que decorrem do fato

Realçamos, no item anterior, que a fenomenologia do direito de obrigações compõe-se de *relações jurídicas de direito de obrigações* (ou de *situações jurídicas relativas de direito de obrigações*) e de *situações jurídicas absolutas de direito de obrigações*, que podem ter potencialidade de, num segundo momento, criar *relações jurídicas obrigacionais* derivadas.

Essa observação é fundamental para que se possa compreender o moderno direito de obrigações.

Por que se faz essa afirmação?

Faz-se essa afirmação por uma razão muito simples: as obrigações nascem da vontade (atos e negócios jurídicos) e dos *fatos* e isso tem sentido muito importante para a realidade do nosso tempo, e é fundamental para que se possa, depois, compreender a diferença necessária entre *imputação civil subjetiva* e *imputação civil objetiva*, temas fundamentais do sistema geral de responsabilidade civil, como veremos adiante.

É para o sistema de responsabilidade civil que aportam muitos dos efeitos e das engrenagens do direito de obrigações.

Nesse momento, entretanto, é interessante frisar apenas alguns pontos fundamentais, que se põem como premissas da compreensão paulatina do direito de obrigações.

Nem só da vontade nascem as obrigações, como já o dissemos; ou seja, não apenas dos negócios (unilaterais e bilaterais), ou dos atos, nascem as obrigações. Elas podem nascer, também, dos fatos, moldados com potencialidade jurídica, como, por exemplo, decorre da *boa-fé objetiva* e da *conduta socialmente típica*, ou do *risco*.

Quando a vontade é a força motriz da obrigação, a discussão em torno dos *elementos da noção de obrigação* segue uma cadência; quando a obrigação tem como origem um fato, a análise desses mesmos elementos segue outra lógica.

Isso vai repercutir vivamente na correta compreensão das questões de imputação civil subjetiva e objetiva.

10. Objeto das obrigações

O *dar, fazer e não fazer* são as prestações, ou seja, são o *objeto da obrigação* (o *quid debetur* – a prestação devida).

Assumida uma obrigação perante o credor, pelo devedor, fica este adstrito ao seu cumprimento. O cumprimento da obrigação se faz por um *dar*, por um *fazer* ou por um *não fazer*, que libera o devedor, nos exatos termos de como deve agir.

Pretendendo exercer direito que sabe não mais possuir, o credor "excede os limites impostos pela boa-fé, pelos bons costumes e pelo fim social ou econômico desse direito" (António Menezes Cordeiro. *Direitos reais,* vol. 2, n. 187, p. 578).

Por isso, a prestação devida e prestada, nos termos como devida, é o elemento fundamental para demonstrar a correção da proporcionalidade revelada no conceito de *vínculo* das *Institutas* que, a partir da definição do Digesto, preenchem a lacuna conceitual do *solvere* do mesmo livro (*Institutas*).

10.1 A patrimonialidade da prestação

Diz-se que uma relação jurídica é patrimonial se ela versa sobre bens e interesses que possuam natureza econômica, ou seja, quando tais bens e interesses podem ser objeto de valoração (essa valoração é obra da economia, que, desta maneira, participa de algo que vai tornar-se o conteúdo do contrato).

Esse é o segredo, por assim dizer, da ideia de contrato, cuja marca essencial é de conter natureza de negócio bilateral, com caráter patrimonial.

A patrimonialidade da obrigação, nesse sentido, não é uma característica de toda a obrigação, nem ao menos de toda a indenização, muito embora, na maioria dos casos, a patrimonialidade seja uma marca natural da prestação.

"O patrimônio, segundo a doutrina clássica, compõe-se de um ativo e de um passivo; compreende não só os direitos exigíveis, como também as *obrigações passivas ou dívidas*"(Eduardo Espínola. *Sistema de direito civil brasileiro*, vol. II, 180, p. 181/182).

Savatier alude ao *patrimônio líquido*, como representação de um valor, consistente na diferença entre o ativo e o passivo, ou seja, consistente na diferença entre os bens do sujeito e suas dívidas (René Savatier. *La théorie des obligations...*cit., n. 95, p. 128).

Paira, ainda, na doutrina, a questão atinente a ter ou não conteúdo patrimonial aquilo que a doutrina denomina de direitos extrapatrimoniais (Alain Piédelièvre. *Le matériel et l`immatériel. Essai d`approche de la notion de bien*, p. 61/62).

Prefere-se, aqui, o uso da expressão *patrimônio* com o sentido que abarca tudo aquilo que é susceptível de se tornar objeto de direito, considerando como *bens* tudo quanto possa ser desejado e cobiçado pelos homens, protegido e tutelado pelo direito, quer se tratem de coisas materiais, quer se tratem de bens imateriais, quer componham aquilo que em linguagem coloquial se usa explicitar como *patrimônio moral* de alguém.

A proposta de classificação de Marshall, trazida por Espínola, é a melhor (Eduardo Espínola. *Sistema...* cit., vol. II, 176, p. 177/178.), a nosso ver, salvo com relação a alguns pontos relativos à nomenclatura e à sistematização dos objetos do direito de personalidade, quando, então, reputa-se mais acertada a proposta por Walter Moraes – como já o dissemos na Teoria Geral do Direito Privado – que ora é adotada, por não se poder conceber que, logicamente, possa o sujeito desempenhar ao mesmo tempo a posição de *objeto* do direito de que ele próprio é *sujeito* titular (Walter Moraes. Concepção tomista de pessoa. Um contributo para a teoria do direito de personalidade. *RDPriv* 2/187).

De sorte que, quando a questão versar sobre, por exemplo, *dano moral*, a teoria trata de certos bens que compõem o patrimônio de alguém, ainda que relativos ao denominado *patrimônio* moral.

Não nos parece, portanto, acertada a distinção entre danos patrimoniais e danos morais, porque os danos – para serem juridicamente indenizáveis – atingem o patrimônio do sujeito e, portanto, todos os danos, em seu sentido próprio jurídico, são *danos patrimoniais*, porque patrimonial sempre será a indenização devida por aquele que lhes deu causa.

Essa é uma característica marcante e fundamental da *imputação civil dos danos*: seu limite é o patrimônio penhorável do devedor.

Capítulo II

Pressupostos Lógicos para a Compreensão da Estrutura Axiológica do Direito de Obrigações

1. Sistema de direito

Em Direito Civil, mais frequentemente do que em outras áreas do Direito, costuma-se usar a expressão *sistema*, para significar o ordenamento conjunto dos fenômenos jurídicos para o cumprimento dos fins individuais e sociais da existência humana, dentro do contexto social.

O sistema jurídico é fruto da evolução histórica, de novos estados de cultura, de transformações contínuas a que estão submetidos os fenômenos humanos e seus intérpretes.

Deve-se estudar o Direito na vida, para que não se degenere em abstração, mas não se pode nem se deve desconhecer a Ciência, que tem condições de reger com princípios os fenômenos da vida.

A função da ciência, por isso, é a de organizar um dado real sob uma determinada axiologia, sem que o fenômeno jurídico se perca em *intelectualismo malsano y servilismo legal* (Diego y Gutiérrez. *Transmisión de las obligaciones*, p. 31).

O direito de obrigações também se organiza sob um sistema, lógico e axiológico.

Apesar de sedimentado por institutos jurídicos tradicionais, o *direito de obrigações* não está infenso à influência de todas as instituições jurídicas novas e complexas, fomentadas pelo moderno trato sociojurídico, em toda a estrutura sistêmica do direito privado.

Ou seja: todo o corpo do direito civil está entrelaçado e segue uma cadência harmônica, que tem sentido na interpretação do todo, com os mesmos princípios norteadores do todo, para que as soluções da disciplina sejam coerentes.

Existe no sistema jurídico global um *sistema jurídico de direito de obrigações*.

1.1 Estrutura subjetiva e estrutura objetiva do sistema de obrigações

Muitas são as situações jurídicas que fazem nascer obrigações e, num segundo momento, criam vínculos obrigacionais.

Pode-se afirmar, por isso, que a fenomenologia do direito de obrigações compõe--se, portanto:

a) de *relações jurídicas de direito de obrigações;*

b) de *situações jurídicas absolutas* que podem ter potencialidade de, num segundo momento, criar *relações jurídicas obrigacionais.*

Especificamente, quando se fala em *direito de obrigações,* o enfoque recai sobre determinada gama de fenômenos jurídicos, quais sejam, aqueles fenômenos que provocam um vínculo temporário e relacional entre um ou mais sujeitos:

a) que se obrigam a um prestar, porque assim conveio a esses sujeitos;

b) que se obrigam a um prestar porque vivenciam determinada situação de fato, que os obriga a uma prestação.

Isto interessa às pessoas, porque envolve questões capitais de sua segurança e sobrevivência e se põe a todo instante como constantes da experiência jurídica do homem em sociedade:

a) respeitam à utilização jurídica de bens patrimoniais que contém apreciação econômica;

b) desafiam a elaboração de técnica jurídica requintada para a construção de seu próprio regime jurídico.

1.2 Os elementos da noção de obrigação e o sistema de responsabilidade civil

Classicamente, são elementos da noção de obrigação:

a) o *credor,* que é o *sujeito* a quem se deva prestar;

b) o *devedor,* que é o *sujeito* que está adstrito ao dever de prestar;

c) o *objeto* da obrigação, que é a *prestação* (o dar, o fazer ou o não fazer);

d) o vínculo de obrigação, que consiste numa subordinação do devedor ao credor, até que o credor seja satisfeito, ainda que seja necessário por em prática o exercício de força coercitiva para subjugá-lo.

É assim mesmo que a doutrina se posiciona quanto a esse ponto:

> Obrigação *constitui uma relação jurídica complexa ou supraestrutural que representa uma vinculação intersubjetiva concreta de cooperação de conteúdo patrimonial, em virtude da qual dois ou mais sujeitos se põem vinculados entre si para a realização de uma determinada função econômica ou social dirigida à satisfação de interesses que tenham merecido juridicidade pelo ordenamento jurídico. Em tal sentido, reconhecemos como elementos da relação jurídicoobrigatória: os sujeitos, o vínculo, a prestação, o objeto, o interesse* (Gastón Fernández. Los supuestos dogmáticos de la responsabilidad contractual: La division de sistemas Y la previsibilidad. In: Gastón Fernández e Alfredo Bullard. *Derecho Civil Patrimonial*, p. 255 a 293).

Assim, veja-se a diferença estrutural que cada uma dessas hipóteses pode apresentar, conforme a obrigação se ponha num sistema de *responsabilidade civil objetiva*, ou *subjetiva*.

I) se o vínculo obrigacional encontra raízes na vontade, ou porque ela foi declarada livremente para vincular (negócios jurídicos unilaterais e bilaterais), ou porque a vontade foi licitamente declarada e operou efeitos que podem gerar outras consequências, ou porque a vontade padece de uma patologia que gera danos a outrem (atos ilícitos, por culpa, dolo, fraude ou simulação), está-se diante de uma modalidade de vínculo obrigacional que desafia o *sistema de responsabilidade civil subjetiva*, criando direitos para os que possam exigir uma prestação, por decorrência de um vínculo de origem relacional. Ou seja:

a) o credor é aquele que pode exigir a prestação, ou porque foi vítima do dano contratual ou extracontratual; ou porque ocupa o polo ativo do vínculo negocial e pode exigir a prestação do devedor, na execução do contrato;

b) o devedor é o que ficou adstrito à prestação, submetido ao poder de quem seja o credor, a quem se vinculou por relação jurídica livremente estabelecida, ou legalmente fixada, por decorrência de vínculo subjetivo;

c) o objeto da obrigação é a prestação acordada, ou a indenização fixada;

d) o vínculo pessoal originário tem natureza jurídica de *relação jurídica*.

II) se o vínculo obrigacional encontra raízes no *fato*, a adstrição do devedor ao credor dá-se originariamente de maneira muito distinta. Por uma razão que não decorre (fundamentalmente) da vontade, mas do fato, credor e devedor experimentam uma mesma situação jurídica que impregna sua experiência humana e, apenas depois, cria vínculo. Ou seja:

a) vivem *situação jurídica* que, mesmo contra sua vontade, os coloca em situação jurídica absoluta com dever de prestar.

b) o adstrito perante o credor é alguém que muitas vezes nunca manteve contato pessoal com aquele que agora tem o poder de lhe exigir uma prestação.

c) o objeto da obrigação, em regra, é uma prestação de cunho indenizatório;

d) a natureza lógica da imputação originária é de *situação jurídica absoluta de direito de obrigações*. Isto ocorre, preponderantemente, nas hipóteses de responsabilidade civil *objetiva*, em que não se indaga sobre culpa ou dolo de quem quer que seja, para operar-se o efeito da imputação.

1.3 Poder do credor sobre o patrimônio do devedor

A marca central do direito de obrigações é a de regular um fenômeno peculiar, qual seja: conferir a uma pessoa um poder sobre a esfera do patrimônio de outra, para exigir-lhe uma prestação de cunho econômico.

Ou seja, o poder de excussão do credor sobre o patrimônio do devedor, significa exatamente isso: *o credor tem direito de exigir que o patrimônio do devedor seja constrito para que ele possa satisfazer o seu crédito, ainda que contra a vontade do devedor.*

O vínculo obrigacional tem, portanto, essa característica bipolar:

a) de um lado, o aspecto ativo do vínculo, pertinente ao credor, ou seja, pertinente àquele que tem o título do poder de exigência sobre o outro (o que tem o crédito);

b) de outro lado, o aspecto passivo do vínculo, pertinente ao devedor, ou seja, aquele que tem o dever de prestação para com o outro (o que tem o débito).

A análise da natureza do poder de que se reveste aquele que pode exigir do devedor o cumprimento da obrigação já foi objeto de diferentes formas de abordagem durante o curso da formação histórica do pensamento jurídico, porque a marca institucional do sistema de direito de obrigações decorre, exatamente, da possibilidade de o credor poder satisfazer seu crédito, sujeitando o patrimônio do devedor.

É para isso que a doutrina dá o nome de *princípio da imputação civil dos danos*.

Dois aspectos diferentes e fundamentais marcaram a qualidade do vínculo obrigacional e suas consequências ao longo da história:

a) um primeiro, antigo, marcado pelo fato de que o devedor respondia com seu corpo (vida, liberdade) pela dívida;
b) outro, moderno, de que apenas o patrimônio do devedor era tangível pelo credor.

Na história do direito, os dois momentos são marcados, na antiguidade, pelo advento da *Lex Poetelia Papiria de nexi:* depois que isso aconteceu, em 314 a.C., o direito civil afastou – de maneira técnica e científica – a possibilidade de o credor submeter o devedor a penas corporais (vida, liberdade) e deu ao devedor um *status* melhor.

Na modernidade do direito privado conhecemos essa realidade de maneira ainda mais requintada, pois além de o devedor ser submetido à restrição da liberdade, apenas, em caso de dívida de alimentos – não há prisão civil por dívida, exceto por inadimplemento voluntário do devedor de alimentos: art. 5.º LXVII, da CF/1988 –, mesmo assim, existe ainda um limite para que a excussão do patrimônio do devedor ocorra, havendo muitos itens do patrimônio do devedor que são impenhoráveis, como por exemplo, o bem de família e aquelas coisas que estão enumeradas no art. 649 do CPC.

2. Eficácia jurídica do crédito

Ainda que não se queira ligar o conceito de obrigação à ideia proposta por algumas teorias, de que a obrigação seria uma relação entre uma pessoa (o credor) e um *patrimônio* (o do devedor) (Manuel de Andrade. *Teoria geral das obrigações,* p. 33), o fato é que a marca significativa do direito de obrigações é essa mesma:

> "(...) de impor ao devedor o receio de submeter-se à execução forçada de seu patrimônio, por ter ficado adstrito para com o credor à realização de uma prestação".

Por esse aspecto fala-se da *eficácia jurídica do crédito,* no sentido de que, em favor do credor, é posta uma *força pública* para atender-lhe a demanda, fenômeno que define os contornos de seu *valor jurídico* e de seu *valor econômico* (René Savatier. *La théorie des obligations...* cit., n. 141, p. 187).

3. As bases do negócio jurídico: subjetiva e objetiva

Todo negócio jurídico é celebrado sobre uma base negocial: uma base com aspectos objetivos e subjetivos, que se deve manter inalterada até a execução plena do negócio jurídico. "Por base do negócio jurídico devem-se entender todas as circunstâncias fáticas e jurídicas que os contratantes levaram em conta ao celebrar o contrato, que podem ser vistas nos seus aspectos subjetivo e objetivo" (Nelson Nery Junior. Contrato de seguro de vida em grupo e o Código de Defesa do Consumidor, *RDPriv* 10/179).

A base subjetiva estrutura-se sob outros fundamentos. Estrutura-se a partir do acordo de vontade das partes e dos critérios de compatibilização entre o conteúdo da vontade e sua declaração livre, bem como entre a emissão de vontade e o intuito de obter os efeitos *(ex voluntate)* que o sistema permite que o sujeito alcance por essa via.

A base objetiva do negócio volta-se para outra estrutura. Volta-se para a necessidade de que sejam preservadas as bases da economicidade e da patrimonialidade que condicionam o negócio.

Na evolução da história do direito, o importante sempre foi a base subjetiva. Se o negócio foi realizado conforme a parte pretendeu, o risco da alteração das bases objetivas colhia as partes sem chance de alteração econômica do negócio.

No decorrer dos tempos, a doutrina foi construindo teorias para melhor ordenar essas alterações e algumas delas previam a possibilidade de o negócio jurídico ser revisto, por causa da alteração de sua base objetiva.

Nessa linha foram as teorias de pressuposição e da imprevisão: em ambas a análise não dispensava um conteúdo subjetivo, porque pressupunha ou comprovava que a alteração econômica do contrato era fato que não se podia prever, ou esperar.

Ou seja: ainda a doutrina *amarrava* a revisão da base objetiva a um elemento subjetivo (não se previu; não se podia esperar).

Quando a doutrina alemã construiu e delineou a teoria da base objetiva do negócio, como evolução das teorias da pressuposição e da imprevisão (fundada na cláusula *rebus sic stantibus*), esta última legada do direito romano, fez com que os negócios jurídicos pudessem ser celebrados com maior segurança e deles se pudesse extrair maior carga de eficácia.

Com efeito, a doutrina da pressuposição não pode ser aceita porque fundamentada apenas e tão somente em forte influxo subjetivo, fazendo com que as circunstâncias em que o negócio foi celebrado sejam caracterizadas como verdadeira condição, analisadas essas circunstâncias subjetivamente e, caso verificada a impossibilidade da prestação, ensejaria a ineficácia do negócio jurídico.

A teoria da imprevisão tem o inconveniente do elemento imprevisão, conceito legal indeterminado que nem sempre é fácil de ser apreendido e compreendido, quer pelas partes interessadas, quer pelo intérprete.

O art. 478 do CC/2002 acolhe a teoria da imprevisão de forma expressa:

"Art. 478. Nos contratos de execução continuada ou diferida, se a prestação de uma das partes se tornar excessivamente onerosa, com extrema vantagem para a outra, em virtude de acontecimentos extraordinários e imprevisíveis, poderá o devedor pedir a resolução do contrato. Os efeitos da sentença que a decretar retroagirão à data da citação."

Por outro lado e de maneira diferente, pela teoria da base do negócio, a segurança jurídica é privilegiada, sempre tendo como fundamento o princípio da boa-fé objetiva.

Por base do negócio deve-se entender todas as circunstâncias fáticas e jurídicas que os contratantes levaram em conta ao celebrar o contrato, que podem ser vistas nos seus aspectos subjetivo e objetivo.

A base subjetiva do negócio compreende as representações *(Vorstellungen)* nas quais as partes assentaram seu acordo.

A base objetiva do negócio compreende "os condicionalismos naturalmente pressupostos pelas partes, sem disso terem consciência, como a manutenção da legislação ou do sistema econômico" (António Menezes Cordeiro. *Direito das obrigações*, vol. II, p. 145).

A modificação da cláusula ou do contrato ou sua resolução por alteração das circunstâncias seria admissível quando a base objetiva do negócio desaparecesse, vale dizer, sempre que, pela alteração do mencionado condicionalismo, houvesse uma perturbação na equivalência *(Äquivalenzerstörung)* das prestações ou uma frustração no escopo *(Zweckvereiteilung)* do contrato.

Dizemos que a melhor doutrina é a da base objetiva do negócio, porque se traduz em preceito que traz segurança para as relações jurídicas, já que as demais, por terem forte apelo subjetivo, não estão imunes às situações de incerteza e insegurança, podendo ensejar situações jurídicas de desproporcionalidade.

A alteração da base negocial pode ocorrer quando houver falta, desaparecimento ou modificação do condicionalismo que formou e informou a base do negócio.

Ainda que não haja, no contrato, cláusula expressa se referindo à base negocial como fator determinante para a manutenção do negócio jurídico, o preceito deriva do sistema, de sorte que se considera como se estivesse escrita referida regra, que é aplicável ao caso concreto, inexoravelmente, porque matéria de ordem pública.

Mencionamos acima que um dos condicionalismos da base objetiva do negócio é a manutenção da situação econômica, conforme querido e contratado pelas partes.

Quando há alteração no sistema econômico, não importa por qual razão, a base objetiva do negócio é atingida, podendo tal fato dar ensejo à modificação, revisão ou mesmo resolução do contrato.

A doutrina brasileira entende que a teoria da base objetiva do negócio é adotada pelo sistema jurídico brasileiro, "em razão de a relação jurídica apresentar aspectos voluntarísticos, ou subjetivos, e objetivos, ou institucionais, resultantes da tensão entre o contrato e a realidade econômica. Esta tensão constitui, precisamente, a 'base objetiva' do contrato" (Clóvis do Couto e Silva. A teoria da base do negócio jurídico no direito brasileiro, *RT* 655/11).

A teoria da imprevisão já foi de há muito abandonada pela doutrina mais moderna de direito civil. A teoria da quebra da base objetiva do negócio jurídico tem sido privilegiada, pois parte do pressuposto econômico da paridade e harmonia das vantagens e desvantagens econômico-financeiras do negócio, quebra esta a ninguém atribuível como causa querida ou provocadora de prejuízo grande a uma das partes e lucro desmedido para a outra.

Da mesma forma que a doutrina, nossos tribunais, designadamente o Superior Tribunal de Justiça, têm acolhido e aplicado a teoria da base objetiva do negócio, principalmente quando se observa numa quadra de tempo a modificação da conjuntura econômica.

Confira-se, por exemplo, o acórdão proferido no julgamento do Recurso Especial n. 53345-CE, do qual foi relator o Min. Ari Pargendler, *verbis*:

> "*Direito civil. Contratos. Superveniência de lei.* A lei nova inoponível aos contratos em curso, salvo se modificando conjuntura econômica afeta a base do negócio jurídico. Recurso não conhecido."
> (STJ, REsp 53.345-7/CE, v.u, 2.ª T., j. 06.09.1995, rel. Min. Ari Pargendler, *DJ* 23.10.1995, p. 35.649).

4. IMPUTAÇÃO CIVIL DOS DANOS E PATRIMÔNIO MÍNIMO

Para a satisfação do crédito o devedor responde com todos os seus bens, presentes e futuros, salvo as restrições previstas em lei. É isto que prescreve o art. 591 do CPC, como consequência do sistema de direito de obrigações, que dá poderes ao credor, para satisfazer seu crédito, lançando mão de bens do patrimônio do devedor, até mesmo contra a vontade do devedor renitente.

Logo, a obrigação, como já dissemos, coloca o devedor em situação de desvantagem e o credor em situação de vantagem. Limites, entretanto, são impostos ao poder do credor, quanto aos bens pertencentes ao devedor, de que ele pode se valer para satisfação de seu interesse.

É nesse sentido que o CC Português, em seu art. 397.º, conceitua obrigação e é nesse sentido que deve ser, por primeiro, apreciado o conteúdo da obrigação: sob o aspecto do que se entende por *princípio da imputação civil dos danos*, princípio fundamental de direito privado.

O princípio da imputação civil dos danos implica isso: a característica mais importante do direito de crédito é permitir ao credor a excussão do patrimônio do devedor para a satisfação de seu direito, caso haja inadimplemento por parte do devedor, repita-se.

Tal poder de excussão, nos limites do exercício desse direito, dá-se pelas formas processuais do exercício das denominadas:

a) *ações de conhecimento*, pelas quais o credor exerce, por exemplo, pretensão condenatória, isto é, se o credor não tem a precisão sobre se algo lhe é devido e em *quanto* lhe é devido (pretensão condenatória);

b) *ações de execução*, pelas quais o credor exerce pretensão de execução, isto é, se a dívida (se o *quantum* devido) já é precisado por liquidez, acrescido ainda da certeza e da exigibilidade da prestação, pretensão essa que busca expropriar bens do devedor para satisfação do crédito constante do título executivo judicial ou extrajudicial.

Mas, de toda a sorte, não pode o credor ultrapassar os limites do patrimônio do devedor para lançar mão de sua vida e liberdade, para satisfazer seu crédito, pois – como já se disse – a satisfação do crédito encontra limites no patrimônio material do credor e, ainda assim, com limitações impostas pelo sistema, que resguarda sempre o patrimônio mínimo do sujeito.

5. Obrigação e boa-fé

Observa-se, também, que a ideia de obrigação se liga à elaboração dos conceitos de contrato e de responsabilidade civil que, por sua vez, está impregnada do elemento *boa-fé*.

Mais do que nunca, como sempre e mais agora, o conceito de obrigação é temperado pela *cláusula geral de boa-fé*.

Essa concepção vem sendo paulatinamente compreendida pela doutrina e pela jurisprudência, por ocasião do tratamento jurídico do fenômeno da revisão dos contratos.

A partir dos períodos de recessão econômica que se evidenciaram, mais fortemente, após as grandes guerras do século XX, ficou muito claro que "não é lícito a um dos contraentes aproveitar-se das circunstâncias imprevistas e imprevisíveis subsequentes à conclusão do contrato para onerar o outro contratante além do limite em que ele teria consentido em se obrigar" (Francisco Campos. Revisão dos contratos – Teoria da imprevisão. *Direito Civil*, p. 8).

É como se o intérprete, permanentemente, devesse compreender presentes entre as partes determinados deveres não expressos na declaração de vontade, preceitos esses, entretanto, que todos devem cumprir, por razões éticas e de lealdade jurídica.

Hoje, na vigência do CC/2002, para a revisão dos contratos, a imprevisão já não é requisito essencial, porquanto incidem também – alargando a perspectiva da abordagem do tema – as cláusulas gerais da função social do contrato (art. 421) e da boa-fé objetiva (art. 422), que ensejam a revisão dos contratos por outra causa: pela quebra da base do negócio jurídico (Nelson Nery Junior e Rosa Maria de Andrade Nery. *Código Civil Comentado,* coments. arts. 421 e 422 do CC/2002).

6. Boa fé-objetiva como cláusula geral

A boa-fé era, no direito brasileiro, caracterizada como princípio geral de direito.

Há alguns dispositivos no Código Civil vigente tratando de aspectos específicos da boa-fé (posse de boa-fé para usucapião, casamento contraído com boa-fé etc.).

O Código de Defesa do Consumidor e o Código Civil adotaram a regra da boa-fé objetiva, não como princípio geral de direito, não positivado, mas, ao contrário, como cláusula geral.

O art. 4.º, III, *in fine* do CDC estabelece que as relações de consumo devem ser constituídas sempre com base na boa-fé. O art. 422 do CC reafirma essa regra estatuindo que "os contratantes são obrigados a guardar, assim na conclusão do contrato, como em sua execução, os princípios de probidade e boa-fé".

Com significação paralela aos conceitos legais indeterminados, as cláusulas gerais *(Generalklauseln)* são normas orientadoras sob forma de diretrizes, dirigidas precipuamente ao juiz, vinculando-o ao mesmo tempo em que lhe dão liberdade para decidir (Franz Wieacker. *Privatrechtgeschichte der Neuzeit,* § 25, III, 3, p. 476).

As cláusulas gerais são formulações contidas na lei, de caráter significativamente genérico e abstrato (Karl Engisch. *Einführung in das juristiche Denken,* Cap. VI, p. 120/121), cujos valores devem ser preenchidos pelo juiz, autorizado para assim agir em decorrência da formulação legal da própria cláusula geral, que tem natureza de diretriz (Karl Larenz & Manfred Wolf, *Allgemeiner Teil des Bürgerlichen Rechts,* § 3.º, IV, n. 94, p. 82/83).

Distinguem-se dos conceitos legais indeterminados pela finalidade e eficácia, pois aqueles, uma vez diagnosticados pelo juiz no caso concreto, já têm sua solução preestabelecida na lei, cabendo ao juiz aplicar referida solução.

Estas, ao contrário, se diagnosticadas pelo juiz, permitem-lhe preencher os claros com os valores designados para aquele caso, para que se lhe dê a solução que ao juiz parecer mais correta, ou seja, concretizando os princípios gerais de direito e dando aos conceitos legais indeterminados, uma determinabilidade pela função que têm de exercer naquele caso concreto.

As cláusulas gerais têm como função dotar o sistema interno do CC de mobilidade, mitigando as regras mais rígidas, além de atuar de forma a concretizar o que se encontra previsto nos princípios gerais de direito e nos conceitos legais indeterminados.

Prestam-se, ainda, para abrandar as desvantagens do estilo excessivamente abstrato e genérico da lei. Para tanto, as cláusulas gerais passam, necessariamente, pelos conceitos determinados pela função.

O juiz exerce papel de suma importância no exercício dos poderes que derivam das cláusulas gerais, porque ele instrumentaliza, preenchendo com valores, o que se encontra abstratamente contido nas referidas cláusulas gerais.

Como as cláusulas gerais têm função instrumentalizadora, porque vivificam o que se encontra contido, abstrata e genericamente, nos princípios gerais de direito e nos conceitos legais indeterminados, têm as cláusulas gerais natureza mais concreta e efetiva do que esses dois institutos.

Cláusula geral não é princípio, tampouco regra de interpretação; é norma jurídica, isto é, fonte criadora de direitos e de obrigações (Judith Martins-Costa. As cláusulas gerais como fatores de mobilidade do sistema jurídico, *RT* 680/50).

Como vantagens da cláusula geral, podemos dizer que ela deixa o sistema do CC com maior mobilidade, abrandando a rigidez da norma conceptual casuística.

Faz o sistema ficar vivo e sempre atualizado, prolongando a aplicabilidade dos institutos jurídicos, amoldando-os às necessidades da vida social, econômica e jurídica.

Evita o engessamento da lei civil.

Em contrapartida, são desvantagens da cláusula geral conferir certo grau de incerteza e insegurança às relações, dada a possibilidade de o juiz criar a norma pela determinação dos conceitos, preenchendo o seu conteúdo com valores, quando da análise do caso concreto que lhe chega para apreciação.

O uso das cláusulas gerais contém riscos, é certo.

Pode servir de pretexto para o recrudescimento de ideias, como instrumento de dominação por regimes totalitários ou pela economia capitalista extremada.

Essas desvantagens foram apontadas por Wieacker que, a um só tempo, elogiou a jurisprudência alemã, pela forma adulta e responsável com que enfrentou os períodos pós-primeira guerra mundial, do nacional-socialismo e do pós-segunda guerra mundial, ao aplicar as cláusulas gerais do BGB (Franz Wieacker. *Privatrechtsgeschichte der Neuzeit* cit., § 25, III, 3, p. 476).

Um sistema semiaberto de normas, como o nosso, exige a boa formação e lealdade funcional dos juízes, advogados e promotores de justiça.

São exemplos de cláusulas gerais, além de outras, difusamente espalhadas pelo corpo do CC/2002:

a) a função social do contrato como limite à autonomia privada (art. 421);

b) as partes terem de contratar observando a boa-fé objetiva e a probidade (art. 422);

c) o ato ou negócio jurídico dever ser realizado com atendimento aos seus fins sociais e econômicos (art. 187);

d) a empresa dever atuar atendendo sua função social;

e) fixação de indenização razoável pela interrupção da empreitada (art. 623);

f) atos de permissão e tolerância não induzirem posse (art. 1208);

g) exigência feita pelo pai ao filho, em decorrência do poder familiar, relativa a serviços próprios de sua idade e condição (art. 1634, III);

h) o fato de o gestor de negócios responder por dano causado por caso fortuito, quando realizar operações arriscadas (art. 868);

i) o dever de indenizar, objetivamente, sem dolo ou culpa, quando a atividade causadora do dano, por sua natureza, trouxer risco para o direito de outrem (art. 927, parágrafo único).

6.1 Proibição de comportamento contraditório e venire contra factum proprium

Outro tema interessante do direito privado é aquele alusivo à proibição do voltar-se o sujeito contra a própria conduta.

Esse instituto visa a resguardar a relevância da vontade das partes como fator de liberdade de escolha da figura negocial adotada e do fundamental aspecto da funcionalidade, que toda conduta dispositiva traz consigo, respeitadas as circunstâncias do negócio que foi contratado, sobre se sofreu, ou não, alteração anormal, ou, pura e simplesmente, a mesma alteração que as partes previram pudesse ocorrer (Inocêncio Galvão Telles. *Manual dos contratos em geral*, n. 185, p. 342).

A proibição do comportamento contraditório (*venire contra factum proprium nulli conceditur*), não existia como preceito contratual geral no direito romano, porém, a despeito disso, foi desenvolvida pelos glosadores (Erwin Riezler. *Venire contra factum proprium: Studien im römischen, englischen und deutschen Zivilrecht*, § 1.º, p.

1) e inserida nos ordenamentos modernos e, posteriormente, incluída nos princípios contratuais do *Unidroit*.

O preceito que proíbe o comportamento contraditório decorre da cláusula geral de boa-fé e também da proteção da confiança legítima.

Essa confiança legítima e a boa-fé, contudo, têm a ver com a obrigação assumida pela parte no contrato e a expectativa de que o comportamento anterior do sujeito gerou na contraparte contratual.

Daí afirmar-se que o *venire*, o comportamento contraditório em si mesmo não é proibido; o que se coíbe é o comportamento contraditório desleal, que viola a confiança expectada na outra parte.

Essa é a razão pela qual somente se pode analisar a invocação da proibição de *venire* c.f.p. em conjunto com as cláusulas do contrato, com a cláusula geral de boa-fé (art. 422), com o princípio da confiança e com o comportamento de ambas as partes.

A doutrina proclama que a proibição de *venire contra factum proprium* somente se aplica às obrigações assumidas no contrato, não a situações laterais que não pertinem à obrigação, razão por que se fala em obrigação de correção, obrigação de agir corretamente.

De outra parte, não se pode invocar a aplicação da proibição de comportamento contraditório em qualquer situação de dificuldade na execução do contrato. Primeiro porque a regra não tem incidência automática e deve ser aplicada com parcimônia, como toda cláusula geral. Segundo porque, caso a hipótese trate de mero inadimplemento contratual, o regime jurídico a ser aplicado ao caso é o do inadimplemento e não o do *venire*.

7. Princípio da solidariedade social

Pode-se afirmar, por isso, que a cláusula geral de boa-fé transportou o intérprete dos contratos para considerar, também, a realidade de outras consequências decorrentes da eficácia do negócio jurídico: abandonar as trincheiras da egoística perspectiva do ter para aportar na comunhão participativa dos riscos do viver em sociedade e, por conseguinte, dos riscos das pesadas obrigações oriundas da responsabilidade civil aquiliana e das consequências naturais do equilíbrio que se espera entre a dose necessária de eficiência do sistema para ressarcir o prejudicado e de preservação do mínimo do patrimônio do devedor.

É sob esse enfrentamento que se impõe considerar os influxos naturais do princípio da solidariedade social, de que vamos falar adiante.

8. OBRIGAÇÕES NATURAIS

Além disso, também merecem destaque aquelas obrigações que não habilitam o credor à excussão do patrimônio do devedor, como é o caso das obrigações naturais (judicialmente inexigíveis – art. 882), cujo inadimplemento é desprovido de sanção e são irrepetíveis.

As obrigações naturais são causas eficientes para justificar a conduta do devedor de delas se desincumbir, mas não aparelham os credores com os poderes próprios para a sujeição do devedor de adimpli-las.

As doações que se fizerem em cumprimento de obrigação natural não são susceptíveis de revogação (art. 564 do CC/2002).

O CC Português, em seu art. 402.º, define a obrigação natural:

> "A obrigação diz-se natural, quando se funda num mero dever de ordem moral ou social, cujo cumprimento não é juridicamente exigível, mas corresponde a um dever de justiça".

São hipóteses que fogem à cadência natural do direito de obrigações, porque se põem como exceção ao princípio da imputação civil dos danos.

Cumprida uma obrigação natural, entretanto, não pode o devedor exigir a devolução do que pagou, porque não sabia que a obrigação natural não o aparelhava com poderes para excutir seu patrimônio.

Por isso se diz que a obrigação natural cumprida é irrepetível. Em outras palavras, o credor não pode exigir seu cumprimento, mas, se o devedor a pagou voluntariamente, não tem pretensão para exigir a sua devolução.

De outra parte, o cumprimento voluntário da obrigação natural impede que o devedor aponte ter o credor recebido algo injustamente.

9. PRINCÍPIO DA AUTONOMIA PRIVADA

O CC/2002 garantiu a autonomia privada, concedendo às partes o direito de contratar com liberdade, impondo como limites a ordem pública e a função social do contrato.

Todos têm autonomia para declarar sua vontade e agir, autonomia da vontade essa decorrente do princípio da dignidade da pessoa humana (art. 1.º, III, da CF/1988). A autonomia da vontade é princípio de teoria geral do direito, repita-se, que alude à perfeita correspondência entre vontade e declaração.

Autonomia privada, como fonte normativa de direito, é outro instituto. É típico de direito de obrigações e é o corolário por cujo efeito a vontade do sujeito assume força de lei privada, pela formação do negócio jurídico. Está ligada à ideia de poder, isto é, da possibilidade de realizar, principalmente, negócios jurídicos bilaterais (contratos).

9.1 Nova maneira de ver o princípio da autonomia privada

Outro ponto importante para o estudo, que também chama o observador à reflexão, decorre da circunstância de que, na modernidade, o princípio da autonomia privada precisa ser visto com outros olhos.

Na tradição do direito privado a autonomia privada exterioriza-se pelo negócio jurídico como fruto de declaração livre do ente privado, dirigida a um fim protegido pelo ordenamento jurídico, que produz efeitos jurídicos *ex voluntate*.

O negócio jurídico não é fato jurídico, ou ato jurídico simples: é comando revestido de força de lei entre as partes que o celebram e que estão sujeitas a seus efeitos. Ou seja: é pela incidência do princípio da autonomia privada que a vontade declarada do sujeito assume eficácia normativa, de lei privada.

O princípio da autonomia privada, por isso, pressupõe o direito como sistema científico, fruto da experiência científica que tem longa tradição histórica, em torno de uma sociedade civil que privilegia a vontade livre do sujeito (Alberto Trabucchi. *Istituzioni di diritto civile*, § 52, p. 130).

Sabe-se, entretanto, que a possibilidade de o sujeito de direito manifestar-se com liberdade, clareza e precisão sobre tudo aquilo que demanda seu interesse, não se põe, nos dias correntes, como algo tão frequente.

Na modernidade, vivemos a experiência da vida em sociedade de massa, de consumo e de relações efêmeras.

Em sociedade de massa, admite-se a existência de condutas geradoras de obrigações que não são nascidas do negócio jurídico, ou seja, que não florescem por incidência do princípio da autonomia privada.

Os vínculos jurídicos, nessas ocasiões, podem surgir de outros fatores, que não se realizam exatamente pela mesma tradicional disposição volitiva de alguém se obrigar.

Ou seja: é comum no nosso tempo que certas obrigações nasçam de outros fatos, que não da vontade declarada de o sujeito se obrigar a um prestar.

Além disso, existem obrigações nascidas a partir de cláusulas predispostas unilateralmente em instrumentos de contrato que se põem para assinatura do devedor, que não demandaram livre discussão entre os negociadores, ainda que formalmente se diga que compõem a estrutura de um negócio jurídico bilateral.

São exemplos dessas hipóteses, respectivamente, os chamados contratos em massa (*Massenverträgen*) e os chamados contratos de adesão, fenômenos que contribuíram para que o moderno direito privado tivesse se servido de elementos coletivos (Kollektiven Elementen) (Larenz & Wolf. *Allgemeiner Teil...* cit., § 2, III, 2, 74, p. 44) para sua estruturação.

Essas situações jurídicas, de certa forma, fogem da compreensão tradicional de que o vínculo obrigacional é fruto, sempre, da expressão da liberdade negocial das partes, pois que nesses casos é mínima a liberdade negocial das partes.

A tudo isso acrescem as numerosas ocasiões em que a obrigação de prestar aparece como fruto de mecanismos outros, capazes de permitir verdadeira cooperação social, ou decorrentes de instrumentos de estruturação do sistema, que guardam relação com a efetividade do negócio e não, exatamente, com a liberdade contratual das partes, como é o caso das seguintes hipóteses:

a) das regras de contratos-tipo;
b) dos sistemas jurídicos acionados pelo uso de cartões de crédito;
c) das cláusulas comerciais dos *incoterms*;
d) das condições homogêneas de documentos de crédito ou de condições homogêneas de cobrança;
e) assim como é o caso daquilo que se costuma denominar de "relações contratuais de fato" (*faktische Vertragsverhältnisse*).

10. Vínculos obrigacionais que surgem independentemente da disposição volitiva de alguém se obrigar

Guardadas as devidas diferenças, tudo isto se insere na sequência paulatina de uma evolução cultural que tem como ponto central a maneira pela qual o credor conseguirá fazer valer seu poder de dominação sobre o patrimônio do devedor.

E isto remonta a um tempo em que não eram todos os vínculos que geravam ação e, por isso, não eram todos os contratos que permitiam a execução da dívida.

Desde remoto tempo, das distinções entre *actiones bonae fidei* e *actiones stricti iuris*, no Direito Romano, celebra-se a evolução de que relações similares aos contratos desafiam, também, proteção jurídica.

Tanto que a marca das *actiones bonae fidei* era, justamente, o fato de elas se constituírem em ações nas quais ao juiz era permitido um juízo mais elástico de fixação do quantum devido ao credor pelo devedor, pois, na ausência de um rito processual ordinário, era de fundamental importância o juízo de boa-fé.

Em certa medida, é exatamente como hoje ocorre – em pleno terceiro milênio – com os fenômenos jurídicos de direito de obrigações em que é necessária a intervenção do juiz para compreender pontos relativos à força obrigatória do vínculo obrigacional, da qualidade do poder de excussão do credor, bem como de seus limites.

Provam isso mecanismos legais modernos como os que foram inseridos, em boa hora, de maneira muito clara, nos arts. 421, 422 e 2035, parágrafo único, todos do CC/2002.

11. Não apenas dos contratos nascem as obrigações

O curioso desse fato é que se pode – perfeitamente – continuar considerando a obrigação a partir da situação jurídica relativa vivenciada pelos sujeitos, do *vinculum iuris* "que se estabelece entre as pessoas, tendo por objeto coisas corpóreas e incorpóreas" (San Tiago Dantas. *Programa de direito civil,* Parte geral, p. 245).

O ponto de mudança, para o qual se deve dar atenção, é a axiologia jurídica, que está por detrás do fenômeno gerador do vínculo.

Na hipótese de se partir de:

a) elementos puramente individuais (que desafiam o princípio da autonomia privada), produz-se a geração de *vinculum iuris* (*ex voluntate*) decorrente da liberdade e, por conseguinte, o dever de prestar;

b) elementos (também) coletivos (massificação da vontade que desafia os princípios da solidariedade social e da boa-fé objetiva) produzem *vinculum iuris* (*ex voluntate* mais elementos *ex re* ou, também, *ex lege*) oriundo da vontade e de expressões coletivas e, por conseguinte, causadoras do dever de prestar.

Tudo, portanto, desafia uma concepção moderna do princípio da autonomia privada, que não deve ser desprezada, jamais. Porém, já não é o único amálgama do fenômeno que enseja a obrigação extranegocial, ou até mesmo negocial.

O que se não pode permitir é que:

a) para os vínculos *ex voluntate*, se deixe de aplicar o *princípio da autonomia privada*;

b) ou então, que para hipóteses de vínculos nascidos, também, *ex re* ou *ex lege*, se deixe de aplicar os *princípios da solidariedade social e da boa-fé objetiva*.

Tudo é uma questão de ver a estrutura sistêmica do direito a partir de pressupostos axiológicos que a informam e não são meramente conceituais.

12. Princípio da proporcionalidade das prestações

Por trás de todo negócio jurídico há, portanto, um aspecto *objetivo* a ser realçado, relacionado com a prestação devida pelas partes, uma com relação à outra. A prestação deve ser, principalmente, nos denominados negócios de cunho comutativo, proporcionalmente exigida.

O maior peso da eficácia do tratamento do direito de obrigações está no *objeto da prestação*.

A doutrina da proporcionalidade das prestações inspira a funcionalidade do direito à proteção daquele que, ao contratar, possa ter ficado desfavorecido com o contrato, a partir das disparidades suscitadas por interesses em torno do objeto da prestação devida por ocasião da execução do negócio, ou do pagamento da indenização por decorrência de responsabilidade civil.

Na verdade, não se pode negar a importância socioeconômica da estrutura jurídico-sistemática do contrato, pena de ver-se comprometida a segurança da vida do direito, a estabilidade da economia e a própria essência da liberdade humana, pois uma base econômica "inspira e condiciona as relações jurídicas negociais" (Villela. Teoria da base negocial e o Plano Collor, *IOB* 19/90, n. 3/4655, p. 385).

O cumprimento exato do contrato "*pressupõe a existência e o normal desempenho do que, em linguagem analógica, se poderia chamar equilíbrio homeostático entre a vontade negocial e o seu entorno*. Em que consiste este equilíbrio? Consiste em que entre a exigibilidade da obrigação e a vontade de se obrigar subsiste uma correlação tal de interesses, sem a qual o particular não teria assumido o vínculo nem o Estado imposto sua observância compulsória" (Villela. Teoria da base negocial e o Plano Collor cit., p. 385).

A busca da efetiva proporcionalidade das prestações devidas em virtude de obrigação assumida, *fruto do princípio da dignidade humana*, é o tema que:

a) dá sustentáculo lógico ao debate em torno de princípios como o da *solidariedade social* e da *boa-fé objetiva*;

b) é o mote estrutural de institutos como a *responsabilidade objetiva* e a *base objetiva do negócio*;

c) é a forma como melhor se pode buscar a estruturação da denominada *função social do contrato*.

13. Princípio da excussão menos gravosa para o devedor

Quem viola o direito alheio deve indenizar o lesado e o devedor que não cumpre suas obrigações sujeita-se a que sejam apreendidos seus bens penhoráveis, em execução regular, para que com isso possam ser atendidas as necessidades do credor insatisfeito e cumprida a obrigação, vedada a solução privada de lides.

A forma como se deva processar a execução do devedor e, consequentemente, a excussão de seu patrimônio penhorável, entretanto, deve ser a menos gravosa possível aos interesses do devedor.

O rol dos bens impenhoráveis do art. 649 do CPC é ditado por esse princípio, porque ali se pressupõe, para equilíbrio da vida social, a intangibilidade de certos bens, que são considerados fundamentais para a segurança da pessoa.

Além dessa providência, o sistema permite ao juiz, durante o processo de execução, orientar os atos de constrição e de alienação de bens do devedor, no processo, de maneira sempre menos gravosa aos interesses do executado (ou seja, do devedor).

14. Vínculo de obrigação e de proporção

Em todas as teorias e arcabouços lógicos empreendidos para pôr em prática um sistema seguro de cumprimento das obrigações, há uma preocupação forte com a proporção que ela assume quanto ao comprometimento da vida e do patrimônio do devedor, em equilíbrio com a justa expectativa do credor, de ver-se satisfeito.

Por isso, muitas são as maneiras diferentes de se enfrentar o tema da responsabilidade do sujeito, para o cumprimento de obrigações jurídicas.

I. Pelo sistema de justiça comutativa: O Direito Privado lida com a ideia da justiça comutativa (J. Brethe de la Gressaye. La réhabilitation du droit par l'enseignement. In: Federico Turano. *La funzione del diritto nell'attuale momento storico*, p. 47) quando se põem em debate os temas seguintes:

a) igualdade;

b) justo preço;

c) execução leal;

d) repartição dos danos;

e) subordinação da autonomia da vontade ao respectivo equilíbrio entre as prestações devidas;

f) proporção entre o dano e o ressarcimento (equidade).

II. Pelo sistema de justiça distributiva: A justiça distributiva tem por princípio a proporção, a ser observada dentro da repartição de bens e os encargos de uma comunidade, em relação aos méritos, às necessidades e aos esforços de cada um.

a) a pena e a gravidade da falta do delinquente. Por isso que a doutrina pugna, em Direito Penal, abandonar a ideia de responsabilidade pelo dano – que é de Direito Privado – e analisar a personalidade do sujeito agente do crime:

sociabilidade e antissociabilidade, esses são os critérios determinantes no direito penal. O sistema de "sanções" seria substituído pelo de adequação (Filippo Gramatica. Dal diritto de punire al dovere di defesa. In: Federico Turano. *La funzione del diritto nell'attuale momento storico,* p. 59);

b) o salário e a qualificação profissional do trabalhador; os impostos e os retornos dos benefícios ao contribuinte (proporcionalidade);

III. Pelo sistema de justiça social: A justiça social tem como escopo procurar o bem comum aos membros de uma sociedade e o fundamento da autoridade no corpo social, público ou privado:

a) restringe a propriedade privada em favor do bem comum;
b) prevê seguros sociais que possam garantir um mínimo para todos;
c) pretende uma equânime repartição de riqueza entre todas as classes da sociedade (solidariedade).

15. DÍVIDA E RESPONSABILIDADE

A consequência normal da dívida, como já dissemos, é comprometer o patrimônio do devedor.

Entretanto, a ideia de responsabilidade civil está completamente fora de foco na atualidade do direito brasileiro. Vê-se que, diuturnamente, a doutrina e a jurisprudência enfrentam o aspecto da responsabilidade no momento da análise do liame subjetivo que fez gerar a dívida, quando, necessariamente, não é esse o único tratamento que se deva dar à questão.

Diante de uma hipótese de dívida (oriunda do fato, do ato, do negócio), deve-se buscar imputá-la a alguém, isto é, imputar a dívida oriunda desse fato, ato ou negócio a alguém e, num terceiro momento, identificar a causa da responsabilidade daquele a quem a dívida foi imputada:

a) pode ser que o sistema que vincula o credor ao devedor, afetando seu patrimônio, seja o da responsabilidade pessoal e ilimitada, submetida a critério subjetivo, e, então, é necessário apurar-se de quem é a culpa pelo ato ou de quem é a responsabilidade pela paga devida;

b) pode ser que a responsabilidade se submeta a sistema objetivo, ou *ex re*, e não se há de indagar do imputado quanto à existência de culpa ou dolo de sua parte, como pressuposto para a indenização, mas quem é aquele que vive situação de vantagem em relação à coisa ou à situação jurídica experimentada, para imputar responsabilidade objetiva a esse, pelo seu mau uso ou pela derivação imprópria dos efeitos dessa experiência;

c) pode ser ainda que, subjetiva ou objetiva a responsabilidade, ela se atenha a limites, impostos pela lei ou pela vontade das partes. Exemplo disso são as responsabilidades tarifadas, a responsabilidade de sócios ou, sob outro aspecto de distinção, a responsabilidade de quem sujeita seu patrimônio, solidária ou subsidiariamente, para honrar a dívida que não é sua ou não é inteiramente sua.

16. Breves apontamentos sobre o Direito Germânico

Mas todos esses aspectos da responsabilidade civil não podem ser enfrentados se não se fizer a distinção efetiva e prévia entre dois conceitos: *dívida* e *responsabilidade (Schuld und Haftung)*, conceitos absolutamente fundamentais em direito de obrigações, como técnica de proporção.

E essa distinção também remonta ao Direito Germânico.

Foi com Otto von Gierke que a doutrina alemã compreendeu melhor o sentido de *Schuld und Haftung* no direito antigo germânico.

No conceito romano de *obligatio* fundiam-se dois sentidos que, de raízes indo-europeias, bifurcavam-se em dois diferentes aspectos: *Schuld* e *Haftung*. Foi a ciência jurídica germana que adotou e estruturou a teoria em torno desse dualismo não antevisto pelos romanos.

Gierke ensina que *Schuld,* para o direito alemão, é dever legal, sendo que *Schuld* e *Sollen* têm a mesma raiz etimológica. Poder-se-ia dizer que *Schuld* é a dívida e que a noção de dívida, de alguma maneira, abrange todas as relações de direito, uma vez que a dívida implica um dever (*Sollen*). Quem se compromete a saldar uma dívida se compromete a cumprir algo, de acordo, exatamente, com a forma como se comprometeu a cumprir e, nesse sentido, o que é devido é exatamente o que foi prometido. *Schuld* é uma relação bilateral: de um lado, um dever de prestar e, de outro, um dever (*sic*) de receber.

A doutrina alemã, por vezes, usa a expressão *dívida do devedor* (*Schuldnerschuld*) em contraposição a "dívida" *do credor* (*Gläubigerschuld*) para referir-se ao dever do credor de receber a prestação e de desobrigar o credor (Hans Planitz. *Princípios de derecho privado germánico,* p. 199).

17. Schuld e Haftung

Inicialmente, *Schuld* guarda um sentido abrangente: não representa apenas o dever de prestar, mas também o direito sobre a prestação. É a partir da noção de dever que o conteúdo legal da relação obrigacional *(Schuldverhältnisse)* é definido (Otto von Gierke. *Schuld und Haftung im älteren deutschen Recht,* p. 7 e 8).

Se o devedor pagou o que deveria ter pago e o credor recebeu, na mesma medida, o que deveria ter recebido, não há direito à repetição do indébito.

Se, entretanto, não houve o cumprimento regular da prestação, uma outra qualidade de relação jurídica se impõe, com conteúdo de poder, para dar efetividade ao direito de obrigações. E é nesse contexto que se estabelece a função da relação de responsabilidade *(Haftungsverhältnisse)* (idem, p. 9 e 10).

Haftung é responsabilidade. *Haftung*, no sentido do direito alemão, é a sujeição daquele que deveria ter cumprido a prestação ao poder de intervenção daquele que tinha direito de receber a prestação e não a recebeu (idem, p. 11). *Haftung* é um estado de ligação que decorre da dívida e também se pode dizer que é: ligação, obrigação, compromisso, laço, vínculo, obrigatoriedade, envolvimento, dever (idem, ibidem).

A dívida, ou *Schuld*, é o dever de prestar, ou seja, de realizar uma prestação *(Leistensollen)*. Ligado a esse dever existe um outro, o dever de conduta *(Haltensollen)* (Hans Planitz. *Princípios...* cit., p. 198), profundamente ligado ao sentido de lealdade e de boa-fé objetiva.

O dever de conduta das partes *(Haltensollen)* pode evidenciar-se sem mesmo ter surgido um dever de prestação *(Schuld)*, como sucede nos casos de negócio submetido à condição suspensiva (idem, p. 199), ou nas hipóteses de expectativa de direito e, muitas vezes, de responsabilidade pré-contratual.

Pode-se dizer que essa expressão, decorrente do que se entende por conduta das partes *(Haltensollen)*, não está localizada na investigação dos aspectos da formação subjetiva do negócio jurídico, mas no espectro objetivo, patrimonial e econômico subjacente aos negócios jurídicos celebrados, por causa da marca da lealdade que neles se vê impregnada e, agora, diante de nosso direito posto, sem dúvida nenhuma, em todas as espécies de vínculos negociais, dos chamados direito empresarial, comercial, civil ou consumerista, diante das expressões normativas amplas do arts. 421, 422 e 2035, parágrafo único.

Parece-nos que na origem remota dessas ideias, que permitem ao credor, num primeiro momento, lançar mão do corpo e da vida do devedor, no caso de inadimplemento e, mais tarde, autorizam o credor a lançar mão do patrimônio do devedor, para satisfação de seu crédito, haja uma permanente preocupação com a preservação do equilíbrio dos interesses do credor e do devedor, principalmente de manter as condições de proporcionalidade das prestações devidas, por causa da situação pessoal e socioeconômica das partes.

Há aquele viés fundamental da cultura oriental de olhar o conteúdo do dever de prestar, semeada no direito dos germanos, diferente do direito romano, que acabamos de realçar.

A distinção revela o aspecto objetivo do negócio, o substrato econômico do contrato ou da obrigação em geral, não o vínculo subjetivo que ele contém, mas sua base objetiva.

É uma técnica ancestral de olhar o caso concreto *ed in particolare la situazione personale e socio-economica delle parti* (Enrico Dell'Aquila. *Il diritto cinese – Introduzione e principi generali,* p. 73).

18. A PROPORCIONALIDADE DAS PRESTAÇÕES

Por trás de todo negócio jurídico há, a par de seu arcabouço de vínculo subjetivo, um aspecto objetivo a ser realçado, relacionado com a prestação devida pelas partes, uma com relação a outra, prestação que deve ser, principalmente nos denominados negócios de cunho comutativo, proporcionalmente exigida.

O maior peso da obrigação está no objeto da prestação.

"O princípio da proporcionalidade serve para estabelecer a relação adequada entre os fins e os meios de que se dispõe; institui a relação entre esses dois pontos, confrontando o fim e o fundamento da intervenção com os efeitos desta, tornando possível o controle do excesso. Há violação do princípio da proporcionalidade, com ocorrência do arbítrio, toda vez que os meios destinados a realizar um fim não são por si mesmos apropriados e/ou quando a desproporção entre meios e fim é particularmente evidente". (Ruy Rosado de Aguiar Junior. *Comentários ao novo Código Civil: da extinção do contrato – arts. 472 a 480,* v. VI, t. II, pp. 130-131.)

19. O DIREITO DE OBRIGAÇÕES E O SISTEMA ECONÔMICO-FINANCEIRO

Já se vão quarenta anos desde que o economista Ronald Coase, laureado com o prêmio Nobel de Economia em 1991, escreveu seu pioneiro artigo *The problem of social cost* (Ronald Coase. The institutional structure of production. *Essays on economics and economists,* p. 12) inaugurando a disciplina que se convencionou denominar de *Análise Econômica do Direito.*

Na sequência desses estudos, contudo, a doutrina – tanto na Ciência do Direito como na Economia – não se limitou a ponderar logicamente a vinculação natural de disciplinas jurídicas (como é o caso do sistema de responsabilidade civil em uma codificação civil) com a economia, mas passou a desafiar indagações muito precisas, relacionadas com a lentidão e com a imprevisibilidade das decisões judiciais.

Essas indagações alimentam o mote argumentativo que está por detrás de questões que vêm sendo debatidas intensamente nos últimos anos pela sociedade civil: (a) o controle externo do Judiciário; (b) a súmula vinculante; (c) a extensão da prática da arbitragem civil.

O argumento utilizado constantemente é de que o Poder Judiciário é formado por um grupo de profissionais que desconhece por completo a economia, os custos de transação e o papel do Judiciário em uma economia de mercado, bem como não tem contribuído para o crescimento social e para a geração do bem-estar social; os juízes brasileiros não conhecem noções básicas de economia e finanças, *num mercado sofisticado* como o brasileiro.

A economia cobra da Justiça a criação de precedentes e a previsibilidade das soluções dadas para que tudo seja computado no custo das coisas.

Já era da tradição do direito a preocupação com esses temas. Sempre se soube que a elaboração do conceito de obrigação também impunha um labor tipicamente jurídico de bem compreender *a massificação, o pluralismo, o tecnicismo e o tecnocracismo que caracterizam a sociedade contemporânea, principalmente porque o direito das obrigações, a que se atribui um especial valor educativo para os juristas, desempenha também importante papel na formação dos cultores da economia. É que, não só lhes comunica o rigor típico do método jurídico, como ainda lhes possibilita um conhecimento acabado da vida econômica* (Mário Júlio Almeida Costa. Aspectos modernos do direito de obrigações cit., p. 75 e 80).

A advertência, entretanto, parece que não tem mão dupla na vivência da Ciência Econômica.

O nosso tempo vive assaltado por práticas negociais que nunca foram submetidas a questionamentos jurídicos precisos, ou nunca foram analisadas sob a óptica de um sistema lógico e ético de segurança e pacificação social que tivesse braços possíveis de atingir realidades da vida humana que, muitas vezes, passam ao largo do sistema jurídico.

Não seria de todo incorreto afirmar que negócios de financiamento de dinheiro e coisas em lugares pobres do mundo têm sido celebrados à margem de princípios milenares do direito, ou, o que é ainda pior, chancelados por um mecanismo *jurídico* adrede preparado por uma técnica dissociada dos princípios da ciência do direito e comprometida única e exclusivamente com o sistema econômico que privilegia o lucro de investidores.

É quase como se tivéssemos voltado ao sistema dos patrícios e plebeus da Roma antiga e destinássemos as normas para cada grupo de acordo com essa divisão: regras de direito para os iguais; de economia para os desiguais.

Para exteriorizar essa preocupação e encaminhar a compreensão da finalidade institucional do ideário de direito de obrigações, por primeiro, e do princípio da

imputação civil dos danos nesse contexto, opta-se por enfrentar dois aspectos que podem ser especialmente significativos nessa nossa análise:
   a) o primeiro liga-se à compreensão de aspectos econômicos e jurídicos dos negócios jurídicos denominados pela economia de *microfinanciamentos*;
   b) o segundo parte de uma análise da conjuntura da economia da classe baixa brasileira, a partir de uma decisão de Ruy Rosado de Aguiar Jr. Uma e outra análise pretende enfocar as concepções econômicas de nosso tempo e os hábitos mentais de economistas e de juristas contemporâneos.

Quanto ao primeiro ponto, o articulista do *The New York Times* Harry Hurt III traz à baila antigo e moderno tema: pobreza x investimento. Comenta, especificamente, a análise conjuntural que Alexandre de Lesseps, empresário internacional, típico bilionário nova-iorquino, faz do assunto. Diz que ele está sempre fazendo a mesma pergunta: por que queremos emprestar dinheiro aos pobres? E sempre responde da mesma forma: Porque a única forma de resolver os problemas da pobreza e do terrorismo no mundo de hoje é por meio do investimento. Diz o articulista que Lesseps não é um homem comum, mas um dos principais personagens do mundo das microfinanças, que emprestam quantias de US$ 1.000 a pessoas pobres dos países pobres, contra juros de 2 a 5 pontos percentuais (acima da taxa interbancária do mercado de Londres), sem respaldo de uma avalista, o que não pressupõe meios de recuperação financeira para o emprestador se os empréstimos não forem pagos. Mas o Banco Grameen e outras instituições importantes de microcrédito alegam que o índice de prejuízo com os empréstimos é menor que 5%, enquanto no setor financeiro que serve ao consumidor não preferencial esse índice varia de 5% a 10% por causa de tomadores de empréstimos com problemas de receita ou históricos de créditos irregulares (Harry Hurt III. Investidor defende empréstimos a pobres, para acabar com a pobreza. O Estado de S. Paulo, 29.08.2003, B6).

Lesseps é coproprietário da Blue Orchard Finance, especializada em microfinanças, com sede em Genebra, a qual estima que atualmente US$ 500 milhões estão destinados a microcréditos no mundo inteiro, mas que essa cifra pode aumentar para US$ 3 bilhões, mesmo porque 80% do potencial mundial para microfinanciamento continua inexplorado, havendo prognósticos de que o setor poderia atingir até US$ 10 bilhões na próxima década. O microfinanciamento permite o lucro dos investidores e tem sido visto pela ONU e pelo Banco Mundial como um mecanismo de participação do setor privado no combate à pobreza mundial. Lesseps faz, porém, um alerta: Se você quiser livrar o mundo da pobreza, precisa acabar com os empréstimos escorchantes; e uma advertência: o dinheiro que vai para os países pobres deve ser administrado adequadamente, e não apenas desperdiçado (idem, ibidem).

São essas as questões surgidas para meditação a partir dessa análise conjuntural:
a) financiamentos podem ser feitos e tendem, cada vez mais, a ser feitos entre pessoas de níveis socioeconômicos diferentes. Isto porque dois terços da população do mundo é muito pobre e precisa ter acesso a um pouco de riqueza e o capital está centrado na mão de muito poucos;
b) os tomadores dos chamados microfinanciamentos são, em regra, pessoas que não podem dar garantias tradicionais (patrimoniais) para cumprimento civil da obrigação assumida, porque muitas vezes se encontram abaixo da linha de pobreza;
c) há estatísticas bem formuladas a respeito do índice de inadimplência desses devedores, em índices menores do que as que ocorrem nos empréstimos tomados dos chamados consumidores não preferenciais;
d) a inadimplência dos chamados consumidores não preferenciais se deve, primordialmente, a problemas de receita ou históricos de crédito irregulares;
e) o mecanismo de garantia do lucro dos investidores de microfinanças se dá por meio de cobrança de taxas, cujos índices são fixados com base nas avaliações dos fatores de risco que, em países como a Nicarágua, por exemplo, podem ser *22% maiores que a Libor (London Interbank Offered Rate* – taxa interbancária do mercado de Londres) (idem, ibidem);
f) o *fator risco* é um elemento que influencia a taxa do mercado e é calculado tendo como critério determinante o fato de que os tomadores dos empréstimos são pessoas sem nenhum respaldo patrimonial que garanta ao credor o recebimento de seu crédito;
g) a perspectiva do aumento de empréstimos sob a rubrica dos *microfinanciamentos* confere ao investidor mundial uma visão panorâmica da realidade socioeconômica do mundo e uma maior condição para nortear a migração do capital de investimento de um lugar pobre para outro, às vezes mais pobre ainda, e de decidir. O critério de escolha é político-conjuntural e não baseado nos regramentos corriqueiros de Direito de Obrigações, para a fixação dos limites do poder de excussão do devedor;
h) a visão macro da economia internacional; a possibilidade de comando de migração do capital internacional, daqui para lá; a possibilidade de fixar os critérios do risco do capital (que apena desde o início da avença o tomador de microempréstimo com custos escorchantes, seja ele adimplente ou inadimplente), somada com a possibilidade de o investidor lançar mão de mecanismos tradicionais de garantias do credor (excussão patrimonial tradicional), colocam o investidor de microfinanciamento num contexto

de absoluta vantagem sobre qualquer outro sujeito que se disponha, na atualidade, a celebrar negócios jurídicos;

i) o tratamento de uma e outra hipótese (credores e devedores iguais e comuns; credores e devedores desiguais e especiais) não pode ser feito da mesma maneira;

j) quando o investidor diz que os microfinanciamentos só terão sucesso como elemento para a erradicação da pobreza se: (a) não se traduzirem em empréstimos escorchantes; (b) quando não forem desperdiçados, ou seja, quando forem bem administrados, é necessário questionar: (b1) no primeiro caso, as taxas de juros (ou, na linguagem do momento, as taxas de mercado); (b2) no segundo, a finalidade socioeconômica imediata do uso do capital emprestado, para que ele não se perca no consumo de coisas sem importância ou sem nenhuma capacidade de produção de riqueza e preservação da dignidade de vida do tomador do empréstimo;

k) é necessário, também, questionar a utilidade da técnica de direito de obrigações (aqui incluídas não somente as preocupações do direito privado, mas também e principalmente as preocupações do direito empresarial e da microempresa, esteio da vida econômica social) na conjuntura que se apresenta;

l) é necessário também analisar os efeitos devastadores de um capital migratório, temporário, que serve a uma finalidade programada para curto prazo, se sacia e se transfere para outro espaço, onde ainda não foi verificado o efeito devastador do desperdício das riquezas;

m) o capital migratório de microfinanciamentos, a par de ter potencial de produzir muitos bons frutos em determinadas ocasiões, pode ser altamente prejudicial ao organismo socioeconômico mundial e produzir uma legião de miseráveis que vai gerar, por sua vez, aquilo que inicialmente se pretendeu, pela mesma técnica, evitar: o terrorismo, que é fruto amargo da anarquia, da subjugação, da ignorância e da miséria. Ou seja: é fruto da incivilidade.

n) *taxa de mercado* é uma expressão de Economia que não encontra correspondente em instituto próprio da técnica do Direito, nos chamados frutos civis do dinheiro;

o) há momentos em que a Ciência do Direito se exterioriza como um entrave para a Economia;

p) o cumprimento das regras jurídicas são vistas pela Economia, muitas vezes, como um encargo que deve ser sopesado, sobre se vale ou não a pena cumpri-las. Pode ser que compense investir e não cumprir a norma, inserindo o risco do descumprimento da regra no contexto do risco e, portanto, do preço do produto.

No mesmo artigo, *supra* referido, de onde se tiraram essas considerações, o articulista faz alusão a uma metáfora que serve para mostrar como lhe parece a situação dos tomadores de pequenos empréstimos, diante de grandes investidores: O rebanho pode arremeter para a direção errada. *Os golfinhos sabem trabalhar uma técnica para fazer com que cardumes de peixes, suas presas, caiam em armadilha. Eles nadam em círculo, em volta dos cardumes, rapidamente, e os peixes fogem para o centro, formando um amontoado coeso, de vários peixinhos. Isso os coloca na mira dos golfinhos que podem a todos devorar, por atacado...*

Na interpretação jurídica de contratos celebrados nessa cadência, não pode o intérprete desprezar essas considerações, esses fatos, que são determinantes e lhe permitem o encontro de argumentos para a interpretação das cláusulas e do ponto cardeal para a fixação de parâmetros para a eventual revisão do negócio.

Não é possível dizer que essas considerações são frutos de interpretações científicas do Direito, ou da Economia, como querem alguns. Os ensinamentos do Direito não são esses. Os da Economia, por certo, também não o são.

É isso que alguns segmentos da Justiça pública no Brasil têm procurado fazer.

A jurisprudência do Superior Tribunal de Justiça Brasileiro não tem ficado infensa à problemática jurídica das novas tendências do direito contratual, nem tem desprezado o enfrentamento da revisão sistemática dos temas que se reportam à velha dicotomia direito e economia. As decisões mais avançadas, que buscam resgatar o equilíbrio das prestações contratuais, principalmente no enfrentamento diuturno dos temas atinentes à recuperação da base objetiva do negócio jurídico, na jurisprudência contemporânea, têm encontrado poucos adeptos nos tribunais estaduais, salvo o Tribunal de Justiça gaúcho e salvo alguns juízes de tribunais estaduais, espalhados nos Estados da Federação. Ainda não há nem na doutrina e nem na jurisprudência brasileiras a compreensão fiel da problemática do direito e da economia; das táticas de mercado, das práticas de consumo e das quebras do equilíbrio contratual com a precisão que era de se esperar para o nosso tempo.

Na atualidade, contudo, ainda se vê o CC/2002 como uma mera atualização do CC/1916. Ainda se toma o princípio do *pacta sunt servanda* como sendo regra que só pode ser quebrada em exceções raríssimas; ainda se tem grande dificuldade de compreender os negócios de trato continuado e a dificuldade de sua revisão, principalmente nos casos dos negócios firmados por adesão; ainda se percebe a dificuldade de transportar a problemática do negócio jurídico para sua atual questão de base objetiva, limitando-se o intérprete e o aplicador da norma a ater-se à análise subjetiva do negócio. Ainda se tem grande dificuldade de transportar as avançadas regras de direito constitucional e de proteção da dignidade humana para o terreno dos direitos de obrigações.

Capítulo III

Sistematização do Direito de Obrigações

1. Fontes de obrigações: fatos, atos e negócios jurídicos

Recuperando o sentido do que foi dito anteriormente sobre o fato de que a experiência jurídica se manifesta protagonizada por sujeitos de direito, diante de bens e de interesses que despertam sua pretensão e podem ser apontados como a mola propulsora de fatos que, por sua vez, geram efeitos jurídicos, mister agora examinar com maior disposição, exatamente, quais seriam essas causas eficientes, que impulsionam a ocorrência de fenômenos jurídicos, como fruto da vontade dos sujeitos ou não.

Há acontecimentos que são juridicamente indiferentes e, por isso, não podem ser considerados fatos jurídicos.

O fato alcança a qualidade de jurídico se, e somente se, ostenta um conteúdo jurígeno, ou seja, se tem em si potencialidade de influir, de alguma maneira, na criação, extinção ou modificação de direitos.

A esses fenômenos, com essa qualidade e potencialidade jurígena, dá-se o nome de *fato jurídico lato sensu*.

Tem essa qualidade tanto os fatos que independem da vontade do homem, a que chamamos *fatos jurídicos involuntários*, quanto os fatos que procedem da vontade, ou seja, fatos cuja ocorrência deriva de ações humanas, que poderíamos denominar *fatos voluntários*.

Os fatos jurídicos involuntários, que se pode também denominar de *fatos jurídicos stricto sensu*, são decorrentes de forças naturais, de obras da natureza.

Assim podem ser classificados a queda de uma árvore, um vendaval.

O caso fortuito e a força maior, bem por isso, são classificações desses fenômenos involuntários, porém jurídicos.

Por outro lado, os fatos jurídicos que decorrem de uma reação volitiva, ou seja, os fatos que são frutos da vontade do agente, são chamados de *atos jurídicos* e podem ser lícitos ou ilícitos, como veremos adiante.

Para melhor o leitor poder acompanhar a sequência das explicações que fazemos, é de grande utilidade o quadro sinótico que segue, capaz de tornar clara a classificação de cada uma dessas ocorrências da fenomenologia jurídica.

Fato – Ato – Negócio Jurídico

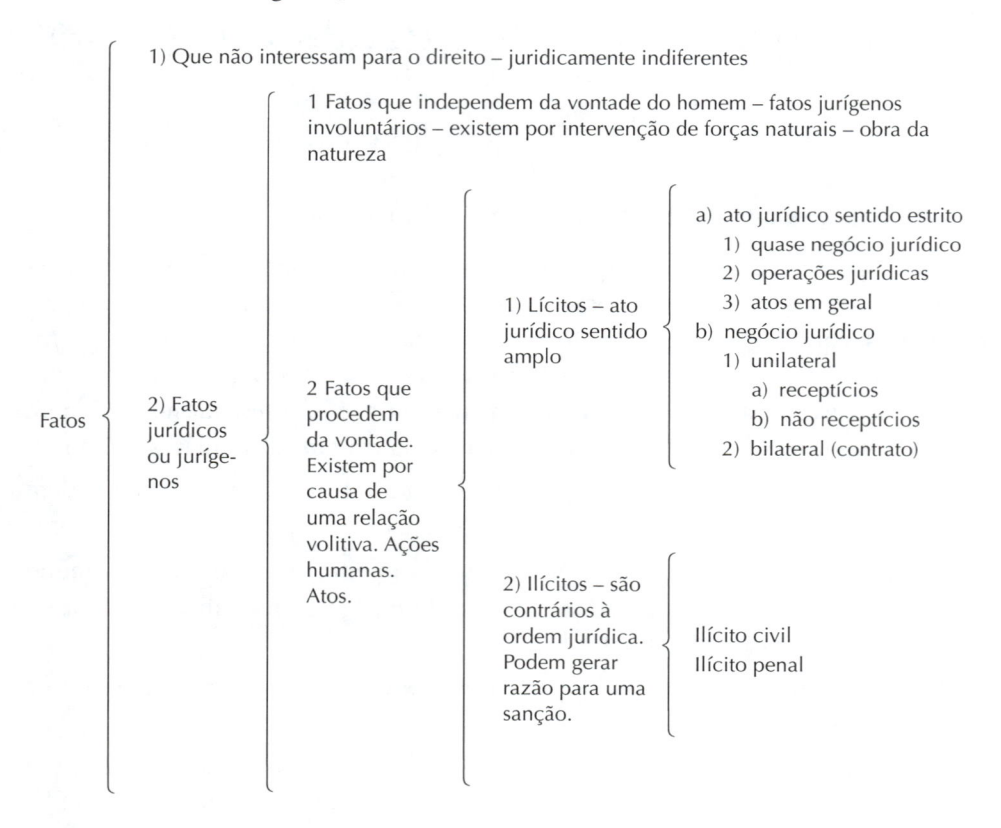

Fatos
- 1) Que não interessam para o direito – juridicamente indiferentes
- 2) Fatos jurídicos ou jurígenos
  - 1 Fatos que independem da vontade do homem – fatos jurígenos involuntários – existem por intervenção de forças naturais – obra da natureza
  - 2 Fatos que procedem da vontade. Existem por causa de uma relação volitiva. Ações humanas. Atos.
    - 1) Lícitos – ato jurídico sentido amplo
      - a) ato jurídico sentido estrito
        - 1) quase negócio jurídico
        - 2) operações jurídicas
        - 3) atos em geral
      - b) negócio jurídico
        - 1) unilateral
          - a) receptícios
          - b) não receptícios
        - 2) bilateral (contrato)
    - 2) Ilícitos – são contrários à ordem jurídica. Podem gerar razão para uma sanção.
      - Ilícito civil
      - Ilícito penal

2. DECLARAÇÃO DE VONTADE DE PESSOA FÍSICA E JURÍDICA

Antes de analisar os fatos jurídicos que decorrem de reação volitiva do sujeito, ou seja, antes da analisar os *atos jurídicos*, impõe-se uma breve palavra sobre a vontade e sua declaração, no contexto dos efeitos que se desencadeiam no mundo fenomênico do direito.

A vontade, potência intelectiva humana, é o fenômeno desencadeador dos atos realizados.

É, por assim dizer, a mola propulsora que põe em funcionamento todas as potências humanas para a prática dos atos.

Por isso se diz que os atos e as atividades, a conduta humana em geral, são *potência realizada*. Disso já falamos na *teoria geral do direito privado* e no estudo do *direito de personalidade*.

Aqui a abordagem é específica para a análise dos efeitos dos atos e das atividades realizadas, sobre a sua importância no quadro de que falávamos, no item anterior, especificamente na parte que pertine à temática dos *atos jurídicos lícitos* e *ilícitos* e *negócios jurídicos*.

A emissão da vontade, portanto, é causa eficiente dos atos e dos negócios jurídicos e a liberdade, essência da humanidade, é pressuposto fundamental para qualquer análise que verse sobre a existência, validade e eficácia da emissão da vontade.

A vontade do sujeito, portanto, no âmbito da juridicidade privada, pode ser manifestada pela pessoa física e pela pessoa jurídica, pública ou privada.

Interessa para o direito privado, também, no contexto dos atos e negócios sob sua regência, a vontade manifestada por pessoa jurídica de direito público, que não esteja no exercício do *ius imperii*.

Quanto a esse ponto, observa-se, então, que se o ato for praticado no exercício do *ius imperii*, não se realiza negócio jurídico que interesse à disciplina do direito privado, pois *apenas* se a pessoa jurídica de direito público experimenta a realidade de conduzir-se na prática jurídica, sem realizar ato de império, sujeita-se ela, como qualquer outro sujeito de direito, a regras de direito privado. Situação dessa qualidade, por exemplo, pode-se antever na hipótese de o poder público locar prédio de particular, submetendo-se às regras da lei de locação.

Feita essa breve digressão sobre a qualidade da vontade jurídica do sujeito, nos limites da juridicidade privada, voltemos, então, a analisar a vontade e sua declaração.

O ponto mais importante a ressaltar sobre esse tema é o necessário reconhecimento de que o fenômeno mais requintado de direito é o negócio jurídico, fato jurídico *lato sensu*, que é produto do poder criativo da vontade, sob o influxo do princípio da autonomia privada.

A vontade do sujeito é determinante e fundamental na elaboração de negócios jurídicos, formadores de relações jurídicas creditícias, bem como nos negócios sucessórios, como é o caso do testamento, negócio jurídico unilateral.

Por outro lado, a vontade é esmaecida, ou seja, não tão determinante, nos negócios jurídicos familiares (casamento, pacto antenupcial), nas tratativas com cláusulas predispostas e nos negócios jurídicos de direitos reais, porque a equação jurídica que decorre dessas manifestações volitivas é, inexoravelmente, acrescida de outros elementos que não derivam, própria e exclusivamente, apenas, da livre declaração de vontade, por variadas razões, que podem ser exemplificativamente assim lembradas: interesse público, segurança jurídica, escopo de proteção da igualdade das pessoas, facilitação de compreensão de regras de direito internacional, como ocorre com os negócios em que são acrescidas menções às cláusulas comerciais denominadas *incoterms*.

Nem toda a manifestação de vontade, entretanto, tem a qualidade necessária para gerar efeitos jurídicos.

Algo especial qualifica a vontade que produz efeitos jurídicos e isso é fundamental compreender.

2.1 Vontade de efeitos jurídicos

A vontade humana com potencialidade jurídica para desencadear o *ato e o negócio jurídico* é aquela que os alemães consideram "vontade de efeitos jurídicos" (*Rechtserfolgswille*), capaz de exteriorizar a percepção do declarante quanto aos efeitos que ele efetivamente quer ver causados no mundo do direito.

Não se exige que todos os efeitos sejam percebidos e conhecidos do declarante, mas impõe-se que ele tenha uma representação prática desses efeitos.

Quando a vontade se manifesta por pura obsequiosidade, por compromissos de honra, ou acordos de cavalheiros, não chega a revestir-se dos caracteres daquela vontade de efeitos jurídicos, indispensável para o fim de potencializar o ato, ou o negócio jurídico.

A jurisprudência dos tribunais superiores, e mais especificamente a do Superior Tribunal de Justiça, órgão jurisdicional que tem, entre suas funções, o encargo de manter a uniformidade da interpretação da lei federal no País, não fica distante dessa problemática, ao interpretar o art. 112 do CC/2002 e pontuar aspectos da intenção externada pelas partes por ocasião da celebração de negócio jurídico. A principiologia adotada no art. 85 do CC/1916 – no que foi reafirmada de modo mais eloquente pelo art. 112 do CC/2002 – visa a conciliar eventuais discrepâncias entre os dois elementos formativos da declaração de vontade, quais sejam, o objetivo – consubstanciado na literalidade externada - e o subjetivo - consubstanciado na internalidade da vontade manifestada, ou seja, na intenção do agente (STJ, REsp 1013976/SP, 4.ª T., j. 17.5.2012, rel. Min. Luis Felipe Salomão, *DJE* 29.05.2012).

Privilegiar a expressão da vontade livre e a declaração conforme o querer do agente é cuidado de que não se afasta o legislador, tampouco o intérprete dos fenômenos jurídicos.

Por isso o erro na manifestação da vontade – que seria uma patologia da declaração livre - é fenômeno que a doutrina e a jurisprudência cuidam atentamente de impedir, a fim de que não se crie obstáculos à liberdade do sujeito. Assim, não se pode falar na existência de erro apto a gerar a nulidade relativa do negócio jurídico se a declaração de vontade exarada pela parte não foi motivada por uma percepção equivocada da realidade e se não houve engano quanto a nenhum elemento essencial do negócio - natureza, objeto, substância ou pessoa (STJ, REsp 1265890/SC, 3.ª T., rel. Min. Nancy Andrighi, j. 01.12.2011, *DJE* 09.12.2011).

Mesmo em questões delicadíssimas do direito de família, a força da vontade declarada(e livremente declarada) opera efeitos jurídicos que devem ser claramente suportados por quem se manifestou nesse sentido: "O reconhecimento de paternidade é válido se reflete a existência duradoura do vínculo socioafetivo entre pais e filhos. A ausência de vínculo biológico é fato que, por si só, não revela a falsidade da declaração de vontade consubstanciada no ato do reconhecimento. A relação socioafetiva é fato que não pode ser, e não é, desconhecido pelo Direito. Inexistência de nulidade do assento lançado em registro civil" (STJ, 3.ª T., REsp 878941/DF, rel. Min. Nancy Andrighi, *DJU* 17.09.2007).

Assim também para as hipóteses em que os efeitos jurídicos do negócio jurídico projetam-se para tempo posterior ao da morte do sujeito, que firma a declaração, a jurisprudência tem revelado a tendência de privilegiar, cada vez mais, o respeito pela eficácia jurídica da vontade livremente declarada, ainda que pequenas informalidades possam criar algum obstáculo legal à validade e eficácia do negócio: não há falar-se em nulidade do ato de disposição de última vontade (testamento particular), apontando-se preterição de formalidade essencial (leitura do testamento perante as três testemunhas), quando as provas dos autos confirmam, de forma inequívoca, que o documento foi firmado pelo próprio testador, por livre e espontânea vontade, e por três testemunhas idôneas, não pairando qualquer dúvida quanto à capacidade mental do *de cuius*, no momento da celebração do ato. O rigor formal deve ceder ante a necessidade de se atender à finalidade do ato, regularmente praticado pelo testador (STJ, REsp 828616/MG, 3.ª T., j. 05.09.2006, rel. Min. Castro Filho, *DJE* 23.10.2006).

3. Efeitos dos fatos jurídicos

Dissemos no n. 1, *retro*, que o fato alcança a qualidade de jurídico se, e somente se, apresenta um conteúdo jurígeno, ou seja, se tem em si potencialidade de influir, de alguma maneira, na criação, extinção ou modificação de direitos.

Isso significa dizer que pelos fatos jurídicos, aqui em sentido lato (englobando, portanto, os fatos em sentido estrito, os atos e os negócios jurídicos), o sujeito de direito muda de posição jurídica, adquirindo direitos, ou sujeitando-se a modificações, ou extinções desses direitos.

A aquisição de direitos, por isso, pode ser:

a) *derivada* (pressupõe-se a existência de um sujeito transmitente do direito, de um lado e, de outro, um adquirente do direito). Por isso dizer-se tratar-se a aquisição derivada de *aquisição translativa ou constitutiva*;

b) *originária* (ou seja, não há vínculo entre o anterior adquirente e o titular posterior do direito).

É exemplo de fato jurídico de *aquisição derivada*, o contrato de compra e venda, em que o transmitente do direito é o vendedor e o adquirente do direito o comprador. Para essa espécie de aquisição, derivada, aplica-se o brocardo jurídico: *nemo dat quod non habet* [ninguém dá (transfere) o que não tem].

A usucapião, figura de direito real, por outro lado, é exemplo de *aquisição originária* de direito: não é a vontade do anterior proprietário, não é um contrato entre ele e o novo adquirente, que cria para este último, o novo dono, o direito de exercer os poderes de proprietário.

É um fato (a posse qualificada), que gera essa posição jurídica nova e originária do adquirente. É impróprio falar-se em prescrição aquisitiva para significar a usucapião (*tantum possessum quantum praescriptum*). O antigo titular do direito de propriedade não o perde pelo não uso; o novo titular é que o adquire pelo uso, isto é, pela posse qualificada. As modificações e extinções de direito, portanto, podem derivar de alteração do sujeito ou do objeto da situação, ou da relação jurídica sob enfoque.

4. Negócios jurídicos

Negócios jurídicos, como já vimos, são a forma mais requintada de intervenção da liberdade do agente para criação, modificação ou extinção de direitos.

Conforme a vontade, dirigida para os efeitos queridos pela parte, provenha de um acordo de duas partes (como ocorre no contrato), diz-se tratar-se o fenômeno de *negócio jurídico bilateral*.

O *contrato* é equiparado a negócio jurídico bilateral porque se caracteriza como mais de uma vontade, conjuntas, dirigidas a uma finalidade determinada (Friedrich Karl von Savigny. *System des heutigen römischen Rechts*, vol. III, § 140, p. 309. No mesmo sentido: Werner Flume. *Allgemeiner Teil des Bürgerlichen Rechts – Das Rechtsgeschäfte*, § 33, 2, p. 601 e 602). Se para a formação e eficácia do negócio jurídico basta vontade de apenas uma parte, está o intérprete diante de *negócio jurídico unilateral*.

Os negócios jurídicos unilaterais são receptícios ou não receptícios, conforme a vontade seja dirigida a alguém que – embora não necessite prestar consentimento – há de ter conhecimento da declaração de vontade que lhe é dirigida.

Ambas as espécies de *negócio jurídico bilateral* e de *negócio jurídico unilateral*, produzem efeitos *ex voluntate*, ou seja, por força da vontade do sujeito.

O cheque, por exemplo, é título de crédito de natureza cambial que se desvincula de sua causa, tem eficácia de título executivo extrajudicial (art. 585, I, do CPC). Sua emissão caracteriza negócio jurídico unilateral, pois para que se caracterize e se aperfeiçoe, basta a exteriorização da declaração de vontade do emitente, que se obriga a efetuar o pagamento do valor que consta da cambial.

O mesmo ocorre com o endosso do cheque, que também é negócio jurídico unilateral, "pois por ele o credor-endossante transmite todos os direitos resultantes de sua emissão (art. 20 da Lei 7.357/1985), como por exemplo, as vantagens advindas dos princípios inerentes aos títulos de crédito, como o da autonomia das obrigações cambiais" (STJ, REsp 1199001/RS, 4.ª T., j. 2.5.2013, rel. Min. Luis Felipe Salomão, *DJE* 20.05.2013). Ainda que se trate de cheque endossado depois do prazo marcado para sua apresentação ao banco sacado (endosso póstumo), o endosso opera os mesmos efeitos da cessão de crédito (art. 27 da Lei 7.357/1985; art. 286 do CC/2002).

5. Contratos e função social do contrato

Na concepção tradicional de contrato, a relação contratual é resultante da vontade de dois contratantes, posicionados igualmente face ao direito e à sociedade, que pactuaram as cláusulas conforme seu *livre acordo de vontades*.

Aqui se vê, plenamente realizado, o acordo entre devedor e credor – *duorum in idem placitum consensus*.

O contrato está, portanto, ligado à ideia de *vontades livremente manifestadas* e manifestadas para a criação de regras particulares que devem ser cumpridas pelos que se obrigam, por essa manifestação de vontade e que, assim se obrigando, criam, modificam ou extinguem direitos e obrigações de que são titulares ou a que estão vinculados.

O aparecimento do contrato é consequência direta da autonomia privada, que, por sua vez, obedece a alguns princípios fundamentais, entre eles o *princípio da liberdade de contratar* ou *princípio da autonomia da vontade*.

A função mais destacada do contrato é a econômica, isto é, de propiciar a circulação da riqueza, transferindo-a de um patrimônio para outro (Vincenzo Roppo. *Il contratto*, p. 12 e ss.).

Essa liberdade parcial de contratar, com objetivo de fazer circular riqueza, tem de cumprir sua função social, tão ou mais importante que o aspecto econômico do contrato. Por isso fala-se em *fins econômico-sociais* do contrato como diretriz para sua existência, validade e eficácia.

Como a função social é cláusula geral, de que pode se valer o juiz para julgar as matérias que estão submetidas ao seu crivo de decisão, o juiz poderá preencher os claros do que significa essa função social, com valores jurídicos, sociais, econômicos e morais.

A solução será dada diante do que se apresentar, no caso concreto, ao juiz. Poderá proclamar a inexistência do contrato por falta de objeto; declarar sua nulidade por fraude à lei imperativa (art. 166, VI, do CC/2002), porque a norma do art. 421 do CC/2002 é de ordem pública (art. 2.035, parágrafo único); convalidar o contrato anulável (arts. 171 e 172); determinar a indenização da parte que desatendeu a função social do contrato etc.

São múltiplas as possibilidades que se oferecem como soluções ao problema do desatendimento à cláusula geral da *função social do contrato*.

6. Condições gerais de contratos e cláusulas contratuais gerais

Nossos tribunais, a despeito de todo o esforço hermenêutico para dar aplicabilidade ao sistema novo de cláusulas gerais, que o Código Civil inaugura de forma completa na teoria geral do direito privado, não alcançaram, ainda, o patamar ideal para sua efetividade.

Isso se deve a dois fatores fundamentais.

O primeiro, porque a teoria geral do direito privado não imprime de forma mais clara a contingência natural do direito, de que as causas das obrigações podem se constituir de simples fatos, e de que essa circunstância submete todo o sistema a uma necessária alteração do ponto central da análise de toda investigação jurídica do sistema de responsabilidade civil.

O segundo deriva da realidade de o sistema legal do processo civil não colocar à disposição do julgador a metodologia adequada para pôr em prática um procedimento próprio para dar concretude àquelas válvulas de escape e completude do sistema jurídico, que o sistema de direito civil, principalmente nas hipóteses do arts. 421, 422 e 2.035, parágrafo único, CC/2002, coloca à disposição do julgador e de todo intérprete do fenômeno jurídico.

A tradição de nosso direito encaminha a investigação científica para a confirmação do sistema de cláusulas gerais como mecanismo a um só tempo moderno e tradicional para a possibilidade do bem julgar.

O art. 131, § 1.º, do revogado Código Comercial ("a inteligência simples e adequada que for mais conforme a boa-fé e ao verdadeiro espírito e natureza do contrato, deverá sempre prevalecer à rigorosa e restrita significação das palavras") celebrava a tradição de que o *fundamentum iustitiæ est fides* (Cícero. *De officiis*, 1.7) e de que nada há de estranho ou novidadeiro no fato de a conduta das partes, como fato objetivo, dever ser sempre objeto de investigação, para a análise completa e perfeita das consequências de qualquer vínculo jurídico como causa de obrigação, quer seja ele fomentado pela vontade, quer derive do fato.

Afinal, "a boa-fé tem realmente uma função criadora, que é de fazer sair o direito do fato, e uma função adaptadora, que é de modelar o direito sobre o fato" (François Gorphe. *Le principe de la bonne foi*, p. 238).

Essa consideração é fundamental, principalmente se levada em conta a forma como, na atualidade, a maioria dos contratos é celebrada, grande parte deles por meio de cláusulas previamente dispostas para adesão, adesão daquele que não participou de sua elaboração.

A implementação da contratação em massa, por intermédio do contrato de adesão, por exemplo, é levada a efeito por meio das cláusulas gerais de contratação.

Essas cláusulas gerais de contratação, ou cláusulas gerais dos contratos, em regra, têm os atributos do preestabelecimento, unilateralidade da estipulação, uniformidade, rigidez e abstração. São estipulações feitas por um dos futuros contratantes, denominado predisponente ou estipulante (unilateralidade), antes, portanto, do início das tratativas contratuais (preestabelecimento), que servirão para reger os negócios do estipulante relativos àquela área negocial (uniformidade), sendo que o intento do predisponente é no sentido de que o futuro aderente aceite os termos das cláusulas sem discutir seu conteúdo e alcance (rigidez), e, ainda, que essa forma de contratação possa atingir indistintamente o contratante que quiser aderir às cláusulas gerais (abstração), vale dizer, que possa haver circulação em massa desses formulários onde estão contidas as cláusulas gerais para que as contratações se deem em massa.

Não há como analisar na atualidade esse tema, "*cláusulas gerais de contratação*", a não ser pelo modo operoso e funcional de pôr em prática as cláusulas gerais de abertura do sistema, de que a boa-fé e a função social dos contratos sãos suas melhores impressões.

6.1 Controle de cláusulas gerais

Os contratos de adesão são a concretização das cláusulas contratuais gerais, que, enquanto não aceitas pelo aderente, são abstratas e estáticas, e, portanto, não se configuram ainda como contrato.

As cláusulas contratuais gerais, predispostas pelo estipulante, tornar-se-ão contrato de adesão, dinâmicas, portanto, se e quando forem aceitas pelo aderente.

O controle das cláusulas gerais dos contratos é uma das formas de proteção contratual do consumidor.

Pode ser feito administrativa ou judicialmente.

O controle administrativo das cláusulas contratuais gerais se dá:

a) pelo inquérito civil, presidido pelo MP, podendo ser realizado do ponto de vista abstrato ou concreto;

b) pela adoção de providências no âmbito de administração pública, relativamente às atividades por ele fiscalizadas ou controladas.

O controle feito judicialmente se opera por meio de pedido formulado em ação coletiva (arts. 81, parágrafo único, e 82 do CDC). A sentença que reconhece uma cláusula como sendo abusiva funciona, na prática, como decisão normativa, atingindo o estipulante em contratações futuras, proibindo-o de concluir contratos futuros com a cláusula declarada judicialmente nula.

Quando declarada a abusividade da cláusula em ação individual, a autoridade da coisa julgada fica restrita às partes entre as quais foi dada a sentença.

A regra do art. 6.º, V, do CDC modifica completamente o sistema contratual do direito privado tradicional, mitigando o dogma da intangibilidade do conteúdo do contrato, consubstanciado no antigo brocardo *pacta sunt servanda*, que tem seu valor e eficácia, mas deve ser lido, interpretado e aplicado de outra forma e de acordo com o contexto do direito vigente.

As cláusulas contratuais devem ser interpretadas de maneira mais favorável ao consumidor, mormente quando se trata de contrato de adesão. Esse é o entendimento do STJ (STJ, REsp 1133338/SP, 3.ª T. j. 02.04.2013, rel. Min. Paulo de Tarso Vieira Sanseverino, *DJE* 09.04.2013).

No direito privado ortodoxo, o reconhecimento da imprevisão ou da onerosidade excessiva tem sido entendido pela doutrina e jurisprudência como ensejador da resolução do contrato (art. 478 do CC/2002), o que não impede a modificação da cláusula por revisão do contrato (arts. 317, 421 e 422 do CC/2002) (v. Nelson Nery Junior e Rosa Maria de Andrade Nery, *Código Civil Comentado*, comentários aos arts. 421 e 422 do CC).

O direito básico do consumidor não é o de desonerar-se da prestação por meio da resolução do contrato, mas o de modificar cláusula que estabeleça prestação desproporcional, mantendo-se íntegro o contrato que se encontra em execução, ou de obter a revisão do contrato se sobrevierem fatos que tornem as prestações excessivamente onerosas para o consumidor (art. 6.º, V, do CDC). Incide, em sua plenitude, o princípio da conservação contratual.

Já se decidiu que, havendo rescisão unilateral imotivada de contrato de seguro de vida após anos de renovação, especialmente quando efetivada por meio de conduta desleal e abusiva, violadora dos princípios da boa-fé objetiva e da responsabilidade pós-contratual (art. 422 do CC/2002) e da função social do contrato (art. 421 do CC/2002), confere-se à parte prejudicada o direito à indenização por danos morais e materiais (STJ, REsp 1255315/SP, 3.ª T., j. 13.09.2011, v.u., rel. Min. Nancy Andrighi, *DJE* 27.09.2011), caso em que a mora do devedor se configura desde o evento danoso e não a partir do trânsito em julgado da decisão condenatória (STJ, REsp 1132866-SP, 3.ª T., j. 23.11.2011, m.v., rel. original Min. Maria Isabel Gallotti, rel. p/ acórdão Min. Sidnei Beneti, *DJE* 03.09.2012; STJ, AgRg no AResp 193379/RS, 3.ª T., j. 02.05.2013, rel. Min. Ricardo Villas Boas Cueva, *DJE* 09.05.2013).

7. OBRIGAÇÕES ORIUNDAS DE CLÁUSULAS PREDISPOSTAS UNILATERALMENTE: CONTRATO DE ADESÃO E CONTRATOS DE MASSA

A definição legal do contrato de adesão vem no art. 54 do CDC, ou seja, é de adesão aquele contrato em que as cláusulas tenham sido aprovadas pela autoridade competente ou estabelecidas unilateralmente pelo fornecedor de produtos ou serviços, sem que o consumidor possa discutir ou modificar substancialmente seu conteúdo.

O CDC englobou os conceitos de contrato de adesão e por adesão, distinção doutrinária que não mais tem lugar diante do direito positivo brasileiro.

A precisão da natureza jurídica desse tipo de contrato é feita pela *forma* de contratação, mas não pelo conteúdo nem pelo objeto do contrato. O CDC é a primeira lei brasileira a regular o contrato de adesão, definindo-o, fornecendo seu regime jurídico e o método para sua interpretação.

Não há restrição, no conceito legal de contrato de adesão, às fórmulas escritas ou verbais, de modo que se considera de adesão o contrato celebrado mediante estipulação unilateral e preestabelecida pelo fornecedor, tanto nos contratos concluídos por escrito como também nos celebrados verbalmente. Também os comportamentos socialmente típicos – ou, impropriamente, relações contratuais de fato – têm efeitos que se equiparam aos derivados do contrato de adesão, razão pela qual toda a sistemática do CDC a respeito destes últimos (arts. 46 a 54) aplica-se a esses comportamentos.

Chamam-se condições gerais de contratação o conjunto de regras ou normas (regulamento interno, estatutos, normas de serviço etc.), disciplinadas unilateralmente pelos fornecedores a fim de que, com base nelas, sejam realizados os contratos e operações comerciais, industriais ou de prestação de serviços desses fornecedores.

Essas condições gerais de contratação têm como destinatário principal o funcionário da empresa ou do órgão público, muito embora possam delas ter conhecimento aqueles que têm relações com o fornecedor estipulante, em virtude do maior ou menor grau de publicidade que se der a essas condições gerais de contratação. Distinguem-se, portanto, das cláusulas contratuais gerais.

8. Declarações unilaterais de vontade e outras figuras

Além dos negócios unilaterais e dos contratos, a doutrina identifica outras figuras que podem ser confundidas com contratos. Porém, tais figuras possuem delineação distinta.

Estão nessa categoria os atos coletivos, as deliberações e os acordos, todos com potencialidade de criar vínculos obrigacionais.

Os atos coletivos (*Gesamtakten*) são disposições feitas em determinado sentido por todos os sujeitos titulares de um direito.

As deliberações (*Beschlüsse*) exteriorizam vontade de uma comunidade, que se faz manifestar por maioria, ou por unanimidade de votos.

Os acordos (*Vereinbarungen*) constituem-se em modalidades que revelam a existência de conceito utilizado para definir as formulações de estatutos de corporações.

9. Ato ilícito civil

As obrigações de indenizar podem nascer tanto da lei, quanto de um fato jurídico (atos jurídicos, negócios jurídicos, contratos, declaração unilateral de vontade, ato ilícito e, até mesmo, de ato lícito), porém é dos *atos ilícitos civis e penais* (contrários à lei), bem como do risco da atividade, que derivam a maioria das pretensões indenizatórias.

A responsabilidade civil é a consequência da imputação civil do dano à pessoa que lhe deu causa, ou que responda pela indenização correspondente, nos termos da lei, ou do contrato.

A indenização devida pelo responsável pode ter natureza compensatória e/ou reparatória do dano causado. A responsabilidade civil se assenta na conduta do agente (responsabilidade subjetiva) ou, independentemente da conduta do agente, no fato da coisa, ou no risco da atividade (responsabilidade objetiva).

Nas hipóteses de responsabilidade objetiva, o sistema fixa o dever de indenizar independentemente da averiguação da conduta do agente, isto é, da culpa ou dolo do agente. Nas hipóteses de responsabilidade subjetiva há o dever de indenizar quando se demonstra o dolo ou a culpa do agente, pelo fato causador do dano. O uso jurídico mais corriqueiro do termo *causa* se dá, naquele primeiro sentido, quando da apuração da responsabilidade de alguém por algo, quando da análise do dever de indenizar um dano sofrido por outrem, ocasião em que se analisa o nexo de causalidade como critério para identificar por quem e a favor de quem a indenização é devida e em que medida.

É nesse ponto que surge a pergunta sobre o que seria causa juridicamente relevante para impor a alguém a responsabilidade de indenizar danos.

Para responder a essas indagações a doutrina propõe muitas teorias, sendo muito consideradas as seguintes:

a) teoria da equivalência;
b) teoria da causalidade adequada.

Pela teoria da equivalência considera-se "causal toda a condição de que não se pode abstrair sem que o resultado deixe de se verificar". De sorte que todas as condições que se ponham como determinantes de um efeito se equivalham. Se o questionamento se dá na seara da apuração da responsabilidade de alguém, por eventual dano sofrido por outrem, toda a condição, por mais longínqua que esteja na cadeia do processo de causalidade desse evento danoso, se considera causa.

A teoria, entretanto, leva a consequências ilógicas que ferem a sensatez do equilíbrio jurídico, porque permite que se chegue a absurdos, como por exemplo, o de atribuir responsabilidade para o industrial que, anos antes, fabricou um tijolo que, anos depois, caiu de uma construção e veio a atingir uma pessoa, causando-lhe danos.

A doutrina busca conter esses exageros limitando a extensão da ideia por meio do conceito de culpa: só seria responsável aquele que tivesse condições de prever o resultado danoso como "uma consequência possível de sua conduta".

Mas a limitação não resolve o problema da apuração da responsabilidade, porque nem sempre a apuração da responsabilidade de alguém se liga à realização de uma conduta, já que pode existir responsabilidade que se apure de forma objetiva, como é o caso da responsabilidade pelo risco da atividade.

Também o critério não resolve porque a verificação da culpa do agente deve ser feita levando-se em conta, apenas, a culpa pelo próprio fato, mas não com relação "a todas as consequências efetivamente verificadas" em razão do ato ilícito. Outros, como Manuel Andrade, tentam aproveitar a teoria da equivalência das condições, expurgando esses exageros, a partir da tentativa de delinear um traço capaz de distinguir condição de causa. Por essa vertente, somente se poderia dizer da potência de causa a algo que se pudesse qualificar como a condição mais próxima do dano (*in iure non remota causa, sed proxima spectatur*).

A teoria não resolve porque a apuração da responsabilidade pressupõe uma valoração que ultrapassa o conceito filosófico de causa/causado. A teoria da causalidade adequada é acolhida pelo sistema civilístico português (art. 563.º): a obrigação de indenização só existe em relação aos danos que o lesado provavelmente não teria sofrido se não fosse a lesão. Também é do sistema português a possibilidade de o juiz, ao apurar a causa da responsabilidade, corrigir exageros do valor indenizatório, como se vê do art. 494.º do CC português.

A teoria da causalidade adequada, na apuração da responsabilidade, lida com a ideia cultural de probabilidade: ou seja, não é qualquer condição do processo causal que é causa. Causa é a condição que se mostra apropriada, praticamente por si só, a produzir o resultado a respeito de cuja lesividade se indaga. A questão seria saber dar resposta a essa pergunta: "É um facto deste tipo apto a produzir este gênero de dano?".

Enneccerus formulou a pergunta na negativa: "a condição (*sine qua non*) não será causa jurídica do resultado, ou, como parece preferível, não será imputável à esfera ou âmbito de responsabilidade (*Verantwortungsbereich*) do agente quando, [segundo a sua natureza geral, era de todo indiferente para o surgir de um tal dano, e só se tornou uma condição dele em resultado de outras circunstâncias extraordinárias]". E se a obrigação de indenizar tem origem em fato que independe da culpa daquele a quem é imputado o dano (arts. 483.º, n. 2, e 499.º do CC português, e art. 927 do CC/2002)?

De qualquer maneira, são essas questões introdutórias do sistema de responsabilidade civil, aqui adiantadas para demonstrar que os fenômenos jurídicos (fatos, atos e negócios) podem desencadear efeitos que vão culminar na pergunta: quem responde pelos danos?

E os danos podem ser casados por atos ilícitos, penais ou civis; praticados na execução de um contrato, ou no exercício de atividades civis (daí falar-se de responsabilidade contratual ou extracontratual [ou aquiliana]); por virtude de um fato objetivo, ou de um comportamento voluntário (daí falar-se de responsabilidade objetiva ou subjetiva) e, até mesmo, por virtude de atos lícitos, como ocorre nas hipóteses de responsabilidade pelo risco, em que – não necessariamente – a imputação atinge quem tenha praticado algum ato ilícito.

Quanto aos atos ilícitos é muito importante observar que, em regra, a lei penal não atua para enfrentar fatos típicos revelados por condutas insignificantes, ou desafiadoras de intervenção mínima do Estado; porém, a pretensão de indenização civil pode ser invocada pelo que se diz prejudicado, ainda que por virtude de conduta de reduzido grau de reprovabilidade, ou de mínima ofensividade.

A propósito desse tema, o STJ julgou interessante questão, devolvendo para a esfera civil um caso em que se pretendeu aplicar a lei penal: "A não devolução de 4 DVDs, retirados mediante contrato de locação entre o associado e a locadora de vídeo, caracteriza um ilícito civil e está longe de configurar conduta que autorize a intervenção do direito penal, que deve ser reservado para as situações em que os outros ramos do direito não forem suficientes à tutela do bem jurídico protegido. O fato de o paciente ser reincidente ou possuir anotações em sua folha de antecedentes criminais por crimes contra o patrimônio não transforma o descumprimento contratual em ilícito penal. *Habeas corpus* concedido para restabelecer a sentença de primeiro grau que absolveu o paciente" (STJ, HC 189392/RS, 5.ª T., j. 21.06.2012, rel. Min. Marco Aurélio Bellizze, *DJE* 28.06.2012).

Não é incomum, por isso, que a fixação do grau de ilicitude, entre a ocorrência de ilícito civil e de ilícito penal, para saber-se sobre a aplicabilidade do sistema de responsabilidade civil, ou penal, desafie constantemente a interpretação dos fatos jurídicos pelos tribunais. A propósito, o julgado seguinte, que bem revela a dificuldade de precisar os limites entre a aplicação de um sistema e outro e, por conseguinte, de precisar a qualificação da imputação do responsável, se civil, ou criminal. "Em princípio, não dá ensejo à responsabilização por danos morais o ato daquele que denuncia à autoridade policial atitude suspeita ou prática criminosa, porquanto tal constitui exercício regular de um direito do cidadão, ainda que, eventualmente, se verifique, mais tarde, que o acusado era inocente ou que os fatos não existiram. Todavia, configura-se o ilícito civil indenizável, se o denunciante age com dolo ou culpa, e seu ato foi relevante para produção do resultado lesivo (3.ª T., REsp 470.365/RS, v.u, rel. Min. Nancy Andrighi, *DJU* 01.12.2003 e 3.ª T., REsp 721.440-SC, v.u., rel. Min. Carlos Alberto Menezes Direito, *DJU* 20.08.2007). Caso em que houve imprudência e excesso dos recorrentes, que além de fornecer informação equivocada, ameaçou anteriormente a autora com vários telefonemas e, inclusive, de fornecer uma suposta gravação à mídia para divulgação. Reconhecida a responsabilidade da recorrente, cabível a indenização, quantificada, no caso, em valor não abusivo. A ausência de impugnação específica a fundamento que sustenta o acórdão recorrido impede o êxito do recurso especial pela incidência da Súmula 283 do STF. VI. Recurso especial desprovido" (STJ, REsp 1040096/PR, 4.ª T., j. 08.02.2011, rel. Min. Aldir Passarinho Junior, *DJE* 22.02.2011.)

A todos esses temas voltaremos mais adiante.

10. Os sistemas de responsabilidade civil

Dois são os sistemas de responsabilidade civil que foram adotados pelo Código Civil: responsabilidade civil objetiva e responsabilidade civil subjetiva.

O sistema geral do Código Civil é o da responsabilidade civil subjetiva (art. 186), que se funda na teoria da culpa: para que haja o dever de indenizar é necessário constatar-se a existência do dano, do nexo de causalidade entre o fato (*lato sensu*) e o dano e explicitar-se a culpa *lato sensu* (culpa – imprudência, negligência ou imperícia; ou dolo) do agente.

O sistema subsidiário do Código Civil é o da responsabilidade civil objetiva (art. 927, parágrafo único), que se funda na teoria do risco: para que haja o dever de indenizar é irrelevante a conduta (dolo ou culpa) do agente, pois basta a existência do dano e do nexo de causalidade entre o fato e o dano, diante das peculiaridades da atividade perigosa exercida.

Haverá responsabilidade civil objetiva quando a lei assim o determinar (v.g., art. 933 do CC/2002) ou quando a atividade habitual do agente, por sua natureza, implicar risco para o direito de outrem (v.g., atividades perigosas). Há outros subsistemas derivados desses dois sistemas principais, que se encontram tanto na Constituição Federal, quanto no Código Civil, como em leis extravagantes, com algumas outras peculiaridades.

Mais adiante trataremos, novamente, desses temas.

11. ENRIQUECIMENTO SEM CAUSA E PAGAMENTO INDEVIDO

Neste capítulo do livro - em que se busca a sistematização do direito de obrigações e a análise da variada gama de ocorrências, de fato e de direito, que geram direitos e obrigações -, duas situações que também merecem enfoque são estas, que a doutrina denomina de "enriquecimento sem causa" e de "pagamento indevido".

Ambas podem ser classificadas como fatos jurídicos, decorrentes, ou não, da vontade do sujeito, mas que operam mutações indevidas no patrimônio de quem se sente lesado e busca corrigir a experiência jurídica que lhe acarretou desvantagem.

Ambas as espécies ("*enriquecimento sem causa*" e "*pagamento indevido*") têm em comum o fato de que uma parcela do patrimônio de alguém, de valor economicamente apreciável, foi transferida indevidamente para o patrimônio de outrem e que isso merece correção, com a restituição da coisa ou valor que foi entregue, sem ser devido (ou sem ser ainda devida - art. 876 e ss. do CC/2002), ou com a compensação de valores que permitam ao lesado vivenciar situação de – ao menos – igualdade com aquele que experimentou enriquecimento, em seu detrimento (art. 884 e ss.).

Embora muito próximas, as figuras jurídicas do *enriquecimento sem causa* e do *pagamento indevido* são distintas.

Na hipótese de pagamento indevido (art. 876 e ss. do CC/2002), o fato fundamental de sua caracterização é ter o credor, por consequência de prestação que exigiu do devedor, recebido deste uma coisa ou valor, uma prestação em geral, que não poderia ter sido exigida, ou, que *ainda* não poderia ter sido exigida. A consequência disso é o beneficiado com o pagamento indevido obrigar-se à restituição da coisa ou do valor indevidamente recebido.

A hipótese legal do "enriquecimento sem causa" (art. 884 e ss.) é algo diversa e mais abrangente.

Não se tem em conta, exatamente, o objeto da coisa indevidamente dada como prestação a outrem, mas o espectro geral de uma situação jurídica criada – por vontade de alguém, ou não – em que alguém se beneficiou de uma vantagem às custas da desvantagem de outrem, vantagens e desvantagens essas que não encontram no sistema de direito sua causa.

O importante nessa figura, de *enriquecimento sem causa*, é sua extensão, que comporta um olhar objetivo sobre o fato da vantagem e da desvantagem correspectiva e que demanda uma solução posterior de reequilíbrio e de, portanto, direito de reparação a ser exigido por quem experimentou o prejuízo.

O tema provoca nos tribunais uma verdadeira tensão, quando se vê o recebimento de valores indevidos, de um lado, e de outro o princípio da irrepetibilidade de verbas, como sucede nos casos de obrigações de natureza alimentar.

Nos casos de verbas alimentares, surge tensão entre o princípio da vedação ao enriquecimento sem causa e o princípio da irrepetibilidade dos alimentos, fundado na dignidade da pessoa humana (art. 1.º, III, da CF/1988). Esse confronto tem sido resolvido, nesta Corte, pela preponderância da irrepetibilidade das verbas de natureza alimentar recebidas de boa-fé pelo segurado. (STJ, AgRg no REsp 1352754/SE, 2.ª T., j. 05.02.2013, rel. Min. Castro Meira, *DJE* 14.02.2013).

Por vezes, o instituto denominado enriquecimento sem causa é levado em conta, também, para pautar a ponderação do juiz, quanto à fixação de verbas decorrentes do inadimplemento negocial, sinalizando para a desproporcionalidade, por exemplo, de vantagens que o credor aufere pela fixação de multas que, em muito, ultrapassam a vantagem que teria, se a obrigação fosse normal e regularmente cumprida. A propósito, o STJ decidiu que sua jurisprudência "considera que a imposição de multa cominatória diária não faz coisa julgada podendo ser, a qualquer momento, alterada pelo juízo, a fim de evitar enriquecimento sem causa (CPC, arts. 461, § 6.º, e 273, § 4.º), se considerada exorbitante, o que não se revela no caso dos autos" (STJ, AgRg no AREsp 155174/MG, 4.ª T., j. 05.03.2013, rel. Min. Maria Isabel Gallotti, *DJE* 12.03.2013).

Na discussão sobre o pagamento de indenização por alegados danos morais, tem sido muito frequente a alegação de que a indenização não encontraria causa que a justificasse, muitas vezes, no volume e proporção pretendidos pelos que se sentem ofendidos.

Em pauta, nesses casos, sempre, o princípio da proporcionalidade, que devolve a serenidade às relações, pela fundamentada decisão judicial. Assim "os danos morais devem assegurar a reparação do prejuízo sem proporcionar enriquecimento sem causa. O STJ tem entendimento firmado de que 'a revisão do arbitramento da reparação de danos morais e materiais somente é admissível nas hipóteses de determinação de montante exorbitante ou irrisório'. Precedentes: REsp 860.099/RJ, *DJ* 27.02.2008; AgRg no Ag 836.516/RJ, *DJ* 02.08.2007 e REsp 960.259/RJ, *DJ* 20.09.2007. *In casu*, o Tribunal de Justiça do Estado do Paraná, considerando as especificidades do caso, manteve a condenação ao pagamento de indenização, a título de danos morais, no valor equivalente a R$ 30.000,00 (trinta mil reais)" (STJ, AgRg no REsp 1287403/PR, 2.ª T., j. 18.12.2012, rel. Min. Herman Benjamin, *DJE* 15.02.2013).

Por outro lado, nem sempre o pagamento indevido justifica sua repetição. A boa-fé de quem recebe salário é fator justificador do recebimento de verbas e autorizador de sua não repetição, como se vê nesse julgado, em que se pôs em pauta, justamente, aspectos dessa contingência de fato: "No julgamento do REsp 1.244.182/PB, submetido à sistemática dos recursos repetitivos, ficou estabelecido o entendimento de que nos casos em que o pagamento indevido foi efetivado em favor de servidor público, em decorrência de interpretação equivocada ou de má aplicação da lei por parte da Administração, a verba não está sujeita à devolução, presumindo-se a boa-fé do servidor" (STJ, 2.ª T., AgRg no AREsp 140214/PI, j. 07.05.2013, rel. Min. Eliana Calmon, *DJE* 15.05.2013).

12. ATO E ATIVIDADE COMO FONTES DE RESPONSABILIDADE CIVIL

Na tradição do Direito Privado, a autonomia privada exterioriza-se pelo negócio jurídico como declaração do interesse privado dirigida a um fim protegido pelo ordenamento jurídico.

Pressupõe o Direito como sistema, como fruto da experiência científica, e pressupõe uma sociedade civil organizada em função da vontade do sujeito.

A vontade realizada do sujeito se manifesta de dois modos tradicionais centrais:
a) no direito civil, essencialmente, pelos atos;
b) no direito mercantil, essencialmente, pela atividade.

Tradicionalmente, atividade é conceito básico de direito comercial, fenômeno essencialmente humano. E hoje se pode afirmar que é conceito básico de direito empresarial.

A empresa se realiza pela atividade, como o sujeito se realiza por seus atos.

Tanto o ato quanto a atividade se exteriorizam por meio de negócios jurídicos, de tal sorte que se afirma que o contrato é o núcleo básico da atividade empresarial.

Há entre os conceitos uma proximidade: ambos ligam-se à ideia do sujeito que realiza algo no mundo dos fenômenos jurídicos, por meio de negócios jurídicos, que geram obrigações de prestar e, nesse sentido, ensejam situações e relações jurídicas, que fomentam vínculos jurídicos de razão e de proporção.

Há, porém, entre eles, uma distância: os atos são frutos da volição e da subjetividade; a atividade é fruto da confiança pública realizada e da objetividade.

A atividade é uma realização constante fruto de industriosa energia.

Uma e outra modalidade do exercício de condutas humanas (ato e atividade) põem em prática lógicas jurídicas distintas, para teorização das consequências que advêm de sua operação.

13. Ato lícito (ou ato jurídico em sentido amplo)

Os atos lícitos (que são, em sentido amplo, atos jurídicos) não se confundem, entretanto, com os negócios jurídicos.

Os atos lícitos não chegam a alcançar o requinte teórico dos negócios jurídicos.

O negócio jurídico – que também, como acontece com os atos lícitos, constitui-se em manifestação lícita de vontade - é fruto de vontade dirigida a um desiderato e possui estrutura muito mais requintada que o simples ato lícito, justamente porque o negócio jurídico tem a virtude de produzir, no mundo do direito, os efeitos que derivam da vontade privada.

Já os atos lícitos, ou seja, as ações humanas lícitas que redundam em efeitos jurídicos esperados, produzem consequências que são determinadas pela lei, não pela vontade, como ocorre com os negócios jurídicos.

Por isso a doutrina afirma que os efeitos dos atos lícitos são produzidos *ex lege* e os dos negócios jurídicos *ex voluntate*.

Nos arts. 185 e ss. do CC/2002, está muito claro que o sistema do Código Civil adota essa distinção e que existem figuras que permeiam os limites dos conceitos de atos jurídicos e negócios jurídicos, como é o caso dos chamados *quase negócios jurídicos* e das chamadas *operações jurídicas*.

13.1 Quase negócio jurídico: gestão de negócios (negotiorum gestio)

Pode-se dizer que entre os atos lícitos (atos jurídicos em sentido amplo) estão os atos jurídicos em sentido estrito e os negócios jurídicos.

O "quase negócio jurídico", ou "gestão de negócio", são, juntamente com as operações jurídicas, espécies de ato jurídico em sentido estrito, que produzem efeitos *ex lege*, não *ex voluntate*.

Usa-se a expressão *quase negócio jurídico* para qualificar uma qualidade de fonte autônoma de obrigações que não deriva do acordo de vontades, que não deriva de um ajuste prévio entre os interessados. Não é negócio jurídico, por isso falta a essa espécie de figura a necessária combinação prévia entre as partes, com ajuste fruto de vontade criadora.

Nessa figura do "quase negócio jurídico" o que se tem é a conduta de um sujeito que, livre e espontaneamente (ninguém pode obrigá-lo a isso), se põe a praticar certos atos que se revelam úteis e necessários aos interesses de outrem e praticados consoantes a vontade presumível do titular do interesse gerido, conforme previsão do art. 861 do CC.

13.2 Operações jurídicas

A outra espécie de ato jurídico em sentido estrito são as chamadas *operações jurídicas*.

São elas frutos da vontade, portanto, potência realizada em ato, exatamente como são todos os comandos volitivos que se exteriorizam para o campo das realidades experimentais do direito.

As operações jurídicas são fatos jurídicos (fenômenos de direito); são atos jurídicos (fatos que são frutos da volição); são atos lícitos (consonantes com a regularidade formal da vontade realizada), mas não chegam a ser negócios jurídicos, porque, para a sua realização, as operações jurídicas não dependem da vontade dirigida do sujeito para causar efeitos *ex voluntate*.

Não.

As operações jurídicas são frutos da liberdade operosa de o sujeito agir e criar, são atos lícitos praticados de maneira a provocar juridicamente os efeitos que a lei diz quais devam ser: efeitos *ex lege*.

Para se ter uma ideia dessa qualificação, pode-se afirmar que a maioria dos fenômenos que geram direitos e obrigações, na seara da disciplina denominada "direitos do autor", têm natureza jurídica de "operações jurídicas".

São fatos jurídicos com natureza de *operações jurídicas* e assim podem ser classificados, por exemplo, os atos realizados de confecção de um livro, de composição de uma música, de confecção de um projeto de arquitetura etc.

14. Deveres acessórios

A obrigação, em geral, cria para aquele que é distinguido como devedor a situação de desvantagem e de submissão de cumprir deveres de prestação, que a doutrina divide em *deveres primários* (ou principais) e em *deveres secundários* (também chamados de *anexos*, *laterais* ou *instrumentais*).

Por deveres *primários* entendem-se aqueles que compõem o núcleo central da prestação devida, nos termos da natureza dessa obrigação: pagar o preço, no contrato de compra e venda; prestar o serviço, nos contratos de prestação de serviços etc.

Por deveres *anexos*, entendem-se aqueles que compõem o feixe de prestações que são necessariamente derivadas da prestação principal e que não podem ser inadimplidas, porque implicariam tornar insubsistente a utilidade da prestação principal, ou inviabilizariam o interesse do credor em receber a prestação principal.

Os *deveres secundários*, segundo Judith Martins-Costa "subdividem-se em duas grandes espécies: os *deveres secundários meramente acessórios da obrigação principal,* que se destinam a preparar o cumprimento ou assegurar a prestação principal (v.g., na compra e venda o dever de conservar a coisa vendida, ou de transportá-la, ou o de embalá-la), e os *deveres secundários com prestação autônoma,* os quais podem revelar-se como verdadeiros sucedâneos da obrigação principal (como o dever de indenizar resultante da impossibilidade culposa da prestação, ou o dever de garantir a coisa, mediante a prestação da garantia autônoma, tal qual o contrato de *garantie à la première demande,* conhecido no comércio internacional), podendo, ainda, ser autônomos ou coexistentes com o dever principal (v.g, o dever de indenizar, por mora ou cumprimento defeituoso, que acresce à prestação originária)" (Judith Martins-Costa, *A boa-fé no direito privado,* p. 439 e 440).

Tem sido muito comum, no cotidiano da vida jurídica moderna, a falha de prestadores de serviço quanto ao cumprimento do dever acessório de bem informar seus clientes, considerando a jurisprudência que, em casos tais, esse comportamento importa inadimplemento da obrigação.

Nesses termos foi o julgamento seguinte: "Na espécie, o Tribunal local entendeu que o recorrente não cumpriu com o seu dever de informar, de acordo com o estabelecido pela Resolução da ANEEL, ao usuário do sistema sobre as opções disponíveis para faturamento ou mudança de Grupo tarifário, bem como não haver, na presente hipótese, engano justificável a excepcionar a regra da repetição em dobro dos valores cobrados incorretamente" (STJ, AgRg no AREsp 21049/RS, 1.ª T., j. 02.02.2012, rel. Min. Benedito Gonçalves, *DJE* 08.02.2012).

15. DIREITOS DE FORMAÇÃO

"Nos direitos estão contidos, quase sempre, poderes, que os enchem, que os integram" (Pontes de Miranda, *Tratado de direito privado*, vol. V, § 566, 1, p. 297).

Certos poderes existem por si, e são chamados de "direitos potestativos", porque a alguém se dá poder de interferir na esfera jurídica alheia, adquirindo, modificando ou extinguindo direitos, pretensões, ações e exceções.

Os direitos "formativos, ou geradores, ou constitutivos", bem como os direitos "formativos modificativos" e os "direitos formativos extintivos", são espécies de direito potestativo, "que se exercem por ato unilateral de seu titular, ou seja, por declaração unilateral de vontade ao interessado, ou a alguma autoridade, ou seja, por simples manifestação unilateral de vontade, ou seja, por meio de ação (e.g., ação de suplemento de idade)" (Idem, vol. V, § 566, 2, p. 298).

Exemplos de direitos formativos:

a) direito de opção;
b) o direito de escolha nas obrigações alternativas;
c) o direito de interpelar;
d) o de requerer o levantamento de depósito em consignação.

16. POSIÇÃO CONTRATUAL

A obrigatoriedade de alguém cumprir a prestação que prometeu nasce do direito, aqui considerado como o complexo de regras que atribuem sanção para o descumprimento da obrigação.

Em outras palavras, nasce da coercibilidade natural que a obrigação contém, que impõe ao devedor o adimplemento da obrigação e, na falta do adimplemento, a sanção e a possibilidade do cumprimento forçado da obrigação.

O credor é a pessoa a quem é devida a prestação. O devedor é a pessoa que deve a prestação.

É raro aplicar-se a palavra obrigação em referência à situação do credor.

Mas isso se impõe, cada vez mais, em nossos dias, porque o titular do crédito apenas vive situação de vantagem com relação ao devedor em determinado momento do processo de execução do contrato, ou de exigência da prestação, mas não por todo o tempo da vigência do vínculo, nem em todos os momentos do enfrentamento das razões do devedor.

O sistema do Código Civil, antigo e atual, que prevê a mora do credor e o sistema do Código do Consumidor que dispõe, em numerosas ocasiões, quanto aos direitos da parte mais fraca da relação de consumo, que é o consumidor, muitas vezes ensejam um tratamento bem diverso do que aquele que a doutrina costuma reservar para a situação de vantagem do credor.

Por isso, a posição jurídica da parte, numa relação jurídica de obrigações, por exemplo, busca resposta para a pergunta seguinte: qual é, em determinada quadra do enfrentamento do vínculo obrigacional, a posição jurídica que é ocupada por esta, ou aquela parte?

17. OBRIGAÇÃO COMO PROCESSO

A propósito do que se disse no item anterior, não é incomum que o devedor possa vivenciar, algumas vezes, situação jurídica de vantagem e o credor situação jurídica de desvantagem, embora, em regra, a posição que o credor ocupa na relação jurídica seja majoritariamente de vantagem e o outro, o devedor, vivencie, na maioria das vezes, posição de desvantagem.

Pode-se antever nos contratos, principalmente nos sinalagmáticos, que um feixe complexo de implicações jurídicas delineia a posição contratual das partes, criando um peculiar contorno da posição contratual de cada sujeito, que se deve respeitar.

Esse complexo de implicações jurídicas reúne "direitos e deveres, créditos principais e acessórios, direitos potestativos, estados de sujeição, ônus, expectativas jurídicas, exceções de defesa" (Galvão Telles, *Direito de Obrigações*, p. 18), todos esses delineamentos próprios do negócio de cuja análise se trata, que, de qualquer maneira, sujeitam as partes em conjunto, criando, para cada uma, posições de vantagens e de desvantagens, que, no decorrer da formação do vínculo até à satisfação das partes, vão se revelando paulatinamente durante o processo obrigacional.

É nesse sentido que se fala de obrigação como processo, na feliz expressão de Clóvis do Couto e Silva, alusiva aos momentos do vínculo obrigacional. A expressão não tem conteúdo técnico de direito processual.

Desde a formação do vínculo entre as partes e na sequência de como vão surgindo os deveres de prestação, principais e acessórios - que impõem às partes um prestar, de acordo com o que estabelece a lei ou o contrato -, passa a ser delineada no tempo uma sequência ordinatória de condutas que se põe a revelar um fio condutor que, necessariamente, tende a aportar num fim comum, de atendimento das pretensões das partes.

Assim considerando, pode-se afirmar que o "processo obrigacional" pressupõe momentos distintos em sua marcha, assim considerados interesses que antecedem à celebração dos contratos, que a doutrina denomina de período pré-contratual e, ainda, atos que se realizam em tempo posterior ao do período negocial, que abarcam deveres que podem surgir, até mesmo, em fase pós-contratual.

Por virtude dessa realidade, que a doutrina compreende e reputa de grande importância, surgem temas novos para estudo e teorização, às vezes de difícil intelecção, que aludem a "deveres de proteção", "deveres laterais, anexos, ou instrumentais" (Judith Martins-Costa. *Comentários ao Código Civil - Do inadimplemento das obrigações*, vol. V, t. 2, p. 48 a 53).

18. OBRIGAÇÕES *IN REM SCRIPTAE*

A doutrina aponta no ordenamento jurídico a existência de determinadas situações de que derivam certos direitos obrigacionais muito especiais e que merecem atenção, porque sua classificação não se mostra fácil de elaborar.

São as chamadas "obrigações *in rem scriptae*", que a doutrina considera ter natureza obrigacional, e não real.

A qualificação dessas obrigações encontra origem na forma pela qual o titular da posição de vantagem de exigir a prestação se coloca diante do terceiro, para manejar certas ações pessoais (e não reais, isto é importante) contra quem lhe obsta o exercício de legítimo direito.

O fato de o réu dessas ações poder ser um terceiro, com relação a quem o autor da ação não teve qualquer vínculo anterior, cria para a doutrina certa perplexidade, sobre se essas ações seriam reais ou pessoais.

O réu dessas ações tem para com o autor a obrigação de devolver certas coisas – daí porque se confundem essas ações com as reais, pois podem ser dirigidas contra terceiro possuidor –, não porque se ache em jogo alguma questão sobre propriedade, mas porque sobre esse réu pesa obrigação de devolvê-las e delas dispor por outra causa.

Pode-se antever no exercício das ações *ad exhibendum* e na revocatória, ou pauliana, esse traço de obrigação pessoal que o autor dessas ações julga ter o réu, a quem aponta o dever de exibir ou devolver a coisa reclamada. Assim se pronuncia abalizada doutrina: "Entre as acções pessoaes algumas ha chamadas *in rem scriptae* (*quia rem sequitur*) que, como as reaes, podem ser exercidas contra terceiro possuidor, pedindo--se todavia nellas o cumprimento de alguma obrigação (*adversarium dare del facere oportere*) como nas pessoaes; e desta categoria são a *ad exhibendum,* a revocatoria ou Pauliana, a remissoria pela clausula *retro,* a *quod metus causa* etc." (Paula Baptista. *Compendio de theoria e pratica do processo civil,* p 22).

19. OBRIGAÇÕES *OB REM* E *PROPTER REM*

Para finalizar esse capítulo, com alusão em geral – ainda que rápida e sintética – aos fenômenos jurídicos de que pode derivar dever de prestação para alguém, releva notar ainda uma específica situação de desvantagem, sempre aludida pela doutrina, ligada à natureza da prestação devida, que tem – em regra – como fonte, o fato de o obrigado vivenciar posição jurídica de vantagem para o aproveitamento de determinado bem e de o dever de prestação (agora de desvantagem, portanto) ter como fonte originante, justamente, essa posição de vantagem.

Para simplificar e tornar mais claro aquilo de que tratamos, vamos a um exemplo corriqueiro de nossa experiência cotidiana: alguém, que é dono de determinada unidade condominial, está obrigado a pagar a parte que, proporcionalmente, lhe cabe por consequência do rateio das despesas geradas pela conservação da parte comum do prédio onde está situada a coisa de que se trata. Ou seja: o proprietário (que titulariza um feixe de posições de vantagem, por que é proprietário de algo) tem dever jurídico de pagar as despesas do rateio das chamadas "despesas condominiais" (vivencia, por isso, sob esse aspecto, uma situação de desvantagem).

Essa espécie de dever não se classifica bem nem no direito de obrigações, nem no chamado direito real, porque a doutrina separa muito bem a natureza das situações jurídicas típicas de cada disciplina, pelas suas peculiaridades: nos direitos pessoais os chamados *jus ad rem* e, nos direitos reais, os chamados *jus in re*.

São duas situações muito distintas, mas que, como veremos, não servem para bem especificar os contornos dos deveres de que falávamos.

Nos direitos pessoais, quanto às coisas, há um *jus ad rem,* "a utilidade mirada pelo credor está na obra de outra pessoa, isto é, na prestação do devedor". No direito real "há um *jus in re,* o direito no seu exercício recai diretamente sobre as coisas que lhe formam o objeto e presta ao titular a utilidade econômica por ele procurada" (Paulo de Lacerda-Tito Fulgêncio. *Manual do CC* cit., vol. X, p. 9).

Mas como classificar a natureza dos deveres jurídicos que não estão na conduta do que deve prestar (*jus ad rem* - dar algo, fazer ou não fazer algo), tampouco nas coisas que lhe formam o objeto (*jus in re*)?

Eles são chamados pela doutrina de obrigações *propter rem* e de obrigações *ob rem*: são um tipo especial de dever jurídico obrigacional que adstringe uma pessoa específica, identificada (aí, sim) pela sua qualidade de titular de situação jurídica de direito das coisas.

Nas obrigações *propter rem*, também chamadas de obrigações de causa real ou de ônus reais, existe uma forte ligação entre o dever jurídico de natureza obrigacional e a titularidade de situação jurídica de direito das coisas. Este regime particulariza sobremaneira a questão jurídica aqui analisada.

"As obrigações *propter rem*, ou deveres jurídicos de causa real, são posições jurídicas passivas que adstringem o titular de uma situação de direito das coisas a um comportamento em face de um credor, comportamento este sempre de conteúdo positivo. Nada mais são do que um tipo especial de dever jurídico obrigacional e patrimonial e, portanto, relativo a certa e determinada pessoa, nunca vinculado à generalidade dos sujeitos, nem portanto correspondente apenas e tão somente a uma relação com a coisa." (Luciano de Camargo Penteado. *Direito das Coisas*, n. 19.1).

Nas obrigações *ob rem*, por sua vez, a coisa é a causa da obrigação pessoal do possuidor. A relação crédito/débito ocorre em regra entre duas pessoas determinadas, mas essa relação pode se reajustar em função de uma propriedade ou condição, como a do proprietário ou titular de outro direito real ou possessório sobre uma coisa. Se cessa essa condição, cessa, para essa pessoa, o vínculo obrigacional, permitindo-se que outros sujeitos possam substituí-la (Alfredo de Luca. *Gli oneri reali e le obbligazioni ob rem*, p. 59 e 60).

Parte II
Obrigações em Geral

Capítulo I

Modalidades das Obrigações

1. AS PRESTAÇÕES

O objeto do contrato é a operação jurídica considerada (o conteúdo do acordo).

Com essa observação, Iturraspe retifica a opinião que lançou em seu Manual e afirma: *as obrigações são efeitos do contrato, não são seu objeto* (Jorge Mosset Iturraspe. *Contratos*. p. 193 a 201).

Portanto, o *contrato* tem efeitos que são as obrigações e objetos que são o conteúdo do acordo; as *obrigações* têm objetos que são as prestações (dar, fazer e não fazer); as *prestações* têm objetos que são as coisas (bens) e os serviços (comportamentos humanos), em si.

Afirmamos que o objeto da obrigação é a prestação, muito embora a doutrina, por vezes, diga que a prestação seja objeto do crédito, ou do direito de exigi-la. Neste sentido: René Savatier. *La théorie des obligations en droit privé économique*. 4. ed. Paris: Dalloz, 1979. n. 10. p. 15 e, entre nós, em sentido mais ou menos conforme, Carvalho de Mendonça. *Doutrina e prática das obrigações ou Tratado geral dos direitos de crédito*. vol. I. n. 60. p. 181.

Mas vamos insistir, apesar das dificuldades teóricas: as prestações são objeto das obrigações.

As prestações de dar e de não dar, de fazer e de não fazer são objetos das obrigações.

Bem por isso, as prestações revelam a natureza da obrigação:

a) obrigação de dar corresponde a uma prestação de *dar*;
b) obrigação de fazer corresponde a uma prestação de *fazer*;
c) obrigação de não fazer corresponde a uma prestação de *não fazer*.

Isto significa dizer que, conforme seja o fim buscado pelo sujeito, ao contrair a obrigação, ou conforme seja o fim para o qual a lei aponta ser alguém obrigado a cumprir uma obrigação, pode ela ser classificada como prestação de fato (*facere*) e prestação de coisa (*dare*), positivas ou negativas (ou seja, não dar e não fazer).

2. CLASSIFICAÇÃO DAS OBRIGAÇÕES A PARTIR DA FORMA QUE A PRESTAÇÃO ASSUME EM RELAÇÃO AO SUJEITO

A partir das formas que o *objeto mediato da obrigação* – a prestação devida ("*quid debeatur*") – assume em relação ao sujeito, pode-se proceder à seguinte classificação das obrigações, preconizada por Carvalho de Mendonça (Carvalho de Mendonça. *Teoria e prática das obrigações* cit., vol. I. n. 14. p. 96) e por Vampré (*Manual de direito civil brasileiro*. vol. II, § 129. p. 270 e 271).

a) quanto à *origem e eficácia*: *naturais* e *civis*;

b) quanto ao *fim*: *prestação de fato (facere)* e *prestação de coisa (dare)*, positivas ou negativas (ou seja, não dar e não fazer);

c) quanto ao *modo de solução*: *conjuntivas* e *alternativas*;

d) quanto à *natureza do objeto da prestação*: *divisíveis* e *indivisíveis*;

e) quanto aos *sujeitos*: *solidárias* e *pro parte*;

f) quanto à *modalidade*: *puras*, *condicionais* e *a termo*, *com cláusula penal* e *com arras*;

g) quanto ao *modo de existência*: *principais*, *acessórias*, *líquidas* e *ilíquidas*.

A primeira distinção, entre obrigações *naturais* e *civis*, leva em conta a potencialidade de o credor poder excutir o patrimônio do devedor, potencialidade essa própria das obrigações civis, mas inocorrente em casos de obrigações naturais.

Ora se diz que as obrigações naturais teriam raízes nas convenções romanas que davam direito apenas à *exceptio* e ao *jus retentionis*, mas não à *actio*, porque nessas hipóteses não haveria verdadeiro vínculo jurídico, mas mero *vinculo aequitatis sustinetur*; ora que elas se caracterizam por impedir ao devedor repetir o pagamento efetivado (Carvalho de Mendonça. *Teoria e prática das obrigações* cit., Vol. I. n. 34 e 35. p. 146 e 147).

Nosso art. 882 do CC/2002, diferentemente do Código Beviláqua, permite com facilidade que se possa reunir num mesmo conceito de obrigação natural tanto aquela que não habilita o credor ao direito de ação, para obrigar ao cumprimento da prestação, quanto a que não habilita o devedor ao direito de repetição, restando ao credor de obrigação natural, eventualmente cumprida, alegar *exceptio doli*, para reter o pagamento recebido (art. 882: "Não se pode repetir o que se pagou para solver dívida prescrita, ou cumprir obrigação juridicamente inexigível". Art. 970 do CC/1916: "Não se pode repetir o que se pagou para solver dívida prescrita, ou cumprir obrigação natural").

3. PRESTAÇÕES DE DAR

A prestação de coisa (*dare*) liga-se imediatamente à ideia de dar, prestar ou restituir, conforme ensina Alarcão (*Direito de obrigações*. p. 38):

a) a primeira (*dar*) consiste em entregar ao credor algo "que já lhe pertence desde a constituição do vínculo (ex.: venda de coisa determinada)" ou "que passa a ser dele por virtude da própria entrega (ex.: prestação que decorre da celebração de contrato de venda de coisa indeterminada)";

b) a segunda (*prestar*) refere-se a coisas que serão postas à disposição do credor, para uso ou fruição, mas não saem da titularidade do devedor (ex.: prestação que decorre da entrega de coisa para a fruição do locatário);

c) a terceira (*restituir*) refere-se à qualidade da prestação em que a coisa é devolvida para a mão de quem é titular de sua propriedade, feita por quem, temporariamente, valeu-se de seu uso ou fruição (ex.: prestação que decorre da obrigação de devolver o que se recebeu indevidamente).

A cada comando positivo do dar, corresponde, também, a possibilidade de as prestações assumirem natureza contrária de não dar, *não prestar* e de *não restituir*.

Em nosso sistema, a obrigação de dar constitui-se num compromisso de entrega de coisa, e não a efetiva entrega da coisa.

Vale dizer, a obrigação de dar gera um crédito, e não um direito real: *traditionibus et usucapionibus dominia rerum, non nudis pactis transferuntur*.

Para que a situação jurídica do credor de coisa que se lhe deva dar altere-se para dotá-lo da qualidade de titular de direito real (de dono, por exemplo), com a efetiva constituição do direito real em favor de quem tinha, antes, mero direito pessoal (de credor de coisa certa, por exemplo), é imprescindível que – no caso de coisa imóvel – a coisa venha a ser registrada em nome de quem nessa condição a recebeu, ou – no caso de coisa móvel – que se realize sua efetiva tradição, para posse e propriedade do novo dono. Isto significa dizer que a teoria do direito civil brasileiro dota o direito real de um arcabouço teórico muito mais exigente e formal, que aquele destinado ao cuidado da teoria das obrigações.

Com o registro e a tradição a entrega das coisas tem acesso ao tratamento de direito real.

4. Prestações de dar coisa certa e coisa incerta

A coisa a entregar pode ser certa ou incerta, mas determinável.

Certa é a coisa especificada, determinada, caracterizada e individuada entre todas as demais de sua espécie.

Essa classificação remonta à *especies* dos romanos.

A coisa certa é *o singular dos seres semelhantes, cujo conjunto forma o gênero* (Paulo de Lacerda-Tito Fulgêncio. *Manual do Código Civil brasileiro*. Rio de Janeiro: Ed. Jacintho Ribeiro dos Santos Editor, 1916 e 1934. vol. X. p. 37).

A prestação deve ser identificada a partir de seus caracteres essenciais, sendo determinada ou determinável.

O credor não pode exigir do devedor prestação diversa daquela, objeto da obrigação, nem este pode se desonerar prestando coisa diversa daquela a que se obrigou.

O aforismo jurídico *debitor aliud pro alio, invito creditore solvere non potest* [o devedor não pode pagar, contra a vontade do credor, uma coisa por outra - (Digesto 12, 1, 2, 1)], que inspirou a regra do art. 313 do CC/2002, contém lição precisa: "O credor não é obrigado a receber prestação diversa da que lhe é devida, ainda que mais valiosa".

Ou seja: o credor não é obrigado a receber coisa, ainda que mais valiosa, nem lhe é dado exigir coisa, ainda que menos valiosa.

Não pode ser obrigado a dar quitação ou receber coisa por outra, contra sua vontade. A regra não se aplica aos negócios que tenham por objeto obrigações alternativas (arts. 252 a 256 do CC/2002), ou nas hipóteses de dação em pagamento (arts. 356 a 359 do CC/2002), porque é da natureza das obrigações alternativas permitir que o credor (ou o devedor, conforme a avença) escolha qual o objeto da prestação devida, não sendo *certo*, por isso, o *objeto* da obrigação; de outro lado, a dação em pagamento se reveste exatamente desse cunho, qual seja, a possibilidade de o recebimento de outra coisa, diversa da combinada, servir para desonerar o devedor de sua obrigação.

A prestação pode ter conteúdo positivo (de coisa, ou de fato) ou negativo e ter como escopo atender a interesse do credor, legitimamente tutelado pelo ordenamento jurídico.

A licitude da prestação liga-se, evidentemente, à licitude do objeto do negócio jurídico, mas com ele não se confunde.

Em recentes estudos doutrinários sobre as questões que agitam de maneira mais forte a jurisprudência do STJ, pela reiterada discussão contemporânea em torno de determinados problemas jurídicos, ligados à natureza de certas prestações, decidiu-se o seguinte, em duas oportunidades distintas:

Enunciado 15 da Jornada I de Direito Civil: "As disposições do art. 236 do novo Código Civil também são aplicáveis à hipótese do art. 240, *in fine*". Enunciado 160 da Jornada III de Direito Civil: "A obrigação de creditar dinheiro em conta vinculada de FGTS é obrigação de dar, obrigação pecuniária, não afetando a natureza da obrigação a circunstância de a disponibilidade do dinheiro depender da ocorrência de uma das hipóteses previstas no art. 20 da Lei 8.036/1990".

4.1 Obrigações de dar os acessórios de coisa certa

A doutrina considera parte integrante da coisa aquilo que não pode ser separado dela, sem destruí-la ou deteriorar-lhe a natureza.

Nesse sentido, parte de uma visão econômica e jurídica do fenômeno da prestação, de sorte que tudo quanto se agregue à coisa, formando uma unidade, um todo, com funcionalidade e utilidade própria e permanente, não pode ser chamado de acessório.

A regra de que o acessório segue o principal é uma presunção *iuris tantum* que pode sofrer exceção: a disposição legal ou convencional, bem como as circunstâncias do título, de transferência do direito ou da coisa, podem autorizar a compreensão de que o acessório se tornou independente, cabendo a quem pretender atribuir a qualidade de independente à coisa desincumbir-se do ônus da prova.

É nesse sentido a disposição contida no art. 575 do CC argentino, que explicita que, ainda que não haja menção no título e, ainda, que momentaneamente os acessórios tenham sido separados delas, compreende-se, na obrigação de dar coisa certa, todos os seus acessórios.

A ideia de título do negócio ou de título da aquisição da coisa está ligada ao modo de adquirir, ao ato ou fato material revestido de caráter jurídico que lhe comunica a virtude de constituir ou transferir direito (Lafayette Rodrigues Pereira. *Direito das Coisas*. 6. ed. Rio de Janeiro/São Paulo: Freitas Bastos, 1956. § 31. p. 100).

O art. 1477 do CC italiano, por exemplo, especificamente, refere-se ao fato de que a coisa deve ser entregue com os acessórios, pertenças e frutos que lhe estão ligados no dia da venda, devendo o vendedor colocar à disposição do comprador os títulos e os documentos relativos à propriedade e ao uso da coisa vendida.

5. PRESTAÇÕES DE FAZER E DE NÃO FAZER

Muitas vezes não estão muito claros, no vínculo obrigacional, os contornos exatos da prestação.

A prestação de dar, frequentemente, tem embutida nela um conteúdo de fazer, como nos lembra Carvalho de Mendonça (*Doutrina e prática das obrigações*. vol. I. n. 61. p. 182).

Pense-se no cumprimento de uma prestação de restituir (de dar, portanto), em que, evidentemente, se espere que a coisa restituída esteja no mesmo estado em que se encontrava quando de sua entrega. Por certo, aquele que está adstrito à prestação de *restituir*, está também adstrito às prestações *de fazer* (o possível para conservar a coisa) e *de não fazer* (aquilo que possa destruir a coisa).

Quando se alude à prestação de fato (*fazer*), por isso, não se está buscando apontar essas peculiaridades que costumam vir acompanhadas do *dar*.

Busca-se, na distinção, um outro detalhe: a prestação de fazer concentra o seu cumprimento no feixe de conduta daquele que a ela encontra-se adstrito, de maneira positiva, ou negativa; apenas a conduta que o obriga a um serviço, material ou imaterial, à produção de certos objetos etc.

A prestação de fazer, ou prestação de fato, tem como objeto mediato uma conduta, positiva ou negativa, material ou jurídica, conforme seja *de fazer* ou de *não fazer* a prestação.

Comumente, a prestação de fato refere-se a um fato do devedor, mas nada impede "que diga respeito a um fato de terceiro, desde que corresponda a um interesse do credor digno de proteção legal" (Alarcão. *Direito de obrigações*. p. 37), ou seja, de um interesse do credor apurável pela utilidade e pela finalidade objetiva da prestação na sua esfera de interesse jurídico e, ainda mais, algo que regularmente possa vir a ser prestado por terceiro, a quem se comete o fato. Isto porque *quod alicui suo non licebit nomine, nec alieno licebit* (não é permitido fazer em nome dos outros o que não podemos fazer em nosso próprio nome).

Em tese, portanto, não há invalidade na cláusula contratual que prevê uma prestação por terceiro, ficando obrigado o promitente (*facere per se, videtur, qui per alium facit* – fazer por si e fazer por outrem é o mesmo).

O conteúdo de um fazer pode consistir numa atividade intelectual, artística, científica, física.

É um ato realizado, efetivamente, em decorrência da potência (intelectiva, vegetativa, sensitiva, naturais da humanidade) do sujeito de direito que a ele se obrigou.

As obrigações de fazer costumam vir reforçadas pela cominação de *astreintes* e, nesses sentido, o STJ tem se pronunciado: "é cabível, mesmo contra a Fazenda Pública, a cominação de *astreintes* como meio executivo para cumprimento de obrigação de fazer ou entregar coisa (arts. 461 e 461-A do CPC). (STJ, AgRg no AREsp 267358/CE, 2.ª T., j. 16.05.2013, rel. Min. Herman Benjamin, *DJE* 22.05.2013)

As *astreintes*, contudo, para serem exigidas, pressupõem a interpelação do devedor, conforme já se decidiu: "Conforme Súmula 410 do STJ, para o cumprimento da obrigação de fazer, deverá o devedor ser intimado pessoalmente para cumpri-la, condição necessária para a cobrança das *astreintes,* mesmo que a obrigação seja determinada em sentença" (TJSP, Ag 0223698-37.2012.8.26.0000, 34.ª Câm. Dir. Priv., j. 04.02.2013, rel. Des. Rosa Maria de Andrade Nery).

5.1 Obrigações de fazer de natureza infungível

As obrigações de fazer de natureza infungível, ou *intuito personae*, não admitem substituição da pessoa do devedor, podendo ser exigida, apenas, daquele que ao seu cumprimento ficou adstrito (v. art. 247 do CC/2002).

A infungibilidade pode decorrer da natureza da obrigação, do contrato, ou das circunstâncias do caso.

A análise da possibilidade, ou não, de execução da obrigação por pessoa diversa da do devedor deve ser casuística.

A obrigação de fazer de natureza fungível admite a execução por terceiro, ou seja, a pessoa do devedor é substituível com facilidade. O conteúdo de um fazer pode ter sido fixado em transação judicial e, até mesmo, em hipóteses de transações admitidas na esfera penal.

6. DAS PRESTAÇÕES ALTERNATIVAS E CONJUNTIVAS

O *dar, fazer e não fazer* são as prestações, ou seja, são o *objeto da obrigação* (o *quid debetur* – a prestação devida), conforme já dissemos.

As obrigações se classificam como *simples* ou *complexas*, segundo tenham por objeto coisas ou condutas únicas, ou múltiplas, coexistindo numa só prestação, ou em muitas prestações.

"Em relação à *pluralidade de prestações,* as obrigações múltiplas dividem-se em obrigações *cumulativas* e *alternativas.* Nas obrigações cumulativas, há duas ou mais prestações, que deverão ser realizadas totalmente, com v.g., se eu vendo um cavalo e ao mesmo tempo me obrigo a dar uma dada soma de dinheiro. Essas duas obrigações são cumulativas, e o credor não é obrigado a receber uma sem a outra. O descumprimento de uma envolve um inadimplemento total. A oferta de uma das prestações sem as demais implica num inadimplemento parcial recusável pelo credor [...]" (Miguel Maria de Serpa Lopes. *Curso de direito civil – Obrigações em geral.* p. 73 e 74).

As prestações múltiplas (=compostas) – são cumulativas (ou conjuntivas), aquelas que ao se formarem contêm mais de um modo de prestar.

São alternativas as que, no cumprimento, podem ser prestadas de uma forma, ou outra.

Na hipótese de obrigação alternativa, seu objeto é múltiplo, antes da concentração, que somente ocorre com a escolha. A desoneração do devedor se dá com o prestar de apenas um objeto: o escolhido. Pode-se prestar alternativamente, uma coisa ou outra. Quem escolhe o que prestar é o devedor, de acordo com o art. 252 do CC/2002, a não ser que no contrato esteja estipulada outra coisa.

Por isso, o aforismo jurídico *debitor aliud pro alio, invito creditore solvere non potest* (o devedor não pode dar, contra a vontade do credor, uma coisa por outra – Digesto 12, 1, 2, 1) não se aplica aos negócios que tenham por objeto obrigações alternativas (arts. 252 a 256 do CC/2002), ou nas hipóteses de dação em pagamento (arts. 356 a 359 do CC/2002), porque é da natureza das obrigações alternativas permitir que o credor (ou o devedor, conforme a avença) escolha qual o objeto da prestação devida, não sendo certo, por isso, o objeto da obrigação; de outro lado, a dação em pagamento se reveste exatamente desse cunho, qual seja a possibilidade de o recebimento de outra coisa, diversa da combinada, servir para desonerar o devedor de sua obrigação.

Entre obrigação alternativa e dação em pagamento há diferença. Na hipótese de dação em pagamento, o consentimento em receber uma outra coisa é dado posteriormente ao ato que originou a obrigação, "porque se ambas as coisas estavam *in obligatione*, o caso era de obrigação alternativa, não de dação em pagamento" (Paulo de Lacerda-Tito Fulgêncio. *Manual do Código Civil brasileiro.* Rio de Janeiro: Ed. Jacintho Ribeiro dos Santos Editor, 1916 e 1934. vol. X. p. 40).

Há também uma sutil diferença entre obrigação alternativa e obrigação de gênero. "A obrigação será de gênero quando mais especialmente se tiver em vista a designação da qualidade. A obrigação será alternativa, se tiver em vista, sobretudo as individualidades ente as quais se deve exercer a escolha" (idem, vol. X. p. 100).

O consentimento das partes, com relação à escolha da prestação que desonera o devedor, ou seja, sobre lhe ser possível, ou mesmo ao credor, escolher sobre qual objeto repousa a prestação que desobriga o devedor, deve incidir concomitantemente ao ato que criou o vínculo obrigacional entre as partes, e não posteriormente. Ou seja: a característica fundamental da obrigação alternativa é surgir, com esse perfil de opção, do credor ou do devedor, conforme seja o acordo entre eles, no momento mesmo da formação da obrigação, *in obligatione*. Não tem natureza de obrigação alternativa a que surge em virtude de ato posterior consentido pelo credor, como é o caso da dação em pagamento (*datio in solutum*).

Essa lição é de Tito Fulgêncio: "Se a coisa não está *in obligatione*, e sim *in facultate solutionis*, o pagamento que com ela se fizesse, seria sempre um prestar *aliud pro alio* consentido pelo credor, nada importando que esse consentimento fosse dado antecipadamente" (Paulo de Lacerda-Tito Fulgêncio. *Manual do Código Civil brasileiro*. Rio de Janeiro: Ed. Jacintho Ribeiro dos Santos Editor, 1916 e 1934. vol. X. p. 37).

Na obrigação alternativa há duas ou mais coisas e fatos *in obligatione*, uma coisa *in solutione*; é composta, tem objeto plural. A facultativa é diferente: uma coisa está *in obligatione* e outra *in solutione*. Na obrigação facultativa, "quando ao devedor reserva-se o direito de pagar coisa diversa da que constitui diretamente o objeto da obrigação", bem como na dação em pagamento, em que o credor "consente em receber coisa que não seja dinheiro, em substituição da prestação que era devida", não se aplica o princípio *aliud por alio* (idem, vol. X. p. 39).

Nas hipóteses de obrigações alternativas, põem-se na obrigação, para escolha posterior daquele que deva ser efetivamente prestado, muitos objetos. Quando se dá a ocasião do efetivo pagamento, entretanto, a escolha ou concentração do interesse do devedor aponta uma prestação devida (art. 252 do CC/2002). Nada obsta - e a obrigação com essas características não perde a qualidade de alternativa – que o direito de escolha da prestação que deva ser prestada, para desobrigar o devedor, seja feita pelo credor , ou por terceiro, se assim se estipulou (v. art. 252, §§ 3.º e 4.º, do CC/2002).

O direito de escolha, direito potestativo, portanto, pertencente em regra ao devedor, ou, por disposição diversa, ao credor, complementa os elementos da obrigação, tornando-a certa.

São incedíveis os direitos de formação. Dentre eles assim se classifica o de escolha na obrigação alternativa (Pontes de Miranda. *Fontes e evolução do direito civil brasileiro*. p. 265 e 266). A doutrina costuma classificar as prestações devidas, quanto ao seu objeto, em divisíveis e indivisíveis; em "prestação fungível e prestação infungível"; em "prestação instantânea e prestação duradoura".

Se a obrigação alternativa se tratar de obrigação em prestações periódicas, pode a faculdade de opção ser exercida em cada período (art. 252, § 2.º do CC/2002).

Cabendo ao credor a escolha e deixando de exercer esse direito, assume os riscos da coisa. Se há mora do credor e o devedor cumpriu a sua parte, colocando-se à disposição do credor, mas a prestação oferecida se tornou impossível ou inexequível, o devedor nada mais deve, posto que não foi satisfeito o credor por sua própria culpa. Assim: Clovis Bevilaqua. *Código Civil dos Estados Unidos do Brasil comentado*. vol. IV. 885, 25.

Em casos comuns da lida forense, vê-se constantemente hipótese de se pôr para análise caso comum de obrigação alternativa.

Tome-se, por exemplo, a análise daquilo que se passa nos casos de desapropriação indireta, em que o poder público acionado é instado a cumprir uma de duas obrigações:

a) restituir a coisa vindicada; ou

b) pagar o preço da indenização.

Veja-se a forma como foi teorizada e resolvida a questão: "A chamada 'desapropriação indireta' é construção pretoriana criada para dirimir conflitos concretos entre o direito de propriedade e o princípio da função social das propriedades, nas hipóteses em que a Administração ocupa propriedade privada, sem observância de prévio processo de desapropriação, para implantar obra ou serviço público. Para que se tenha por caracterizada situação que imponha ao particular a substituição da prestação específica (restituir a coisa vindicada) por prestação alternativa (indenizá-la em dinheiro), com a consequente transferência compulsória do domínio ao Estado, é preciso que se verifiquem, cumulativamente, as seguintes circunstâncias: (a) o apossamento do bem pelo Estado, sem prévia observância do devido processo de desapropriação; (b) a afetação do bem, isto é, sua destinação à utilização pública; e (c) a impossibilidade material da outorga da tutela específica ao proprietário, isto é, a irreversibilidade da situação fática resultante do indevido apossamento e da afetação. No caso concreto, não está satisfeito qualquer dos requisitos acima aludidos, porque (a) a mera edição do Dec. 37.536/1993 não configura tomada de posse, a qual pressupõe necessariamente a prática de atos materiais; (b) a plena reversibilidade da situação fática permite aos autores a utilização, se for o caso, dos interditos possessórios, com indubitável possibilidade de obtenção da tutela específica. Não se pode, salvo em caso de fato consumado e irreversível, compelir o Estado a efetivar a desapropriação, se ele não a quer, pois se trata de ato informado pelos princípios da conveniência e da oportunidade" (STJ, REsp 628588/SP, 1.ª T., j. 02.06.2005 rel. Min. Luiz Fux, rel. p/acórdão Min. Teori Albino Zavascki, *DJ* 01.08.2005, p. 327).

Além disso, a doutrina trabalha a ideia de as partes de um negócio jurídico terem estipulado o cumprimento da obrigação por meio de prestações alternativas, em hipóteses em que se possa escolher entre duas prestações, porém, apenas uma delas poder vir a ser considerada prestação lícita e possível.

Se ocorre essa situação, ou seja, se entre duas prestações submetidas à escolha do devedor, ou do credor, conforme o caso, apenas uma se mostra lícita e possível, a obrigação perde a qualidade de "alternativa" e se torna obrigação pura e simples, que deve ser cumprida com a efetivação da prestação lícita e possível. Ou seja: é devida a prestação que remanesce possível e exequível.

Não se dá, portanto, nenhuma invalidade da obrigação por essa ocorrência, porque o objeto da obrigação alternativa não é apenas a prestação da coisa impossível ou ilícita, porém, também, a prestação de outra coisa, possível e lícita, igual e livremente escolhida, que dá vida a uma verdadeira obrigação (Francesco Ricci. *Corso teorico-pratico di diritto civile*. vol. VI.)

7. DAS PRESTAÇÕES DIVISÍVEIS E INDIVISÍVEIS

Quando se diz que uma obrigação é indivisível, está-se referindo à classificação das obrigações a partir da forma que seu objeto assume perante o dever de prestação do sujeito; ou seja, quando se trata de indivisibilidade da obrigação, fala-se da classificação das obrigações quanto à natureza de seu objeto.

Por outro lado, quando se fala de solidariedade, fala-se da classificação das obrigações quanto à forma de os sujeitos as prestarem. Ou seja:

a) a indivisibilidade da obrigação respeita à indivisibilidade do objeto da obrigação (a prestação com objeto divisível ou indivisível), devida em virtude do vínculo.

b) a solidariedade tem relação com os sujeitos vinculados, sobre se assumiram obrigações solidárias, ou *pro parte*.

São divisíveis os direitos e as obrigações que podem pertencer a diversos titulares, por partes, "em quotas ou partes ideais, autônomas e homogêneas com o todo". Ou seja, "os direitos parciais reproduziriam o todo, em ponto pequeno". Dessa maneira, para bem ilustrar o que se quer dizer, o direito de propriedade, por exemplo, é divisível mesmo quando a coisa sobre a qual ele recai é indivisível (Manuel de Andrade. *Teoria geral da relação jurídica*. vol. 1. n. 48. p. 258).

Segundo Tito Fulgêncio, pode-se antever prestações indivisíveis e divisíveis nas modalidades de obrigações de *dar* e de *fazer*, pois, em regra, as obrigações de não fazer são indivisíveis (Paulo de Lacerda-Tito Fulgêncio. *Manual do Código Civil brasileiro*. Rio de Janeiro: Ed. Jacintho Ribeiro dos Santos Editor, 1916 e 1934. vol. X. p. 175 e 177).

1. Entre as obrigações de dar:
A) São divisíveis:
a) as prestações de transferir direito de propriedade e a posse;
b) prestações de dar uma soma de coisas fungíveis, dinheiro, especialmente;
c) quando o objeto da dívida é um número de coisas indeterminadas da mesma espécie, igual ao número dos cocredores ou dos codevedores, ou submúltiplo

desse número, como – por exemplo - a prestação de dar dez muares a 10 ou cinco pessoas;

d) quando a prestação é a constituição de uma hipoteca, penhor ou anticrese, sendo divisível a coisa;

B) São indivisíveis:

a) as obrigações alternativas e as de gênero;

b) aquelas que tenham por objeto a constituição de servidão e aquelas que têm por objeto dar coisas certas infungíveis;

2. Entre as obrigações de fazer:

A) São divisíveis:

a) as prestações determinadas por quantidade ou duração de trabalho;

B) as demais são indivisíveis.

A pluralidade de credores ou de devedores, quer seja originária, quer decorra de sucessão do devedor, ou do credor, justifica a partilha da obrigação, da seguinte maneira (Paulo de Lacerda-Tito Fulgêncio. *Manual do Código Civil brasileiro*. Rio de Janeiro: Ed. Jacintho Ribeiro dos Santos Editor, 1916 e 1934. vol. X. p. 177):

a) "cada devedor responde por sua quota parte e libera-se prestando-a; cada credor somente pode exigir do devedor o adimplemento da prestação que toca à sua parte respectiva no crédito";

b) "se indivisível, cada credor pode exigir, como todos juntos, o todo, e cada devedor, como todos juntos, responde pela totalidade; a liberação não pode ter lugar sem a prestação por inteiro".

Por consequência das peculiaridades das prestações indivisíveis, a doutrina tem entendido que o perecimento do objeto da prestação indivisível, por culpa de apenas um dos devedores, a todos sujeita pagar indenização pelo valor da coisa perdida, na proporção de sua parte, mas a indenização por perdas e danos há de ser cobrada, apenas, daquele que é o responsável pelo perdimento da coisa.

Assim se entendeu em ocasião de estudo doutrinário e jurisprudencial sobre o tema: Enunciado 540 da Jornada VI de Direito Civil: "*Havendo perecimento do objeto da prestação indivisível por culpa de apenas um dos devedores, todos respondem, de maneira divisível, pelo equivalente e só o culpado, pelas perdas e danos*".

A distinção de natureza jurídica que existe entre as prestações solidárias e as prestações indivisíveis, entretanto, não importa dizer-se que entre elas há incompatibilidade, ou que possam ser confundidas, como, aliás, já teve ocasião de decidir o STJ, mais de uma vez: "No ato de improbidade administrativa do qual resulta prejuízo, a responsabilidade dos agentes em concurso é solidária. É defeso a indisponibilidade de bens alcançar o débito total em relação a cada um dos coobrigados, ante a proibição legal do excesso na cautela. Os patrimônios existentes são franqueados à cautelar, tanto quanto for possível determinar, até a medida da responsabilidade de seus titulares obrigados à reparação do dano, seus acréscimos legais e à multa, não havendo, como não há, incompatibilidade qualquer entre a solidariedade passiva e as obrigações divisíveis" (STJ, REsp 1119458/RO, 1.ª T., j. 13.04.2010, rel. Min. Hamilton Carvalhido, *DJE* 29.04.2010).

Ou ainda:

"As obrigações solidárias e indivisíveis têm consequência prática semelhante, qual seja, a impossibilidade de serem pagas por partes, mas são obrigações diferentes, porquanto a indivisibilidade resulta da natureza da prestação (art. 258 do CPC), enquanto a solidariedade decorre de contrato ou da lei (art. 265 do CC/2002). Inexiste incompatibilidade entre a divisibilidade e a solidariedade. Nada obsta a existência de obrigação solidária de coisa divisível, tal como ocorre com uma condenação em dinheiro, de modo que todos os devedores vão responder integralmente pela dívida. A solidariedade nas coisas divisíveis reforça o vínculo entre devedores, servindo de garantia para favorecer o credor, de modo a facilitar a cobrança. Em regra, o administrador não tem responsabilidade pessoal pelas obrigações que contrair em nome da sociedade e em decorrência de regulares atos de gestão. Todavia, os administradores serão obrigados pessoalmente e solidariamente pelo ressarcimento do dano, na forma da responsabilidade civil por ato ilícito, perante a sociedade e terceiros prejudicados quando, dentro de suas atribuições e poderes, agirem de forma culposa. Considerando-se que na hipótese dos autos ficou comprovado que todos os onze sócios eram administradores e que realizaram uma má gestão da sociedade autora que lhe acarretou comprovados prejuízos de ordem material e que não há incompatibilidade qualquer entre a solidariedade passiva e as obrigações divisíveis, está o credor autorizado a exigir de qualquer dos devedores o cumprimento integral da obrigação, cuja satisfação não extingue os deveres dos coobrigados, os quais podem ser demandados em ação regressiva. Recurso especial parcialmente provido para, reconhecendo a responsabilidade solidária dos sócios administradores, determinar o cumprimento integral por parte dos recorridos da obrigação de reparar os prejuízos materiais sofridos pela sociedade autora e reconhecidos por decisão judicial" (STJ, REsp 1087142/MG, 3.ª T., j. 18.08.2011, rel. Min. Nancy Andrighi, *DJE* 24.08.2011).

Por fim, importante observar a distinção entre obrigações solidárias e divisíveis, à luz da conversão da prestação em perdas e danos.

Se a obrigação convertida em perdas e danos, originariamente, tinha natureza jurídica de obrigação solidária, subsiste a solidariedade (art. 271 do CC/2002); se a obrigação era indivisível e perdeu esse caráter porque se deteriorou, ou porque se tornou impossível o objeto da prestação e a prestação se converteu em pagamento de perdas e danos, desaparece a indivisibilidade (art. 263 do CC/2002), podendo o credor exigir, neste caso, de cada obrigado, apenas a parte que lhes toca proporcionalmente no pagamento da dívida.

8. DAS PRESTAÇÕES SOLIDÁRIAS

A solidariedade se dá quando há pluralidade de credores (solidariedade ativa) ou pluralidade de devedores (solidariedade passiva), ou, ainda, pluralidade de credores e de devedores (solidariedade mista), relativamente ao objeto de uma obrigação.

A característica marcante da solidariedade, segundo o sistema brasileiro, representado pela norma do art. 264 do CC/2002, é a *unidade* da prestação.

Há pluralidade de relações subjetivas, mas unidade objetiva da prestação.

A obrigação solidária é uma espécie de obrigação conjunta cuja unidade de prestação se justifica pela unidade de causa geradora (Antoine Hontebeyrie. *Le fondement de l'obligation solidaire en droit privé français*. p. 439 e ss.).

A solidariedade passiva pode resultar da lei; a solidariedade ativa, apenas do contrato.

O ato ilícito que gera a solidariedade passiva dos agentes a quem a lei imputa a responsabilidade pelo dano, de modo objetivo, é o exemplo mais evidente dessa incidência: arts. 932 e 942 do CC/2002.

A obrigação solidária consiste em especial modalidade de reforço de garantia propiciado ao credor e reflete um determinado solidarismo entre os devedores (Luc Grynmbaum. La notion de solidarisme contractuel. *Le solidarisme contractuel*. p. 28 e 29).

Bem por isso, Pontes de Miranda observa que a solidariedade é um aspecto jurídico-econômico de obrigações independentes: "Obrigações solidárias são duas ou mais obrigações independentes e que somente têm de comum a satisfação do mesmo interesse. Quando o interesse está satisfeito, extinguem-se as obrigações solidárias; por exemplo, em se tratando de indenização de danos por dois ou mais devedores, sesolve a dívida. No mais, cada devedor é atingido pelo que lhe concerne e só pelo que lhe concerne" (Francisco Cavalcanti Pontes de Miranda. *Tratado de direito privado*. t. XXII, § 2.746 2. p. 417).

Constantemente, o trato doutrinário e jurisprudencial do tema alusivo às obrigações solidárias cria soluções pontuais para orientar os efeitos que derivam de sua natureza jurídica. Assim, na análise da eventualidade de se considerar, ou não, solidária a obrigação acessória de outra, com a qualidade de solidária, assim decidiu o STJ: A solidariedade na obrigação principal não se estende implicitamente à obrigação acessória, tanto mais que essa concorrência passiva na relação jurídica obrigacional (solidariedade passiva) decorre de lei (STJ, REsp 852459/RJ, 1.ª T., j. 11.12.2007, rel. Min. Luiz Fux, *DJE* 03.03.2008).

Da mesma maneira, o STJ tem pontuado a necessidade de distinguir os efeitos jurídicos do reconhecimento da solidariedade de eventuais outros fenômenos que possam levar à responsabilização de outros, quanto à mesma obrigação. Súmula 430 do STJ: O inadimplemento de obrigação tributária pela sociedade não gera, por si só, a responsabilidade solidária do sócio-gerente.

Talvez, aqui, a preocupação da jurisprudência tenha sido apontar a diferença entre o instituto jurídico da solidariedade e o da desconsideração da personalidade jurídica da empresa, para alcançar bens de sócios, institutos esses que, de fato, não se confundem, muito embora tenha lógica econômica similar, de garantir melhor o direito de satisfação de credores.

9. DA SOLIDARIEDADE ATIVA

A solidariedade ativa deriva da convenção das partes, ou de testamento, não podendo ser instituída pela lei (Marcel Planiol e Georges Ripert. *Traité pratique de droit privé*, t. VII, 2.ª parte. n. 1060. p. 415). Nesse mesmo sentido opina Clóvis Bevilaqua (*Código Civil dos Estados Unidos do Brasil comentado*. Rio de Janeiro/São Paulo: Francisco Alves. vol. IV. coment. 5 ao art. 898 do CC/1916).

Caracteriza-se a solidariedade ativa por ser a modalidade de obrigação com pluralidade de credores, em que cada um deles é autorizado a exigir do devedor o cumprimento por inteiro da prestação, ainda que esta seja divisível.

Porque há muitos inconvenientes dela decorrentes, a prática da solidariedade ativa é cada vez mais rara. O principal inconveniente é o perigo de o credor que recebe a totalidade da prestação dela apropriar-se, ou de dissipá-la, em detrimento dos demais credores solidários.

Para que se constitua a solidariedade ativa é necessário a presença dos seguintes elementos:

a) mais de um credor conjunto (cocredores);

b) uma única e mesma coisa objeto da prestação solidária;

c) um único e expresso ato de constituição convencional, vedada a instituição legal da solidariedade ativa;

d) a faculdade de apenas um dos cocredores de exigir do devedor o cumprimento da prestação por inteiro, como se fosse o único credor (Federico Pezzella. *L'obbligazione in solido nei riguardi dei creditori*. n. 14. p. 25).

O direito de reaver a coisa pode ter natureza real (art. 1.228, *caput*, do CC/2002) e ser exercido por meio de ação reivindicatória; ou ter natureza obrigacional (arts. 233 e 243 do CC/2002) e ser exercido por meio de ação pessoal, pela qual o credor investe contra o direito a pessoa do devedor, para forçá-lo ao cumprimento da obrigação.

O comportamento do credor solidário para cobrar o devedor, ou causar-lhe alguma situação de vantagem, por atos de graciosidade sua, desafia o interesse dos demais credores.

Por isso, o recebimento pelo credor solidário, apenas da parte devida pelo devedor a si próprio, ou, ainda, a decisão do credor de assentir na novação, compensação ou remissão da dívida, não cria para o devedor nenhuma vantagem com relação aos demais credores solidários.

Se ocorrer a solução da dívida a um dos credores, ou a remissão da dívida por apenas um credor, a parte de cada um dos outros credores deve ser fixada de acordo com o interesse de cada um na prestação, conforme o título do crédito, subsistindo a solidariedade ativa, quanto aos demais.

"Também se extingue a dívida por novação, compensação ou remissão. Se só um dos credores novou, compensou ou remitiu, responde (o devedor) ao outro ou aos outros pela parte ou partes que lhes caibam" (Pontes de Miranda. Francisco Cavalcanti. *Tratado de direito privado*. vol. XXII, § 2751, 1. p. 429).

Aliás, assim tem sido o entendimento da doutrina, no que toca ao pagamento parcial da dívida em que se verifica hipótese de solidariedade ativa:

Enunciado 348 da Jornada IV de Direito Civil: "*O pagamento parcial não implica, por si só, renúncia à solidariedade, a qual deve derivar dos termos expressos da quitação ou, inequivocamente, das circunstâncias do recebimento da prestação pelo credor*".

Ao devedor cabe o cuidado de analisar com precisão a qualidade de credor solidário de quem dá quitação, qualidade essa que deriva do contrato, e não da lei. Se não há solidariedade, a quitação de um dos credores quanto ao todo do pagamento não opera o efeito de liberação total do devedor, senão quanto àquela parte que cabia àquele que recebeu. O pagamento errôneo não libera o devedor, pois quem paga mal não se libera.

Como a solidariedade ativa decorre do contrato, não se presume, nem nasce da lei, havendo "mais de um credor, ou devedor, em obrigação divisível, esta se divide entre tantas obrigações, iguais e distintas, quanto os credores ou devedores. - O devedor de obrigação divisível, não havendo solidariedade, deve cuidar para que o pagamento seja feito a todos os credores. Feito a apenas um deles, deve ser verificado se este tem poderes para dar quitação em nome dos demais. - Se o pagamento é feito a quem não é credor único nem tem poderes para representar os demais credores, há negligência do devedor, podendo haver resolução do negócio jurídico com o retorno das partes ao *status quo ante*. Recurso Especial não conhecido" (STJ, REsp 868556/MS 3.ª T., j. 05.11.2008, rel. Min. Nancy Andrighi, *DJUE* 18.11.2008).

10. DA SOLIDARIEDADE PASSIVA

A solidariedade passiva funciona como uma garantia pessoal em favor do credor e a solidariedade ativa funciona como comodidade em favor do devedor, para o adimplemento de sua obrigação, na medida em que qualquer credor pode efetuar o pagamento.

Se o crédito pode ser cobrado de qualquer dos devedores, solidária e indivisivelmente engajados perante o credor quanto ao adimplemento de seu crédito, este estará particularmente garantido.

A solidariedade passiva é um meio de que o sistema jurídico privado municia os agentes econômicos visando uma facilidade e mesmo uma garantia de pagamento mais efetiva.

Podem os credores demandar o cumprimento da obrigação, mediante desempenho da prestação, de um só ou de todos ou devedores, em litisconsórcio (art. 77 do CPC).

A unidade do vínculo é muito forte, nada obstante a pluralidade subjetiva.

No processo será necessário averiguar qual a exata medida da responsabilidade de cada um dos devedores, a qual implicará a quota parte devida no liame de solidariedade instaurado.

"As obrigações dos devedores solidários são obrigações distintas, de jeito que a existência e a eficácia de cada uma hão de ser separadamente verificadas" (Francisco Cavalcanti Pontes de Miranda. *Tratado de direito privado*. t. XXII, § 2754. n. 5. p. 442).

Como mediante o cumprimento da prestação objeto da obrigação solidária esta considera-se extinta, até mesmo pelo teor do dispositivo legal, não ocorre sub-rogação, mas direito de regresso.

Isto é, o devedor que cumpre a totalidade ou mais que sua cota parte de obrigação volta-se contra os demais com ação e pretensão próprias, distintas da pretensão do credor primitivo, pretensão esta que nasce na data do cumprimento.

Como afirma Pontes de Miranda: "A relação jurídica é única; o crédito tem por sujeitos passivos duas ou mais pessoas; a pretensão dirige-se contra as duas ou mais pessoas, que todas são obrigadas. A pretensão é única; mas correspondem obrigações de todos os sujeitos passivos, com exaustão da pretensão pelo cumprimento. A eficácia precípua consiste, portanto, em que a qualquer dos obrigados possa o credor exigir, no todo, ou em parte, o adimplemento" (Francisco Cavalcanti Pontes de Miranda. *Tratado de direito privado*. t. XXII, § 2755. n. 1. p. 447 e 448).

E adiante assevera o mestre alagoano: "Desde que o codevedor solidário desinteressa o credor e, assim, se libera a si e aos outros codevedores solidários, toca-lhe a *ação de reembolso* (*Rückgriffsanspruch*)" (idem, § 2757, n. 1. p. 459).

A solução brasileira foi essa, e não a da transferência do crédito (sub-rogação pessoal). Isso não quer dizer que o credor não possa ceder a um dos devedores o crédito, ou que outrem não possa assumir a dívida de um dos coobrigados: "A jurisprudência mais recente desta Corte foi firmada no sentido da responsabilidade dos notários e oficiais de registro por danos causados a terceiros, não permitindo a interpretação de que há responsabilidade pura do ente estatal. Em hipóteses como a dos autos, em que houve delegação de atividade estatal, verifica-se que o desenvolvimento dessa atividade se dá por conta e risco do delegatário, tal como ocorre com as concessões e as permissões de serviços públicos, nos termos do que dispõem os incisos II, III e IV da Lei 8.987/1995. 3. 'O art. 22 da Lei 8.935/1994 é claro ao estabelecer a responsabilidade dos notários e oficiais de registro por danos causados a terceiros, não permitindo a interpretação de que deve responder solidariamente o ente estatal' (STJ, REsp 1087862/AM, 2.ª T., rel. Min. Herman Benjamin, j. 02.02.2010, *DJUE* 19.5.2010)" (STJ, AgRg no Ag no AREsp 273876/SP, 2.ª T., j. 14.05.2013, rel. Min. Humberto Martins, *DJUE* 24.05.2013)

O tema alusivo à solidariedade das prestações é daqueles mais trabalhados pela doutrina e pela jurisprudência, pela variedade de situações que se apresentam na vida jurídica. Há por isso enunciados de estudos que versam sobre o tema, a saber:

a) Enunciado 349 da Jornada IV de Direito Civil: "*Com a renúncia da solidariedade quanto a apenas um dos devedores solidários, o credor só poderá cobrar do beneficiado a sua quota na dívida; permanecendo a solidariedade quanto aos demais devedores, abatida do débito a parte correspondente aos beneficiados pela renúncia*". Isto tem sentido, na medida em que a renúncia, ato abdicativo de direitos, deve sempre ser interpretada da forma menos onerosa ao devedor.

b) Enunciado 350 da Jornada IV de Direito Civil: "*A renúncia à solidariedade diferencia-se da remissão, em que o devedor fica inteiramente liberado do vínculo obrigacional, inclusive no que tange ao rateio da quota do eventual codevedor insolvente, nos termos do art. 284 do CC"*. Aqui, a pretensão foi a de alertar o intérprete dos fenômenos jurídicos sobre o endereçamento da vontade do credor, de renunciar à solidariedade passiva, ou seja, ao direito de cobrar toda a dívida de um determinado devedor, a sua escolha, ou de, ao contrário, endereçar sua vontade para perdoar dívida, beneficiando alguns, ou todos os devedores. Se a intenção é a de perdoar a dívida de um dos coobrigados, os outros remanescerão devedores, solidários, pelo valor da dívida, abatido do *quantum* pertinente à parte do remido.

c) Enunciado 351 da Jornada IV de Direito Civil: *"A renúncia à solidariedade em favor de determinado devedor afasta a hipótese de seu chamamento ao processo"*.

11. OBRIGAÇÕES DE PRESTAÇÃO PECUNIÁRIA

O art. 315 do CC/2002 alude a uma determinada espécie de dívida que denomina de *"dívidas em dinheiro"*, dívidas essas que devem ser pagas no vencimento, "em moeda corrente e pelo valor nominal, salvo o disposto nos artigos subsequentes", que, no caso, são os arts. 316 a 326 do CC/2002.

Já ensinava Teixeira de Freitas que, se a dívida é de quantia em dinheiro, o pagamento deve ser feito em moeda corrente metálica ou papel, do Governo, com curso forçado (Augusto Teixeira de Freitas. *Consolidação das Leis Civis*. 5. ed. Rio de Janeiro: Jacintho Ribeiro dos Santos Livreiro-editor, 1915, anotada por Martinho Garcez, art. 822), sendo exatamente essa a característica principal entre o papel-moeda e os demais substitutivos da moeda: não pode ser recusado (Francisco de Paula Lacerda de Almeida. Obrigações. 2. ed., Rio de Janeiro: Revista dos Tribunais, 1916 (citação: autor, obra, parágrafo e página); 1. ed., 1897, p. 298, nota 17).

Por moeda corrente, portanto, entende-se a moeda metálica ou o papel de curso forçado ao tempo e no lugar da formação do vínculo obrigacional e do cumprimento da obrigação.

A expressão *"obrigações de prestação pecuniária"*, por outro lado, remete a uma espécie de dívida que se considera saldada quando entregue ao credor a quantia devida, porque a prestação consiste na entrega de determinada quantia em dinheiro (*pecunia*) ao credor. Por isso essa espécie de obrigação também é chamada de *"dívida de simples quantia"*, *"dívida de dinheiro"*, ou, ainda, *"dívida de valor"*, e o valor da dívida é representado pela importância respectiva de moeda legal e corrente, que, quando entregue ao credor, libera o devedor.

A doutrina, entretanto, antevê na expressão "moeda" três diferentes "valores": "(a) o valor nominal ou extrínseco. É o valor que o Estado impõe, seja à moeda metálica, seja ao papel-moeda. [...]; (b) o valor metálico ou intrínseco. É o valor do metal fino e da liga fina contida em qualquer espécie cunhada. [...]; (c) o valor comercial ou de curso. É representado pela avaliação que dela se faz em comércio, traduzindo a estimativa da moeda, como mercadoria, no comércio interno ou externo, estando sujeito às oscilações que o fenômeno das trocas lhe impõe. [...] É mister distinguir ainda entre as *dívidas de dinheiros* e as *dívidas de valor*. As duas expressões estão contidas no que se denomina *dívidas em dinheiro,* a que se refere o art. 315 do CC/2002. As dívidas de dinheiro determinam-se por uma quantia fixa, segundo seu valor nominal, enquanto as de valor variam no *quantum* em função do valor da moeda. [...] (Marco Aurélio S. Viana. *Curso de direito civil – Direito das obrigações.* Rio de Janeiro: Forense, 2007. p. 176 e 181).

12. OBRIGAÇÕES PURAS, CONDICIONAIS, A TERMO E COM ENCARGO

Conforme seja fixada pelas partes a maneira como o devedor deva se desincumbir da prestação, fixando-lhe, ou não, uma modificação particular que obstrua ou restrinja seus efeitos, pode-se classificar as obrigações como: a) puras e simples; b) condicionais: c) a termo; d) com encargo (Rubens Limongi França. *Do objeto do direito obrigacional.* Ed. *RT* 422/38).

Se a forma de o devedor prestar não se sujeita a nenhuma *cláusula limitadora da eficácia do negócio jurídico* (Franco Carresi. *Contratto.* vol. II. n. 86. p. 257), ou seja, se a obrigação deriva de contrato a que não foram apostas cláusulas suplementares e adicionais – não essenciais -, como é o caso do *termo,* da *condição* e do *encargo* (arts. 121 e ss. do CC/2002), diz-se que as obrigações são puras e simples.

Por vezes a doutrina utiliza-se dessa classificação, obrigação "pura", para aquelas que não são condicionais: "Pura é a obrigação em que a entrega da prestação pelo sujeito passivo não se encontra sujeita a condição. Ela é, por isso, exigível pelo sujeito ativo tão logo constituída (*à vista*) ou, se for o caso, desde que decorrido o tempo contratado (*a prazo*)" (Fábio Ulhôa Coelho. *Curso de direito civil.* vol. 2. p. 38 e 39).

São condicionais, por sua vez, as obrigações "cujo implemento está subordinado a uma condição (acontecimento futuro e incerto)" (Rubens Limongi França. Do objeto do direito obrigacional. *RT* 422/38), ou seja, a obrigação à qual foi aposta cláusula que subordina seu efeito a evento futuro e incerto (art. 121 do CC/2002).

Quanto à forma como atuam as condições, as obrigações serão condicionais *suspensivas* ou *resolutivas.* "Serão *suspensivas* (art. 125 do CC/2002) quando os contraentes protelarem, temporariamente, a eficácia do negócio até a realização de evento futuro e incerto. [...] As obrigações condicionais serão *resolutivas* se subordinarem a ineficácia do ato negocial a um evento futuro e incerto. [...]" (Maria Helena Diniz. *Curso de direito civil brasileiro*. vol. 2. p. 141).

Outra cláusula acessória que modula o negócio jurídico, sem suspender a aquisição, ou o exercício do direito de que se trata a obrigação, é o encargo (art. 136 do CC/2002), que opera o efeito de modificar a obrigação, "mediante o estabelecimento de uma determinada aplicação do objeto ou da exigência de uma contraprestação" (Rubens Limongi França. Do objeto do direito obrigacional. *RT* 422/38).

A doutrina dá o nome de *encargo*, ou *modo*, à cláusula pactuada que diminui a extensão da liberalidade (Silvio Rodrigues. *Direito Civil*. vol. I, 124, 259): "A obrigação *modal* é a que se encontra onerada com um modo ou encargo, isto é, por cláusula acessória, que impõe um ônus à pessoa natural ou jurídica contemplada pela relação creditória. [...] A obrigação modal pode ter por objeto uma ação (dar ou fazer) ou uma abstenção (não fazer) do onerado, em favor do disponente, de terceiro ou do próprio beneficiário, sendo que, neste último caso, o encargo assume a forma de um conselho, cujo descumprimento não acarretará nenhum efeito de direito, visto que não é admitida a reunião do débito e do crédito numa só pessoa" (Maria Helena Diniz. *Curso de direito civil brasileiro*. vol. 2. p. 146).

A prestação modal consiste em dever não contraposto, como ocorre nos contratos usuais, em relação aos deveres do cocontratante. Isso evidencia a assistematicidade da prestação modal (Luciano de Camargo Penteado. *Doação com encargo e causa contratual*. p. 243).

Outra classificação das obrigações, também, merece atenção. A doutrina usa a expressão "*obrigação a termo*" quando se refere àquelas que têm data fixada para seu cumprimento, por virtude do sentido jurídico da palavra "termo".

"Termo" é – como já vimos em teoria geral do direito privado (art. 131 do CC/2002) - o marco temporal que delimita um prazo, fixando-lhe a ocasião do início (*termo a quo*) e a ocasião de seu término (*termo ad quem*).

De maneira claríssima, assim explicita Manuel de Andrade: "O termo (*dies*) é a cláusula acessória típica por virtude da qual os efeitos do negócio são postos na dependência dum acontecimento *futuro, mas certo*" (Manuel de Andrade. *Teoria geral da relação jurídica*. vol. 2, p. 385). O "termo" pode ou não ser representado por um dia do calendário (Agostinho Alvim. *Da inexecução das obrigações e suas consequências*. n. 95. p. 120).

Por isso o conceito de *prazo* é dependente do sentido de *termo* e, por isso, se diz que "prazo" é o tempo que medeia o termo inicial e o termo final fixados, não sendo correto aludir-se a um prazo, como "determinado", ou "indeterminado".

O prazo é sempre um tempo determinado, pois esse tempo, a que alude o prazo, transcorre sempre entre dois marcos: um inicial, e outro, final, que são os termos.

Pode-se falar em "tempo" determinado, ou indeterminado, neste último caso, justamente para aqueles lapsos temporais que não são limitados por termo final, mas não se pode dizer, "prazo indeterminado", como corriqueiramente se vê na linguagem forense, porque isso implica a utilização incorreta do sentido jurídico da expressão "prazo": o prazo, logicamente, é sempre determinado. Assim se pronuncia a doutrina, que percebe a impropriedade do uso das palavras: "Não se deve confundir termo e prazo. Termo é o dia *a quo* e o *ad quem*; prazo é o tempo intercalado entre ambos. Todavia, na linguagem forense empregam-se esses vocábulos com sinonímia" (Manoel Inácio Carvalho de Mendonça. *Doutrina e prática das obrigações ou Tratado geral dos direitos de crédito*. t. I. n. 253. p. 463 e 464).

O art. 397, *caput,* do CC/2002 institui regra caracterizadora do inadimplemento absoluto da obrigação na data do vencimento, considerando-se em mora o devedor em decorrência do próprio fato do inadimplemento, sem necessidade de interpelação: *dies interpellat pro homine*.

Por isso se diz, que *dies a quo* é o termo inicial do prazo; *dies ad quem* é o termo final do prazo. No art. 397 do CC/2002 termo significa "vencimento" da obrigação, quer seja à vista, quer a termo (Pontes de Miranda. *Tratado de direito privado*. vol. XXIII, § 2802. n. 3. p. 227).

A importância da elucidação desse ponto, para a exata compreensão do sentido jurídico de "*mora*", é fundamental, principalmente pelo fato de qualificar a espécie do "termo", a que o caso alude, pois, é justamente pela qualidade do *termo* que se pode precisar a *natureza da mora*, sobre ela se dar de forma *automática* (*ex re*), ou *dependente de interpelação* (*ex persona*).

Aludindo aos arts. 960, 961 e 962 do CC de 1916, que hoje correspondem aos arts. 397, 390 e 396 do vigente CC, Pontes de Miranda afirma: "Se a mora não é *ex re*, isto é, se não incide o art. 960, nem o art. 961, nem o art. 962 do Código Civil, tem de haver interpelação" (Pontes de Miranda. *Tratado de direito privado*. vol. 23, § 2804. n. 1. p. 250).

Há várias espécies de termo, sendo necessário examiná-las para dizer quais delas ensejam a aplicação do art. 397, *caput* ou do art. 397, parágrafo único, do mesmo Código Civil, de acordo com a certeza que se tem, quanto à *ocorrência* do evento, ou não (*certus* ou *incertus an*), ou sobre a *ocasião* de ocorrência do evento, ou não (*certus quando* ou *incertus quando*) (Giorgi. *Teoria delle obbligazioni nel diritto moderno italiano*, II. n. 63. p. 101 e 102):

"a) termo *incertus an, incertus quando*, como, por exemplo, quando a nave 'Aurora', que partiu de Odessa, atracar em Livorno;

b) termo *certus an, incertus quando*, como, por exemplo, quando Tício morrer;

c) termo *incertus an, certus quando*, como, por exemplo, quando Tício completar 75 anos;

d) termo *certus an, certus quando*, como, por exemplo, se se designa o último dia do ano corrente".

No mesmo sentido, repetindo os exemplos de Giorgi: J. M. de Carvalho Santos. *Código Civil brasileiro interpretado*. vol. XII, comentário 3 ao art. 960 do CC/1916, 350.

Não há dúvida de que se dá hipótese de mora automática (*mora ex re*), apenas, quanto à última espécie, dado que o termo é *certus an* e *certus quando*: tem-se certeza quanto à ocorrência do fato, e tem-se certeza quanto à ocasião exata de ocorrência do fato: sabe-se, portanto, perfeitamente, quando se deva cumprir a obrigação, sem necessidade de interpelação do obrigado.

Esta é, portanto, uma espécie de *termo* que, se verificado, produz o efeito automático de constituir o devedor de pleno direito em mora (art. 397, *caput* do CC/2002), sem necessidade de sua prévia interpelação.

Ou seja, a expressão "no seu termo", constante do art. 397, *caput* do CC/2002, alude ao termo *certus an* e *certus quando,* pois a expiração do prazo é suficiente para constituir em mora o devedor. A máxima *dies interpelat pro homine* incide, então, e o não cumprimento de obrigação positiva e líquida no vencimento deve importar de pleno direito a mora do devedor.

Se a obrigação foi constituída sem que tivesse sido prevista a cláusula acessória denominada "termo", para que o devedor se considere em mora, porque não cumpriu a obrigação, ou a cumpriu impropriamente, impõe-se sua interpelação.

Interpelado o devedor, ou atingido o termo final para o cumprimento da obrigação, cumpre analisar o momento em que a obrigação considera-se vencida e, portanto, o momento em que o credor se põe em condições de exigir a prestação, que agora é *dívida* (prestação devida, exigível).

O problema aqui reside em precisar como se faz a contagem do tempo, se se considera, ou não, nesse transcurso, o dia do começo do prazo e o dia do fim do prazo, bem como, exatamente, o que significa prazo de horas, de dias, de meses, de ano.

A regra da contagem do prazo é a seguinte: o primeiro dia do prazo, *dies a quo*, não se computa no tempo e o último dia do prazo, *dies ad quem*, ainda se computa nele.

A lição de Carvalho de Mendonça é precisa, e ele usa a palavra "termo" como sinônima de "prazo":

"As partes podem convencionar o termo em horas, dias, meses e anos. As horas contam-se de momento a momento, isto é, depois que o relógio bate a hora sucessiva à da convenção. Os dias contavam-se em direito romano como dia civil, de meia-noite a meia-noite. Entre nós há o dia contínuo, que é contado de momento a momento, e o dia natural, compreendido entre um levantar e um por do sol, que é o presumido pela lei, sempre que se fala simplesmente em dia. O dia 15 é sempre reputado o meio de qualquer mês. Ano regular e civil é de 1.º de janeiro a 31 de dezembro. O prazo do mês entende-se 30 dias que se completam no dia seguinte ao dia correspondente do outro mês a vir. O prazo de ano entende-se completo no dia seguinte ao em que foi assinado, até outros tantos dias daquele mês do ano seguinte. A expressão ano e dia significa que no termo não se compreende seu último dia e isto para maior evidência". (Manoel Inácio Carvalho de Mendonça. *Doutrina e prática das obrigações ou Tratado geral dos direitos de crédito*. t. I. n. 253. p. 463 e 464).

A razão de ser da interpelação, para que o devedor seja constituído em mora, é o desconhecimento, por parte dele, do termo exato em que deve adimplir a obrigação.

Nas obrigações a termo certo não há essa dúvida, motivo pelo qual é desnecessária a interpelação: a mora opera-se *ex re* (Orlando Gomes. *Contratos*. n. 135. p. 174), a não ser que o sistema jurídico preveja comando diverso para determinada situação.

A eficácia dos contratos pode estar sujeita a termo ou condição, que limitam essa mesma eficácia, total ou parcialmente, mas não atingem a existência do contrato.

Termo é sinônimo de prazo, de época.

No contexto do art. 397 do CC/2002, termo está aí por "vencimento" da obrigação, seja à vista, seja a termo (Francisco Cavalcanti Pontes de Miranda. *Tratado de direito privado*. t. e loc. § 2802. n. 3. p. 227).

O termo é certo, fazendo com que a obrigação não seja adimplida, nem o contrato executado imediatamente, mas em tempo certo futuro.

A eficácia da obrigação sempre existirá, pois o termo acarreta simplesmente o protraimento dessa eficácia (Orlando Gomes. *Contratos*. n. 88. p. 129).

A pergunta que se faz para a caracterização da época ou dia como termo é "quando"?

Já a condição é evento futuro e incerto: a obrigação deve ser adimplida desde que a condição se verifique. Como o evento é incerto, havendo condição o contrato pode tornar-se ineficaz.

A expressão que se usa para a caracterização da época ou do dia como condição é "se". Se fulano casar com beltrana, por exemplo, opera-se a transferência da propriedade doada, feita sob essa condição. Caso ele não se case com ela, o contrato de doação se torna ineficaz.

Vale dizer, em outras palavras, que a obrigação sob condição não é certa nem líquida e pode tornar o contrato ineficaz, ao passo que a obrigação a termo é certa e líquida e nunca torna ineficaz o contrato.

13. Obrigações com cláusula penal e com arras

A consequência jurídica de o devedor incorrer em mora é o acionamento do sistema de responsabilidade civil, contratual ou extracontratual, pelo atraso no cumprimento da obrigação.

As principais consequências que decorrem da mora são, por isso:

a) risco pela destruição fortuita da coisa devida (*obligatio mora perpetuatur*);
b) juros moratórios;
c) pagamento da cláusula penal;
d) perdas e danos (frutos percebidos e percibiendos, lucro cessante, despesas decorrentes da mora etc.).

A cláusula penal é uma obrigação acessória, sempre subordinada a uma obrigação principal. Havendo invalidade da obrigação principal, *ipso facto* estará inválida a cláusula penal; a recíproca não é verdadeira – inválida a cláusula penal, nem por isso se invalida a obrigação principal (art. 184, 2.ª parte, do CC/2002). A invalidação do pacto acessório como decorrência automática da invalidade da obrigação principal é consequência da *acessoriedade* de que se reveste a cláusula penal. Assim, nada obstante essa regra de invalidade da cláusula penal, que constava expressamente no art. 922 do CC/1916, não haver sido repetida pelo CC/2002, aplica-se a ela o regime jurídico geral das obrigações acessórias, constante do atual art. 184. A doutrina anota que o art. 922 do CC/1916 era mera repetição do art. 153, 2.ª parte, do mesmo diploma legal (Maria Luísa de Oliveira. *Cláusula penal nas relações contratuais civis e de consumo e no Código Civil*. n. 4.1. p. 51). O novo CC não repetiu o erro do anterior.

14. Obrigações principais e acessórias

Antonio Junqueira de Azevedo – a par de lembrar que o princípio "o acessório segue o principal" (*accessorium sequitur principale*) refere-se às coisas, direitos e obrigações – também ensina que, apesar de sua clareza aparente, ele esconde dificuldades conceituais relacionadas com os sentidos filosófico e jurídico do chamado critério de "existência", ou seja, daquilo que "existe sobre si" ou daquilo cuja existência "supõe a da (coisa) principal" (Bens acessórios. *Estudos em homenagem ao professor Washington de Barros Monteiro*. p. 95 e 96).

A existência da coisa, conforme trata o texto legal, deve ser compreendida como a condição que torna viável a utilização econômica e jurídica dela, como objeto de direito, de maneira independente da utilização de outras coisas com as quais esta tenha alguma relação.

Os bens são considerados acessórios quando sua natureza de objeto de direito não permitir que se desfrute da inteireza de sua utilidade econômica ou jurídica, senão em dependência com outro objeto, que se diz principal.

A regra, pois, é de que "o dono da coisa principal é senhor da acessória" (Paulo de Lacerda-Tito Fulgêncio. *Manual*. vol. X, 864. p. 49). Ainda que momentaneamente estejam separadas as coisas acessórias da principal, devem ser repostas no momento do cumprimento da obrigação de dar, acompanhando a coisa principal que deva ser entregue.

A regra é de que as coisas acessórias devem ser entregues com a coisa principal.

A acessoriedade da prestação e da obrigação muitas vezes desafia grande dificuldade de compreensão de seu sentido.

O STJ, quando enfrenta o tema das obrigações acessórias, de que as obrigações que decorrem do contrato de fiança são as mais comuns no cotidiano das disputas forenses, chama a atenção para a consequência jurídica dessa distinção fundamental, que altera toda a lógica do vínculo de direito de obrigações: A fiança, obrigação acessória que se pressupõe graciosa e de favor, deve ser interpretada restritiva e não ampliativamente. No caso de celebração de segundo contrato que prorrogou o prazo de pagamento, sem a anuência dos fiadores originais, o prazo prescricional conta-se do termo inicial estabelecido no primeiro contrato, não se podendo considerar, para nenhum efeito, contra os fiadores, as consequências do segundo contrato, de que não participaram. Não se considera, contra os fiadores, que não anuíram em segundo contrato, cláusula de que se extraia alongamento da fiança, mediante o alongamento da data de início do cômputo de prazo para início de prescrição, como consequência de previsão do primeiro contrato. (STJ, Resp 1046472/RJ, 3.ª T., j. 06.11.2012, rel. Min. Sidnei Beneti, *DJUE* 07.12.2012).

15. OBRIGAÇÕES POSITIVAS LÍQUIDAS E ILÍQUIDAS

A obrigação de pagar quantia em dinheiro é obrigação de dar. Segundo preceitos conhecidos do Direito Civil, somente as obrigações de dar e de fazer é que podem ser consideradas obrigações positivas. As de não fazer estão excluídas desse conceito, aplicando-se a elas outro regime jurídico, que é o do art. 390 do CC/2002. Neste sentido é o magistério autorizado de Clóvis Bevilaqua (*Código Civil dos Estados Unidos do Brasil comentado*. vol. IV, comentário 1 ao art. 960 do CC/1916, p. 95), quando comenta o art. 960 do CC/1916, cujos termos foram repetidos pelo vigente art. 397: *"É, porém, preciso que a dívida seja positiva e líquida. Positiva quer dizer de dar ou de fazer. Exclua-se a obrigação de não fazer, de que se ocupa o art. 961."* No mesmo sentido: Carvalho Santos. *Código Civil brasileiro interpretado*. vol. XII, comentário 2 ao art. 960 do CC/1916, p. 348; Darcy de Arruda Miranda. *Anotações ao Código Civil brasileiro*. vol. 3, comentário 9 ao art. 960 do CC/1916, p. 37.

O conceito de obrigação líquida, por outro lado, era dado pelo art. 1.533 do CC/1916, que dizia: "Considera-se líquida a obrigação certa, quanto à sua existência, e determinada, quanto ao seu objeto".

A norma não foi repetida no CC vigente, mas o preceito se encontra ínsito ao sistema do direito civil brasileiro.

A existência de obrigação certa pode decorrer de sentença que a tenha reconhecido ou de contrato celebrado entre as partes.

O objeto da obrigação pode ser perfeitamente determinado pelos termos do contrato ou *decisum* jurisdicional: a liquidez revela-se presente, outrossim, pela indiscutibilidade do valor da obrigação.

Não se discute o *quantum* do pagamento.

Tanto isso é verdade que se, por exemplo, a sentença determina que a execução do julgado se faça por meio da sistemática de apresentação de memória do cálculo (art. 604 do CPC – revogado pela Lei 11.232/2005), sem maiores delongas já sabe o devedor o quanto pagar.

16. Exigibilidade e recusa da prestação

As coisas úteis são chamadas bens e sobre elas recai o interesse do homem. O mesmo objeto que desperta a curiosidade da ciência econômica e da ciência do direito. Como o direito se ocupa do *justo* e do *útil* (Paulo de Lacerda-Tito Fulgêncio. *Manual do Código Civil brasileiro*. vol. X. p. 7), cabe-lhe promover a complementação desses conceitos e proceder a um equilíbrio dos interesses em torno dos bens, para que a evolução social seja pacificada e recuperada a equidade das relações.

A prestação devida pelo que se obriga – que consiste em um "ato humano, seja a prestação de um ou, seja dação de uma coisa" (Carvalho de Mendonça. *Doutrina e prática das obrigações ou Tratado geral dos direitos de crédito*. vol. I. n. 11. p. 90) —

exige objeto lícito e possível, que atenda ao interesse jurídico-econômico do credor, conforme resta delineado no acordo de vontade das partes do negócio, ou na decorrência de fato que lhe deu causa.

Deve ser precisada ou conter delineamentos que permitam seja determinado seu conteúdo, de sorte a evidenciar-se a natureza do vínculo que une credor e devedor, os limites do poder de sujeição que o sistema permite que o credor exerça sobre o devedor, bem como a natureza da prestação que, cumprida, desonera o obrigado.

É nessa seara que se abre ocasião para análise do fenômeno do cumprimento da obrigação sob a ótica do princípio da boa-fé objetiva.

O intérprete do fenômeno obrigacional tem que se ater às vicissitudes do cumprimento da prestação. Ela deve ser absolutamente compatível com aquilo com o que se obrigou o devedor e corresponder à lógica econômica do vínculo obrigacional que autoriza a exigência da prestação.

Em caso de eventual dificuldade do devedor em desincumbir-se da prestação devida, porque esta revela a possibilidade de enriquecimento sem causa do credor, ou de abuso do direito de crédito, ou de onerosidade excessiva do custo da prestação, deve o intérprete analisar o negócio sob o prisma da lealdade negocial.

Se o cumprimento da prestação como pactuada comprometer um interesse superior do devedor, ou derivar de um comportamento desleal do credor, pode a prestação se tornar inexigível.

Nesses casos, pode-se considerar a "hipótese de excessiva dificuldade da prestação (*difficultas praestandi*), que poderá ter como consequência a inexigibilidade da prestação (caso se aceite, como é opinião dominante na Alemanha), a doutrina do limite do sacrifício (*Opfergrenze*): o devedor só é obrigado a despender os esforços e gastos que são razoavelmente de exigir-lhe segundo a boa-fé, ou, pelo menos, a obrigação de indemnizar a cargo do credor, quando a excessiva onerosidade lhe for imputável" (Rui de Alarcão. *Direito de obrigações*. p. 101).

Por outro lado, o credor só é obrigado a receber a prestação nas condições contratadas. Quando o cumprimento da obrigação mostra-se defeituoso, o credor pode recusar a prestação, sem incidir em "*mora creditoris*, porque o defeito existente na prestação é causa legítima de sua recusa pelo credor" (Regina Bottentuit Gondim. *Da evicção*. p. 16).

17. Natureza jurídica da obrigação e *ASTREINTES*

Desde sua gênese, a aplicação da *astreinte* está relacionada às obrigações de fazer ou não fazer.

Em nosso ordenamento jurídico, por expressa disposição legal, a multa diária apenas pode e deve ser aplicada nas obrigações de fazer e de entregar coisa, ou seja, nas ações que Pontes de Miranda identificava como mandamentais.

A própria teleologia dos dispositivos legais [arts. 461 e 461-A do CPC] consiste em possibilitar que determinada *tutela específica* seja realizada pelo próprio devedor mediante a coerção imposta pela multa diária.

Sobre o tema, Joaquim Felipe Spadoni ensina: "*Os arts. 461 e 461-A do CPC impõem a preferência à* tutela específica *dessas obrigações significativa de suas realizações por meio do cumprimento pelo próprio devedor, e que pode ser obtida justamente com o uso da coerção ao cumprimento. É de se salientar que, em determinadas hipóteses, a coerção ao cumprimento será, a bem da verdade, o único meio de se alcançar a inibição do ato ilegal. São os casos em que a obrigação declarada na decisão inibitória for naturalmente infungível, ou seja, absolutamente insubstituível por ato de terceiro ou por medida que conduza a resultado prático equivalente. Nestas hipóteses, o ato antijurídico só será inibido com a conduta do próprio réu; somente o seu comportamento pode satisfazer o direito da parte. A única maneira de se alcançar essa conduta será por meio da utilização de meios executivos indiretos o principal deles a imposição de coerção patrimonial*" (Joaquim Felipe Spadoni. *Ação inibitória*. p. 170 e 171).

A multa diária por expressa disposição legal [arts. 461 e 461-A do CPC] apenas pode ser aplicada como meio coercitivo para as obrigações de fazer ou de entregar coisa, nunca para forçar pagamento de prestações pecuniárias, muito menos para coagir a realização de depósito judicial de dinheiro em garantia.

Deve-se frisar que a imposição judicial de realizar depósito em dinheiro não pode ser imposta coercitivamente por *astreinte*, haja vista que realizar o pagamento ao litigante ou efetuar o pagamento previamente por depósito judicial em nada desnatura a natureza da obrigação que continua sendo de pagar quantia certa.

O Superior Tribunal de Justiça é pacífico em asseverar que é vedada a imposição de *astreinte* para forçar o cumprimento de obrigação de pagar.

Merece destaque a seguinte passagem do acórdão paradigma sobre o tema: "*No que concerne, contudo, às* astreintes, *consoante a jurisprudência desta Corte, em se tratando de obrigação de fazer (art. 461, § 4.º, do CPC), bem como de entrega de coisa (art. 461-A, § 3.º, do CPC), o juiz, de ofício ou a requerimento da parte, pode fixar multa cominatória contra a Fazenda Pública para forçá-la ao cumprimento da obrigação no prazo determinado (nesse sentido, confira-se: REsp 704.830/RS, relator Ministro Franciulli Netto, DJ de 05.09.2005). No entanto, na hipótese de obrigação de pagar quantia certa, como ocorre na espécie dos autos, predomina neste Superior Tribunal de Justiça o entendimento de que "a multa é meio executivo de coação, não aplicável a obrigações de pagar quantia, que atua sobre a vontade do demandado a fim de compeli-lo a satisfazer, ele próprio, a obrigação decorrente da decisão judicial*" (STJ, REsp 438003-RS, 2.ª T., j. 03.08.2006, v.u., rel. Min. João Otávio de Noronha, *DJU* 18.08.2006, p. 363. [grifamos])

Da mesma maneira, João Calvão da Silva, ao comentar a obrigação de entregar coisa, destaca a possibilidade de incidência da multa diária. Contudo, se ocorrer a impossibilidade de entrega judicial da coisa, e a execução for convertida em execução para pagamento de quantia certa, fica vedada a possibilidade de aplicação da *astreinte*.

Verbis: "*A execução visa, deste modo, a entrega do objecto da prestação devida, ou seja, da própria coisa,* in natura, *dando ao credor tudo aquilo que lhe é devido e a que tem direito segundo a lei substantiva e que obteria pelo cumprimento. Esta correlação da tutela de condenação* in natura *e do processo executivo nas obrigações de prestação de coisas certas e determinadas (obrigações específicas), seja qual for a sua espécie – obrigação de dar, obrigação de entregar, obrigação de restituir –, só não funciona ante a verificada impossibilidade de entrega judicial da coisa, caso em que a execução específica se converte em execução para pagamento de quantia certa*" (João Calvão da Silva. Cumprimento e sanção pecuniária compulsória. p. 357 e 359).

Destarte, a multa diária – *astreinte* – não pode ser imposta em obrigações de pagar quantia.

Vale observar que não altera a natureza da obrigação de pagar a decisão judicial que determina a realização do depósito em juízo de determinado valor, quando poderia ter determinado que o valor fosse realizado diretamente para o autor (*ex adverso*); ou seja, a simples imposição de realizar o depósito judicial não tem o condão de alterar a natureza da obrigação de pagar para obrigação de fazer, até mesmo porque o depósito em juízo dessa quantia, mesmo que a título de garantia, não deixa de ser ato preparatório e tendente ao pagamento de quantia certa.

O STJ possui entendimento de que as astreintes podem ser fixadas tanto nas ações que se referem às obrigações de fazer e não fazer, como nas demandas relativas às obrigações de dar. Hipótese em que o Tribunal de origem, ao apreciar Agravo de Instrumento contra decisão que indeferiu a aplicação de multa diante da suposta existência de justa causa para a morosidade no cumprimento de determinação judicial, limitou-se a rejeitar a pretensão recursal sob o fundamento de que incabível nas obrigações de dar. Recurso Especial provido com o fim de anular o acórdão hostilizado. Determinação de retorno dos autos para que o órgão colegiado prossiga no julgamento do Agravo (STJ, REsp 1296204/PI, 2.ª T., j. 27.11.2012, rel. Min. Herman Benjamin, *DJE* 08.03.2013).

Capítulo II

Transmissão da Obrigação

1. **MUDANÇA DO TITULAR DE UMA SITUAÇÃO JURÍDICA: SUCESSÃO *MORTIS CAUSA* E *INTER VIVOS*, A TÍTULO SINGULAR E A TÍTULO UNIVERSAL**

Os direitos subjetivos e as posições jurídicas ocupadas por seus sujeitos titulares e vivenciadas nas situações jurídicas em que são distinguidos, como todas as coisas humanas, estão sujeitos às vicissitudes da existência: nascem ou se constituem; extinguem-se; ou, durante o período que medeia seu aparecimento e desaparecimento, podem ser exercitados como criados, ou de acordo como foram modificados, na maioria dos casos.

As modificações dos direitos podem se dar por alteração operada num dos polos da relação jurídica, ou seja, quanto ao sujeito que a protagoniza, bem como podem ser operadas quanto ao objeto, ou à qualidade do vínculo jurídico estabelecido.

As modificações dos direitos, determinadas pela alteração subjetiva, são medidas à luz da análise de como esses direitos são adquiridos, transmitidos e extintos.

Se a aquisição do direito coincide com o seu nascimento (ou seja, coincide com o aparecimento do direito como fenômeno jurídico) titularizado por um sujeito – porque o direito se incorpora ao sujeito no momento mesmo em que veio à vida – diz-se que a aquisição que dele fez seu titular é *originária*.

Se a aquisição não coincide com o nascimento do direito, porque o direito estava incorporado à titularidade de um sujeito e foi por este transmitido a outrem, dá-se hipótese de aquisição *derivada*.

Se, por outro lado, a perda do direito coincide com a extinção desse próprio direito, fala-se em *perda extintiva*; se na "trama da vida jurídica" alguém perde um direito e outro o ganha, temos, novamente, o *fenômeno da derivação*.

A transmissão de um direito, portanto, é matéria de grande interesse para as disciplinas jurídicas: pode referir-se ao débito ou ao crédito; pode se dar *inter vivos* ou *mortis causa*, de maneira universal ou singular; expressa ou tácita (Diego Y Gutiérrez, *Transmisión de las obligaciones*, p. 6 a 8).

Ao trabalhar a diferença entre o conceito romano e o moderno de obrigação, Carvalho de Mendonça lembra que um traço específico dessa distinção é o fato de o sentido de personalidade, modernamente, não se restringir "às pessoas que contraíram o vínculo; este é extensível a quaisquer outros indivíduos que venham substituir o obrigado primitivo, sejam ou não pessoas determinadas" – apesar de o conceito de obrigação ligar-se à ideia de um vínculo pessoal (Carvalho de Mendonça, *Doutrina e prática das obrigações*, vol. I, n. 13, p. 94/95).

Em regra, a titularidade de uma situação jurídica pode ser alterada e, com isso, ocorrer a substituição de um sujeito por outro, no vínculo jurídico obrigacional.

Esta ocorrência é normal na vida do direito, "porém não essencial, nada impedindo, pois, se convencione *pactum de non cedendo*" (Washington de Barros Monteiro, *Das modalidades de obrigações*, p. 18), justamente para que sejam obstadas algumas espécies de obrigações.

Por isso, sucessão é o nome que se dá à substituição de um sujeito por outro num dos polos de relação jurídica, na titularidade de uma situação jurídica, ou como titular de um complexo de situações jurídicas, passíveis de alteração subjetiva (porque patrimoniais e não personalíssimas).

Por sua natureza jurídica, a situação jurídica patrimonial permite alteração subjetiva.

Quando a doutrina classifica alguns direitos como *personalíssimos*, justamente realça a exceção que se lhe aponta, quanto ao fato de que algumas situações jurídicas não são sujeitas à alteração subjetiva, porque os direitos personalíssimos são insuscetíveis de transmissão de um titular para outro. A exceção, contudo, tem a virtude de confirmar a regra, de que a situação jurídica patrimonial permite alteração subjetiva.

Diz-se *universal* a sucessão que procede à substituição do sujeito quanto à titularidade de todo o patrimônio de outro. Por outro lado, utiliza-se a expressão sucessão *singular* para a que opera a substituição do sujeito quanto à titularidade de "certos bens patrimoniais" (Eduardo Espínola, *Sistema de direito civil brasileiro*, vol. II, 230, p. 230) de seu patrimônio.

Em nosso sistema, em regra, a sucessão *mortis causa* opera esse efeito universal.

Já com relação à sucessão *inter vivos*, a proibição contida no art. 548 do CC (ou seja, não pode o sujeito dispor por liberalidade de todos os bens de que se compõe seu patrimônio material) corrobora a interpretação do sistema, no sentido de que não é próprio do ato celebrado *inter vivos* ensejar sucessão universal.

Mas há exceções de parte a parte. Ou seja: há sucessão *mortis causa* que se opera a título singular e há sucessão *inter vivos* que se opera a título universal.

Quanto à primeira exceção, cabe relembrar que a sucessão *mortis causa* é regulada pelo chamado direito de sucessões e que a regra é de que a sucessão *mortis causa* se opere a título universal, "porque o herdeiro é nomeado na universalidade da herança" (Spencer Vampré, *Manual de direito civil brasileiro,* vol. III, § 151, p. 377).

Mas há, também, sucessão *mortis causa* que gera sucessão a título singular, como é o caso das hipóteses de transmissão de certos bens pelo instituto do *legado*, porque o legatário, como se sabe, diferentemente do herdeiro, sucede relativamente a certos bens, ou seja, sucede a título singular, ou particular.

Quanto à segunda exceção – relativa à sucessão *inter vivos* a título universal –, cabe trazer à baila a hipótese ventilada no Anteprojeto de Código de Obrigações (Pereira, *Direito das coisas,* § 32, p. 102 e 101), submetida à análise da comunidade jurídica por Caio Mário, quando da tratativa de aquisição de estabelecimento ou fundo de negócio, bem como relativamente à sucessão universal por atos *inter vivos* (como no caso de incorporação de sociedade por outra), em que se "opera a transferência de responsabilidade para o sucessor", desde que divulgada devidamente a operação (Pereira, *Anteprojeto de Código de Obrigações,* Exposição de Motivos, n. 46, p. 20).

Sucinta e resumidamente, portanto, pode-se afirmar que a sucessão por ato *inter vivos* não é regulada pelas normas do direito das sucessões, mas sim pelas de direito de obrigações e que a forma jurídica tradicional de se proceder à transmissão de bens (corpóreos ou incorpóreos, neste caso, bens incorpóreos, constituídos por direitos que tenham valor econômico), *inter vivos,* é o contrato.

São exemplos de sucessão *inter vivos,* de bens incorpóreos, tratados pelo direito de obrigações, a sub-rogação (legal e convencional), a cessão da posição contratual, a assunção de dívida, a cessão de crédito, a transmissão de bens ou direitos (*e.g.* doação, venda) etc.

2. CESSÃO DE CRÉDITO

2.1 Conceito de cessão

Tanto a cessão de crédito (arts. 286 a 298 do CC/2002), quanto à assunção de dívida (arts. 299 a 303) são espécies de sucessão *inter vivos,* de bens incorpóreos.

Reserva-se, ainda, uma expressão, *transmissão de crédito*, para aludir tanto à hipótese de *cessão de crédito*, quanto à de *sub-rogação* (Monteiro & Cunha, *Sobre o contrato de cessão financeira ou de* factoring, p. 550).

A cessão de crédito pode ser onerosa ou gratuita, conforme tenha o cedente recebido retribuição, ou não, pela cessão realizada.

Se o cedente fez integrar ao seu patrimônio o valor equivalente ao da cessão realizada (cessão onerosa), responde ele pelo crédito alienado. Se assim não fosse, aquilo que viesse a se somar ao seu patrimônio, pela transferência da cessão ocorrida implicaria reconhecê-lo incorrendo em enriquecimento ilícito, pois seria como "se recebesse o pagamento daquilo que não tivesse existência real" (Clóvis Bevilaqua. *Código Civil...* cit., vol. IV, 1073, 188).

Na cessão onerosa, por isso, o cedente responde pela existência e legitimidade do crédito, nos termos do art. 295 do CC/2002.

O cedente somente responderá pela higidez econômica do devedor se o assumir por convenção. A presunção *iuris tantum* é no sentido de que o cedente não responde pela solvência do devedor. A prova de que responde, repita-se, deve ser feita – especificamente – por escrito, se por escrito tiver sido realizada a cessão. Se ela foi realizada verbalmente, admitem-se outras provas. A prova destinada a responsabilizar o cedente deve abranger dois aspectos:

a) a demonstração de que o devedor está insolvente, ou seja, possui dívidas que excedem "à importância dos bens do devedor" (art. 748 do CPC), ou não possui "outros bens livres e desembaraçados para nomear à penhora", ou "forem arrestados bens do devedor, com fundamento no art. 813, I, II e III" (art. 750 do CPC);

b) a demonstração de que o cedente se responsabilizou pela solvência do devedor.

A cessão de crédito é contrato translativo de direitos (Savatier, *La théorie des obligations...*cit., n. 267, p. 321) e se consubstancia, ao mesmo tempo, na aquisição (pelo cessionário) e na perda (pelo cedente) do direito cedido, no que toca ao seu titular. Não é contrato real (dinglicher Vertrag – Otto von Gierke, *Deutsche privatrecht*, vol. III (Schuldrecht), § 180, II, 2, c, p. 186) mas contrato abstrato (Karl Larenz, *Lehrbuch des schuldrechts*, vol. I, § 34, I, p. 579), que independe da causa subjacente ou sobrejacente para que se o tenha como existente, válido e eficaz.

Por isso é que, para sua validade, é irrelevante analisar-se o negócio que lhe antecedeu. Ainda que esse seja nulo, é válida a cessão. Essa circunstância é importante para o significado de autonomia da cessão relativamente ao negócio anterior. "Quando a cessão é realizada sob condição, o negócio jurídico torna-se causal" (Carl Crome,

Die Abfindungscession, *Festgabe der Bonner juristische fakültat für paul krüger zum Doktor-Jubiläum*, p. 199 et seq.).

Sendo o crédito um bem patrimonial, o credor pode, como relativamente a outros bens, transmiti-lo por um contrato translativo de direitos. A cessão é uma forma de alienação, porque a alienação (*alienatio*) é a "transferência de um direito a outrem, por ato volitivo do titular" (Eduardo Espínola, *Sistema*...cit., vol. II, 235, p. 232) e a cessão tem esse caráter duplo, de perda e de aquisição de um direito, no que toca ao seu titular. É uma forma de sucessão da titularidade de uma relação obrigacional.

Os requisitos e efeitos da cessão entre as partes definem-se em função do tipo do negócio que lhe serve de base (art. 578.º, 1.ª parte, do CC português), ou seja, segue a cadência lógica do negócio que lhe serve de base, o qual é o escopo da cessão. O negócio subjacente à cessão deve existir, ser válido e eficaz para que a cessão também possa fruir desses atributos. Se o negócio que lhe serve de base tem forma prescrita em lei, a cessão do direito subjacente a esse negócio deverá seguir a mesma forma do negócio originário. Por isso que se diz que a causa da cessão, isto é, "o negócio que lhe serve de base, pode ser qualquer um, desde que seja apto a produzir o efeito translativo desejado – por exemplo, uma compra e venda, uma doação, uma dação em cumprimento etc. – e o termo 'cessão de crédito' designa apenas o efeito translativo da posição creditória que esse mesmo negócio produz" (Monteiro & Cunha, *Sobre o contrato de cessão financeira ou de* factoring, p. 550).

A cessão de crédito – que com a sub-rogação pode ser classificada como forma de transmissão de crédito – tem como característica fundamental a disposição volitiva do sujeito (cedente) de transmitir a titularidade ativa da relação creditícia por ele vivenciada a outrem (cessionário), se a isso não se opuser a natureza da obrigação, a lei, ou a convenção com o devedor.

Não se deve confundir a cessão de crédito com a cessão de bens. Esta é um modo de pagamento previsto no nosso direito desde o tempo das Ordenações Filipinas (l. 4, t. 74). Consistia "no abandono do patrimônio do devedor aos credores para solver dívida" (Carvalho de Mendonça. *Doutrina e prática das obrigações* cit.,) como forma de demonstração de que o devedor, apesar de não ter sido bem sucedido nos negócios, pretende demonstrar sua boa-fé e disposição de não prejudicar seus credores, entregando-lhes bens, sem ficar, contudo, desprovido do necessário à sua mantença.

A operação não exonerava o devedor, não consistia num ato liberatório absoluto, pois remanescia para o devedor a obrigação de "satisfazer o que faltasse para o inteiro adimplemento da obrigação" (Idem, vol. I, n. 445, p. 735).

Carvalho de Mendonça exteriorizou suas ideias antes do advento do CC/1916, e se perguntava sobre se estariam revogadas as disposições das Ordenações quanto a essa parte. Argumentou no sentido de que "nos tempos que passam, em que a opressão do capital quase justifica os excessos do proletariado; em que a usura, não satisfeita com arrancar o pão do devedor, compraz-se em macular-lhe a honra e o nome, é essencial que o direito venha auxiliar a moral, fornecendo ao oprimido o extremo alívio de patentear sua boa-fé e seu infortúnio" (Idem, vol. I, n. 445, p. 737/738).

Por ato *inter vivos* pode-se proceder a cessão de direitos hereditários, nos termos do art. 1.784 do CC/2002. O direito à sucessão aberta, bem como o quinhão de que disponha o coerdeiro, podem ser objeto de cessão. Dada a natureza de bem imóvel de que se revestem, por determinação legal, os direitos hereditários (art. 80, II), a cessão desses direitos, já aberta a sucessão, deve ser feita por instrumento público (arts. 1.793, *caput* e 80).

Diferentemente é a situação de quem cedeu crédito graciosamente. Como a cessão gratuita tem natureza jurídica de liberalidade, o cedente responde apenas pelo dolo com que tenha havido para prejudicar o cessionário.

2.2 Cessão e endosso

Por outros meios o crédito pode ser transmitido, revelando especial atenção à transferência dos direitos consubstanciados em título de crédito, matéria de direito empresarial e cambiário.

Algumas práticas comerciais, inseridas nas regras específicas de direito cambiário, têm efeito de cessão de crédito e devem ser estudadas, sob os critérios das leis pertinentes (v.g. Lei do Cheque) e em harmonia com os regramentos gerais do direito privado, para que se possam colher dessas causas os efeitos típicos da cessão de crédito, como ocorre com o endosso de títulos de crédito, que é o meio tecnicamente próprio para a transmissão dos direitos que o título cambiário revela e garante ao seu portador, ou àquele que figura como titular do direito consubstanciado na cártula.

Num caso interessante submetido ao crivo do STJ, analisava-se qual seria o efeito de um cheque endossado e prescrito – e a respeito do qual não se fazia referência alguma ao negócio jurídico que lhe era subjacente – servir como título apto ao manejo da ação monitória contra o emitente:

a) teria o cheque servido para extinguir a obrigação causal que ensejou sua emissão?

b) teria o endosso efeito de cessão de crédito?

c) em que hipótese o endossatário do título precisaria demonstrar a causa da obrigação subjacente à emissão do crédito, em ação monitória ajuizada contra o emitente?

Embora a matéria submeta-se ao sistema do direito empresarial e cambiário, a ser melhor estudada naquela seara, observa-se aqui a riqueza de consequências jurídicas que a transmissão de um crédito pode causar.

O cerne do problema era o fato de que alguém (o portador do cheque, endossatário em branco), que, portanto, não era o credor primitivo da obrigação inadimplida – em razão de cuja existência e para cujo adimplemento um cheque havia sido emitido – pretendia receber o valor constante da cártula (eis que o cheque não fora efetivamente pago e estava prescrito), endereçando a ação monitória contra o emitente desse cheque.

No julgamento de recurso especial tramitado no STJ (art. 543-C do CPC), para tratamento dessa matéria, foram traçados os seguintes parâmetros técnicos pelos julgadores: "O cheque, ordem de pagamento à vista, tem por função extinguir a obrigação causal que ensejou sua emissão; sendo, em regra, *pro solvendo*, de modo que, salvo pactuação em contrário, só extingue a dívida, isto é, a obrigação que a cártula visa satisfazer consubstanciada em pagamento de importância em dinheiro, com o efetivo pagamento. O art. 20 da Lei do Cheque esclarece que o endosso transmite todos os direitos resultantes de sua emissão e o art. 22, do mesmo diploma, dispõe que o detentor de cheque à ordem é considerado portador legitimado, se provar seu direito por uma série ininterrupta de endossos, mesmo que o último seja em branco. Portanto, o cheque endossado – meio cambiário próprio para transferência dos direitos do título de crédito, que se desvincula da sua causa, conferindo ao endossatário as sensíveis vantagens advindas dos princípios inerentes aos títulos de crédito, notadamente o da autonomia das obrigações cambiais – confere, em benefício do endossatário, ainda em caso de endosso póstumo, nos termos do art. 27 da Lei do Cheque, os efeitos de cessão de crédito. O julgamento do REsp 1.094.571/SP, submetido ao rito do art. 543-C do CPC, consolidou a jurisprudência do STJ no sentido que, 'em ação monitória fundada em cheque prescrito, ajuizada em face do emitente, é dispensável menção ao negócio jurídico subjacente à emissão da cártula'" (STJ, REsp 1199001/RS, 4.ª T., j. 02.05.2013, rel. Min. Luis Felipe Salomão, *DJE* 20.05.2013).

2.3 Cedibilidade do crédito

A regra estampada na primeira parte do art. 286 do CC/2002 repete o texto do art. 1.065 do CC/1916 e celebra o princípio de que, em regra, todo crédito é suscetível de cessão.

Ou seja: a cedibilidade é a regra, e a incedibilidade, a exceção. A incedibilidade significa a impossibilidade legal, *de iure* e *de facto*, de determinado direito ou bem poder ser objeto de cessão. Entram nessa categoria os bens fora do comércio, os bens impenhoráveis, bem como os intransmissíveis (e.g., crédito de alimentos).

O fundamento da incedibilidade é a impossibilidade de esses bens e direitos serem alienados ou onerados pelo cedente. Se não os pode alienar ou onerar, não os pode ceder, porque a cessão é espécie de alienação, quer dizer, de transferência de titularidade, de translação de propriedade.

De toda maneira, a incedibilidade do crédito pode decorrer da natureza do vínculo obrigacional de que ele deriva, da lei, ou de convenção celebrada entre as partes, quais sejam, credor e devedor (*pactum de non cedendo*). No projeto do Código de Obrigações de Orozimbo Nonato, quanto a esse tema da cedibilidade, ou não, de um crédito, fazia-se referência à natureza da dívida e não da obrigação, como restou grafado em nosso Código vigente (*Código de Obrigações*, 156, *caput*, p. 15).

O CC/2002 inova na segunda parte do art. 286, para proibir a eficácia convencional da incedibilidade do crédito em face de cessionário de boa-fé. Prescreve, com acerto, que a proibição, para surtir efeitos obstativos de direitos contra o cessionário de boa-fé, deve constar do mesmo instrumento constitutivo da obrigação (Pontes de Miranda, *Fontes e evolução do direito civil brasileiro,* p. 265/266).

Em regra, podem ser cedidos os créditos em sua inteireza, ou parte deles, se divisível a prestação.

Não é transferível, nem suscetível de cessão:

a) o exercício do usufruto paterno, de modo que não incide nele o art. 1.393 do CC/2002 (*RT* 218/515);

b) a obrigação natural não pode ser cedida. Ela é um *quid medium* entre a obrigação civil e a moral (Paulo de Lacerda; Tito Fulgêncio, *Manual...*cit., vol. X, p. 16): ela é causa legítima de obrigação, mas não aparelha o credor com o poder de sujeição do devedor;

c) a obrigação futura;

d) a obrigação alternativa, ainda que a escolha pertença ao credor;

e) o crédito do devedor solidário;

f) a obrigação acessória sem a principal, se pode ser independente (v. art. 287 do CC/2002);

g) a ação oriunda de contrato bilateral (v.g., o direito de cobrar);

h) o crédito contestado, pedido ou julgado em processo. A cessão de direitos litigiosos era proibida pelas Ordenações. O direito processual permite que seja alienado o objeto litigioso (cessão), sem que seja alterada a relação jurídica processual. O cedente (alienante) que continuar no processo torna-se substituto processual (art. 6.º do CPC) do cessionário (adquirente), atual titular do direito litigioso (art. 42 e ss. do CPC);

i) os que estejam inseridos entre as hipóteses relacionadas no art. 497 do CC, por expressa extensão legal (art. 497, parágrafo único);

j) Os créditos de alimentos também não podem ser objeto de cessão (art. 1.707).

Há outras espécies de crédito que não permitem a cessão, pela natureza jurídica de que se revestem:

a) os direitos personalíssimos. Não são cedíveis os créditos que envolvam direito personalíssimo, ou seja, aqueles em que o credor tenha de exercer pessoalmente o direito de crédito. Ou, como trata o CC português, aqueles créditos que, pela própria natureza da prestação estejam ligados à pessoa do credor (CC português, art. 577.º);

b) as obrigações de alimentos;

c) os créditos acessórios que tenham sido abrangidos por outra cessão (v. art. 287);

d) os direitos acessórios que sirvam de garantia, amparo, para outro (ex.: fiança).

Há créditos que são incedíveis por imposição legal. Pontes de Miranda dá como exemplo de incedibilidade legal:

a) o crédito absolutamente impenhorável é, de regra, incedível (art. 941 do CPC de 1939);

b) os bens inalienáveis por força de lei (art. 942, I) e os gravados de inalienabilidade: os vencimentos dos magistrados, professores e funcionários públicos, o soldo dos militares, os salários e soldadas, salvo para pagamento de alimentos à mulher ou aos filhos, se o credor foi condenado a prestá-los (art. 942, VII);

c) as pensões, tenças e montepios, percebidos dos cofres públicos, de estabelecimentos de previdência, ou provenientes de liberalidade de terceiro, e destinados ao sustento do credor ou da família (art. 942, VIII);

d) a prestação do seguro de vida (art. 942, XIV);

e) os rendimentos de bens inalienáveis destinados ao sustento de incapazes, mulheres viúvas ou solteiras (art. 943, I).

Se o crédito é incedível por ser impenhorável, mas só o é em parte, pode ceder-se o que escapa à impenhorabilidade (Pontes de Miranda, *Tratado*, t. XXIII, § 2823, n. 7, p. 359).

Se o crédito está penhorado, já não mais pode ser cedido (art. 298 do CC). Saber se a cessão feita com infração da proibição de ceder é nula ou só ineficaz é discussão sobre a qual há mais divergências do que discussões científicas (Pontes de Miranda, *Tratado*, t. XXIII, § 2825).

Não é porque a lei proibiu a cessão de determinado crédito que a infringência a essa disposição, automaticamente, tornaria o negócio nulo, como indica a leitura apressada do art. 166, VII do CC/2002. É que o sistema do direito positivo brasileiro admite:

a) a alienação de coisa litigiosa (art. 42 do CPC);

b) a alienação ou oneração de bem ou direito penhorado ou na pendência de ação capaz de levar o alienante ou cedente à insolvência (art. 592, V e 593, II do CPC).

A compreensão de que a credibilidade do crédito é a regra produz muitos efeitos jurídicos, habilitando o cessionário a prerrogativas que tornem factível sua pretensão de satisfação.

A propósito da variada gama de hipóteses que a matéria comporta, e de sua atualidade, o direito de crédito de honorários sucumbenciais, por exemplo, é considerado cedível e permite a habilitação do cessionário para recebê-lo, nos mesmos autos onde foram fixados: "A Corte Especial do Superior Tribunal de Justiça, por ocasião do julgamento do Recurso Especial 1.102.473/RS, representativo da controvérsia (art. 543-C do CPC), da relatoria da Min. Maria Thereza de Assis Moura, firmou o entendimento de que o cessionário de honorários sucumbenciais possui legitimidade para se habilitar no crédito consignado em precatório. O fato de o precatório ter sido expedido apenas em nome da parte não repercute na disponibilidade do crédito referente à verba honorária, que pertence ao advogado, o qual possui o direito de o executar ou ceder a terceiro" (STJ, AgRg no REsp 1079251/RS, 6.ª T., j. 05.03.2013, rel. Min. Og Fernandes, *DJE* 15.03.2013).

2.4 Forma do negócio de cessão de crédito e sua eficácia perante terceiros

Muito embora a lei não prescreva forma solene para a celebração do negócio de cessão, motivo pelo qual o instrumento público não é da essência do ato, a forma prescrita em lei para que os escritos particulares surtam o efeito de atingir a esfera jurídica de terceiros (art. 288 do CC/2002) obriga o interessado a precatar-se quando da elaboração do escrito particular.

Diz o art. 288 do CC/2002 que, para a transmissão de um crédito produzir efeitos em relação a terceiros, se não celebrar-se mediante instrumento público, deve o instrumento particular atender às solenidades do § 1.º do art. 654 do CC/2002, assim dispostas:

a) conter a indicação do lugar onde foi lavrado o instrumento;

b) conter a qualificação das partes que, no caso de cessão de crédito, são: o cedente (credor) e o cessionário (adquirente do crédito).

Embora não esteja no texto do art. 654, § 1.º do CC/2002 a exigência de registro do título, o texto do art. 221 autoriza afirmar que a eficácia do negócio, na esfera jurídica de terceiro desafia, também, que o escrito particular, confeccionado em atendimento às exigências do art. 654, § 1.º, seja levado a registro (Lei de Registros Públicos, art. 129, 9.º).

Em outras palavras, para a cessão de crédito realizada pela forma de instrumento particular ter eficácia perante terceiros, devem ser observados para esse negócio os mesmos pressupostos legais do negócio de procura, por instrumento particular, nos termos da lei.

O art. 1.067, *caput*, do CC/1916 era algo diverso. Ele previa a invalidade da cessão de crédito em relação a terceiro, se não se realizasse mediante instrumento público, ou nas hipóteses em que o instrumento particular não estivesse revestido das solenidades do art. 135 do CC/1916.

Além disso, confundindo um pouco o plano da eficácia dos atos e a função do sistema de publicidade dos atos, revelava ser "direito" do cessionário e do sub-rogado averbar a cessão hipotecária no registro imobiliário, ainda mais no caso de cessão de crédito hipotecário (art. 1.067, parágrafo único, do CC/1916), quando da substância do ato à escritura pública (art. 134, II, do CC/1916).

No Projeto de Código de Obrigações, a disposição normativa já celebrava a hipótese de ineficácia do ato contra terceiros (não mais invalidade), mas não se atinha às formalidades do escrito particular, senão pelo fato de que ele devesse estar de tal sorte elaborado que pudesse ser levado ao registro próprio, de títulos e documentos, conforme se permite nos termos do que está prescrito no art. 129, 9.º da Lei de Registros Públicos.

No Projeto do Código de Obrigações o texto está assim grafado: "É ineficaz, em relação a terceiros, a transmissão do crédito não celebrado por instrumento público, ou por instrumento particular não inscrito no registro próprio" (Código de Obrigações, 158, p. 15).

O art. 288 do CC/2002 é mais técnico que o CC/1916, mas mais confuso que o artigo correspondente do Código de Obrigações de Orozimbo Nonato, suprarreferido.

O art. 288 do CC refere-se à forma de que se deva revestir o negócio jurídico de cessão de crédito para vir a ter eficácia contra terceiros. A questão não se liga, portanto, à validade ou à existência do negócio jurídico. Celebra-se, aqui, a efetivação do que continha o texto do art. 130 do CC/1916, não repetido no novo Código: "Não vale o ato, que deixar de revestir a forma especial, determinada em lei (art. 82), salvo quando esta comine sanção diferente contra a preterição da forma exigida".

É o caso específico do art. 288. Para a cessão vir a ser eficaz contra terceiro existe uma forma legal, em ato público ou em escrito particular.

A cessão, para valer contra terceiros, não pode ter sido celebrada verbalmente. E mais. Se o ato for praticado por escrito particular, este deve ser grafado conforme prescrito no art. 654, § 1.º do CC/2002. A sanção cominada no art. 288 do CC/2002, para a preterição da forma prescrita em lei, não é a invalidade do ato, mas a ineficácia dele perante terceiros. Logo, entre os celebrantes, o negócio é válido, ainda que feito sem a formalidade prescrita, como já autorizava a doutrina: a lei não exige ato escrito para que a cessão se julgue completa e perfeita entre as partes e sim para que seja oponível a terceiro (Carvalho de Mendonça, *Doutrina e prática das obrigações*, vol. II, n. 511, p. 114).

2.5 Cessão de direitos de garantia e sua forma

A cessão de crédito hipotecário tem natureza de negócio bilateral, de contrato de direito das coisas. A doutrina entende que o instituto da cessão não pode ter por objeto direitos reais, porque a transmissão de direitos reais, a título oneroso, constituirá sempre uma compra e venda.

Porém, ressalva que os direitos de garantia, como o penhor e a hipoteca, que acompanham, como acessórios, o crédito, podem ser cedidos, ou seja, transferidos em virtude da cessão (Carvalho Santos, *Código Civil brasileiro interpretado*, vol. XIV, p. 330 e 350).

É Cunha Gonçalves (Luiz da Cunha Gonçalves, *Tratado de Direito Civil*. São Paulo: Max Limonad, 1955/1968. vol. V, t. I, n. 631, p. 83) quem admite a cessão de créditos hipotecários, hipótese, aliás, admitida por nossa legislação, como se vê do art. 289 do CC/2002.

A hipoteca e outros direitos reais de garantia (penhor e anticrese) são constituídos por meio de negócio jurídico que a doutrina classifica de *contratos de direitos reais*.

A doutrina distingue os contratos obrigatórios (que criam, extinguem ou modificam obrigações) desses denominados contratos de direitos das coisas (também chamados *contratos de direitos reais*): estes são negócios jurídicos bilaterais que produzem efeitos reais ou de direito das coisas.

É o caso do penhor, da anticrese, da hipoteca que, direitos de garantia, porém, com natureza jurídica de direitos reais (garantia real) (arts. 1.419 a 1.510 do CC/2002), constituem-se por meio de negócio jurídico bilateral (art. 1.424).

São chamados pela doutrina alemã de *dinglicher Vertrag*, expressão que Lacerda de Almeida traduziu por *contrato de direitos das coisas* (Moreira Alves, *Da alienação fiduciária em garantia*, p. 47).

Nos contratos ditos de direitos das coisas, a vontade se dirige para o fim de constituir o gravame, o direito real. Estes são os negócios jurídicos que dão causa à aquisição derivada constitutiva de direito (Manuel de Andrade, *Teoria geral da relação jurídica*, vol. I, p. 16).

A doutrina alemã denomina o negócio real de *Auflassung*. A natureza jurídica do negócio de transferência do direito real de hipoteca, ou de alteração da posição jurídica dos primitivos celebrantes do contrato de direito das coisas é idêntica à desses *negócios ditos de direito das coisas*.

A cessão, nesses casos, não opera a extinção da dívida.

A cessão da dívida importa a cessão dos acessórios da dívida, de que a hipoteca é uma espécie, não sendo possível desligar a hipoteca da dívida e cedê-la em separado (Lafayette Rodrigues Pereira. *Direito das coisas*, § 251, p. 611).

É ínsita, pois, ao negócio de cessão de crédito hipotecário a transferência do direito real de garantia hipotecária de um titular para outro. O negócio, portanto, visa à transferência de direitos reais e deve ser celebrado por escritura pública, salvo se a dívida constar de título separado e distinto da escritura de hipoteca, como é a letra de câmbio, nota promissória e semelhantes: a cessão da dívida, por si só, não importa cessão da hipoteca; em tal caso, carece a hipoteca de cessão expressa (Idem, § 251, p. 609).

Como com o crédito cedido se transfere a hipoteca, incide, no caso, a restrição do art. 1.647, I, de onde se conclui ser necessária a outorga conjugal daquele que é casado com o credor-cedente, para a celebração do negócio de cessão (alienação), diversamente do que propõe parte da doutrina (Everaldo Augusto Cambler; Carlos Roberto Gonçalves; Mairan Maia. *Comentários ao Código Civil Brasileiro – arts. 233 a 303* (coord. Arruda Alvim e Thereza Alvim). Rio de Janeiro: Forense, 2003, n. 4, p. 220).

De toda maneira, *hipoteca* representa "o acessório de uma dívida, isto é, um direito de garantia, de natureza real, para assegurar a eficácia de um direito pessoal". "Divergindo da fiança que, diretamente, obriga a pessoa e, indiretamente, os seus bens, a hipoteca vincula imediatamente o imóvel, pois dá ao credor um direito real, de caráter absoluto, porque vigora *erga omnes*, e acompanha a coisa em poder dos seus sucessivos possuidores – direito de sequela" (Martinho Garcez, *Da hipoteca e das ações hipotecárias*, p. 6).

Se o negócio de cessão de crédito hipotecário versar sobre imóvel de valor superior a 30 vezes o maior salário-mínimo vigente no país, a escritura pública é da essência do ato (art. 108) e, então, obrigatoriamente, o negócio de cessão se fará por escritura pública, formalidade imposta *ad pompam et solemnitatem*.

Se celebrado por instrumento público, por escritura pública, esta deve conter os requisitos do art. 215, § 1.º. Caso o negócio seja relativo a valor inferior a 30 vezes o maior salário-mínimo vigente no país, poderá ser celebrado pela forma do instrumento particular, ou, também, por instrumento público, como queiram os interessados, eis que a formalidade se dá *ad probationem tantum*.

O instrumento de cessão hipotecária poderá ser averbado no registro imobiliário, "para dar publicidade à transferência do crédito" (Everaldo Augusto Cambler; Carlos Roberto Gonçalves; Mairan Maia. *Comentários...*cit., n. 2, p. 219).

Embora não haja específica referência à cessão de crédito hipotecário na lei registrária e, embora a expressão *inscrição*, contida no art. 1.067, parágrafo único, do CC/1916, tenha sido englobada na designação genérica de *registro* (art. 168 da Lei de Registros Públicos), por determinação do CC vigente, a cessão de crédito hipotecário deve ser averbada no registro imobiliário onde o imóvel, sobre o qual pende o ônus real de hipoteca, está matriculado e onde a hipoteca encontra-se registrada.

2.6 Cessão de direitos litigiosos

Ao tratar da inadmissão da cessão de direito penhorado, o art. 298 do CC/2002, na verdade, assume natureza de norma processual dentro do CC/2002 (Renan Lotufo, *Código Civil comentado*, vol. 2, comentários ao art. 298, p. 163), natureza jurídica processual essa que prescinde de maiores considerações.

Portanto, não se pode interpretar a regra do art. 298 isoladamente, mas dentro do sistema integrado pelo CC/2002 e CPC. Anote-se que o art. 671, II, do CPC estabelece que uma das finalidades da penhora, no que toca a seus efeitos para o credor e o devedor, é a de notificá-los para que não pratiquem atos de disposição do crédito.

Se assim é, o art. 671, II, proíbe o devedor de praticar ato de disposição do crédito penhorado. Mas como o bem ou direito penhorado ainda se encontra no patrimônio do devedor, ele pode aliená-lo ou onerá-lo, desde que esse ato de disposição não prejudique a execução. Daí a razão por que os atos de alienação em fraude de execução, isto é, com infringência, por exemplo, ao art. 298 do CC/2002 e ao art. 671, II, do

CPC são ineficazes, vale dizer, inoponíveis à execução: a penhora mantém-se hígida no bem ou direito que era do devedor e que, agora, está no patrimônio de terceiro.

O equívoco da tese de afirmar-se que a infringência ao art. 298 do CC/2002 e ao art. 671, II, do CPC, por exemplo, é causa de nulidade do negócio translativo, é a interpretação do dispositivo do CC/2002, isoladamente, sem levar-se em conta o sistema tanto do CC/2002 quanto do CPC.

Norma processual que é, está indissociavelmente ligada ao sistema do CPC. Assiste razão, pois, a Pontes de Miranda e Carvalho Santos e à doutrina que preconiza a tese da ineficácia, porque, se a doutrina praticamente uníssona admite tratar-se de caso de fraude de execução, não pode dar a esse negócio jurídico o regime da nulidade do art. 166, VII, do CC/2002, mas o da ineficácia, que é como são tratados os casos de fraude de execução no ordenamento jurídico positivo vigente no Brasil.

As afirmações de que o negócio jurídico é nulo remontam a resquício do velho direito civil luso-brasileiro, da época em que não se distinguiam os planos da existência, validade e eficácia do negócio jurídico. Repetiu-se regra do vetusto direito reinol, do arcaico art. 1.077 do CC/1916, para chegar-se no art. 298 do CC sem nenhuma modificação, como se nada tivesse havido de alteração no regime jurídico dos atos havidos em fraude de execução! A evolução do direito processual civil, no particular, foi flagrantemente superior à do direito civil. Por isso, é admissível a interpretação restritiva da regra do art. 298. "A regra é a cedibilidade do crédito; a exceção é a incedibilidade. Como normas de exceção, os dispositivos legais que proíbem a cessão de crédito hão de ser interpretados restritivamente, conforme regra basilar de hermenêutica. Assim, os arts. 286 e 298, que indicam casos de incedibilidade, merecem interpretação estrita" (Nelson Nery Junior, *Soluções práticas de direito*, vol. II, n. 11, p. 317).

O art. 298 do CC/2002 não estabelece impossibilidade *de iure* de cessão do bem penhorado; apenas impõe restrição em benefício do credor do bem penhorado.

O negócio jurídico de cessão, portanto, é válido. Porém, perante a execução e o credor que executa o bem penhorado, a cessão é ineficaz, isto é, pode sofrer a execução até seu ato final, que é o de alienação do bem penhorado, cujo produto da venda será revertido para o pagamento da dívida executada.

Com efeito, a nulidade por contrariedade direta à lei divide-se em:

a) nulidade textual, expressa ou cominada, quando vem declarada taxativamente na lei (v.g., art. 166, VII, 1.ª parte do CC/2002; art. 243 do CPC) e

b) nulidade virtual ou não cominada (v.g., art. 166, II e VII, 2.ª parte, do CC/2002; arts. 243 e 244, do CPC), "que resulta da violação de norma jurídica cogente, proibitiva ou impositiva, que seja silente quanto à sanção da nulidade e que não defina outra espécie de sanção para o caso de ser transgredida" (Marcos Bernardes de Mello, *Teoria do fato jurídico – Plano da validade*, § 31, n. 2.2, p. 93).

Assim, "se a lei declara nulo certo ato ou lhe nega efeito (= nulidade expressa), não há, aparentemente, maiores dificuldades quanto a aplicar-lhe a sanção de nulidade; bastará que o ato concretize a situação fática prevista na norma para que seja nulo. Quando, no entanto, se trata de nulidade virtual, não cominada, a solução dos casos não é tão simples. Inicialmente, é necessário levar-se em conta que nem toda norma jurídica cogente tem a nulidade como consequência para o caso de sua violação. Por isso, não é correta a afirmativa de que a violação de norma cogente tem sempre a nulidade como sanção, porque depende de como a própria norma jurídica trata a infração. Se a norma jurídica prevê outra penalidade para o ato que a infrinja, não haverá nulidade, como se pode concluir da norma do art. 166, VII, do CC/2002. Diferentemente, se a norma jurídica for omissa, isto é, se não especifica qualquer outra sanção, nulo será o ato jurídico que a viole" (Idem, § 31, n. 2.2, p. 94).

Consoante a lição de Marcos Bernardes de Mello, dando como exemplo exatamente a figura do art. 166, VII, 2.ª parte, do CC/2002, a infringência à norma cogente de lei não significa que o ato seja "automaticamente" nulo, pois é necessário investigar-se eventuais outras soluções preconizadas pelo sistema. E essa outra solução existe, porque os arts. 592, V e 593, II, do CPC atribuem à alienação ou oneração de bem penhorado a ineficácia do negócio jurídico. Logo, se há essa outra solução, não se pode declarar nulo o ato praticado com infringência à norma legal cogente.

Marcos Bernardes de Mello dá como exemplo de infringência à norma legal cogente atos de empresário que praticam preços acima de certo parâmetro, já que ofenderiam normas comuns de intervenção do Estado na economia. Caso estejam previstas, por exemplo, multas para essa infringência, não se pode declarar nulos esses atos, embora praticados com infringência à norma legal cogente (art. 166, VII, 2.ª parte do CC/2002 – Marcos Bernardes de Mello, *Teoria do fato jurídico – Plano da validade*, § 31, n. 2.2, p. 94, nota de rodapé 143).

O sistema processual prevê a ineficácia dos atos praticados em fraude de execução, como, por exemplo, é a hipótese de alienação (v.g., cessão de créditos) ou oneração de bem ou direito penhorado. É importante frisar que a ineficácia atinge somente a parte do bem ou direito cedido que garante a execução, pois o que sobejar a penhora não pode ser atingido pela declaração de ineficácia (Carvalho Santos, *Código Civil brasileiro interpretado*, vol. XIV, comentário 1 ao art. 1.077 do CC/1916, p. 389/390; Everaldo Augusto Cambler; Carlos Roberto Gonçalves; Mairan Maia, *Comentários...* cit., comentário 2 ao art. 298, p. 250).

A declaração de ineficácia da cessão deve ser pronunciada no limite dos valores penhorados. Há quem faça distinção entre a alienação ou oneração de bem ou direito litigioso em fraude de execução (art. 593 do CPC) e a alienação ou oneração de bem ou direito penhorado. Teori Zavascki observa que, além das duas situações previstas no art. 593, I e II, do CPC como caracterizadoras de negócio jurídico praticado em fraude de execução, há um terceiro tipo. "Mas há uma terceira situação (c), de ocorrência frequente, que é geralmente tratada como de fraude à execução, embora não se afeiçoe a nenhuma das modalidades descritas no Código: a alienação ou oneração de bens objeto de constrição judicial (penhora, arresto, sequestro, apreensão). Aqui também, como nas situações (a) e (b), há alienação ou oneração de bem quando em curso demanda judicial, mas o valor jurídico atingido é outro, o da própria autoridade estatal" (Zavascki, *Código de Processo Civil*, vol. 8, comentário 1 ao art. 593, p. 265).

A despeito de considerar a alienação de bem penhorado diferente da havida em fraude de execução, dá a ambas as situações o mesmo regime jurídico: o da ineficácia do ato perante a execução. Logo, todas as três espécies identificadas por Teori Zavascki acarretam a ineficácia do ato e reafirmam, pois, sua validade: permanecem no patrimônio do adquirente-cessionário, mas são ineficazes perante o credor-exequente e a execução. Com a devida venia, o próprio autor admite que a alienação de bem penhorado é alienação na pendência de demanda judicial, o que, *per se*, caracterizaria o ato como praticado em fraude de execução, subsumível à categoria do art. 593, II, do CPC.

Ademais, quer na alienação de bem penhorado, quer na alienação de bem litigioso *stricto sensu*, o bem jurídico tutelado é a autoridade estatal. Não há razão, portanto, para distinguir a alienação de bem penhorado da alienação de bem litigioso, pois ambos são faces da mesma moeda, caracterizando fraude de execução.

Ressalte-se, outrossim, que a alienação ou oneração de bem ou direito penhorado sempre foi tratada pelo direito luso-brasileiro como caso de fraude de execução (Joaquim José Caetano Pereira de Sousa, *Primeiras linhas sobre o processo civil*, t. III, § CCCXCVII, nota 788, p. 29; Pegas, *Resolutiones forenses practicabiles*, t. I, Capítulo V, n. 120 e 121, p. 453; Silva, *Commentaria ordinationes regni portugaliae*, t. III, Livro 3, Título 86, § 1.º, n. 33, p. 255; Francisco de Paula Lacerda de Almeida, *Dos efeitos das obrigações (arts. 928 a 1.078)*, comentários ao art. 1.077 do CC/1916, p. 387), e assim é aceita pela nossa jurisprudência: "O ato praticado em fraude de execução não é nulo nem anulável, mas ineficaz: reconhecida a fraude por decisão judicial, o ato permanece válido, mas o bem onerado ou alienado, de propriedade do terceiro, continua sujeito à execução (penhora e alienação judicial)" (2.º TACivSP, Ag 67820300/3, 8.ª Câm., j. 08.02.2001, v.u., rel. Kioitsi Chicuta, *BolAASP* 2247/2110);

"Configura fraude à execução, sendo ineficaz perante o exequente, não precisando estar inscrita a penhora. Declaração incidental no processo de execução. Recurso provido para determinar o registro da carta de adjudicação" (1.º TACivSP, Ag 4951620, 8.ª Câm., j. 19.02.1992, v.u., rel. Raphael Salvador, *BolAASP* 1788/138). Aliás, já nos pronunciamos neste mesmo sentido, *verbis*: "Alienação de bem penhorado. É forma grave de fraude de execução, que se caracteriza independentemente de o devedor estar ou não insolvente: o terceiro adquirente não pode opor sua posse ou propriedade ao credor e ao juízo da penhora, que continua hígida, dada a indisponibilidade do bem causada pela penhora. A alienação é ineficaz relativamente à execução. No mesmo sentido: Dinamarco, Exec.7, n. 179, p. 292/293; *RT* 617/118".

A doação de bem penhorado é forma de alienação e pode se constituir em fraude à execução. Basta o ajuizamento da ação (de conhecimento ou de execução), para que se considere em fraude à execução a alienação do bem feita pelo devedor, mormente quando já efetivada a citação. Dá-se a transferência da propriedade com o registro da escritura de doação (e não com a sua simples lavratura). Se constatada que a transmissão da propriedade do bem penhorado ocorreu após a citação dos doadores executados, impõe-se o reconhecimento da fraude à execução. É correta a ordem judicial de excussão do imóvel dos devedores, ainda que alienado como o foi, por se reconhecer a existência de fraude à execução pelo negócio realizado (art. 593, II, do CPC). A alienação não pode, em virtude dessa circunstância, ser considerada óbice à pretensão executória dos credores (*RT* 551/122)" (Nelson Nery Junior e Rosa Maria de Andrade Nery, *Código de Processo Civil comentado* cit., comentários. ao art. 593, p. 1003). Desde que o bem ou direito se encontra no patrimônio do devedor, pode ele dispor sobre esse bem ou direito. Somente depois de alienado em hasta pública e transferido a terceiro em processo judicial, é que sairá da esfera de disponibilidade do devedor.

Quando a lei impõe certas proibições ao *dominus*, como é o caso do art. 298 do CC/2002 e do art. 671, II, do CPC, é preciso que essas restrições sejam analisadas caso a caso, pois podem configurar hipóteses de nulidade, de anulabilidade ou de ineficácia (inoponibilidade).

Ainda que seja o caso de subsumi-las em casos de nulidade, é necessário indagar--se a respeito de sua subsunção à categoria das nulidades expressas (cominadas) ou das nulidades virtuais (não cominadas), sendo que para estas últimas, havendo outra solução dada pelo sistema, não se proclama a nulidade.

Vimos que o art. 298 não comina nenhuma sanção para a infringência de suas disposições. Apenas proíbe a cessão de bem penhorado. Tratar-se-ia, pois, na teoria das invalidades do CC/2002, de nulidade virtual, que reclama colmatação por outras normas existentes no sistema.

Essas outras normas são, nomeadamente, os arts. 42, 592, V, 593, II e 671, II, do CPC. Com efeito, o sistema legal brasileiro admite como válido o negócio jurídico de alienação ou oneração de objeto litigioso (especificamente sobre a validade da cessão de objeto que está sendo demandado: Munir Karam, *A transmissão das obrigações: cessão de crédito e assunção de dívida*, n. IV, p. 347/349).

O art. 42 do CPC, expressamente, trata do tema e permite que o cessionário ingresse nos autos para defender direito seu. Se o cedente sai do processo e o cessionário assume a qualidade de parte, dá-se a sucessão processual (Nelson Nery Junior e Rosa Maria de Andrade Nery, *Código de Processo Civil comentado* cit., comentários ao art. 42, p. 25); se o cedente permanece no processo, pode continuar atuando, mas na qualidade de substituto processual do cessionário, que é o verdadeiro titular do direito cedido (Idem, ibidem).

Da mesma forma, o sistema permite a alienação ou oneração de bem ou direito penhorado, estabelecendo, contudo, consequências processuais para os partícipes desse negócio jurídico: a ineficácia do ato perante a execução.

3. Assunção da dívida

A transmissão singular de dívidas, ou a transmissão passiva das obrigações por ato entre vivos, dá-se por negócio jurídico celebrado para esse fim, ou seja, com a finalidade de liberar e exonerar o primitivo devedor, e se realiza por negócio surgido entre o antigo e o novo devedor, ou entre o novo devedor e o credor, dando-se o nome de expromissão a essa última hipótese, que vem estudada em outro capítulo, quando se trata da novação.

Em qualquer caso, é imprescindível que o titular ativo do vínculo obrigacional – ou seja, o credor – consinta, expressamente, na assunção de dívida por terceiro.

Assim, quando, mediante contrato, a obrigação se transfere com as mesmas características com que foi criada, ou seja, guardando a mesma identidade daquela contraída pelo primitivo devedor, em virtude de alguém ter assumido a posição de sujeito passivo de uma dívida que vinculava outrem, diz-se ter ocorrido espécie de transmissão de obrigação denominada assunção de dívida.

A assunção de dívida tem origem no direito alemão, na *Schuldübernahme* do BGB § 414, que tem como perfil próprio a possibilidade de se realizar a transmissão passiva de obrigações, sem a necessidade de extinção do vínculo obrigacional primitivo, fenômeno que a distingue da novação.

Se a hipótese de fato se constitui em mudança do sujeito passivo que compõe a relação jurídica combinada com novação de dívida, essa situação distingue-se da assunção de dívida. Nesta, ou seja, na assunção de dívida, a relação jurídica é a mesma, com transposição do devedor: um deixa de ser devedor e o novo sucede o devedor antigo, assumindo a posição do antigo; naquela, na novação, a relação jurídica é outra, com outro devedor (Pontes de Miranda, *Tratado*...cit., vol. 23, § 2820, n. 6, p. 340). Na hipótese jurídica de novação, a obrigação primitiva desaparece e surge outra em seu lugar. A novação é figura que pressupõe a exoneração do primitivo devedor porque extinto o vínculo que o ligava ao credor e, consequentemente, a criação de um novo vínculo. Daí o nome *novatio*.

É a análise precisa da vontade livre dos contratantes que permite a percepção exata do que se passou entre as partes e qual foi efetivamente o comando volitivo que regeu a avença:

a) manter a mesma obrigação, com alteração de sujeito passivo (transmissão da dívida);

b) extinguir a primeira obrigação e contrair nova (novação).

Constantemente, a doutrina depara-se com situações que demandam a atualização do instituto. Nesse sentido, nas jornadas de estudo promovidas pelo STJ, anualmente, para a análise dos pontos mais comuns de dificuldade de interpretação da lei, em face dos fatos novos que chegam aos tribunais, assim se procedeu:

Enunciado 16 da I Jornada de Direito Civil: "O art. 299 não exclui a possibilidade da assunção cumulativa da dívida quando dois ou mais devedores se tornam responsáveis pelo débito com a concordância do credor).

Enunciado 352 da IV Jornada de Direito Civil: "Salvo expressa concordância dos terceiros, as garantias por eles prestadas se extinguem com a assunção da dívida; já as garantias prestadas pelo devedor primitivo somente serão mantidas no caso em que este concorde com a assunção".

Enunciado 353 da IV Jornada de Direito Civil: "A recusa do credor, quando notificado pelo adquirente de imóvel hipotecado, comunicando-lhe o interesse em assumir a obrigação, deve ser justificada".

Enunciado 422 da V Jornada de Direito Civil: "(Fica mantido o teor do Enunciado 352). A expressão *garantias especiais* constante do art. 300 do CC/2002 refere-se a todas as garantias, quaisquer delas, reais ou fidejussórias, que tenham sido prestadas voluntária e originariamente pelo devedor primitivo ou por terceiro, vale dizer, aquelas que dependeram da vontade do garantidor, devedor ou terceiro para se constituírem".

Enunciado 423 da V Jornada de Direito Civil: "O art. 301 do CC/2002 deve ser interpretado de forma a também abranger os negócios jurídicos nulos e a significar a continuidade da relação obrigacional originária ao invés de "restauração", porque, envolvendo hipótese de transmissão, aquela relação nunca deixou de existir".

Enunciado 424 da V Jornada de Direito Civil: "A comprovada ciência de que o reiterado pagamento é feito por terceiro no interesse próprio produz efeitos equivalentes ao da notificação de que trata o art. 303 do CC/2002, segunda parte".

A aplicação do instituto da assunção de dívida é corriqueira entre nós, como se vê do julgado seguinte, que aborda a possibilidade da pertinência de sua utilização com relação a débitos que decorrem de dívida hipotecária do SFH: "o Sistema Financeiro da Habitação – Lei 8.004/1990 – não veda a alienação da coisa financiada, mas apenas estabelece como requisito a interveniência do credor hipotecário e a assunção, pelo novo adquirente, do saldo devedor existente na data da venda, em sintonia com a regra do art. 303 do Código Civil de 2002. Com efeito, associada à questão da dispensa de anuência do credor hipotecário está a notificação dirigida ao credor, relativamente à alienação do imóvel hipotecado e à assunção da respectiva dívida pelo novo titular do imóvel. A matéria está regulada nos arts. 299 a 303 do Novel Código Civil – da assunção de dívida – dispondo o art. 303 que 'o adquirente do imóvel hipotecado pode tomar a seu cargo o pagamento do crédito garantido; se o credor, notificado, não impugnar em 30 (trinta) dias a transferência do débito, entender-se-á dado o assentimento (...)'" (STJ, AgRg no REsp 838127/DF, 1.ª T., j. 17.02.2009, rel. Min. Luiz Fux, *DJE* 30.03.2009).

3.1 *Delegação*

As partes que compõem o negócio de delegação são:

a) o delegante (promissário) que encarrega o delegado (promitente) de realizar a prestação;

b) o delegado (promitente), que se obriga a prestar a um terceiro (delegatário).

A função da delegação é a mesma da assunção de dívida, se o delegatário é credor do delegante e a natureza da obrigação deste tem o mesmo conteúdo da obrigação assumida pelo delegado. Ou seja, se o delegado assume a mesma dívida que competia ao delegante perante o delegatário, tratar-se-á a hipótese de assunção de dívida (Diogo Leite de Campos, *Contrato a favor de terceiro*, p. 74).

A delegação, segundo o art. 1.268 do CC italiano, consiste no contrato pelo qual uma pessoa encarrega uma outra de realizar certa prestação a um terceiro que a recebe em nome próprio e, desta forma, opera-se através de um verdadeiro contrato a favor de terceiro (Diogo Leite de Campos, *Contrato a favor de terceiro*, p. 73/74).

A doutrina prevê duas espécies de delegação: a passiva e a ativa. Na delegação ativa, o delegante não visa a satisfazer uma posição passiva que tinha perante o delegatário, mas antes assumir uma posição ativa: fazer uma doação, entregar-lhe uma quantia a título de mútuo ou de depósito etc. (Diogo Leite de Campos, *Contrato a favor de terceiro*, p. 74).

3.2 Modalidades de assunção da dívida

A assunção de dívida compreende duas modalidades: coassunção ou assunção cumulativa, e assunção liberatória (Diogo Leite de Campos, *Contrato a favor de terceiro*, p. 67).

Na primeira hipótese, dita coassunção de dívida (ou assunção cumulativa), dá-se ocasião para que ao antigo devedor se junte outro sujeito que com ele passa a responder pela satisfação do credor. Como o consentimento do credor é necessário para a liberação do primitivo devedor, ainda que relativamente à parte da dívida, é nesse caso que se pode imaginar a hipótese de conviverem, no mesmo polo passivo, da mesma dívida, dois devedores, após ter havido parcial transmissão de obrigação a outrem.

Na segunda hipótese, de assunção liberatória, no momento em que o assuntor se vincula perante o credor, o devedor primeiro fica exonerado da obrigação primitivamente contraída e esse (*assuntor*) passa a ter para com o credor o mesmo vínculo obrigacional outrora mantido com o sujeito passivo da obrigação, desde então excluído do vínculo obrigacional.

De qualquer maneira, a exoneração do devedor primitivo é dependente da solvência do terceiro, porquanto a regra é posta sempre no sentido de preservar-se a boa-fé do credor que, desconhecendo a situação de insolvência do terceiro, ao tempo do negócio de assunção de dívida, o aceita como novo devedor (art. 299, *caput*, do CC2002).

No sistema português a doutrina nomeia de coassunção da dívida uma hipótese que não é de transmissão de obrigação. Se primitivo devedor e assuntor celebram contrato sem a anuência do credor, dar-se-á assunção cumulativa de dívida (ou coassunção de dívida, ou adesão à dívida, ou acessão à dívida ou adjunção à dívida, ou assunção multiplicadora ou reforçativa da dívida) e não transmissão de dívida: junta-se novo devedor ao antigo e este não se considera exonerado.

O CC português, diferentemente do nosso, prevê solidariedade legal entre antigo e novo devedor na hipótese de o credor não anuir na transmissão da dívida (art. 595.º, 2, parte final), outorgando ao credor a faculdade de exigir o cumprimento inteiro da obrigação, tanto de um como de outro obrigado.

À luz do sistema brasileiro, a hipótese fático-jurídica de coassunção de dívida só se opera eficazmente se o credor autoriza a exoneração parcial do primitivo devedor (e nesse sentido, a transmissão parcial da dívida), de sorte que, com relação a essa parte, responda o assuntor e, com relação à outra parte da dívida, o outro devedor, em casos de dívidas com prestações divisíveis; ou, ainda, que por convenção resolvam atribuir a ambos os devedores (primitivo e novo) a responsabilidade solidária pela inteireza do débito, hipótese que se aproximaria, quanto ao resultado, da prevista no sistema português, também sem a natureza de transmissão de obrigação ("A assunção cumulativa de dívida nunca perfaz sucessão" – Pontes de Miranda, *Tratado...*cit., vol. XXIII, § 2820, n. 3, p. 338).

Sem anuência do credor, de toda maneira, diante do óbice do art. 299, não há exoneração do devedor primitivo e, por conseguinte, não há transmissão da obrigação. Não se pode esquecer da lição da doutrina que, mesmo diante da ausência de pacto específico, no sentido da solidariedade, considera a assunção cumulativa de dívida como geradora de solidariedade entre os devedores. Neste sentido: Pontes de Miranda, *Tratado...*cit., vol. XXIII, § 2820, n. 3, p. 339. Também em sentido conforme, adotando a lição de Gondim (*Natureza jurídica da solidariedade*, p. 104) – para quem a solidariedade, como delineada no art. 896 do CC/1916 (repetida *ipsis litteris* no art. 265 do CC/2002) admite também a forma tácita: Luiz Roldão de Freitas Gomes, *Da assunção de dívida e sua estrutura negocial*, p. 97/98.

Ainda que se admita a forma tácita de solidariedade, parece-nos que não necessariamente a assunção cumulativa de dívida faz presumi-la. A presunção admite prova em contrário, ainda que seja dos devedores o ônus de dela se desincumbirem. A forma tácita de solidariedade pressupõe a existência de prova dessa convenção. Admite-se a forma tácita de transmissão de obrigações (D.F. Clemente de Diego y Gutiérrez, *Transmisión de las obligaciones*, p. 8).

3.3 Expromissão: assunção da dívida e estipulação em favor de terceiro

Pode o credor celebrar com o *assuntor* um contrato que tenha a finalidade de liberar o primitivo devedor (expromissão), outorgando-lhe, por assim dizer, um benefício consistente, precisamente, na sua liberação, dispensado o consentimento do antigo devedor. A natureza jurídica dessa avença será de estipulação em favor de terceiro, com natureza liberatória (Diogo Leite de Campos, *Contrato a favor de terceiro*, p. 71).

4. CESSÃO DA POSIÇÃO CONTRATUAL

A cessão da posição contratual opera-se por contrato mais amplo e mais complexo que aquele pelo qual se dá a cessão de créditos, ou a transmissão de dívidas.

Prescreve o art. 424.º do Código Civil português: "1. No contrato com prestações recíprocas, qualquer das partes tem a faculdade de transmitir a terceiro a sua posição contratual, desde que o outro contraente, antes ou depois da celebração do contrato, consinta na transmissão. 2. Se o consentimento do outro contraente for anterior à cessão, esta só produz efeitos a partir da sua notificação ou reconhecimento".

Pode-se antever, nos contratos, principalmente nos contratos sinalagmáticos, que um feixe complexo de implicações jurídicas delineia a posição contratual das partes, criando um peculiar contorno da posição contratual de cada sujeito, que se deve respeitar.

Esse complexo de implicações jurídicas reúne direitos e deveres, créditos principais e acessórios, direitos potestativos, estados de sujeição, ônus, expectativas jurídicas, exceções de defesa (Galvão Telles, *Direito de obrigações*, p. 18).

Capítulo III

Adimplemento e Extinção das Obrigações

1. Noções gerais sobre a forma como as obrigações são executadas

Usa-se a expressão *pagamento* (*solutio*) para designar o cumprimento natural da obrigação, aceito pelo credor.

No sentido vulgar, a expressão é utilizada para significar o cumprimento das obrigações de dar. Neste sentido: M.A. Coelho da Rocha. *Instituições...* cit., p. 97 e 98.

O *adimplemento ou cumprimento da obrigação* é expressão que designa o comportamento natural do devedor, exatamente conforme aquilo a que se obrigou perante o credor.

Já a expressão *satisfação da prestação* é utilizada para designar a situação do credor que consegue, por meio de intervenção jurisdicional, excutir o patrimônio do devedor e satisfazer seu crédito, às vezes, até mesmo, a despeito do devedor que a isso se opõe. Neste sentido, v. Tomasetti (in Juarez de Oliveira. *Comentários à Lei de Locação...* cit., p. 5).

A obrigação que não foi adimplida no tempo, modo e forma convencionados, mas ainda pode ensejar prestação útil (ou seja, hipótese de inadimplemento relativo, pois, se de inadimplemento absoluto se tratasse, não seria mais possível o cumprimento da obrigação, pela inutilidade da emenda da mora), pode vir a ser cumprida, mesmo depois de iniciados os procedimentos de execução forçada.

É direito concedido ao devedor de pagar (art. 304 do CC/2002) ou consignar (art. 334 do CC/2002) a importância devida, antes de adjudicados ou alienados os bens que estão penhorados, garantindo a execução. O depósito feito em pagamento ou consignação deve ser aquele correspondente ao do valor total da dívida, atualizado, acrescido de juros, custas e honorários advocatícios. Esse procedimento, que se dá no curso de processo de execução, e que se denomina *remição da execução*, é espécie de satisfação da obrigação e extinção da execução (art. 794, I, do CPC).

Assim, se contra o devedor tramita ação de execução, diz-se que o pagamento pode ser feito (remição da execução) antes de adjudicados ou alienados os bens. Ou seja: pode o executado, a todo tempo, remir a execução, pagando ou consignando a importância atualizada da dívida, mais juros, custas e honorários advocatícios (art. 651 do CPC).

A Lei 11.382/2006 revogou os artigos que tratavam do procedimento da remição (art. 787 a 790 do CPC). O executado que quiser cumprir voluntariamente o comando emergente do título executivo poderá fazê-lo na forma do cumprimento da sentença (art. 475-I) e da remição, prevista pelo art. 651 do CPC (redação dada pela Lei 11.382/2006).

Se o devedor está sujeito à execução por dívida, por inadimplemento absoluto, e o credor, por virtude da inutilidade da prestação, a enjeitou, sua pretensão executória é de perdas e danos. A satisfação do credor, pelo pagamento do valor capaz de indenizá-lo por perdas e danos pode ocorrer, também, na fase da execução, e dar-se, então, a mesma hipótese já tratada acima, de remição de dívida.

Em suma: as obrigações devem ser cumpridas como fixadas no título que, na hipótese de inadimplemento do devedor, habilita o credor à execução forçada, que pode levá-lo a lançar mão do patrimônio penhorável do devedor, se este não satisfizer a prestação devida.

Mesmo depois de iniciada a execução, o devedor pode desonerar-se da obrigação, remindo a execução.

2. PATOLOGIAS DO VÍNCULO OBRIGACIONAL, DESFAZIMENTO DO NEGÓCIO SEM O DEVIDO CUMPRIMENTO E IMPEDIMENTO PARA O CUMPRIMENTO DA OBRIGAÇÃO

As obrigações que têm origem em título formado por vontade das partes (como é o caso das obrigações que derivam do negócio jurídico, em que as partes livremente assumem o dever de prestar), ou as que têm raiz em título judicial (formado por virtude do julgamento de ação de conhecimento em que se reconheceu o direito do credor à cobrança da prestação), desafiam um prévio exame da higidez do título de que derivam.

Quanto aos títulos judiciais, pode-se dizer que o sistema de direito processual civil cuida dos mecanismos que apuram e controlam a existência, validade e eficácia dos títulos judiciais, sendo que a coisa julgada e a ação rescisória são institutos que velam por corrigir as eventuais falhas que o título judicial possa apresentar.

No âmbito do direito civil, a verificação da higidez do título em que se consubstancia o negócio jurídico, unilateral ou bilateral, que habilita o sujeito ao crédito, é de fundamental importância para medir-se a existência, validade e eficácia do título em que a obrigação se embasa.

Por isso, o cumprimento da obrigação para satisfação do credor e desoneração do devedor passa pela verificação dos três momentos essenciais da repercussão do negócio jurídico no mundo fenomênico do direito, sobre ele *existir*, ser *válido* e *eficaz*.

A existência do negócio jurídico, sua validade e eficácia são temas de teoria geral do direito privado, porém de interesse intenso da teoria geral do direito de obrigações, também.

Não se há cogitar do cumprimento de obrigação que deriva de negócio inexistente, inválido ou ineficaz, pois a força de subjugação do credor sobre o patrimônio do devedor passa a ser de nenhuma vitalidade, se o negócio de que deriva a obrigação estiver maculado por uma das patologias que se passa a analisar.

Sobre essas patologias pode-se considerar o seguinte.

2.1 Inexistência e nulidade do negócio jurídico

O negócio jurídico inexistente não contém elementos suficientes para lhe dar vida jurídica. Assim se diz do negócio jurídico em que falta o *agente*, o *objeto*, ou a *forma ad substantia*, como já se disse em teoria geral do direito privado.

O tratamento para a declaração da inexistência do negócio jurídico é a ação declaratória, como declaratória também é a natureza da ação de nulidade do negócio jurídico, ou a providência *ex officio* do juiz, de declarar a inexistência ou a nulidade do negócio.

Tanto a inexistência quanto a nulidade do negócio jurídico – que igualmente culminam por apontar ao negócio a pecha de não ter potencialidade para gerar efeitos jurídicos – são corrigidas por ação declaratória de inexistência, ou declaratória de nulidade do negócio jurídico, tornando conhecida de toda a gente – pela publicidade de que se reveste a ação judicial – a imprestabilidade de o negócio servir para produzir o efeito de vincular quem quer que seja.

Uma técnica simplória, mas de grande valor didático, antevê no texto do art. 104 do CC/2002, no núcleo dos substantivos *agente*, *objeto* e *forma*, os pontos centrais onde residem os elementos fundamentais da existência do negócio, de sorte que a falta desses elementos, como é curial, culmina com a inexistência do negócio jurídico.

Por essa forma singela de analisar o fenômeno dessa *patologia jurídica* dos negócios, inexistente seria o *negócio* celebrado por quem não existe, ou por quem não tenha a qualidade de *sujeito*; ou inexistente seria o negócio sem *objeto*, ou, ainda, inexistente seria o negócio jurídico em que a vontade do sujeito não tivesse sido manifestada, por *forma* alguma.

Se, ao contrário, o que falta na análise do fenômeno é a qualidade do substantivo, ou seja, é o adjetivo que qualifica o substantivo que a lei elenca como nuclear da existência do negócio jurídico, o intérprete estaria diante da invalidade do negócio jurídico. Assim, o *agente* existe, mas é incapaz; o *objeto* existe, mas é ilícito; a *forma* existe, mas é aquela proibida (defesa) em lei. A patologia jurídica da nulidade do negócio jurídico, assim, encontraria nas *qualidades faltantes* do *agente*, do *objeto* e da *forma* jurídica do negócio as vertentes de sua concentração teórica.

O mais comum da experiência jurídica cotidiana é a alegação de invalidade do negócio jurídico, invalidade absoluta, ou relativa. São raras as hipóteses de invocação da pecha de inexistência do negócio jurídico.

É motivo frequentemente alegado, para que o devedor não cumpra a obrigação, ter o negócio jurídico uma mácula, que lhe compromete a validade e, portanto, não ter ele a potencialidade de dotar o credor de título que obrigue o devedor a cumprir a obrigação.

A maior consequência da nulidade absoluta do negócio jurídico é o fato de que o negócio nulo não pode produzir nenhum efeito jurídico.

Caso tenha produzido efeitos no mundo fático, o reconhecimento judicial dessa nulidade retira esses efeitos, pois esse reconhecimento tem eficácia *ex tunc*, isto é, retroativa, retroagindo à data da celebração do negócio nulo. Pronunciada a nulidade do negócio jurídico, as coisas voltam ao estado anterior, como se não tivesse sido celebrado o negócio ou ato nulo.

Já o negócio anulável (ou seja, aquele que padece de invalidade relativa), se vier a ser anulado judicialmente, essa decisão tem eficácia a partir do momento em que foi prolatada, vale dizer, a eficácia opera-se *ex nunc*. Essa é uma das principais diferenças existentes entre o negócio nulo e o anulável, na prática jurídica.

O reconhecimento da nulidade é matéria de ordem pública, não estando sujeito à prescrição, decadência ou preclusão.

A nulidade prescinde de ação para ser reconhecida judicialmente, pois esse reconhecimento (da invalidade absoluta do negócio) há de ser feito *ex officio* (ou seja: sem que haja provocação da parte) pelo juiz, independentemente de provocação da parte ou do interessado, a qualquer tempo e grau de jurisdição, inclusive por meio de objeção de executividade no processo de execução.

Ou seja, esse é o regime jurídico da nulidade: a matéria é de ordem pública, insuscetível de convalidação (art. 169 do CC/2002), não está sujeita à preclusão, pode ser alegada a qualquer tempo e grau ordinário de jurisdição e o juiz não pode supri-la a requerimento das partes.

Mas, repita-se, o reconhecimento judicial da nulidade do negócio jurídico pode ocorrer de dois modos:

a) incidentemente no processo;

b) por meio de ação.

O reconhecimento incidental da nulidade no processo dá-se por decisão *ex officio* do juiz, ou por iniciativa da parte (contestação, petição simples, objeção de executividade etc.).

O interessado pode, ainda, ajuizar ação para que seja reconhecida a nulidade do negócio ou do ato jurídico. Essa ação de nulidade é declaratória (art. 4.º do CPC) e, portanto, encerra pretensão perpétua, não estando seu exercício sujeito a prazo de decadência nem de prescrição.

Reconhecida e proclamada a nulidade de ato ou de negócio jurídico, esse reconhecimento tem eficácia declaratória porque afirma a existência de uma circunstância preexistente, razão pela qual essa decisão retroage à data em que foi celebrado o ato ou negócio nulo.

A eficácia da declaração de nulidade opera-se, então, *ex tunc*.

2.1.1 Conversão

Conversão é um instituto previsto no art. 170 do CC/2002, pelo qual se admite a modificação da qualificação de negócio jurídico nulo – negócio esse celebrado sem que tivessem sido cumpridos os requisitos exigidos pela lei para sua validade –, mas que preenche os requisitos de outro negócio jurídico, para o qual pode-se converter.

Pela conversão, o negócio jurídico nulo (como concebido originariamente) é válido e eficaz como *outro* negócio jurídico distinto dele (Werner Flume. *Rechtsgeschäfte*, § 32, 9, a, p. 589), justamente porque preenche os requisitos legais de validade dessa outra modalidade de negócio jurídico.

Se a ilicitude não tiver sido o escopo perseguido pelas partes, também o contrato ilícito pode ser objeto de conversão (Sacco. *Contratto* [in Pietro Rescigno (dir.). *Trattato di diritto privato*, v. X, p. 616]; Alessio Zaccaria [in Giorgio Cian e Alberto Trabucchi. *Commentario breve...*, coment. I ao art. 1.424 do CC italiano, p. 1500]).

O negócio jurídico realizado com ofensa aos bons costumes não pode ser convertido (Herbert Roth [in Julius von Staudinger. *Kommentar...* cit., §§ 134-163, coment. 32 ao § 140 do BGB, IV, 3, c, p. 489]).

O instituto atua como instrumento de integração parcial da vontade das partes, porque a conversão é a exteriorização da vontade das partes que teriam celebrado o outro negócio jurídico (convertido), se tivessem tido conhecimento da nulidade do negócio jurídico originariamente concebido.

Para que seja possível a conversão do negócio nulo, é necessário que estejam presentes requisitos objetivos e subjetivos, apontados pela lei.

São requisitos da conversibilidade:

I) objetivos:
a) que, no plano da existência, o negócio jurídico a ser convertido exista (Pontes de Miranda. *Tratado...* cit., t. IV, § 374, n. 1, p. 131 a 133);
b) que, no plano da validade, o negócio jurídico a ser convertido seja nulo;
c) que o negócio jurídico existente e nulo contenha os requisitos de conteúdo e de forma exigidos para o outro negócio para o qual será convertido;

II) subjetivos:
a) que a vontade das partes seja integrada, no sentido de que quereriam celebrar o outro negócio jurídico, se tivessem tido conhecimento da nulidade do negócio jurídico como originariamente concebido;
b) que haja ignorância das partes sobre a nulidade do negócio jurídico objeto da conversão.

A ignorância, portanto, é pressuposto implícito para que se possa fazer a conversão do negócio jurídico, a ignorância que as partes tinham sobre a causa de nulidade, no momento da celebração do negócio jurídico nulo, objeto da conversão (Alessio Zaccaria [in Giorgio Cian e Alberto Trabucchi. *Commentario breve...* cit., coment. I ao art. 1.424 do CC italiano, p. 1.500).

Se a conversão se opera, regularmente, a obrigação que deve ser cumprida e que reclama a satisfação do credor, pelo título que ostenta, é aquela delineada no título convertido, nos moldes como então as partes passaram a se vincular.

2.2 Anulabilidade

Como visto em teoria geral do direito privado, não importa a natureza do vício do ato, ou do negócio jurídico, se vício da vontade (dolo, erro, coação) ou social (fraude contra credores, lesão, estado de perigo), o sistema lhe dá o regime da anulabilidade. Trata-se de opção político-legislativa.

A invalidade relativa do negócio jurídico lhe acarreta anulabilidade, que pode vir a gerar o desfazimento do negócio.

As causas da anulabilidade do negócio jurídico são o vício da vontade e os vícios sociais de que pode padecer a vontade do agente.

Enquanto não anulado por sentença judicial transitada em julgado (art. 177 do CC/2002), o ato ou negócio anulável produz efeitos desde que é perpetrado. Seu exame depende de alegação do interessado e não pode a anulabilidade ser proclamada de ofício. Como a invalidade relativa do negócio jurídico apenas vem a ser cessada por sentença que desconstitui o negócio jurídico, somente com o advento desse provimento jurisdicional (sentença desconstitutiva de negócio jurídico – art. 177) cessa a eficácia do negócio anulável. Até então ele produz efeitos.

A anulabilidade não pode ser alegada como exceção substancial (defesa), pois tem que ser objeto de ação (pedido principal). Proclamada a anulabilidade por sentença transitada em julgado, essa anulação produz efeitos a partir do trânsito em julgado (*ex nunc*), conservando-se válidos e eficazes os atos praticados anteriormente à anulação.

Anulado o ato por sentença, as partes voltam ao seu estado anterior, mas os atos praticados desde o ato anulável até a proclamação judicial de sua invalidade permanecem válidos e eficazes, resguardando-se direitos de terceiros.

Para que se possa ver declarada por sentença, a anulabilidade tem de ser pedida em ação própria, anulatória.

Não basta a parte ou o interessado, a quem a anulabildade aproveita, alegá-la como defesa em ação judicial, como se disse. É necessário que seja deduzida mediante pedido, vale dizer, só pode ser reconhecida se houver pretensão anulatória ajuizada (ação anulatória).

A pretensão anulatória é de natureza constitutiva negativa (desconstitutiva) e, portanto, está sujeita a exercício por meio de direito potestativo. Todos os que participaram do ato anulando devem figurar na ação, pois o litisconsórcio é necessário-unitário (v. Nelson Nery Junior e Rosa Maria de Andrade Nery. *Código de Processo Civil Comentado* cit., coment. ao art. 47 do CPC).

O prazo para o exercício da pretensão anulatória é de decadência ou, conforme o caso, a pretensão é perpétua (imprescritível). V. arts. 179, 189 e 207 do CC/2002.

As deliberações tomadas em assembleia de associações ou de sociedades (por quotas, anônimas etc.), quando anuláveis, produzem efeitos plenos até que sejam anuladas por sentença transitada em julgado. Contratos e outros negócios celebrados com base em deliberação anulável são válidos e produzem efeitos normais, notadamente perante terceiros.

Anulada a deliberação, essa anulação tem eficácia dali para a frente (*ex nunc*), não retroagindo para anular atos anteriores à sentença, praticados com base na deliberação anulada. Essa é uma das principais diferenças entre o ato nulo e o ato anulável:

a) a eficácia retroativa (*ex tunc*) da declaração de nulidade, atingindo irremediavelmente os atos viciados pela nulidade e os posteriores praticados com base nele;

b) contra a eficácia não retroativa (*ex nunc*) da declaração de anulabilidade, que não atinge os atos praticados com base no ato anulável.

Como as pretensões anulatórias se exercem por meio de ação constitutiva, o prazo previsto em lei para esse exercício é de decadência.

Desconstituído o negócio, as obrigações que dele derivam já não podem ser exigidas.

2.2.1 Confirmação

O ato ou negócio jurídico anulável não é suscetível de conversão, mas sim de confirmação, presentes os requisitos do art. 172 do CC/2002. Pela confirmação, as partes afastam as dúvidas que pairam no ar sobre a exata expressão da vontade das partes, seu conteúdo, livremente esperado e declarado.

Caso o negócio jurídico seja válido, ou inválido pelo vício da anulabilidade, mas ineficaz, não terá lugar a conversão, porque somente se pode modificar (converter) para válido o que é nulo (Pontes de Miranda. *Tratado* ..., t. IV, § 374, n. 4, p. 135).

No sistema anterior, do CC/1916, a simulação ensejava a anulabilidade do ato ou negócio simulado, o mesmo tratamento que era dado à reserva mental conhecida do destinatário ou exteriorizada em testamento, ainda que essa última figura (reserva mental) não tivesse previsão expressa no direito positivo (Nelson Nery Junior. *Vícios do ato jurídico e reserva mental*, n. 3.2.1, p. 22). No sistema do CC, o regime jurídico da simulação é o da nulidade do ato simulado (art. 167) e o da reserva mental conhecida do declaratário, bem como daquela exteriorizada no testamento, é o da inexistência (art. 110). O legislador do CC optou por modificar os regimes da simulação e da reserva mental.

Importante distinguir a confirmação de uma outra figura, a *ratificação*. A confirmação, tal como regulada no art. 172 do CC/2002, situa-se no plano da validade do negócio jurídico. Ao contrário, a ratificação "é o ato pelo qual, na representação sem poderes ou com abuso no seu exercício, a pessoa em nome de quem o negócio é concluído declara aprovar tal negócio, que doutro modo seria ineficaz com relação a ela" (Rui de Alarcão. *A confirmação dos negócios jurídicos anuláveis*, v. I, § 2.º, n. 19, p. 118).

A ratificação, portanto, situa-se no plano da eficácia do negócio jurídico. O negócio ratificado é válido, mas apenas ineficaz em relação ao dono do negócio, que, ao ratificar referido negócio, o torna eficaz relativamente a ele próprio. O negócio anulável é confirmável; o negócio ineficaz é ratificável. V. Ana María Colás Escandón. *La ratificación*, p. 175 *et seq.*

Somente às partes do negócio jurídico anulável é dada a legitimidade para a confirmação do ato viciado. Nesse sentido, parte é o contratante que tem direito à pretensão anulatória do ato. A confirmação do negócio anulável pode decorrer, por exemplo, de uma declaração de vontade, de uma conduta, do decurso do tempo, de decisões judiciais etc.

O ato das partes que confirma o negócio jurídico anulável tem efeito retroativo (*ex tunc*). O art. 148, *in fine,* do CC/1916 era explícito.

Os negócios anuláveis podem ser objeto de novação (art. 367 do CC/2002). O art. 1.008 do CC/1916 prescrevia: "A obrigação simplesmente anulável pode ser confirmada pela novação".

O ato anulável, praticado por um dos cônjuges sem a autorização do outro, quando esta for necessária (art. 1.647 do CC/2002), pode ser objeto de confirmação.

Se alguém, sob premente necessidade ou inexperiência, se obriga a prestação manifestamente desproporcional ao valor da prestação oposta, sofre lesão (art. 157, *caput* e § 1.º, do CC/2002) e o ato é passível de anulação (art. 171, II), a menos que se dê a hipótese do art. 157, § 2.º.

Pode-se elencar, como exemplo de confirmação, a hipótese em que ocorre a venda de imóvel sem outorga conjugal, quando necessária (art. 1.647, I). Nesse caso, o negócio pode vir a ser confirmado se essa autorização vier a ser dada em ato posterior (art. 1.649, parágrafo único).

Para que possa ocorrer a confirmação devem estar presentes os seguintes requisitos:

a) existência de um contrato anulável;

b) o ato de confirmação deve dizer respeito a um determinado contrato anulável;

c) deve haver, pelas partes contratantes, ciência exata do vício que se pretende sanar;

d) os contratantes devem ter conhecimento de seu direito de anulação do contrato viciado (Ludovico Barassi. *Teoria della ratifica del contratto annullabile*, ns. 188 et seq., p. 367 *et seq.*).

O ato ou negócio anulável, a ser confirmado, deve conter em si mesmo as condições e requisitos de validade do ato ou negócio de confirmação (negócio jurídico sucedâneo), bem como a vontade expressa das partes em confirmá-lo. O negócio de confirmação deve referir-se a um determinado contrato anulável.

O ato de confirmação só será válido e eficaz se as partes o quisessem efetivamente celebrar, caso tivessem conhecimento da invalidade do ato a ser substituído. Isto quer dizer que se deve interpretar a vontade das partes no momento da celebração do negócio anulável, no sentido de que as partes quiseram realizar outro negócio jurídico válido: o negócio sucedâneo (ou confirmado).

O art. 174 do CC/2002 traz uma advertência, para ressalvar certos negócios que – celebrados com anulabilidade, foram cumpridos espontânea e parcialmente pelo devedor, ciente do vício que o inquinava.

Resumindo o que se disse neste item e nos dois itens anteriores, o ato ou negócio jurídico nulo é insuscetível de confirmação (art. 169). Somente o ato ou negócio jurídico anulável pode ser objeto de confirmação. O ato ou negócio jurídico nulo pode ser objeto de conversão, atendidos os requisitos do art. 170.

Expurgada a patologia que apresentava óbice à plena eficácia do título, o credor pode invocá-lo para ver cumprida a obrigação que nele foi estabelecida.

2.3 Resilição

Além das duas máculas que podem ferir a validade do negócio jurídico (nulidades e anulabilidade), tornando-o, por conseguinte, inválido e ineficaz para dele derivar obrigações, tem muita importância para a análise do vínculo obrigacional, como processo, o fato de em alguns casos o negócio jurídico se extinguir, sem o cumprimento da obrigação, por razões variadas que passamos a estudar.

O negócio jurídico bilateral pode ser resilido e, portanto, extinto, por simples declaração de uma (resilição unilateral) ou de ambas (resilição bilateral) as partes. É o gênero do qual são espécies o distrato, a denúncia, a revogação e a renúncia. A resilição é hipótese de extinção sem retroatividade das obrigações das partes.

A vontade, que é a estrutura dorsal do negócio jurídico, pode se dirigir em sentido contrário ao da criação do negócio, fazendo cessar a seiva que mantinha vivo o vínculo entre as partes.

Se ambas as partes que contrataram resolvem desfazer o vínculo criado, diz-se que formulam novo negócio, de desfazimento do anterior, e para essa espécie de *negócio resilitivo* e liberatório dá-se o nome de *distrato*.

Igualmente a resilição, por retirada da vontade de uma das partes, pode ocorrer em negócios jurídicos tais (contratos unilaterais), em que a lei ou o contrato assim a autorize, e a isso se dá o nome de *revogação*. A revogação é espécie de resilição unilateral: é a retirada da voz por vontade unilateral de quem a outorgou. Consiste em declaração unilateral de vontade, cujo objetivo é extinguir direito ou relação jurídica, deixando-a sem efeito. A revogação pode ocorrer em casos permitidos pela lei ou por convenção das partes (Alberto Gaspar Spota. *Contratos*, v. III, n. 652, p. 516). Com a revogação elimina-se "o suporte de fato necessário para a persistência do negócio, extinguindo-o *ex nunc*" (Rui Rosado de Aguiar Junior. *Extinção...* cit., p. 71).

Os negócios jurídicos de doação e de mandato, por exemplo, comportam a possibilidade de revogação.

Outra espécie de resilição unilateral é a *denúncia* (que em direito do trabalho assume o nome de *despedida*). A denúncia tem, também, natureza jurídica de resilição unilateral, mas não se dá apenas em contratos específicos (como ocorre com a hipótese de revogação), em que se prevê a retirada da voz fundamental que deu vida ao negócio jurídico.

A denúncia é a forma comum de desfazimento do negócio jurídico bilateral, por vontade de apenas de uma das partes.

A denúncia opera seus efeitos quando noticiada à outra parte, pois é negócio unilateral receptício. A comunicação da vontade de resilir, de uma parte à outra, se faz por interpelação judicial ou extrajudicial (notificação, citação ou protesto).

Em regra, os contratos – principalmente os de execução diferida, ou seja, os que perduram onerando as partes com prestações que se alongam no tempo –, extinguem-se e cessam os seus efeitos quando uma das partes deixa de ter interesse em sua continuidade. Para a extinção desses negócios, o distrato é uma forma, que revela o acordo das duas partes na cessação do vínculo.

Pode ocorrer, contudo, de as partes preverem pena para a resilição unilateral imotivada sem prévio aviso por escrito.

A jurisprudência tem entendido que, nesses casos, é legal a cláusula que prevê esse apenamento: "Ré que confessa ter exercido a resilição unilateral sem prévio aviso por escrito. Condenação ao pagamento da pena estipulada na cláusula penal. Admissibilidade. Apelo improvido" (TJSP, Ap 9299995-68.2008.8.26.0000, 34.ª Câm. Civ., j. 21.01.2013, rel. Des. Nestor Duarte); "A jurisprudência desta Corte encontra-se consolidada no sentido da adoção do percentual de 25% (vinte e cinco por cento) de retenção pela vendedora (do valor já pago pelo compromissário comprador) para o caso de resilição unilateral por insuportabilidade do comprador quanto ao pagamento das parcelas do negócio" (STJ, AgRg nos EDcl no Ag 1136829/SP, 3.ª T., j. 14.05.2013, rel. Min. Ricardo Villas Bôas Cueva, *DJ* 24.05.2013).

Mais adiante, no capítulo em que se estuda a responsabilidade civil contratual, será analisada a chamada *multa penitencial*, que é um instituto interessante posto à disposição dos contratantes como forma de prever e garanti-los dos efeitos da resilição unilateral do contrato, pelo arrependimento da parte que deixa de ter interesse em celebrar o negócio, ou em perpetuá-lo, pelo tempo inicialmente estimado.

Resilido o negócio jurídico, o título que o revela não é capaz de impor ao obrigado o cumprimento da obrigação, salvo aquelas obrigações que, justamente, derivam da resilição.

2.4 Resolução

A resolução é o meio de extinção do contrato por circunstância superveniente à sua formação.

São motivos de resolução do contrato, por exemplo: a onerosidade excessiva, o inadimplemento absoluto, a violação positiva do contrato, a mora, a morte de uma das partes nos contratos *intuitu personae* etc.

A resolução do negócio pressupõe a impossibilidade (ou inconveniência) da continuidade ou manutenção do vínculo contratual, haja ou não inadimplemento contratual.

Caracteriza-se como meio concedido pela lei aos contratantes, e também a terceiros, de poder extinguir o contrato para obter a reparação dos prejuízos que o outro contratante causou pelo descumprimento do contrato, mesmo que seja ele válido, o que se faz por meio da reposição das coisas ao estado anterior à celebração do contrato (José María Manresa y Navarro. *Comentarios al Código Civil español*, v. VIII, art. 1.289, p. 662).

A resolução do negócio jurídico opera efeitos retroativamente, com a devolução das partes ao estado anterior ao da celebração, com a restituição do recebido e pagamento de perdas e danos (art. 475 do CC/2002).

A conduta do sujeito que obsta o cumprimento exato do contrato e impõe à outra parte os ônus do negócio não cumprido, além da resolução do negócio, pode acarretar ao faltoso a responsabilidade contratual de responder por danos morais.

Embora o julgado a seguir trazido à baila cuide de hipótese de resolução, e não de rescisão de negócio jurídico, ele bem demonstra a cadeia de consequências que deriva do inadimplemento e da resolução: "A jurisprudência desta Corte já se posicionou no sentido de que 'a rescisão imotivada do contrato, em especial quando efetivada por meio de conduta desleal e abusiva – violadora dos princípios da boa-fé objetiva, da função social do contrato e da responsabilidade pós-contratual – confere à parte prejudicada o direito à indenização por danos materiais e morais'

(REsp 1255315/SP, rel. Min. Nancy Andrighi). A egrégia Segunda Seção firmou o entendimento de que, 'no caso de dano moral puro, a quantificação do valor da indenização, objeto da condenação judicial, só se dar após o pronunciamento judicial, em nada altera a existência da mora do devedor, configurada desde o evento danoso. A adoção de orientação diversa, ademais, ou seja, de que o início da fluência dos juros moratórios se iniciasse a partir do trânsito em julgado, incentivaria o recorrismo por parte do devedor e tornaria o lesado, cujo dano sofrido já tinha o devedor obrigação de reparar desde a data do ato ilícito, obrigado a suportar delongas decorrentes do andamento do processo e, mesmo de eventuais manobras processuais protelatórias, no sentido de adiar a incidência de juros moratórios' (STJ, REsp 1.132.866/SP, rel. p/ Acórdão Min. Sidnei Beneti)" (STJ, AgRg no AREsp 193379/RS, 3.ª T, j. 02.05.2013, rel. Min. Ricardo Villas Bôas Cueva, *DJ* 09.05.2013).

O negócio resolvido pode gerar para as partes uma série de consequências, não exatamente as que decorrem do adimplemento, mas, todavia, aquelas que justamente se colhe do inadimplemento, como multas, e indenizações por perdas e danos, nos limites das perdas causadas.

2.5 *Rescisão*

A rescisão do negócio jurídico tem "origem em defeito contemporâneo à formação do contrato", sendo que a presença do vício torna o ato anulável no sistema do CC (art. 171) e nulo nos sistemas do CDC e dos contratos bancários (art. 51, IV, do CDC; art. 11 do Dec. 22.626/1933) (Ruy Rosado de Aguiar Junior. *Extinção...* cit., p. 70), como é o caso, por exemplo, da rescisão do contrato em virtude de vício redibitório ou da necessidade de rescisão por causa de vício do negócio, que o torna anulável, podendo decorrer da rescisão o pagamento de perdas e danos.

É causa de desconstituição do negócio jurídico, que lhe retira a eficácia.

A rescisão é sempre judicial. "A rescisão desconstitui o negócio jurídico e, pois, a eficácia dele. Vai-se ao suporte fático sem ser pela retirada da voz, como a revogação. A revogação retira algo ao suporte fático, a voz (*vox*); a rescisão corta, cinde, o negócio jurídico – o *consensus* mesmo desaparece. Na revogação, há ato unilateral; na rescisão, atendimento do Estado, pelo juiz, à pretensão rescisória: quem cinde, quem corta, é o Estado" (Pontes de Miranda. *Tratado...* cit., v. XXV, § 3095, n. 1, p. 474).

A partir da revogação do negócio jurídico, cessa a seiva que alimenta as obrigações que o negócio cria e, com isso, o contrato revogado não tem eficácia para criar obrigações posteriores à revogação.

2.6 Onerosidade excessiva

Por essa expressão, *onerosidade excessiva*, a doutrina alude ao fenômeno de desarranjo do equilíbrio econômico do negócio jurídico, permitindo um tratamento jurídico para essa situação. A onerosidade excessiva, que pode tornar a prestação desproporcional relativamente ao momento de sua execução, pode dar ensejo tanto à resolução do contrato (art. 478 do CC/2002), quanto ao pedido de revisão de cláusula contratual (art. 317), mantendo-se o contrato.

Qualquer uma dessas soluções é autorizada pela aplicação, pelo juiz, da cláusula geral da função social do contrato (art. 421) e também da cláusula geral da boa-fé objetiva (art. 422).

O contrato é sempre, e em qualquer circunstância, operação jurídico-econômica que visa a garantir a ambas as partes o sucesso de suas lídimas pretensões. Não se identifica, em nenhuma hipótese, como mecanismo estratégico de que se poderia valer uma das partes para oprimir ou tirar proveito excessivo de outra.

Essa ideia de *socialidade do contrato* está impregnada na consciência da população, que afirma constantemente que o contrato só é bom quando é bom para ambos os contratantes.

A questão sempre presente é saber se, apesar das modificações econômicas sobrevindas no curso, ou antes, da execução do contrato, é ainda possível cumprir a vontade das partes. Há um limite para se exigir o sacrifício das partes (limite de sacrifício – *Opfergrenze*). Nesse passo, impõe-se "a regra moral segundo a qual não é lícito a um dos contraentes aproveitar-se das circunstâncias imprevistas e imprevisíveis subsequentes à conclusão do contrato, para onerar o outro contratante além do limite em que ele teria consentido em se obrigar" (Francisco Campos. Revisão dos contratos – Teoria da imprevisão [*Direito civil*, p. 8]).

Nas relações de consumo, reguladas pelo CDC, a consequência que o sistema dá quando verificada a onerosidade excessiva não é o da resolução do contrato de consumo, mas o da revisão e modificação da cláusula ensejadora da referida onerosidade, mantendo-se o contrato (princípio da conservação contratual).

A modificação será feita mediante sentença determinativa (*festsetzendes Urteil*): o juiz não substitui, mas integra o negócio jurídico (em situação assemelhada à da jurisdição voluntária – art. 1.103 *et seq.*), redigindo a nova cláusula.

Quando verificada a onerosidade excessiva, pode haver modificação da cláusula contratual que a ensejou, de modo a fazer com que se volte ao anterior equilíbrio contratual. A norma prevê a possibilidade de isto ocorrer, na ação judicial, se o réu da ação de resolução contratual concordar com a alteração da cláusula e manutenção do contrato.

Caso o réu não concorde em modificar equitativamente as condições do contrato e sendo do interesse da parte onerada a manutenção do contrato, o juiz pode, *ex officio*, corrigir as distorções e modificar a cláusula contratual, operando a revisão judicial do contrato. O fundamento para esse agir do juiz é a incidência das cláusulas gerais da função social do contrato (art. 421 do CC/2002) e da boa-fé objetiva (art. 422 do CC/2002), bem como a natureza jurídica de normas de ordem pública, de que se revestem referidas cláusulas (art. 2.035, parágrafo único).

O instituto jurídico que prevê a solução para os casos de onerosidade excessiva da prestação para o devedor atinge hipóteses de responsabilidade civil extracontratual. A indenização se mede pela extensão do dano (art. 944, *caput*, do CC/2002). Havendo excessiva desproporção entre a gravidade da culpa do causador do dano e o dano material, ou moral, indenizável, poderá o juiz reduzir equitativamente (art. 126 do CPC) o montante da indenização (art. 944, parágrafo único, do CC/2002).

O sistema de direito privado permanece sempre atento às oscilações econômicas do contrato, para coibir a onerosidade excessiva do negócio em detrimento do equilíbrio do ajuste. Na hipótese de empreitada excessivamente onerosa, por exemplo, se o dono da obra se opuser ao reajuste do preço, poderá o empreiteiro suspender a obra (art. 625, II, do CC/2002).

Um outro ponto importante que o tema revela é o cuidado que o sistema devota quanto à proteção de alguns sujeitos de direito que se apresentam – ou por suas qualidades pessoais, ou pela forma pela qual o negócio é perpetrado – em situação de maior vulnerabilidade.

Nessa quadra estão os consumidores e os que realizam negócio chamado de adesão.

Na experiência jurídica corriqueira do nosso tempo, os negócios bancários realizados pelos bancos com seus clientes – como acontece com tantos outros negócios jurídicos celebrados em massa – têm esse caráter.

A relação jurídica de consumo é constituída por dois elementos subjetivos (fornecedor e consumidor), tendo por objeto o produto ou o serviço.

O banco é fornecedor, nos termos do art. 3.º, *caput*, do CDC, porque comerciante. O art. 119 do CCo já definia o banqueiro como comerciante. O art. 19 do Dec. 737/1850 define os atos praticados pelo banco como atos de mercancia. O art. 2.º da Lei das Sociedades Anônimas caracteriza a S/A como empresa e o art. 25 da Lei 4.595/1964 exige que instituição financeira seja constituída sempre sob a forma de S/A, donde se conclui que aquele que exerce atividade econômica no mercado é sempre considerado, pelo art. 3.º, *caput*, do CDC, como fornecedor, isto é, como elemento subjetivo da relação jurídica de consumo. Ainda que assim não fosse, para efeito de proteção contratual, qualquer pessoa ou entidade que esteja sujeita à prática contratual de fornecedor – como é o caso daqueles a quem são oferecidas para adesão cláusulas predispostas unilateralmente pelo banco, que se tornarão, no futuro, o chamado contrato de adesão –, é considerada consumidor por força do art. 29 do CDC.

Assim, mesmo que o negócio não verse sobre relação de consumo em sentido estrito, é possível invocar-se o sistema contratual do CDC, em procedimento denominado de ultra-atividade da teoria geral dos contratos do CDC, para efeito de se discutir cláusulas contratuais abusivas, revisão judicial do contrato, teoria da imprevisão, onerosidade excessiva etc.

Se o devedor alega que o aumento inesperado do valor da moeda estrangeira, por exemplo, com base na qual o contrato teria sido celebrado, destemperou a proporcionalidade das prestações devidas e tornou oneroso por demais o negócio para apenas uma das partes, pode invocar a proteção do CDC, do CC e dos institutos da onerosidade excessiva e, se o caso, da teoria da quebra da base objetiva do negócio jurídico, para ver reequilibrado o negócio que o onera de maneira desproporcional.

A onerosidade excessiva do negócio jurídico, entretanto, é um fato detectável à luz do tráfego econômico que o contrato promove, e do equilíbrio que se espera de sua execução. Nada tem a ver esse instituto com o risco que o devedor corre, de vir a ter constrito ou a perder seu patrimônio penhorável, por virtude do inadimplemento de obrigação a que está adstrito.

Bem por isso, o argumento de que a execução impõe ao devedor *onerosidade excessiva* é um mero jogo de palavras que não revela a face verdadeira do instituto. Em julgado do STJ essa realidade foi muito bem apreendida e a questão posta em seu devido lugar: "(...) Qualquer penhora de bens, em princípio, pode mostrar-se onerosa ao devedor, mas essa é uma decorrência natural da existência de uma dívida não paga. O princípio da vedação à onerosidade excessiva não pode ser convertido em uma panaceia, que leve a uma ideia de proteção absoluta do inadimplente em face de seu credor. Alguma onerosidade é natural ao procedimento de garantia de uma dívida, e o art. 620 do CPC destina-se apenas a decotar exageros evidentes, perpetrados em situações nas quais uma alternativa mais viável mostre-se clara. Se o próprio contrato de penhor agrícola prevê a transferência do encargo ao subproduto da safra, não se pode argumentar com a impossibilidade dessa transferência. Se há onerosidade excessiva nessa operação, o devedor deve se valer dos mecanismos previstos em lei para substituição da garantia. Transferir o penhor sobre uma safra para safras futuras pode se revelar providência inócua, gerando um efeito cascata, notadamente se tais safras futuras forem objeto de garantias autônomas, advindas de outras dívidas: a safra que garante uma dívida, nessa hipótese, poderia ser vendida livremente pelo devedor (como se sobre ela não pesasse qualquer ônus), fazendo com que a safra futura garanta duas dívidas, e assim sucessivamente, esvaziando as garantias. 4. Recurso especial conhecido e improvido" (STJ, REsp 1278247/SP, 3.ª T., j. 20.09.2012, rel. Min. Nancy Andrighi, *DJ* 12.11.2012).

É inadmissível a rescisão do contrato aleatório em virtude de lesão, bem como descabe sua resolução por excessiva onerosidade, porquanto essa rescindibilidade se aplica exclusivamente aos contratos de prestações correspectivas (Gianluca Mauro Pellegrini. *Negozi rescindibili* [in Pietro Rescigno. *Codice Civile*, v. I, coment. 4 ao art. 1448 do CC italiano, p. 2685]; Giovanni di Giandomenico. *L'invalidità del contratto aleatorio* (*La rescissione per lesione*) [in Mario Bessone. *Trattato di diritto privato*, v. XIV {*I contratti speciali: I contratti aleatori*}, p. 91 *et seq.*]), na medida em que, nos contratos aleatórios, a desproporção entre as prestações não tem significado de lesão, justamente porque se localiza no risco conexo ao contrato estipulado (C. Massimo Bianca. *Diritto civile*, v. 3 [*Il contratto*], 2, n. 375, p. 689).

A rescisão do contrato aleatório por lesão ou excessiva onerosidade somente é possível excepcionalmente, nos casos em que a desproporção não é resultado da álea, mas já se encontrava presente no momento da conclusão do contrato (C. Massimo Bianca. *Diritto civile*, v. 3, n. 375, p. 689).

O tratamento jurídico do descompasso econômico do contrato por onerosidade excessiva é fenômeno que pode vir a ser tratado como *quebra da base objetiva do negócio jurídico*. Haverá quebra da base objetiva do negócio, por exemplo, quando houver perturbações extraordinárias da prestação (Ludwig Ennecerus e Hans-Carl Nipperdey. *Allgemeiner Teil...* cit., § 177, V, p. 757), vale dizer, onerosidade excessiva impossibilitando o devedor de cumprir a prestação. Nada tem a ver com *imprevisão* (situação psicológica, subjetiva das partes contratantes), porquanto onerosidade excessiva é situação aferível de modo objetivo.

Essas situações – que são derivadas do descompasso econômico-financeiro entre as partes – sinalizam para a necessidade de retirar do credor a possibilidade de exigir a prestação, ou, ao menos, de exigi-la no montante que ela atingiu por razões que se pode demonstrar.

2.6.1 Teoria da imprevisão

A teoria da imprevisão parte da circunstância de as partes se verem diante de um fato que ocasiona para uma delas uma vantagem muito superior àquela que onera a outra. O conteúdo lógico da teoria, que autoriza a resolução ou a revisão do contrato, é a situação psicológica, subjetiva, das partes contratantes, que não puderam prever os resultados desastrosos da avença.

A imprevisão enseja não apenas a resolução do contrato, mas sua revisão, caso isso seja do interesse das partes.

Havendo dissenso entre elas sobre a revisão, ainda assim é possível que seja feita judicialmente, mediante sentença determinativa do juiz.

O instituto nasceu diante das circunstâncias de fato que se passam durante a execução de contrato que se protrai no tempo. O contrato de execução sucessiva, ou de trato sucessivo, é aquele que se renova periodicamente com o adimplemento das obrigações contratadas e cumpridas sucessivamente. Estas, isoladamente, não têm o condão de extinguir a obrigação, que persiste e não se extingue por completo, até o advento de um termo contratual, como o implemento da última prestação, ou do implemento de uma condição contratualmente fixada.

Constantemente o STJ tem tido ocasião de aplicar a teoria da imprevisão: "O art. 19 da Lei 8.245/1991, ao regular a revisão judicial do aluguel, a fim de ajustá-lo ao preço de mercado, consagrou a adoção da teoria da imprevisão no âmbito do Direito Locatício, oferecendo às partes contratantes um instrumento jurídico para a manutenção do equilíbrio econômico do contrato; no caso *sub judice*, porém, a revisional não objetiva o restabelecimento do equilíbrio econômico inicial do contrato, mas reflete pretensão de obter a alteração do critério de determinação do valor do aluguel, distanciando-se dos parâmetros originais, por isso que refoge aos limites do art. 19 da Lei 8.245/1991, daí não haver legítimo interesse jurídico dos autores a ser preservado, mas mero interesse econômico" (STJ, AgRg no REsp 1206723/MG, 5.ª T., j. 17.05.2012, rel. Min. Jorge Mussi, *DJ* 11.10.2012).

A *teoria da imprevisão* não é tão abrangente como a *teoria da quebra da base objetiva do negócio jurídico*. Aquela só enseja a resolução ou revisão do negócio jurídico se a circunstância da desproporcionalidade da prestação se dá por decorrência de fatos imprevisíveis para o lesado. A *teoria da imprevisão*, portanto, tem um conteúdo subjetivo que a *teoria da quebra da base objetiva*, como se verá, não tem.

Ambas têm a mesma causa: a desproporção das prestações em face da base econômica do negócio; ambas têm as mesmas finalidades: obter-se, em favor do prejudicado a resolução ou a revisão do negócio; recompor o equilíbrio econômico do negócio.

Entretanto, a teoria da imprevisão somente enseja a solução jurídica que protagoniza se a parte prejudicada não tivesse condições de prever o que se passou. Se previsível o prejuízo, ele se incorpora no contexto do risco do negócio e impõe ao prejudicado a perda.

Pela teoria da quebra da base objetiva, ao contrário, como adiante fica demonstrado, não se indaga do prejudicado se tinha, ou não, condições de prever o desarranjo econômico da avença. A análise coloca as partes diante de uma indagação objetiva: desmontou-se para uma das partes a expectativa econômica que o contrato lhe traria, causando-lhe prejuízo desproporcional ao lucro do outro?

Por essa feição mais objetiva, a teoria da quebra da base objetiva do contrato (que se vê no item seguinte), diante das cláusulas gerais de que se reveste o sistema de direito civil (arts. 421, 422 e 2.035, parágrafo único, do CC/2002) dota o juiz de mecanismos mais eficientes e modernos para pôr em prática a solução necessária ao reequilíbrio das partes no contrato e atende melhor o princípio da função social do contrato.

Se o negócio jurídico vier a ser revisto, a sujeição do devedor ao credor se dará, efetivamente, nos termos daquilo que foi estabelecido pela sentença revisional.

2.6.2 Teoria da base do negócio

O negócio jurídico é celebrado sobre uma base negocial, que contém aspectos objetivos e subjetivos, base essa que deve manter-se até a execução plena do contrato, bem como até que sejam extintos todos os efeitos decorrentes do contrato (pós--eficácia). "Por base do negócio devem-se entender todas as circunstâncias fáticas e jurídicas que os contratantes levaram em conta ao celebrar o contrato, que podem ser vistas nos seus aspectos subjetivo e objetivo" (Nelson Nery Junior. Contrato de seguro de vida em grupo... cit., *RDPriv* 10/179).

Nossa experiência mais comum, no trato da base negocial, é de vê-la pelo lado da subjetividade do vínculo, sobre se as partes sabiam o que declaravam, se o faziam livre e conscientemente e, pela forma prescrita ou não defesa em lei. Ou seja, "a base subjetiva do negócio compreende as representações (*Vorstellungen*) nas quais as partes assentaram seu acordo" (idem, p. 10/179 e 180). Os vícios da vontade e os vícios sociais são patologias que criam óbices e destemperam a base subjetiva do negócio jurídico.

A frustração da expectativa subjetiva dos contratantes pode dar ensejo:

a) à não obrigatoriedade da prestação (como ocorre no sistema suíço: arts. 23 e 24 do Código de Obrigações);

b) à anulação do negócio jurídico por erro nos motivos (erro essencial) (*Motivirrtum*) (arts. 138 a 140 do CC/2002; § 119, II, BGB; art. 373, II, do Código de Obrigações suíço).

Em razão da boa-fé objetiva, a ninguém é dado exigir a prestação da outra parte, se houve quebra da base do negócio.

Os aspectos objetivos da base do negócio vêm definidos em Paul Oertmann. *Die Geschäftsgrundlage*, § 16, p. 135 *et seq*.

Porque fundada na boa-fé objetiva, na confiança e na *culpa in contrahendo*, subsumindo-se ao § 242 do BGB e ao art. 422 do CC/2002, a doutrina é aceita nos países civilizados.

O conceito do criador da teoria é o seguinte: "Base do negócio (*Geschäftsgrundlage*) é a representação de uma das partes, no momento da conclusão do negócio jurídico, conhecida em sua totalidade e não obstaculizada pela outra parte, ou a comum representação das diversas partes contratantes sobre a existência ou aparição de certas circunstâncias, nas quais se funda a vontade negocial" (Paul Oertmann. *Die Geschäftsgrundlage* cit., § 4.º, p. 37).

O conceito de Oertmann foi aperfeiçoado pela doutrina superveniente, que deu maior ênfase ao aspecto objetivo da base do negócio, bem como às consequências de sua quebra. V. Karl Larenz. *Geschäftsgrundlage und Vertragserfüllung*, p. 20 *et seq.* e 52 *et seq.*; Ludwig Enneccerus e Hans-CarlNipperdey. *Allgemeiner Teil* cit., § 177, III a V, p. 749 a 757; Ludwig Enneccerus e Heinrich Lehmann. *Recht der Schuldverhältnisse*, § 41, p. 167 *et seq.*, especialmente p. 171; Walter Schmidt-Rimpler. *Zum Problem der Geschäftsgrundlage* (*Festschrift für Hans-Carl Nipperdey zum 60. Geburstag*, p. 1 *et seq.*).

A teoria da "(...) base objetiva do negócio compreende os condicionalismos naturalmente pressupostos pelas partes, sem disso terem consciência, como a manutenção da legislação ou do sistema econômico" (Nelson Nery Junior. Contrato de seguro de vida em grupo... cit., *RDPriv* 10/179 e 180).

Ao contrário da base subjetiva, nada tem a ver com aspectos psicológicos dos contratantes, isto é, não se situa no campo das invalidades (vícios da vontade ou sociais do negócio jurídico). Neste sentido: Ludwig Enneccerus e Hans-Carl Nipperdey. *Allgemeiner Teil...* cit., § 177, V, p. 755. A base objetiva é o complexo de circunstâncias externas ao negócio, cuja persistência deve ser razoavelmente pressuposta para que se mantenha o escopo do contrato (Alessio Zaccaria [in Giorgio Cian e Alberto Trabucchi. *Commentario Breve...* cit., coment. VIII ao art. 1.353 do CC italiano, p. 1420).

A quebra da base objetiva do negócio pode ensejar:

a) a resolução do negócio jurídico (v.g., art. 478 do CC/2002);

b) a revisão do contrato (v.g., arts. 317, 421, 422, 478 e 479 do CC/2002).

Nada tem a ver com *imprevisão* (situação psicológica, subjetiva das partes contratantes), porquanto a onerosidade excessiva é aferível de modo objetivo.

Em outras palavras, "a alteração da base negocial pode ocorrer quando houver falta, desaparecimento ou modificação do condicionalismo que formou e informou a base do negócio. Ainda que não haja, no contrato, cláusula expressa referindo-se à base negocial como fator determinante para a manutenção do negócio jurídico, o preceito deriva do sistema, de sorte que se considera como se estivesse escrita referida regra, que é aplicável inexoravelmente porque matéria de ordem pública" (Nelson Nery Junior. Contrato de seguro de vida em grupo... cit., *RDPriv* 10/180). Aliás, nessa linha segue autorizada doutrina: "E não somente como instrumento jurídico de mera circulação da riqueza funciona o contrato. Na medida em que, por seu intermédio, se amplia o processo de mobilização e desmaterialização dos bens econômicos, o contrato transformou-se em fonte de criação da riqueza e desse modo subtraiu ao direito de propriedade a sua supremacia dentre os instrumentos de geração, controle e gestão da riqueza" (Tomasetti, coment. ao art. 1.º da Lei 8.245/1991 [Juarez de Oliveira. *Comentários à Lei de Locação*... cit., p. 7 e 8]).

A doutrina alemã é uníssona em afirmar que a teoria da base objetiva do negócio tem sua origem e fundamento no princípio da boa-fé objetiva (*Treu und Glauben*) do § 242 do BGB. Conferir em: Matthias Zirker. *Vertrag und Geschäftsgrundlage in der Zeit des Nationalsozialismus*, p. 13; Michael Burkert. *Der Einfluß von Treu und Glauben bei der Vertragsabwicklung*, passim.

O STJ reconhecia a incidência da teoria da base objetiva do negócio antes da entrada em vigor do CC/2002: STJ, REsp 53345-7/CE, 2.ª T., j. 06.09.1995, v.u., rel. Min. Ari Pargendler, *DJ* 23.10.1995, p. 35649; STJ, REsp 32.488/GO, 4.ª T., j. 07.11.1994, v.u., rel. Min. Ruy Rosado de Aguiar, *DJ* 05.12.1994, p. 33562; STJ, REsp 73370/AM, 4.ª T., j. 21.11.1995, v.u., rel. Min. Ruy Rosado de Aguiar, *DJ* 12.02.1996, p. 2433.

Igualmente, a doutrina brasileira reconhecia a sua incidência em nosso sistema jurídico antes da entrada em vigor do CC: Clóvis V. do Couto e Silva. A teoria da base do negócio jurídico no direito brasileiro (*RT* 655/11).

Reconhecida judicialmente a quebra da base econômica do contrato, o obrigado, devedor, passa a cumprir o contrato nos limites fixados na sentença.

2.7 *Revisão judicial do contrato*

O art. 317 do CC/2002 autoriza a revisão judicial dos contratos, no caso que menciona. Trata-se de hipótese exemplificativa, pois o sistema admite a revisão em outros casos, como, por exemplo, quando houver: (a) quebra da base objetiva do negócio; (b) desequilíbrio contratual; (c) desproporção da prestação; (d) quebra da função social do contrato; (e) ofensa à boa-fé objetiva etc. "Cumpre, também, lembrar que a alteração do contrato para garantir a manutenção do equilíbrio nem sempre requer a alteração de valores, podendo alterar-se outras condições contratuais para que a parte prejudicada com a onerosidade excessiva possa cumprir sua obrigação sem ter de arcar com ônus tão grande. Assim, a alteração do contrato pode envolver alteração no montante da prestação ou pode guardar relação com a alteração no tempo, modo ou lugar do cumprimento da obrigação" (Giuliana Bonanno Schunck. *A onerosidade excessiva superveniente no Código Civil*, p.134).

Como consequência da incidência e da aplicação da boa-fé objetiva, bem como de seus consectários lógicos e cronológicos (base do negócio, culpa *in contrahendo* e confiança), havendo quebra da base objetiva do negócio (*Wegfall der Geschäftsgrundlage*) é possível à parte prejudicada exercer o direito de revisão do contrato, a fim de que os objetivos esperados pelos contratantes possam ser alcançados. A revisão do contrato pode ocorrer não apenas por situações aferíveis objetivamente (quebra da base objetiva do negócio), como também por imprevisão (art. 478). Sobre revisão contratual por imprevisão: Jacques Ghestin, Christophe Jamin- e Marc Billiau. *Traité de droit civil*, v. III, ns. 290/349, p. 355 a 416.

Entendendo procedente o pedido de revisão de contrato, o juiz deverá rever a cláusula que causou a quebra da base objetiva do negócio, redigindo-a novamente para que o contrato volte a ser equilibrado, proporcional, como querido pelos contratantes no momento da conclusão do contrato.

Para tanto pode servir-se de regra de interpretação (boa-fé subjetiva), conforme permite o art. 112 do CC/2002, bem como do preenchimento e da concretização das cláusulas gerais da função social do contrato (art. 421) e da boa-fé objetiva (art. 422).

Os parâmetros para dar-se concretude às mencionadas cláusulas gerais é a base objetiva do negócio. Essa sentença, que na verdade tem natureza determinativa, isto é, integrativa do negócio jurídico, é tarefa que é dada pelo sistema ao juiz, porquanto não há outro modo de ele concretizar as cláusulas gerais senão redigindo a nova cláusula contratual. A função jurisdicional aqui é assemelhada à da jurisdição voluntária, só que litigiosa, vale dizer, o juiz integra, participa do negócio jurídico privado, mas não age em substituição da vontade das partes como na jurisdição tradicional.

Constantemente a jurisprudência depara-se com situações em que se impõe a incidência dos institutos que permitem que as partes recobrem o equilíbrio natural do contrato: "(...) Proposta a demanda revisional, interrompe-se e suspende-se o prazo prescricional para manejo de eventuais ações por iniciativa do credor, até advento do trânsito em julgado da sentença a ser proferida na contenda ajuizada pelo mutuário. 2. Agravo regimental não provido" (STJ, AgRg no Ag 1244895/PR, 4.ª T., j. 20.03.2012, rel. Min. Marco Buzzi, *DJ* 09.04.2012).

2.8 Obrigações sujeitas à condição: um problema de validade ou de eficácia do negócio jurídico?

São dois problemas diferentes que se põem em pauta para análise.

Quando se alude às obrigações sujeitas à condição, cuida-se de um fenômeno que não pode ser considerado, como os outros acima apontados, como portadores de uma patologia que macula a higidez do negócio jurídico. Mas é importante aludir a essa ocorrência, para realçar o fato de que, mesmo existente e válido, um negócio jurídico pode não ser eficaz.

Bem por isso, o fato que motiva a inserção dessa hipótese (de obrigações sujeitas à condição) nesse rol é a semelhança de efeitos com as outras causas: aqui se passa também uma situação em que – apesar de existente e válido o negócio jurídico – seus efeitos (ou seja, sua eficácia) não alcança as partes, por um óbice que elas mesmas previram (e licitamente previram) pudesse produzir esse efeito, de impedir a eficácia do negócio jurídico, ou de suspendê-la.

Não é uma patologia, mas é uma situação que põe o negócio jurídico sem as condições de expressividade de seu cunho institucional: existe, é válido, mas não é eficaz e, por isso, não produz o efeito para o qual foi deflagrado.

Não se trata, repita-se, de um exemplo de negócio jurídico em que se lhe falta a higidez. Não. As partes quiseram pactuar dessa forma mesmo, e isso, portanto, é a expressão fiel de suas vontades.

O tema é melhor tratado na parte em que se estuda o tempo para que as prestações sejam cumpridas, fato que em matéria de negócios jurídicos sob condição contém alguns segredos (art. 332 do CC/2002).

Há, entretanto, *condições* que não são válidas e para isso uma advertência é necessária e – agora, sim – relativa à validade do negócio jurídico.

Pode acontecer de a condição ter sido aposta ao negócio jurídico tornando-o inválido, pelo fato de nela se revelar uma forma de impedir a livre manifestação de vontade das partes e de favorecer a sujeição de uma parte à outra, de maneira absoluta, o que não se permite em direito.

Para casos que tais, a lei reserva o tratamento de nulidade ao negócio, aqui apontando, sim, uma patologia evidente no negócio jurídico.

Para bem compreender essa hipótese, é bom lembrar que condição é "a cláusula que, derivando exclusivamente da vontade das partes, subordina o efeito do negócio jurídico a evento futuro e incerto" (art. 121 do CC/2002). Entretanto, e aqui o defeito do negócio jurídico para a qual se quer chamar a atenção, não valem as condições que privarem de todo efeito o negócio jurídico, ou o sujeitarem ao puro arbítrio de uma das partes (*condição puramente potestativa*), bem como as que contrariem a lei, a ordem pública e os bons costumes (art. 122).

Em suma:

a) se se está diante de negócio jurídico sujeito a implemento de condição, o negócio é existente e válido, mas ainda não eficaz, devendo a matéria ser tratada à luz das regras que regulam o *tempo do pagamento*;

b) se ao negócio jurídico foi aposta uma *condição puramente potestativa*, a condição é inválida (art. 122 do CC/2002); se o negócio jurídico for factível sem ela, ou se o negócio jurídico sem ela não faz sentido, a invalidade da condição contamina toda a validade do negócio jurídico. Aqui sim aparece uma patologia, que inquina de invalidade o negócio jurídico e impede o credor de exigir a prestação.

3. Cumprimento das obrigações: o pagamento e a liberação do devedor

Se após a celebração do contrato não ocorrer nenhum fato que possa ser invocado como obstativo de sua higidez e eficácia, o natural do negócio jurídico é que seja ele executado, cumprido, com a oferta da prestação pelo devedor e pelo recebimento da prestação pelo credor.

Pelo pagamento o devedor se desonera da obrigação.

Em regra, as relações obrigacionais têm na figura do *credor* seu grande objetivo, estando, pois, a relação obrigacional colimada à *satisfação do interesse do credor*, nela encontrando o seu sentido *final* e *existencial*, *nascendo* para essa satisfação e *extinguindo-se* no momento em que ela ocorre (João Calvão da Silva, *Cumprimento e sanção pecuniária compulsória*, §§ 14/16, p. 61 a 67).

O ordenamento jurídico, contudo, não perde de vista a figura do *obrigado* ou *devedor*, igualmente protegendo seus *legítimos* interesses.

Também o devedor possui interesse no fiel cumprimento da obrigação assumida, qual seja a sua *liberação do vínculo obrigacional*.

As relações obrigacionais sempre surgem para se extinguirem após determinado tempo; o direito não convive com obrigações perpétuas, sendo o *tempo* parte integrante da *essência* da obrigação.

Nesse ínterim, o devedor tem, sim, *sério* e *legítimo* interesse em se ver livre desse vínculo obrigacional, donde exsurge, em determinadas situações, um *direito seu ao cumprimento* ou *direito a cumprir a obrigação*.

O devedor tem, assim, o direito de se desvencilhar do vínculo obrigacional, não sendo, pois, obrigado a ficar indefinidamente preso a uma determinada relação de obrigação, de tal sorte que o credor não pode, sem justo motivo, suprimir ou coarctar o exercício desse direito.

Quem deve pagar, a quem se deve pagar, com que se deve pagar e de que forma se deve pagar são perguntas necessárias que desafiam respostas necessárias à elucidação completa da equação, quanto a apurar-se sobre a efetiva regularidade do cumprimento das obrigações, para satisfação do credor e desoneração do devedor.

4. QUEM DEVE PAGAR

O pagamento em regra é feito pelo devedor, aquele que está adstrito à obrigação.

Não somente o sujeito adstrito à obrigação pode pagá-la, mas todos os terceiros que tenham interesse na extinção da dívida (art. 304 do CC/2002). Até mesmo o terceiro não interessado, que faz o pagamento da dívida, em nome e à conta do devedor, põe fim à obrigação, salvo se o devedor se opuser a esse pagamento (art. 304, parágrafo único).

O pagamento feito por terceiro não interessado, que paga a dívida em seu próprio nome, embora induza em favor do pagante o direito ao reembolso, a partir do momento em que a dívida se venceu, não implica configurar, em favor desse terceiro não interessado, os efeitos de sub-rogado nos direitos do credor (art. 305, *caput* e parágrafo único, do CC/2002). Será considerado sub-rogado nos direitos do credor o terceiro, nesse caso, se expressamente pactuar sub-rogação convencional (art. 347, II).

Por outro lado, para receber a dívida e dar quitação, o sujeito há de ser o próprio credor, ou alguém que tenha poderes para tanto.

Se aquele que recebe o pagamento não tiver poderes para receber e dar quitação, o pagamento somente se considera válido e eficaz se vier a ser ratificado pelo credor, ou depois que se prove que o recebimento reverteu em seu favor, ou parcialmente em seu favor, hipótese esta última em que o pagamento será considerado parcialmente eficaz, nos limites do quanto reverteu em favor do credor (art. 308).

O Código Civil, entretanto, não desconsidera a validade do pagamento feito ao credor putativo, ou seja, ao credor que obra com boa-fé (art. 309).

Isto está a significar que ao devedor, que paga a dívida, cumpre o dever de pautar-se com lealdade, ao efetuar o pagamento, não o fazendo a quem já saiba não ostentar a situação jurídica de credor, ou a quem já saiba não mais ostentar a situação jurídica de credor. Ou seja: o devedor não se desonera da dívida e a obrigação se perpetua, se paga mal, vale dizer, paga a quem sabe tratar-se de pessoa não autorizada a receber.

De qualquer maneira, por outro lado, o comando do art. 309 reflete um dever anexo de conduta do credor, que deve dar a conhecer ao devedor toda e qualquer alteração de fato, ou de direito, que lhe retire o direito ao recebimento do pagamento, ou à capacidade de dar quitação.

Evidentemente, esse dever de conduta que adstringe o credor adstringe também seus sucessores, seus credores e aqueles que assumem sua representação, nas hipóteses em que ao credor sobrevenha incapacidade, parcial ou total, para os atos da vida civil.

Nessa cadência, o art. 310 do CC/2002 confirma o que já está prescrito no art. 308, que prevê a correção do pagamento que reverteu em favor do credor, ainda que não tenha sido ele próprio a dar quitação.

O legislador mede a validade do pagamento e a liberação do devedor a partir de dois critérios:

a) de a quitação ter sido dada pelo próprio credor, que é quem tem poder para tanto;

b) que, não tendo sido feito o pagamento ao credor pessoalmente, tenha a prestação revertido em seu favor (art. 308).

Na hipótese do art. 310 do CC/2002, a situação é algo diversa.

É o próprio credor quem dá quitação, mas sem o atributo de capacidade para dá-la. "Porque o pagamento extingue direitos, deve o recipiente ser hábil para administrar e alienar" (M. A. Coelho da Rocha. *Instituições...* cit., p. 99).

A lei, por isso, considera inválido o pagamento feito a credor incapaz, se o devedor sabia dessa situação pessoal do credor, ressalvando, entretanto, mais uma vez, ainda assim, a validade do pagamento feito a credor incapaz, se a prestação – apesar da incapacidade – veio a lhe ser útil.

O art. 310 pressupõe que o negócio jurídico que ensejou ao incapaz a pretensão de recebimento seja válido. Se o negócio jurídico é nulo por incapacidade absoluta, ou anulável, por virtude de incapacidade relativa, "ciente ou incientemente feito ao incapaz, não é regido pelo art. 936 (art. 310 do CC/2002), e sim pelo art. 157 (art. 181 do CC/2002)" (Pontes de Miranda. *Tratado...* cit., v. 24, § 2.909, n. 2, p. 178).

O Código Civil (art. 311) prescreve que quem porta a quitação presume-se autorizado pelo credor a receber o pagamento. Mas a presunção, como decorre da letra da lei – "salvo se as circunstâncias contrariarem a presunção daí resultante" –, é presunção *iuris tantum*, que admite, portanto, prova em contrário.

5. A QUEM SE DEVE PAGAR

Como já se viu, conquanto não se possa falar propriamente, *em regra*, em um *dever* do credor de receber a prestação (João Calvão da Silva. *Cumprimento e sanção pecuniária compulsória*, § 25, p. 116 a 118), há, entretanto, diversas situações jurídicas que podem ocorrer que impõem ao *credor* deveres laterais de *cooperação*, bem como situações jurídicas nas quais o ordenamento jurídico visa à proteção da pessoa do *devedor*, conferindo-lhe meios de *cumprir* corretamente a obrigação, liberando-se do vínculo obrigacional.

Essa *proteção jurídica* que o ordenamento confere à pessoa do devedor pode ocorrer, por exemplo, quando se está diante de mora do credor [*mora accipiendi* ou *mora credenti*].

Sendo assim, um dos instrumentos postos a serviço do direito do devedor de desonerar-se da obrigação que pesa sob sua responsabilidade é a chamada *ação de consignação em pagamento* ou *pagamento em consignação*.

O credor não pode, sem justa causa, recusar-se a receber o pagamento ou a dar quitação regular. Se se recusa receber o pagamento, ou se se recusa a receber a prestação, abre-se para o devedor ou para terceiro ocasião de depositar a prestação (quantia ou coisa devida) com efeito de pagamento (art. 335, I, do CC/2002 e art. 890 *et seq.* do CPC).

A regra, quanto às obrigações, em geral, é de que o portador da quitação presume-se (presunção que admite prova em contrário) autorizado a receber o pagamento (art. 311 do CC/2002) e de que a prova do pagamento se faz pela quitação.

O credor que se apresenta para receber a prestação pode não ser, exatamente, aquele com quem o devedor estabeleceu o primitivo vínculo obrigacional. Se, por ventura, o crédito foi transmitido, com o crédito também se transmitiu para outrem a qualidade de credor e, por vezes, foi transmitida para outrem a *posição jurídica de credor*.

Por isso, é de grande importância para o desate das obrigações consubstanciadas em títulos ao portador (cheque, nota promissória etc.), o fato de que o pagamento se faz a quem se apresenta de posse do título. O portador, nesses casos, é aquele que tem o direito de receber o pagamento, ou a prestação: o devedor pode pagar ao legítimo portador do título, pessoa diferente daquela que com ele contratou, diante da possibilidade de circulação do título e de sua cartularidade.

Se o credor foi desapossado injustamente do título, hão de ser observadas outras regras, para resguardo de seu direito: "O proprietário, que perder ou extraviar título, ou for injustamente desapossado dele, poderá obter novo título em juízo, bem como impedir sejam pagos a outrem capital e rendimentos" (art. 909, *caput*, do CC/2002); o pagamento, feito antes de o devedor ter ciência da ação ajuizada pelo credor para esse fim, exonera o devedor (que pagou a quem lhe apresentou o título – arts. 324, *caput* e 901 do CC/2002), salvo se provar que tinha conhecimento do fato (art. 909, parágrafo único).

Bem por isso, a dívida é dessa espécie – em que a prova do pagamento se faz com a devolução do título – e se o credor não tiver a disponibilidade dele, a solução para essa questão está no art. 321 do CC/2002, que faz alusão à forma pela qual o devedor deve precatar-se, para pagar bem.

6. OBJETO DO PAGAMENTO E SUA PROVA

Pelo *princípio da exatidão ou da identidade* (Philippe Malinvaud. *Droit des obligations*, p. 152), o devedor tem de prestar na forma contratada, não estando o credor obrigado a receber prestação diversa da acordada, ainda que objetivamente possa ser considerada melhor do que aquela contratada. "É princípio fundamental no direito de obrigações que o pagamento deve ser efetuado na espécie que constitui o objeto da prestação" (Carvalho de Mendonça. *Pareceres: Fallencias*, p. 98).

No título da obrigação (contrato, sentença condenatória etc.), a prestação deve ser identificada, a partir de seus caracteres essenciais, sendo determinada ou determinável, não podendo o credor exigir do devedor prestação diversa daquela, objeto da obrigação, nem este pode se desonerar prestando coisa diversa daquela a que se obrigou. O aforismo jurídico *debitor aliud pro alio, invito creditore solvere non potest* (o devedor não pode dar, contra a vontade do credor, uma coisa por outra – Digesto 12, 1, 2, 1), que inspirou a regra do art. 313 do CC/2002, contém lição precisa: "O credor não é obrigado a receber prestação diversa da que lhe é devida, ainda que mais valiosa". Ou seja: o credor não é obrigado a receber coisa, ainda que mais valiosa, nem lhe é dado exigir coisa, ainda que menos valiosa. Não pode ser obrigado a dar quitação ou receber coisa por outra, contra sua vontade.

As obrigações podem ser de prestações divisíveis ou indivisíveis. "O dizer que é divisível ou indivisível não é a obrigação vínculo, não é a obrigação valor patrimonial, mas a prestação constitutiva do objeto da obrigação" (Paulo de Lacerda e Tito Fulgêncio. *Manual*, v. X, p. 172), como esclarece o art. 314.

A regra é de que nas dívidas em dinheiro o pagamento deve ser efetuado em moeda corrente, assim entendida a moeda metálica ou o papel de curso forçado.

Nada impede que o credor, se assim o desejar, receba algo diverso como pagamento ou parte de pagamento (art. 356 do CC/2002).

O cumprimento da obrigação, o adimplemento, ou seja, o pagamento, dá-se quando o devedor entrega a coisa que deve ou, no caso da impossibilidade de fazê-lo, dá o seu valor correspondente, mais perdas e danos, se o caso (v.g.: arts. 233, 234, 2.ª parte, 235, 236 e 239).

Se a dívida é determinada pela espécie, o devedor não é obrigado a dar o melhor (art. 244); tampouco o pagamento se deva dar por partes, pois – a não ser em casos especiais, previamente ajustados – a regra é de que o pagamento deve ser feito por inteiro.

O credor não é obrigado a aceitar que seja cumprida por terceiro prestação somente ao devedor imposta (prestação infungível – art. 247). Quanto a esse ponto, o texto do art. 878 do CC/1916 era explícito: "Na obrigação de fazer, o credor não é obrigado a aceitar de terceiro a prestação, quando for convencionado que o devedor a faça pessoalmente".

O pagamento e a consequente extinção da dívida se provam pela exibição da quitação.

Na falta da quitação, outras provas indiciárias podem conduzir o intérprete ao reconhecimento do pagamento e da extinção da dívida. O art. 319 do CC/2002 permite que essa prova indiciária decorra de hipóteses seguintes, como ensina Lacerda de Almeida. *Obrigações*, p. 365:

a) se o título da dívida está em poder do credor, mas rasurado, rasgado ou obliterado;

b) se o livro onde se encontra o assento do débito apresenta inscrição indicatória de pagamento;

c) se o documento comprobatório da dívida (instrumento particular de contrato ou título e de crédito) se encontra em poder do devedor;

d) se ocorreu a entrega, pelo vendedor, de mercadorias compradas a dinheiro em lojas e armazéns;

e) se pode ser identificada longa conduta repetitiva de pagamento sequencial de prestações periódicas em obrigações de trato sucessivo.

Constantemente a doutrina e a jurisprudência lançam especial atenção para as questões alusivas ao pagamento e sua prova, como se vê das seguintes súmulas de conclusão de debates doutrinários: Jornada I de Direito Civil do STJ, Enunciado 17: "A interpretação da expressão 'motivos imprevisíveis', constante do art. 317 do CC/2002, deve abarcar tanto causas de desproporção não previsíveis como também causas previsíveis, mas de resultados imprevisíveis".

Jornada I de Direito Civil do STJ, Enunciado 18: "A 'quitação regular' referida no art. 319 do CC/2002 engloba a quitação dada por meios eletrônicos ou por quaisquer formas de 'comunicação à distância', assim entendida aquela que permite ajustar negócios jurídicos e praticar atos jurídicos sem a presença corpórea simultânea das partes ou de seus representantes".

7. LUGAR DO PAGAMENTO

Na ausência de contrato escrito estipulando foro de eleição ou local para o cumprimento da obrigação, segundo a regra geral do art. 327, deve o pagamento ser realizado no foro do domicílio do devedor. "Em se tratando de negócio jurídico unilateral, o figurante diz qual o lugar em que há de prestar, ou tal indicação resulta das circunstâncias. Se é bilateral o negócio jurídico, a fixação unilateral do lugar da prestação, parta do oferente ou parta do aceitante, somente é eficaz se houve consentimento do outro figurante" (Pontes de Miranda. *Tratado...* cit., v. XXIII, § 2770, n. 1, p. 74).

A alegação do credor de que o devedor pode pagar em lugar diverso do seu domicílio deve ser por ele provada, como provada deve ser a alegação do devedor de que "podia ir pagar noutro lugar". A regra alcança "as obrigações positivas e negativas" (Pontes de Miranda, *Tratado...* cit., v. XXIII, § 2770, n. 4, p. 80).

As dívidas, quanto à forma como são pagas, podem ser classificadas de duas maneiras:

a) as dívidas quesíveis, também chamadas de dívidas de ir buscar;

b) as dívidas portáveis, também chamadas de ir levar.

As dívidas quesíveis (*queráble*) impõem ao credor o ônus de ir até o domicílio do devedor – ou ao local fixado no contrato como sendo o do lugar da prestação – para recebimento da obrigação. Não havendo determinação da natureza, quesível ou portável, da dívida, a presunção é de que a dívida é de ir buscar, no domicílio do devedor (art. 327 do CC/2002).

As dívidas portáveis (*portable*) impõem ao próprio devedor o ônus de levar ao credor o pagamento, no local fixado no contrato, ou em domicílio dele, credor, para efetuar o pagamento.

Em interessante julgado o STJ bem cuidou da questão, em caso em que a obrigação foi pactuada com termo certo para o cumprimento da prestação, a dívida tinha natureza quesível, a ser paga no domicílio do devedor, mas – por inércia do credor – não se considerou a obrigação vencida e, portanto, dívida exigível: "Ausência de convenção a respeito do lugar do pagamento. Dívida quesível (*queráble*), paga no domicílio do devedor, por presunção legal do art. 950 do Código Civil/1916 (hoje, art. 327 do CC/2002). Credor que não diligenciou a cobrança da dívida no domicílio do devedor, ausente qualquer notificação. Inércia do credor que afasta a mora do devedor (*mora debitoris*) e a mora de cobrar (*mora solvendi*), ainda que a dívida estivesse vencida no termo (*mora ex re*) porque imprescindível prévia diligência do credor para constituição do devedor em mora. Insuficiência do prazo fixado para vencimento da dívida e da existência de cláusula resolutiva expressa. É assente que a questão de direito surgida no acórdão recorrido, ainda que verse nulidade processual, se submete ao pressuposto recursal específico do prequestionamento, para viabilizar o processamento do recurso especial. O Código Civil de 1916 estabeleceu como regra geral a mora *ex re* (em razão do fato ou da coisa), mas para que se considere o vencimento da obrigação e para que se torne exigível a dívida sendo esta quesível, é indispensável que o credor demonstre que diligenciou a recepção do seu crédito, pois deve buscá-lo no domicílio do devedor. Sem o atendimento dessa formalidade, quanto ao lugar do pagamento, não se tem a dívida como vencida. A existência de previsão contratual de pagamento do restante do débito em data certa não transforma a dívida, antes quesível, em *portable* (portável); continua sendo obrigação do credor diligenciar o pagamento da dívida no domicílio do devedor, ainda que domiciliados na mesma cidade. Na dívida quesível não é necessária, embora aconselhável, a oferta do devedor, pois deve ele aguardar a presença de cobrança do credor, só lhe sendo exigido que esteja pronto para pagar, quando provocado pelo credor" (STJ, REsp 363614/SC, 3.ª T., j. 26.02.2002, rel. Min. Nancy Andrighi, *DJ* 22.04.2002).

Em outra ocasião de julgamento, a dúvida centrava-se na questão de se poder precisar qual seria o local exato para o cumprimento da obrigação, se no do foro de eleição ou se na praça de pagamento. O STJ reconheceu, acertadamente, que o local do cumprimento voluntário da obrigação deveria prevalecer, ainda mais considerando que o credor já havia se adiantado na prática de atos de interpelação do devedor (protesto do título), no local do pagamento, que, por isso, deveria prevalecer: "Cláusula de eleição de foro que não prevalece sobre o foro do lugar do pagamento. Hipótese em que, ademais, se operou a renúncia tácita ao foro de eleição, em virtude de haver o credor levado a protesto o título em Comarca diversa, no local onde deveria ter sido feito o pagamento. Recurso especial não conhecido" (STJ, REsp 173232/SP 4.ª T., j. 20.08.1998, rel. Min. Barros Monteiro, *DJ* 28.09.1998).

8. TEMPO DO PAGAMENTO

A época do pagamento pode vir fixada claramente no texto do instrumento do negócio, ou dos apontamentos da proposta, da oferta, ou da aceitação.

Pode, de outra forma, a época do cumprimento da obrigação ser fixada pelas circunstâncias do negócio, sugerindo o cumprimento da obrigação em data e hora compatível com o acontecimento, para cuja realização o negócio se deu (imagine-se a entrega de flores, bolos e doces para uma festa de aniversário).

Pontes de Miranda, comentando o texto do art. 952 do CC/1916, que tem substancialmente a mesma redação do art. 331 do Código vigente, ensina: "Se foi explícito o prazo, ou se está implícito no texto, ou se a natureza do negócio jurídico (festim, árvore para o Natal), ou as circunstâncias o compõem (automóvel para ir ao centenário de uma cidade), o art. 952 não pode ser invocado. Se a mercadoria está fora, ou ainda tem de ser descarregada, o tempo necessário para a viagem, ou descarregamento, é essencial ao conteúdo do negócio jurídico. Para que a regra jurídica do art. 952 incida, não é de mister que tenha de apanhar todas as prestações de que o negócio jurídico cogita (= os tempos podem ser diferentes e a propósito de alguma, ou algumas prestações, haver dúvida)" (Pontes de Miranda, *Tratado...* cit., v. 23, § 2773, n. 3, p. 97).

Há obrigações sem prazo nem condição (*ubi pure qui stipulatus fuerit, et cessit et venit dies*). "O tempo em geral apresenta-se sob três aspectos: o do prazo, o do termo inicial e do termo final ou vencimento da obrigação" (Paulo de Lacerda e Francisco de Paula Lacerda de Almeida. *Manual...* cit., v. XI, p. 131).

A obrigação considera-se vencida e a dívida exigível quando se opera o termo final de seu cumprimento.

Se o prazo para o cumprimento não está estabelecido e, portanto, a obrigação não prevê prazo, "o termo inicial coincide com o termo final, fazendo perder toda a importância a distinção entre termo inicial e termo final" (Paulo de Lacerda e Francisco de Paula Lacerda de Almeida. *Manual...* cit., v. XI, p. 131).

Praticamente, a consequência de não se ajustar época para pagamento é o fato de que *o momento inicial da exigibilidade, nasce simultaneamente com a obrigação* (Hamid Charaf Bdine Júnior. Aspectos objetivos do pagamento e alteração das circunstâncias [in Renan Lotufo e Giovanni Ettore Nanni (coords.). *Obrigações*, 342, 7]), ou seja, "nasce a dívida e para logo está vencida, *cessit et venit dies*" (Paulo de Lacerda e Francisco de Paula Lacerda de Almeida. *Manual...* cit., v. XI, p. 136).

O tempo para o cumprimento da obrigação garante o devedor, que não fica submetido ao poder do credor, senão depois do vencimento da dívida. Bem por isso, dívida exigível é dívida vencida. Se a dívida não é exigível, ao credor não se confere direito de provocar o devedor; porém, se o faz, põe-se ele próprio em situação de desvantagem, de sujeitar-se a pagar indenização, pela perturbação causada ao devedor, por quebra desse dever anexo de conduta.

O credor que cobra o devedor antes de vencida a dívida, ficará obrigado a esperar o tempo que faltava para o vencimento; a descontar os juros correspondentes, embora estipulados; e a pagar as custas em dobro (art. 939 do CC/2002), a menos que desista da ação antes de contestada a lide (art. 941). O art. 939 do CC/2002 admite cobrança antes do vencimento apenas nos casos expressos em lei (p.ex., no art. 333).

Repita-se: nas obrigações com prazo "começa a dívida mas não está vencida, porque há de permeio o prazo" (Paulo de Lacerda e Francisco de Paula Lacerda de Almeida. *Manual...* cit., v. XI, p. 136) e dívida não vencida não é dívida exigível.

O art. 333, seus incs. e parágrafo único do CC/2002 enumeram três situações de vencimento antecipado da dívida:

a) em caso de insolvência com abertura de concurso creditório;

b) em caso de constrição judicial em processo de terceiro, que comprometa a garantia real que foi oferecida pelo devedor ao credor;

c) se razões econômicas e jurídicas apontarem para o enfraquecimento das garantias dadas para o cumprimento da obrigação e o devedor, intimado, se negar a reforçá-las.

Quem demanda pelo pagamento da dívida, por ação condenatória, antes do vencimento, por virtude da ocorrência desses fatos, tem crédito que já existe e passa a ter pretensão ao cumprimento da obrigação, ainda que esta não existisse, ao tempo da ação. "A ação é condenatória, com eficácia executiva, quando nascerem, segundo a decisão transitada em julgado, a pretensão e a ação pela prestação, que fora futura ao tempo da propositura da ação julgada" (Pontes de Miranda. *Tratado...* cit., v. 23, § 2774, n. 1, p. 100).

9. OBRIGAÇÕES SUJEITAS AO IMPLEMENTO DE CONDIÇÃO

As obrigações sujeitas ao implemento de condição não são ainda exigíveis e por isso se diz que a obrigação, nesses casos, decorre de negócio ineficaz. Pendente a condição, a dívida não está sequer nascida, nem vencida (Paulo de Lacerda e Francisco de Paula Lacerda de Almeida. *Manual...* cit., v. XI, p. 136).

Nesses casos, o implemento da condição funciona como óbice ao cumprimento da obrigação, porque um fenômeno (o não implemento da condição) impede o natural sequenciamento lógico do processo obrigacional, pois ao negócio jurídico falta qualidade eficacial e a prestação ainda não pode ser exigida.

Nas obrigações sujeitas ao implemento de condição, cabe ao credor demonstrar que o devedor teve conhecimento de seu implemento e que, por isso, o contrato tornou-se perfeito e acabado, desde o dia de sua celebração.

Não se deve confundir, entretanto, o nascimento da obrigação, por decorrência do implemento da condição (*dies cedit*), com o dia do vencimento da obrigação (*dies venit*).

Portanto, o art. 332 do CPC deve ser interpretado no sentido de que o credor de obrigação sob condição terá direito à sua imediata execução, se o caso versar sobre obrigação sem prazo.

Nas estipulações com prazo, o simples advento da condição não opera a exigibilidade da dívida, que depende do termo, "que muitas vezes se estende além da data do implemento da condição" (Paulo de Lacerda e Francisco de Paula Lacerda de Almeida. *Manual...* cit., v. XI, p. 138).

10. PAGAMENTO EM CONSIGNAÇÃO

A consignação em pagamento sempre se consubstancia em uma faculdade ou direito do devedor (no máximo, ônus), mas não em dever ou obrigação, tanto que a própria norma usa o vocábulo poderá requerer "Nos casos previstos em lei, poderá o devedor ou terceiro requerer, com efeito de pagamento, a consignação da quantia ou da coisa devida" (art. 890 do CPC).

O fato de não ajuizar a ação consignatória para liberar-se da obrigação pode sujeitar o devedor a risco, como, por exemplo, o de pagar mal, mas isso não o torna, necessariamente, obrigado a propor a referida ação consignatória.

O devedor pode valer-se da ação de consignação em pagamento a fim de obter a declaração judicial da extinção da obrigação.

A ação de consignação em pagamento ou o pagamento em consignação se consubstanciam em modalidade especial de pagamento, traduzindo-se em meio de liberação do devedor.

Nesse sentido, como pontua Clovis do Couto e Silva, a discussão sobre se a consignação em pagamento seria preponderantemente meio de liberação do devedor ou simples forma sub-rogada de adimplemento, em verdade não se coloca; essas duas assertivas não são excludentes e, ao contrário, complementam-se, de tal sorte que a consignação em pagamento é tanto meio de liberação do devedor quanto modalidade especial de adimplemento (= pagamento), razão pela qual se admite também ação consignatória proposta por terceiros. (Clóvis Veríssimo do Couto e Silva. *Comentários ao Código de Processo Civil*, v. XI, t. I, coment. prelim. 1 ao art. 890 do CPC, p. 19).

A ação consignatória, contudo, é meio hábil a proteger o devedor tão somente em obrigações de prestação de coisa, entre as quais se inserem também as obrigações de prestação de dinheiro [obrigações pecuniárias ou obrigações de pagamento em dinheiro] (João de Matos Antunes Varela. *Das obrigações em geral*, v. II, n. 345, p. 186), vale dizer, obrigações de dar.

Nesse contexto, a ação consignatória tem lugar, em regra:

a) quando há mora do credor – *mora accipiendi* ou *mora creditoris* (como, por exemplo, a recusa em receber o pagamento);

b) quando há *dúvida* quanto à pessoa do credor.

Dizemo-lo em regra, destacando, pois, que as possibilidades de ação consignatória não se esgotam necessariamente nessas duas possibilidades.

Em verdade, a consignação em pagamento ou o pagamento em consignação se traduz em procedimento especial que o ordenamento jurídico põe à disposição do devedor para proteger seus legítimos e urgentes interesses, procedimento especial porque envolve necessariamente o intercâmbio entre o direito material e o direito processual, num rito procedimental específico, distinto do comum (ordinário ou sumário).

Essa é a razão pela qual não basta ao intérprete que olhe apenas para a disciplina dada pelo Código de Processo Civil. Impõe-se que analise o fenômeno à luz do direito material subjacente à espécie, para que concretamente possa dizer das hipóteses de cabimento da ação consignatória.

O CPC, atento a isso, expressamente determina que "Nos casos previstos em lei, poderá o devedor ou terceiro requerer, com efeito de pagamento, a consignação da quantia ou da coisa devida" (art. 890), também o Código Civil mantém certa *abertura* nessa matéria: "Considera-se pagamento, e extingue a obrigação, o depósito judicial ou em estabelecimento bancário da coisa devida, nos casos e forma legais" (art. 334).

Essa expressão *Nos casos previstos em lei* explicita, pois, que as possibilidades de ação consignatória não se esgotam no CPC (Adroaldo Furtado Fabrício. *Comentários ao Código de Processo Civil*, v. VIII, t. III, coment. 29 ao art. 890 do CPC, p. 53 a 55), impondo-se que se olhe também aos demais diplomas legais, com os quais o regramento geral previsto no CPC deve ser compatibilizado, aplicando-se subsidiariamente o CPC naquilo que não conflitar com as regras e possibilidades do direito material especial.

A tarefa precípua do CPC é a de estabelecer a forma pela qual o direito material deve ser realizado ou feito valer.

Nas ações de procedimento especial (art. 890 *et seq.*), contudo, não raras as vezes em que o CPC, a despeito de regular o direito processual, estabelece regras de direito material, evidentemente complementares àquelas previstas nos diplomas legais que regem o direito material (CC, CTN etc.). Isso é facilmente percebido quando se procede a um cotejo entre o CPC e outros diplomas legais a esse respeito (Clóvis Veríssimo do Couto e Silva. *Comentários ao Código de Processo Civil*, v. XI, t. I, coment. prelim. 6 ao art. 890 do CPC, p. 24, e coment. 7 ao art. 890 do CPC, p. 25).

Nesse sentido, o CPC prevê possibilidade de ação consignatória, essencialmente, nos casos de (a) recusa; ou de (b) dúvida [cfr. arts. 890/896].

Já o Código Civil, exercendo seu mister de regular o direito obrigacional material, amplia esse rol de cabimento, admitindo o pagamento em consignação nas seguintes hipóteses:

Art. 335. A consignação tem lugar: I – se o credor não puder, ou, sem justa causa, recusar receber o pagamento, ou dar quitação na devida forma; II – se o credor não for, nem mandar receber a coisa no lugar, tempo e condição devidos; III – se o credor for incapaz de receber, for desconhecido, declarado ausente, ou residir em lugar incerto ou de acesso perigoso ou difícil; IV – se ocorrer dúvida sobre quem deva legitimamente receber o objeto do pagamento; V – se pender litígio sobre o objeto do pagamento.

Além da recusa ou da dúvida, portanto, a incapacidade de receber também pode ser causa autorizadora de consignação em pagamento. Nessa hipótese, inexiste dúvida por parte do devedor, que tem ciência plenamente sobre para quem deve efetuar o pagamento. Contudo, pode consignar ante a incapacidade do credor.

Isso demonstra que a doutrina não deve pretender dar tratamento restritivo às hipóteses legais de direito material autorizadoras de consignação em pagamento, tentando enquadrá-las estritamente às hipóteses previstas no CPC ((a) recusa; ou de (b) dúvida), diploma processual esse que *dixit minus quam voluit* a lei de direito material (Código Civil, Código Tributário Nacional), esta sim fonte criadora das hipóteses de extinção da obrigação pelo pagamento em consignação.

10.1 Depósito insuficiente

Uma das defesas do réu na ação de consignação em pagamento é a arguição de que o depósito não foi feito de maneira integral (art. 896, IV, do CPC).

Opondo tal objeção e logrando êxito o réu (credor), a não integralidade do depósito consignado, conquanto não implique a improcedência total da consignatória, implicará ter ocorrido a extinção apenas parcial da obrigação, podendo o juiz estipular o saldo líquido remanescente na própria sentença, que, assim, formará título executivo a favor do réu, com possibilidade de sua execução naqueles mesmos autos.

Corroborando esse entendimento, segue a jurisprudência do Superior Tribunal de Justiça: "A insuficiência do depósito não significa mais a improcedência do pedido; quer dizer apenas que o efeito da extinção da obrigação é parcial, até o montante da importância consignada, podendo o juiz desde logo estabelecer o saldo líquido remanescente, a ser cobrado na execução, que pode ter curso nos próprios autos"

(STJ, REsp 448602/SC, 4.ª T, j. 10.12.2002, v.u., rel. Min. Ruy Rosado de Aguiar, *DJ* 17.02.2003). "(...) A consignação em pagamento visa exonerar o devedor de sua obrigação, mediante o depósito da quantia ou da coisa devida, e só poderá ter força de pagamento se concorrerem 'em relação às pessoas, ao objeto, modo e tempo, todos os requisitos sem os quais não é válido o pagamento' (art. 336 do CC/2002)". (STJ, REsp 1194264/PR, 4.ª T., unânime, rel. Min. Luis Felipe Salomão, *DJ* 04.03.2011). 3. Agravo regimental a que se nega provimento" (STJ, AgRg no REsp 947460/RS, 4.ª T., j. 27.03.2012, rel. Min. Maria Isabel Gallotti, *DJ* 10.04.2012).

10.2 Atualização do depósito: responsabilidade do depositário

Ao devedor exige-se que o depósito em Juízo, no momento em que é feito, contemple os juros e correção monetária incidentes até aquele referido momento, em que ocorre o depósito, caso em que esses valores se inserem na dívida (Francisco Cavalcanti Pontes de Miranda. *Comentários ao Código de Processo Civil*, t. XIII (arts. 890-981), coment. 5 ao art. 891 do CPC, p. 24).

A partir desse momento, a atualização do depósito é de responsabilidade exclusiva do depositário, conforme demonstra o Enunciado 179 do STJ: "O estabelecimento de crédito que recebe dinheiro, em depósito judicial, responde pelo pagamento da correção monetária relativa aos valores recolhidos". Isto porque o depositário é um dos auxiliares do juízo. Sua figura vem regrada nos arts. 148 a 150 do CPC.

Difere-se, o depositário judicial, do depositário convencional.

O depositário nomeado e instituído pelo juiz se estabelece a partir de uma relação de direito público, constituída entre o Estado e o depositário, desde que o último obtém a posse imediata da coisa à conta de um encargo judicial (Rita Quartieri. *Comentários à Execução Civil*, p. 237).

Cria-se com o depósito judicial uma relação de direito público, que tem, de um lado, o Poder Judiciário, na pessoa do Juiz, e de outro, o depositário (particular ou público) a quem foi confiada a guarda do bem. Nesse sentido já anunciava José Frederico Marques:

"O depositário não tem a posse dos bens penhorados: o que ele tem é o poder público sobre a coisa, resultante do seu dever de detê-la, até que o juiz mande entregá--la. Trata-se, portanto, de uma relação de direito público entre depositário e o Poder Judiciário, acerca de uma coisa do domínio particular" (José Frederico Marques. *Manual de Direito Processual Civil*, v. IV, p. 208).

Neste cenário, pode e deve o juiz determinar ao depositário o índice de correção monetária que deverá atualizar o depósito realizado. Sobre a possibilidade de determinação pelo Juízo do índice de correção monetária a ser aplicado ao depósito judicial já se pronunciou o Superior Tribunal de Justiça, verbis:

1. "De acordo com a Súmula 179, deste STJ, o estabelecimento de crédito que recebe dinheiro, em depósito judicial, responde pelo pagamento da correção monetária relativa aos valores recolhidos. 2. O percentual a ser aplicado será o indicado pelo Juiz de execução, nos próprios autos, sem necessidade da parte credora socorrer-se das vias ordinárias para, por ação própria, alcançar tal direito. 3. Relação de depositário judicial do banco com o Juízo. 4. Embargos acolhidos" (STJ, EREsp 122745/SP, 1.ª Seção, j. 25.05.2000, v.u., rel. Min. José Delgado, *DJ* 26.06.2000, p. 13).

2. "A instituição financeira figura como depositária judicial e, como tal, como órgão auxiliar da Justiça, até porque o depositário não é parte no processo principal, é um auxiliar do juízo que, tendo aceito a sua condição e se beneficiado da disposição do numerário, durante o tempo que lhe foi confiado (tanto que tais depósitos são disputados no mercado), deve atender às determinações judiciais" (STJ, REsp 60.665/SP, rel. Min. Ruy Rosado de Aguiar, DJ 02.10.1995).

11. PAGAMENTO EM SUB-ROGAÇÃO

A doutrina aponta como modalidades de institutos que visam à transmissão de crédito, tanto a cessão de crédito como a sub-rogação.

A distinção fundamental entre uma forma e outra de se operar essa transmissão está, entretanto, no fato de que na hipótese da cessão de crédito "o efeito translativo da titularidade activa da relação creditória é diretamente querido, e visado em primeira linha, enquanto que na sub-rogação tal efeito aparece como um reflexo ou consequência do cumprimento da obrigação por terceiro" (grifamos) (António Pinto Monteiro e Carolina Cunha. Sobre o contrato de cessão financeira ou de factoring, p. 550).

Isto porque a feição preponderante da sub-rogação é de prestar-se à liberação do devedor, antes de ensejar àquela segunda função, consequencial, de servir à transmissão de crédito.

Ambos os institutos, como já se disse, são modalidades de transmissão de créditos. A cessão pressupõe a assunção pelo cessionário da posição de credor em relação à mesma obrigação, posição essa antes ocupada pelo cedente; já na sub-rogação, a dívida se extingue, restando ao sub-rogado o direito de haver dos outros obrigados o que pagou.

Hipótese legal de sub-rogação está prevista no art. 259, parágrafo único, do CC/2002: sendo indivisível a prestação e vários os devedores, cada um é obrigado pela dívida toda (art. 259, *caput*) e o que paga a dívida sub-roga-se no direito do credor em relação aos outros coobrigados. Dessa qualidade são os codevedores duma obrigação indivisível, o cofiador, o fiador ou o abonador do fiador: todos ficam sub-rogados, de pleno direito, não só nas garantias acessórias, como também no crédito e ações do sub-rogante (José Soriano de Souza Neto. *Pareceres*, v. 2, p. 53 e 54).

Na terminologia de Planiol, deve-se distinguir os que são obrigados com outros – *tenus avec d'autres* (como é o caso dos devedores solidários, dos devedores de obrigação indivisível ou do cofiador – art. 829 do CC/2002), daqueles que são obrigados por outros – *tenus pour d'autres* (como é o caso do fiador e do abonador ou do fiador do fiador, a respeito de quem, neste caso, o CC/2002 já não cuida especificamente, porque o art. 1.482 do CC/1916 não veio repetido no corpo do CC), ou seja, o fiador do fiador deve a mesma dívida que este deve: pagando integralmente a dívida, pode, portanto, cobrá-la do fiador por inteiro (art. 346, I); nos outros casos, cada obrigado responde unicamente pela parte que, em proporção, lhe couber no pagamento (art. 346, III).

O terceiro não interessado que paga a dívida em seu próprio nome, mesmo que a pague em nome e à conta do devedor, não se sub-roga nos direitos do credor, mas tem direito a reembolsar-se (art. 305, *caput*). Se terceiro pagou dívida ainda não vencida, o reembolso só é exigível no vencimento (art. 305, parágrafo único).

A aquisição do imóvel locado não é causa de extinção da relação locacional. A alienação do imóvel locado, nos termos do art. 8.º, *caput*, da Lei 8.241/1991, pode romper a relação contratual locatícia, mas a ruptura da relação locacional não se dá automaticamente, de pleno direito, e tanto assim é que, consumada a alienação, o adquirente, segundo o art. 8.º, *caput*, da referida lei, tem de diligenciar, nos prazos legais, a chegada, à parte locatária, do instrumento em que está documentado o negócio jurídico denunciativo da relação contratual (Alcides Tomasetti Jr. [Juarez de Oliveira. *Comentários à Lei de Locação*... cit., p. 121]). Se não houve denúncia do contrato, a relação locatícia existente e válida entre o locatário e o primitivo locador permanece existente e válida entre ele e o adquirente do imóvel, que passa a ostentar a situação jurídica vivenciada anteriormente pelo primitivo locador. O vínculo *ex locato* perdura, portanto, após a alienação do imóvel.

Ao sub-rogado legal não é lícito exercer os seus direitos além da soma que efetivamente desembolsou. Pelo pagamento feito pelo sub-rogado a dívida se extingue, restando-lhe o direito de haver dos outros responsáveis a importância que, por virtude desse pagamento, lhe seja devida.

A jurisprudência caminha constantemente atualizando o instituto e resolvendo questões novas, que se apresentam no universo das lides postas para análise na atualidade:

> Súmula 188 do STF: "*O segurador tem ação regressiva contra o causador do dano, pelo que efetivamente pagou, até o limite previsto no contrato de seguro*".
>
> Súmula 257 do STF: "*São cabíveis honorários de advogado na ação regressiva do segurador contra o causador do dano*".
>
> "A partir da análise das circunstâncias fáticas da causa, concluiu o Tribunal de origem que a quitação dada pelo segurado, referente aos danos causados em seu veículo, abrangeu pouco mais que o valor da franquia, quantia muito inferior ao total dos serviços realizados, sendo possível, por esse motivo, a sub-rogação da companhia seguradora nos direitos indenizatórios remanescentes" (STJ, AgRg no AREsp 241140/RJ, 3.ª T., j. 12.03.2013, rel. Min. Sidnei Beneti, *DJ* 25.03.2013).

12. IMPUTAÇÃO DO PAGAMENTO

Se entre as mesmas partes se der ocasião de existir mais de um vínculo obrigacional, de que derive mais de uma dívida líquida exigível, de coisa fungível, da mesma espécie e qualidade, ao devedor, ao próprio credor e a terceiro – que pretenda pagar dívida – abre-se oportunidade para que se aponte qual delas se tem por quitada, se a prestação for insuficiente para a extinção de todas.

Imputado o pagamento à solução de uma dívida, extingue-se essa, sobejando aquela que não foi alcançada pelo adimplemento.

O privilégio da indicação é do devedor (art. 352), que se dele não fizer uso, faculta ao credor fazê-lo (art. 353). Aqui incide a máxima de que o direito socorre os que se põem alertas quanto ao exercício de seus direitos: *vigilantibus, sed non dormientibus, sucurrit jus*.

A imputação feita pelo credor – na ausência de escolha do devedor – pode ser objetada pelo devedor, mesmo após não ter ele exercido o privilégio legal de escolha, se demonstrar que a imputação feita pelo credor o foi com violência ou dolo.

São as regras de equidade, lealdade e boa-fé que presidem a escolha feita pelas partes.

Ao dar a quitação, cabe ao credor, que exerceu a escolha da dívida a ser saldada, declinar a qual delas imputou o pagamento. Na ausência dessa especificação, no ato de quitação, opera-se a imputação legal, seguindo-se a regra do art. 355 do CC/2002.

Segundo Carvalho de Mendonça, à luz de critérios acolhidos por numerosos códigos que aponta, a imputação se fará na seguinte ordem:

a) "nas dívidas líquidas e vencidas;
b) na mais onerosa, se forem todas líquidas e vencidas ao mesmo tempo;
c) em igualdade de condições, na mais antigas;

d) sendo da mesma data e de igual natureza, em todas, proporcionalmente;

e) nos juros quanto baste para a solução dos vencidos e o resto no capital;

f) na dívida que o devedor deve em seu próprio nome" (Carvalho de Mendonça. *Doutrina e prática das obrigações* cit., t. I, p. 576/577).

13. DAÇÃO EM PAGAMENTO

A regra que predomina em matéria de dação em pagamento é, exatamente, oposta à do art. 313 do CC/2002.

O aforismo jurídico *debitor aliud pro alio, invito creditore solvere non potest* ("o devedor não pode dar, contra a vontade do credor, uma coisa por outra" – Digesto 12, 1, 2, 1) não se aplica aos negócios que tenham por objeto obrigações alternativas (arts. 252 a 256 do CC/2002), ou nas hipóteses de dação em pagamento (arts. 356 a 359), porque é da natureza das obrigações alternativas permitir que o credor (ou o devedor, conforme a avença) escolha qual o objeto da prestação devida, não sendo certo, por isso, o objeto da obrigação; de outro lado, a dação em pagamento se reveste exatamente dessa característica, qual seja, a possibilidade de o recebimento de outra coisa, diversa da combinada, servir para desonerar o devedor de sua obrigação.

O credor de coisa certa não pode ser compelido a receber coisa diversa da devida, ainda que mais valiosa: *debitor aliud pro alio, invito creditore solvere non potest* (Digesto 12, 1, 2, 1). Mas nada impede que concorde em receber coisa diversa, em substituição da prestação que era devida, como ocorre nos casos de dação em pagamento. Nisso consiste o acordo liberatório, na dação *in solutum*.

A dação em pagamento é modalidade de pagamento, mero negócio liberatório. É acordo *in solutione*, diferentemente da novação, que é acordo *in obligatione*. Ela requer a existência de uma relação obrigacional anterior e que o credor dessa obrigação consinta em receber, do devedor, coisa que não seja dinheiro, em substituição àquela prestação que lhe era devida (art. 356 do CC/2002). A dação disciplina-se pelas regras do pagamento, não gera obrigações, mas põe fim a elas. Ela se aperfeiçoa com a tradição da coisa.

Como "toda obrigação de dar supõe que já exista ou vá existir o que se dê" (Pontes de Miranda. *Tratado...* cit., v. 23, § 2781, n. 2, p. 121), é natural que se questione se o que é dado para cumprimento da obrigação é algo que passa para o patrimônio do credor, por sucessão singular.

O tema alude, portanto, à forma como – quando dá algo em pagamento – o devedor se desincumbe da prestação, por vezes praticando atos de alienação, atos esses em cujo formato se inclui a dação em pagamento.

Porque a dação *in solutum* é equiparada a compra e venda, ou seja, é uma forma de alienação – porque a coisa dada em pagamento, e aceita pelo credor para a liberação do devedor, sai de seu patrimônio e passa a integrar o patrimônio do credor, que com esse ato libera o devedor –, se a coisa dada como pagamento vier a ser excluída do patrimônio de quem a recebeu no lugar do objeto primitivo da obrigação contraída pelo alienante, tem direito de ver restabelecida a obrigação primitiva, perdida a eficácia da quitação dada.

Por essa razão a doutrina considera que a dação em pagamento, porque supõe a transferência da coisa para o poder do credor, é espécie de alienação de bens e somente desonera o devedor se o devedor que opera a dação em pagamento é dono da coisa entregue. Assim, "consideram-se contratos de alienação, a compra e venda, a permuta, o fornecimento, o contrato estimatório, a dação em pagamento, a cessão de crédito, a doação" (cf. A. Trabucchi, *Istituzioni di Diritto Civile*, 18. ed., p. 756 e ss.) e, por isso, argutamente, Tito Fulgêncio afirma que "dar pagamento o alheio e nada pagar equivalem-se". Por isso não se extingue a dívida "se o credor for evicto da coisa recebida" (Paulo de Lacerda-Tito Fulgêncio. *Manual* cit, v. X, p. 40).

Uma vez determinado o preço da coisa dada em pagamento, as relações entre as partes regulam-se pelas normas da compra e venda.

Se a coisa dada em pagamento for um título de crédito, ao caso se aplicam as regras da cessão (art. 358 do CC/2002).

Questões interessantes decorrem do acordo que o credor faz com o devedor para aceitar uma coisa por outra, na hipótese de imputação do pagamento. "O aval refere-se exclusivamente aos títulos de crédito e, portanto, só se presta em contrato cambiário, exigindo-se, por conseguinte, que o avalista pague somente pelo que avalizou, representando obrigação solidária. Por sua vez, a fiança constitui-se em uma garantia fidejussória ampla, passível de aplicação em qualquer espécie de obrigação e tem natureza subsidiária. Na espécie, cuida-se, portanto, de fiança; A origem do instituto da dação em pagamento (*datio in solutum* ou *pro soluto*) traduz a ideia de acordo, realizado entre o credor e o devedor, cujo caráter é liberar a obrigação, em que o credor consente na entrega de coisa diversa da avençada, nos termos do que dispõe o art. 356 do CC/2002; Para configuração da dação em pagamento, exige-se uma obrigação previamente criada; um acordo posterior, em que o credor concorda em aceitar coisa diversa daquela anteriormente contratada e, por fim, a entrega da coisa distinta com a finalidade de extinguir a obrigação; A exigência de anuência expressa do credor, para fins de dação em pagamento, traduz, *ultima ratio*, garantia de segurança jurídica para os envolvidos no negócio jurídico, porque, de um lado, dá ao credor a possibilidade de avaliar, a conveniência ou não, de receber bem diverso do que originalmente contratado. E, por outro lado, assegura ao devedor, mediante recibo, nos termos do que dispõe o art. 320 do CC/2002, a quitação da dívida; Na espécie, o recorrente não demonstrou, efetivamente, a anuência expressa do credor para fins de comprovação da existência de dação em pagamento, o que enseja a vedação de exame de tal circunstância, nesta Corte Superior, por óbice da Súmula 7 do STJ; VI – Recurso especial improvido" (STJ, REsp 1138993/SP, 3.ª T., j. 03.03.2011, rel. Min. Massami Uyeda, *DJ* 16.03.2011).

14. NOVAÇÃO

Novação significa modificação ou substituição de uma obrigação por outra. Como tal não se entende a tolerância ou prorrogação de prazo para o recebimento de dívida. É a transformação de uma obrigação por outra. A causa da nova obrigação é a anterior, que desaparece. Novação é o negócio jurídico por meio do qual se cria uma nova obrigação, com o objetivo precípuo de extinguir-se obrigação anterior (Lacerda de Almeida. Novação, *REDB* 34/275).

Este – a criação de uma nova obrigação – é o traço peculiar e distintivo da novação, em face de outros institutos que se lhe assemelham: A novação com mudança de devedor distingue-se da assunção de dívida. Nesta, a relação jurídica é a mesma, com transposição do devedor: um deixa de ser devedor e o novo sucede o devedor antigo, assumindo a posição do antigo; naquela, a relação jurídica é outra, com outro devedor (Pontes de Miranda, *Tratado*, v. 23, § 2820, n. 6, p. 340).

Por isso a novação é operação liberatória, vale dizer, uma das causas de extinção da obrigação, colocando-se, no lugar da extinta, uma nova obrigação. "É uma *datio in solutum*, em que a coisa dada em pagamento é uma obrigação nova" (Tito Fulgêncio. *Do direito das obrigações*, p. 227).

O caráter liberatório da obrigação anterior reside na sua extinção em face do nascimento de nova obrigação. Contudo, a extinção não satisfaz o crédito e o débito, que subsistem e se renovam por meio da nova obrigação (*obligatio novanda*). Há, por conseguinte, inovação do *vinculum iuris*, que extingue, mas não satisfaz a obrigação primitiva e que absorve o débito e o crédito não satisfeito anteriormente (Silvio de Salvo Venosa. *Direito civil*, v. II, n. 12.5.1, p. 290).

A novação é uma das causas de extinção da obrigação (afirmando que somente a novação objetiva tem função extintiva: Piero Perlingieri e Lanfranco Ferroni. *Manuale di diritto civile*, n. III-63, p. 259), vale dizer, é um efeito da obrigação: encerra-se a obrigação anterior (novada) e cria-se a nova obrigação incompatível com a anterior. Essa hipótese é de novação objetiva, prevista no art. 360, I.

Para que ocorra novação, é imprescindível a verificação dos seguintes requisitos:

a) existência de uma obrigação anterior, desde que esta não seja nula ou inexistente (art. 367);
b) constituição de nova obrigação;
c) o inequívoco ânimo de novar (*animus novandi*), que pode ser expresso ou tácito (art. 361);
d) que as partes sejam capazes, isto é, que tenham capacidade geral para contratar, já que se trata de ato complexo de conteúdo liberatório (da obrigação anterior) e obrigatório (no que se refere à constituição de nova obrigação). Neste sentido: Miguel Maria de Serpa Lopes. *Curso...* cit., v. II, n. 216, p. 235.

Considera-se objetiva (ou real) a novação que se refere ao objeto da obrigação, ou seja, a que consubstancia alteração do elemento material da obrigação, ensejando a constituição de nova dívida e a extinção da obrigação primitiva.

É a hipótese descrita no art. 360, I, do CC/2002. Ou seja: se a dívida muda e as partes não, a novação é real.

A novação subjetiva, ao contrário, atinge o elemento pessoal da obrigação. Também acarreta a extinção da obrigação originária pelo nascimento da nova obrigação. São as hipóteses prescritas pelos arts. 360, II e III, do CC/2002, que se referem, respectivamente, à novação subjetiva passiva e à novação subjetiva ativa, em que há mudança do credor (*mutate creditore*).

A alteração do sujeito passivo da relação obrigacional (*mutate debitore*) pode se dar por duas maneiras: pela delegação ou pela expromissão. Admite-se, ainda, que a novação seja mista, hipótese em que se verifica a alteração tanto no elemento material quanto no elemento pessoal da obrigação.

A delegação é instituto autônomo que nem sempre implica novação. A delegação sem efeito novatório é denominada de *delegação imperfeita*, e não tem o condão de extinguir a obrigação do delegante (devedor primitivo), uma vez que o novo devedor (delegado) resguarda para si seus direitos contra o denunciante, fazendo com que haja dois devedores.

Todavia, "a delegação poderá realmente implicar uma novação, quando um terceiro (delegado) consentir em se tornar o devedor perante o delegatário (credor), que o aceitará, constituindo-se assim uma nova obrigação entre ambos e extinguindo-se a obrigação existente entre o delegante e o delegatário (devedor e credor) e entre o delegante e o delegado (devedor e terceiro); dá-se o nome de delegação perfeita a esta delegação em que há efeito sucessório" (Maria Helena Diniz. *Curso...* cit., 16. ed., v. II, p. 289).

A delegação (perfeita) é, portanto, um encargo atribuído pelo devedor (delegante) a um terceiro (delegado) de pagar em sua substituição (do devedor primitivo) ao credor (delegatário) aquilo que lhe é devido: encargo que importa a liberação do devedor em face de seu credor (Giorgio Giorgi. *Teoria delle obbligazioni...* cit., v. VII, n. 376, p. 498). É a hipótese do art. 360, II do CC/2002.

Mas se faz imperioso que o *animus novandi* fique claro na delegação, pois diversa é a situação de credor (delegatário) que assente tão só em ter o delegado como devedor da situação daquele que concorda com a delegação em seus efeitos novatórios, vale dizer, que admite a delegação perfeita com seus consectários: aceitação do novo devedor (delegado) e a liberação do primitivo (delegante). Se assim não se verificar, a hipótese é de delegação imperfeita, ou seja, não acarreta novação (José Soriano de Souza Neto. *Novação*, n. 62, p. 165).

A novação das obrigações mercantis dá-se segundo o sistema do CC/2002. No sistema anterior era regida pelo revogado art. 438 do CCo. Peculiaridades do aval e do endosso desafiam observações pontuais.

Assim, o aval não faz novação. O avalista terá direito ao reembolso da importância que vier a pagar, mas não se opera em seu favor novação. Magarinos Torres enuncia as razões pelas quais entende que o aval não faz novação das relações econômicas que lhe possam ter servido de causa:

a) o avalista não se obriga para com o avalizado, e sim com o avalizado perante terceiro;

b) o aval tem motivo moral, não econômico, e o avalista não retira dele nenhum proveito;

c) o avalista, quando paga o título em regresso, tem ação de reembolso contra o avalizado e os obrigados anteriores ao avalizado;

d) não há compensação ou encontro possível de contas no ato do aval (Antonio Magarinos Torres. *Nota Promissória*, n. 55, p. 232 e 233).

Quanto ao endosso, diz-se "faz novação entre endossador e endossatário, que adquire o título representativo do valor; e aquele, pagando no regresso cambial, faz novo desembolso, de que então terá restituição por parte dos obrigados anteriores. Igualmente, o endossatário, adquirindo o titulo em pagamento por endosso, e reendossando-o ou exercendo o regresso ou a cobrança, está justamente fruindo o equivalente das suas primitivas relações creditórias com o endossador; se reendossou, apurou o valor do título, e se vier a sofrer regresso, desse regresso terá reembolso contra os anteriores" (idem, n. 55, p. 233). V. arts. 910 a 920 do CC/2002.

A novação não se presume porque ela importa, em última análise, a extinção da dívida primitiva pela renúncia. Esta é a razão pela qual a "intenção de novar deve manifestar-se de modo certo e evidente, revelando da parte do credor a vontade de extinguir a antiga obrigação, ao constituir a nova, liberando destarte o devedor da obrigação anterior, a cujos direitos, ele credor, por sua vez, renuncia" (Carvalho Santos. *Pareceres*, p. 33).

Se a novação não se presume, não é possível vê-la revelada por meras presunções. O ânimo de novar revelado tacitamente deve ser admitido se a prova puder evidenciar, de maneira inequívoca, certa e evidente, a vontade do credor, de extinguir a antiga obrigação.

Conforme dissemos, caso se dê a hipótese de alteração do sujeito passivo da relação obrigacional (*mutate debitore*), qualifica-se ela de duas maneiras:

a) pela delegação;
b) pela expromissão (liberatória ou cumulativa).

A hipótese de expromissão liberatória pressupõe dívida novada: o primitivo devedor é liberado por negócio jurídico havido entre o novo devedor e o credor. É imprescindível que o titular ativo do vínculo obrigacional, ou seja, o credor, consinta expressamente na assunção de dívida por terceiro, mas a anuência do primitivo devedor é dispensável. Por isso, expromissão (*expromissio*) é o negócio jurídico pelo qual um terceiro (expromissor) assume espontaneamente o débito de outrem (devedor), prescindindo-se da anuência desse devedor primitivo, mas forçoso que haja a concordância do credor (expromitente) para que se opere a substituição. Daí a ideia de expromissão, expulsão.

É o que prevê o art. 362 do CC/2002. Para que essa modalidade de novação se verifique é "necessário e suficiente que um terceiro se obrigue ante o credor com intuito de liberar o devedor e que esta substituição seja aceita pelo credor" (Lozano Berruezo. *La extinción de las obligaciones por novación*, p. 60 e 61).

A expromissão pode ser liberatória, quando efetivamente há novação e consequentemente a liberação do devedor primitivo; ou cumulativa, situação em que, a exemplo da delegação imperfeita, tanto o devedor primitivo quanto o expromissor remanescem obrigados. Daí a necessidade de manifestar-se o *animus* do credor em liberar o primitivo e aceitar o novo devedor. Do contrário haverá uma *ad promisso*, dando então lugar a uma fiança ou ao acréscimo de uma responsabilidade nova, pelo aumento de mais um devedor (Miguel Maria de Serpa Lopes. *Curso...* cit., v. II, n. 219, p. 237).

Cabe ao credor responsabilidade no que toca a apuração da situação financeira do novo devedor. Se este estiver em situação econômico-financeira que não lhe autorize suportar as consequências da obrigação que assumiu, o credor não tem ação contra o devedor primitivo, salvo se a substituição tiver origem em manobra fraudulenta dele (do primitivo devedor).

Insolvência é situação do devedor que está obrigado ao pagamento de dívidas que excedem à importância de seus bens, justificando a declaração de sua insolvência (art. 955 do CC/2002).

Ao credor de nada adianta ressalvar a preservação das garantias reais da obrigação se os bens forem de propriedade de terceiro que não participou da novação. A norma visa a preservar o direito do dono do bem gravado de eventual negócio que possa prejudicar-lhe.

Se a obrigação anterior dependia de condição suspensiva, a nova obrigação, ainda que pura e simples, está subordinada àquela condição. Se a obrigação anterior está subordinada a uma condição resolutória, a nova também estará.

Qualquer obrigação adicional estipulada entre um dos devedores solidários e o credor não pode agravar a posição dos outros, que, todavia, estarão sujeitos à piora na sua situação caso concordem com essa obrigação adicional (art. 278, do CC/2002).

O fiador, no caso de ter havido novação da dívida por ele garantida, pode opor ao credor exceções nos termos do art. 837 (art. 1.502 do CC/1916).

Quando se verifica a novação dois fenômenos ocorrem simultaneamente:

a) a ratificação da dívida anterior que se quer novar;

b) a extinção daquela dívida em face da substituição da obrigação por outra. Diante desse caráter ratificador, não se pode admitir a novação de dívidas nulas ou extintas. Contudo, se a obrigação for relativamente viciada, pode ser ratificada (arts. 172 e 173 do CC/2002) e, consequentemente, é passível de novação. A nulidade é vício insanável que ataca o negócio jurídico e impede a sua produção de efeitos desde sua constituição (*ab ovo, ex tunc*). Mas os vícios que ensejam a anulabilidade do negócio permitem, regra geral, que estes sejam confirmados: tais negócios são existentes, válidos e eficazes até que sua validade seja judicialmente atacada, evento em que deixarão de produzir efeitos ex nunc, ou seja, a partir da desconstituição do negócio ao futuro, não retroagindo aos efeitos já produzidos. Logo, admite-se a confirmação do negócio anterior por novação, que será válida (arts. 172 e 173). Sobre a necessidade de conhecimento da causa de anulabilidade quando da novação para que esta produza efeitos de ratificação da dívida anterior, v. Henri de Page. *Traité élémentaire de droit civil belge*, t. III, n. 568, p. 549 e 550.

Não podem ser novadas as obrigações inexistentes. A existência de obrigação atual é requisito essencial para que possa haver novação, pois a ninguém é dado extinguir o que já não existe. Na lição de Pontes de Miranda, "a obrigação, que não é, e a obrigação, que deixou de ser, não podem ser novadas... e com isso apenas se enuncia que é pressuposto necessário a existência da dívida anterior" (Pontes de Miranda. *Tratado*, t. XXV, § 3019, n. 3, p. 136). Quando a dívida anterior já está extinta, não se pode pretender nová-la.

Se houve modificação ou revisão do contrato, essa circunstância demonstra que não houve perda de objeto do contrato: *Le contrat modifié est toujours le même contrat* (o contrato modificado é sempre o mesmo contrato) (René Demogue. *Traité des obligations en général*, t. VI, n. 53 bis, p. 71, 72 e 724). Sendo o mesmo contrato, não se pode falar nem em perda de objeto nem em novação.

A jurisprudência do STJ aponta a existência, em nosso sistema (art. 59 da Lei 11.101/2005), de uma espécie de novação operada pelo plano de recuperação de empresas, novação essa que "(...) fica sujeita a uma condição resolutiva, na medida em que o art. 61 da Lei 11.101/2005 dispõe que o descumprimento de qualquer obrigação prevista no plano acarretará a convolação da recuperação em falência, com o que os credores terão reconstituídos seus direitos e garantias nas condições originalmente contratadas, deduzidos os valores eventualmente pagos e ressalvados os atos validamente praticados no âmbito da recuperação judicial. Diante disso, uma vez homologado o plano de recuperação judicial, os órgãos competentes devem ser oficiados a providenciar a baixa dos protestos e a retirada, dos cadastros de inadimplentes, do nome da recuperanda e dos seus sócios, por débitos sujeitos ao referido plano, com a ressalva expressa de que essa providência será adotada sob a condição resolutiva de a devedora cumprir todas as obrigações previstas no acordo de recuperação. 5. Recurso especial provido" (STJ, REsp 1260301/DF, 3.ª T., j. 14.08.2012, rel. Min. Nancy Andrighi, *DJ* 21.08.2012).

15. COMPENSAÇÃO

De acordo com o revogado art. 1.009 do CC/1916, cuja redação foi mantida *ipsis litteris* pelo art. 368 do CC/2002, "se duas pessoas forem ao mesmo tempo credor e devedor uma da outra, as duas obrigações extinguem-se, até onde se compensarem".

Esse dispositivo legal insere o instituto da compensação em nosso ordenamento jurídico positivo, como uma das formas de adimplemento de obrigação.

A compensação é forma de extinção recíproca das obrigações, traduzindo-se, fundamentalmente, na extinção de duas obrigações, sendo o credor de uma delas devedor na outra, e o credor desta última devedor na primeira.

A palavra compensação, que vem de *pensare cum, pensare em aliquam cum aliqua*, exprime a ideia de pesar na balança uma coisa com outra para verificar se o peso é igual. Nesse sentido, Pontes de Miranda bem expressa o sentido de compensar: é pesar dois créditos, um de A contra B e outro de B contra A, e se caracteriza como forma de extinção de duas ou mais obrigações – do crédito e do contracrédito.

No sistema jurídico brasileiro, o exercício do poder de compensar opera-se mediante a alegação de uma das partes, e que deve ser feita a quem caiba receber o pagamento, constituindo comunicação de fato de exercício de direito.

O também revogado art. 1.010 do CC/1916, cuja redação foi igualmente mantida *ipsis litteris* pelo art. 369 do CC/2002, estabelece os requisitos para que possa haver a compensação: "a compensação efetua-se entre dívidas líquidas, vencidas e de coisas fungíveis".

Evidencia-se, portanto, que a liquidez, a exigibilidade e a fungibilidade das dívidas recíprocas são os pressupostos para que se opere a compensação. Líquida é a dívida de existência induvidável e de objeto que não sofre indeterminação, em que é evidente e sabido o *quantum debeatur*.

Por fungível entende-se a dívida que pode substituir-se por outra da mesma espécie.

A fungibilidade é atributo de equivalência entre os bens, porque idênticos econômica, social e juridicamente.

As dívidas vencidas são as que se tornaram exequíveis porque verificado o termo final do prazo de cumprimento da obrigação.

Para o preenchimento desse requisito, mister que o direito de exigir o pagamento já exista para os interessados na compensação, pois, do contrário, ocorreria injustificável antecipação do pagamento.

Havendo o preenchimento dos pressupostos acima referidos – reciprocidade das dívidas, fungibilidade, liquidez e exequibilidade –, e ainda, a alegação de compensação pelo interessado, mister sua operabilidade.

Já anotamos que o sentido do instituto jurídico da compensação é evitar um pagamento dúplice, por ser mais simples e econômico, quando entre as mesmas pessoas existem diversas relações de débito e crédito.

Essa é a razão pela qual essas obrigações recíprocas devem extinguir-se, na medida em que os valores podem ser compensados (*debiti et crediti inter se contributio*).

A compensação é um instrumento útil à circulabilidade de riquezas.

Como bem observa esse autor, o dado que inspira a regra de não-sobrevivência (compensação) é o de ser inútil receber e pagar ato contínuo, ou simultâneo, pois se A pagasse a B e B pagasse a A, o que se prestou voltaria, restando, portanto, inútil a prestação.

Inspirada no magistério de Pontes de Miranda, a doutrina atribui a razão de ser da compensação à utilidade e à conveniência de evitar pagamentos recíprocos, bem como à razoabilidade e ao interesse público de evitar litígios. Menezes Cordeiro apresenta algumas vantagens da compensação, como, por exemplo, permitir prescindir de um juízo, pois o credor demandado resolve a situação no momento, sem a necessidade de se arvorar, por seu turno, em demandante.

Outra vantagem é evitar fluxos de meios de pagamento, uma vez que a compensação se consuma em abstrato, nas esferas respectivas.

A solução das dívidas compensadas se dá, portanto, *in abstrato* pela liberação do pagamento: não há o efetivo pagamento das dívidas pelo deslocamento de fundos.

Portanto, sobre a compensação, pode-se afirmar que:

a) é forma de extinção de obrigações recíprocas, que ocorre *in abstrato*;
b) deve se operar mediante o requerimento do interessado;
c) tem como pressupostos a liquidez, a exigibilidade e a fungibilidade;
d) seu principal fundamento é evitar dois adimplementos separados por ser inútil receber e pagar ato contínuo, ou simultâneo.

As diferentes naturezas das dívidas recíprocas não impedem a compensação, porquanto, conforme preceitua o art. 373 do CC/2002: "A diferença de causa nas dívidas não impede a compensação".

Sobre o tema, o STJ já se posicionou da seguinte forma:

> Súmula 306 do STJ: "Os honorários advocatícios devem ser compensados quando houver sucumbência recíproca, assegurado o direito autônomo do advogado à execução do saldo sem excluir a legitimidade da própria parte."
>
> Súmula 212 do STJ: "A compensação de créditos tributários não pode ser deferida em ação cautelar ou por medida liminar cautelar ou antecipatória."
>
> Jornada I de Direito Civil do STJ, Enunciado 19: "A matéria da compensação no que concerne às dívidas fiscais e parafiscais de Estados, Distrito Federal e de Municípios não é regida pelo art. 374 do CC/2002."
>
> "Em conformidade com a jurisprudência da Primeira Seção do STJ, deve ser aplicado à compensação o regime jurídico vigente no momento do encontro de contas. Contudo, uma vez proposta demanda judicial, o julgamento desta deve ter como referência a lei vigente no momento do ajuizamento da ação, considerados os limites da causa de pedir, sem prejuízo da possibilidade de a compensação tributária ser processada à luz das normas vigentes quando da sua efetiva realização, isto é, do encontro de contas" (REsp 1.164.452/MG, rel. Ministro Teori Albino Zavascki, Primeira Seção, *DJ* 02.09.2010; REsp 1.137.738/SP, rel. Min. Luiz Fux, 1.ª Seção, *DJ* 01.02.2010 – repetitivos). (...)

(STJ, AgRg nos EDcl nos EDcl no REsp 1302828/SP, 2.ª T., j. 16.05.2012, rel. Min. Herman Benjamin, *DJ* 22.05.2012).

"É possível a compensação dos honorários advocatícios, quando cada litigante for em parte vencedor e vencido" (STJ, AgRg no REsp 1362168/SC, 3.ª T., j. 11.04.2013, *DJ* 02.05.2013).

16. REMISSÃO DE DÍVIDAS

Há duas palavras da língua portuguesa que têm o mesmo som e grafias diversas, ostentando significados diferentes, ambos de interesse para a ciência jurídica. Essa homofonia dá-se entre os termos *remissão* e *remição*, cada um com um sentido jurídico.

Remissão é renúncia, perdão. Remitir é o ato de perdoar, de conceder remissão. O credor pode validamente perdoar a dívida e, com isso, desvincular o devedor da obrigação, liberando-o do pagamento. Pode fazê-lo, desde que não o faça para fraudar direitos de terceiros (art. 385 do CC/2002).

Remição é resgate, pagamento. Remir é o ato de pagar, resgatar. A dívida é remitida (art. 385 do CC/2002) e a hipoteca é remida (art. 1.482 do CC/2002).

A remissão praticada por insolvente, ou por aquele que pelo ato é reduzido à insolvência, ou à insuficiência de garantia, pode ser anulada por credor (que já o era ao tempo da remissão) quirografário ou não, em virtude de fraude contra credores (art. 158 do CC/2002).

A entrega voluntária ao devedor, feita pelo credor, do único título da obrigação deve ser compreendida como remissão da dívida toda, com liberação de todos os devedores solidários.

17. CONFUSÃO

O instituto jurídico da confusão, elencado como uma das formas de liberação do devedor e satisfação do credor (arts. 381 a 384 do CC/2002), se impõe todas as vezes em que as posições jurídicas do devedor e do credor de um mesmo vínculo jurídico, se concentram numa mesma pessoa, tornando desnecessário o deslocamento de fundos do patrimônio do devedor, que assumiu a posição de credor dessa prestação respectiva. "A confusão, define Aubry et Rau, *é a reunião ou o concurso, na mesma pessoa, das qualidades de credor e de devedor de uma só e idêntica obrigação*, enquanto B. Lacantinerie et Barde dizem-na *a neutralização de um direito em consequência da reunião na mesma pessoa de duas qualidades incompatíveis* (Miguel Maria de Serpa Lopes. *Curso de direito civil – Obrigações em geral*, v. II, p. 299).

As hipóteses mais comuns de confusão ocorrem por decorrência de sucessão *causa mortis* ou *inter vivos*, quando se dá ocasião de alguém assumir a posição jurídica antes ocupada por outrem, com quem se tem vínculo obrigacional, confundindo-se no sucessor a antiga posição do sucedido, ou, ainda, quando as posições jurídicas do credor e do devedor de um vínculo obrigacional são transmitidas para uma mesma pessoa, que passa a vivenciar essa contingência incompatível, de ser credor e devedor de um mesmo vínculo. "É curial que o crédito deixe de existir. Ninguém pode ser devedor de si mesmo. A relação obrigacional pressupõe pessoas distintas, ocupando uma o lado ativo e outra o lado passivo. Se, por qualquer circunstância, uma delas passa ao lado oposto, a relação acaba, pois não pode subsistir com um só termo"(Orlando Gomes. *Obrigações*, p. 126).

Essa incompatibilidade exime o devedor da obrigação "até a concorrência da respectiva parte no crédito, ou na dívida" (art. 383 do CC/2002), subsistindo, se houver, a solidariedade entre os obrigados na parte em que a dívida remanesceu, porque não extinta pela confusão.

A confusão, por isso, pode operar a extinção total, ou parcial da dívida na "proporção dos direitos em que o devedor ou o credor neles haja sucedido" (Miguel Maria de Serpa Lopes. *Curso de direito civil – Obrigações em geral,* v. II, p.302).

É razoável que se diga que a confusão não extingue a obrigação, mas apenas libera o devedor, diante do fato de a lei prever, expressamente, que cessando a confusão "para logo se restabelece, com todos os seus acessórios, a obrigação anterior" (art. 384 do CC/2002).

Sobre a transitoriedade do fenômeno da confusão, que justifica a prescrição do art. 384 do CC/2002, Serpa Lopes ensina o seguinte: "Clóvis entende que a confusão pode cessar por duas causas: a primeira, se ela decorreu de uma situação jurídica transitória, como se o fiduciário é credor do *de cujus,* caso em que, resolvido o direito do fiduciário, passando os bens ao fideicomissário, cessa a confusão; a segunda, é se a confusão decorreu de um título nulo, como se o testamento pelo qual o devedor se tornou herdeiro, é considerado nulo ou revogado por um ato posterior. Igualmente devemos acrescentar uma outra causa: a vontade do próprio titular dos direitos confundidos, pois nada obsta, que o devedor que se tornou igualmente credor, possa novamente dar circulação ao título creditório, incorporado ao seu patrimônio pela confusão" (Miguel Maria de Serpa Lopes. *Curso de direito civil – Obrigações em geral,* 5. ed. Rio de Janeiro: Freitas Bastos, 1989, v. II, p. 303 e 304).

O fenômeno da confusão, embora não seja comum, acontece e desperta curiosas consequências, muitas vezes de grande vulto econômico para as partes, como se vê dos julgados que seguem: "Com a noticiada incorporação (fato novo), a alegada credora (empresa controlada) e a suposta devedora (empresa ou acionista controlador) confundem-se numa mesma pessoa jurídica. Eventuais créditos da empresa controlada, assim como eventuais obrigações, passaram a ser créditos ou obrigações da própria controladora. Portanto, as qualidades de credor e devedor se confundem, e, embora ainda não haja título judicial transitado em julgado conferindo o direito ou definindo a obrigação, não há possibilidade jurídica para o prosseguimento da demanda, diante da inexorável confusão. Opera-se, então, no presente caso, o que o Código Civil, nos arts. 381 e ss., denomina de confusão e, embora se pudesse aplicar o disposto no art. 267, X, do CPC e julgar-se extinto o feito, sem a resolução do mérito, dada importância e relevância da matéria aqui tratada, é de todo recomendável e oportuno que se adentre no exame do mérito do recurso especial" (STJ, REsp 745739/RJ, 3.ª T., j. 28.08.2012, rel. Min. Massami Uyeda, *DJ* 21.09.2012). "A confusão entre credor e devedor não se configura se o ente público contra o qual a Defensoria atua tiver personalidade jurídica diversa" (STJ, AgRg no REsp 1360230/RS, 2.ª T., j. 16.04.2013, rel. Min. Herman Benjamin, *DJ* 08.05.2013).

Orlando Gomes chama a atenção para o fato de que *certos créditos* não desaparecem pela confusão, como os que estão incorporados na cártula, mesmo que o título ao portador volte ao poder do emitente (Orlando Gomes. *Obrigações* cit., p. 127), mas isso é outro aspecto que mais decorre da natural circulabilidade dos títulos de crédito que, propriamente, de uma consequência que resulte da confusão.

18. Prescrição liberatória

A prescrição é causa extintiva da pretensão de direito material pelo seu não exercício no prazo estipulado pela lei.

Isto significa dizer que a ocorrência de prescrição torna a dívida inexigível e opera o fenômeno de libertar o devedor do poder de excussão de seu patrimônio pelo credor. Nada obstante deva o juiz proclamar de ofício a prescrição em nome da economia processual, a recíproca não é verdadeira porque o pagamento de dívida prescrita não pode ser repetido (art. 882 do CC/2002; art. 970 do CC/1916). Portanto, se o devedor pagar espontaneamente dívida prescrita, não poderá exercer em juízo pretensão de repetição. Caso o devedor ajuíze contra o credor ação de cobrança de dívida prescrita paga pelo autor, o juiz deve extinguir o processo sem resolução do mérito por impossibilidade jurídica do pedido (art. 267, VI e § 3.º do CPC).

É bom lembrar que o direito brasileiro, pelo que se depreende do teor do art. 189, acolhe a teoria da *actio nata*, segundo a qual o *dies a quo* da prescrição da pretensão se inicia quando da violação do direito subjetivo.

A exemplo do que já ocorre nos arts. 26 e 27 do CDC, o CC/2002 adotou o critério científico para distinguir prescrição de decadência, proposto por Agnelo Amorim Filho (*RT* 300/7 e *RT* 744/723).

A fórmula oferecida por Câmara Leal, segundo a qual a decadência extinguiria o direito, enquanto que a prescrição extinguiria a ação, não é suficiente para explicar a complexidade do fenômeno e, mais do que isso, está superada pelo texto do art. 189 do CC/2002, que fala expressamente que a prescrição extingue a pretensão de direito material e não a ação.

O melhor critério para conceituar-se e distinguir-se prescrição de decadência é o de Agnelo Amorim Filho, que foi o adotado pelo CDC e pelo CC/2002.

Esse critério não é exclusivamente processual nem parte de premissa processual, como à primeira vista pode parecer; trata-se de critério fundado na pretensão de direito material e de seu exercício e que, por isso, culmina por informar os critérios para a classificação das ações.

Quando a pretensão de direito material a ser deduzida em juízo for exercitável por meio de ação de natureza condenatória, bem como as de execução dessas mesmas pretensões, o prazo previsto em lei para o seu exercício é de prescrição. Nasce a pretensão com a violação do direito e o titular pode exigir uma prestação do devedor. Assim, as pretensões condenatórias de indenização, de perdas e danos (materiais e morais), condenatórias de obrigação de fazer ou de não fazer, de cobrança, de execução de honorários profissionais, de execução por quantia certa contra devedor solvente, de abatimento do preço por vício redibitório (ação *quanti minoris*) etc., todas essas sujeitam-se a prazos de exercício que são de prescrição.

Aplicam-se a esses prazos, portanto, o regime jurídico previsto neste Capítulo I (arts. 189 a 206).

Seguindo-se nova classificação das tutelas jurisdicionais proposta pela doutrina mais moderna (Renato Sconamiglio. Il risarcimento del danno in forma specifica, p. 201/245, especialmente p. 209] e Luiz Guilherme Marinoni. *Tutela Inibitória*, passim), podemos dizer que as ações e as sentenças condenatórias são ponto de partida para outras classificações das tutelas jurisdicionais, pois delas decorrem as tutelas inibitórias (comando prevenindo a prática de um ilícito – "condenação" a um *non facere*), ressarcitórias (*condenação* em obrigação de fazer em forma específica) e reintegratórias (*condenação* ao adimplemento da obrigação – obrigação de fazer).

Para efeitos de caracterização do prazo para o exercício dessas pretensões em juízo, todas as três são ensejadoras de potencial violação do dever de prestar, razão pela qual se sujeitam a prazos de prescrição. Subsumem-se, portanto, ao critério de Agnelo Amorim Filho e, consequentemente, ao sistema do CC/2002.

Tendo em vista a segurança que as relações jurídicas devem ter, as pretensões condenatórias sempre prescrevem. Caso a lei não estabeleça prazo específico de prescrição de alguma pretensão condenatória, esta prescreve em dez anos (art. 205).

A prescrição, como se disse, é causa extintiva do direito ou da pretensão de direito material pela desídia de seu titular, que deixou transcorrer o tempo sem exercitar seu direito.

Sendo a prescrição causa que restringe direitos, tem de ser interpretada de maneira estrita. Quando se observar a inexistência de desídia do titular do direito ou da pretensão, deve-se dar à prescrição interpretação mitigada. Prescrita a pretensão de direito material, exercitável por meio de ação judicial, toda a defesa eventualmente existente contra essa pretensão também está prescrita.

Caso não exercida a exceção (defesa – exceção significa defesa de matéria de direito disponível), ocorre a preclusão (perda da faculdade de praticar aquele ato no processo). O art. 190 do CC/2002 consagra a máxima francesa *tant dure la demande, tant dure l'exception*. A norma estabelece concomitância da prescrição, tanto da pretensão como da defesa. Assim, não se permite ao réu deduzir defesa – sob forma de contestação, embargos do devedor, pedido contraposto, reconvenção, incidente de falsidade, declaratória incidental etc. –, quando o direito ou pretensão já tiver sido atingido pela prescrição.

Caso o direito ou pretensão já esteja prescrito, vedado ao réu opor as exceções (defesas) de direito material, tais como a exceção de contrato não cumprido (*exceptio non adimpleti contractus*), a exceção de contrato cumprido de forma defeituosa (*exceptio non rite adimpleti contractus*) etc.

O juiz, antes de pronunciar de ofício a prescrição (art. 219, § 5.º, do CPC), deverá observar se houve ou não renúncia à prescrição pelo réu.

Por serem matéria de ordem pública, os prazos prescricionais fixados pela lei não podem ser alterados por convenção das partes. Extinta a pretensão pela prescrição, não se vivifica por acordo entre as partes. Se quiserem que isso ocorra, as partes terão de celebrar novo negócio jurídico, porque o prescrito está extinto.

Interromper a prescrição significa "tornar perdido e de nenhum proveito para o prescribente todo o tempo anterior à interrupção: a prescrição começa a correr de novo" (Lacerda de Almeida. *Obrigações* cit., § 92, p. 366). Havendo interrupção da prescrição, o prazo para o exercício da pretensão condenatória inicia-se novamente, do zero.

A interrupção da prescrição feita a um dos credores solidários aproveita aos outros. Da mesma forma, quando feita ao devedor solidário prejudica aos demais e a seus herdeiros (art. 204 e § 1.º ao § 3.º do CC/2002).

No sistema do CPC, a citação é o ato que interrompe a prescrição (art. 219) e evita a decadência (art. 220). No sistema do CC/2002, pela literalidade do art. 202, I, a prescrição interrompe-se pelo despacho que a ordenar. Como a parte que agiu não pode ser apenada pela negligência (que não houve), o ajuizamento da ação é causa eficiente para que, proferido o despacho (art. 202, I) ou feita efetivamente a citação (art. 219), tenha-se por interrompida a prescrição. A aparente antinomia entre o art. 202, I, do CC e o art. 219, § 1.º, do CPC deve ser afastada pela interpretação sistemática dos dois dispositivos: qualquer que seja a causa interruptiva da prescrição (despacho ou citação), sua demora pelo funcionamento da máquina judiciária não pode apenar o autor, que agiu e ajuizou a ação antes de esgotado o prazo para o exercício da pretensão de direito material. Em outras palavras, os efeitos interruptivos da prescrição retroagem à data do ajuizamento ou da propositura da ação, conforme determina o art. 219, § 1.º, do CPC.

Diferentemente do disposto no art. 172, II, do CC/1916, que tratava do protesto como causa interruptiva da prescrição, com redação que poderia induzir o intérprete a restringi-lo ao protesto judicial, o texto comentado é claro ao determinar o protesto notarial como causa que interrompe a prescrição. A expressão protesto cambial é utilizada em oposição àqueloutra do protesto judicial, obedecendo tradição dos costumes brasileiros, mas o protesto é ato típico e nitidamente notarial, razão por que se aplica a todo e qualquer título cambial ou outro documento que exprima dívida, não se restringindo aos títulos cambiais *stricto sensu*. Neste sentido: Simone Eberle. Do universo cambiário para o universo obrigacional: viabilidade e requisitos do protesto de documentos de dívida, *RDM* 147, p. 123 e 141; Reinaldo Velloso dos Santos. *Apontamentos sobre o protesto notarial*, n. 4.4.5, p. 115.

O STJ aplicou em várias oportunidades o sistema de prescrição do CC/1916 às relações de consumo, embora exista regra específica no CDC quanto à matéria. Assim agiu sob o fundamento de que o regime do CC/1916 seria mais benéfico ao consumidor, não sendo justo o comerciante ter vinte anos para exercer em juízo pretensão indenizatória decorrente de contrato de transporte (art. 177 do CC/1916) e o consumidor, hipossuficiente, ter apenas cinco anos para fazê-lo (art. 27 do CDC). Aplicou o sistema do CC/1916, com fundamento no art. 7.º, *caput*, do CDC, que diz que a incidência do CDC regulando a relação de consumo não impede a aplicação de outras leis ordinárias, como é o caso do CC. Podemos citar como exemplos: STJ, REsp 330288/SP, 4.ª T., j. 27.06.2002, v.u., rel. Min. Aldir Passarinho, *DJ* 26.08.2002, p. 230; STJ, AgRgEDclREsp 224554/SP, 3.ª T., j. 06.12.2001, v.u., rel. Min. Nancy Andrighi, *DJ* 25.02.2002, p. 376; STJ-RT 800/236 (rel. Min. Ruy Rosado de Aguiar); RSTJ 151/297.

Embora alguns acórdãos do STJ (v.g., RSTJ 151/297, rel. Min. Menezes Direito) façam distinção entre o defeito na execução do contrato de transporte, cuja indenização estaria sujeita ao prazo de prescrição do art. 27 do CDC, e a indenização de passageira, que sofre dano por imperícia do preposto da transportadora, que estaria sujeita ao prazo prescricional do art. 177 do CC/1916, na verdade essas distinções não existem: tanto a passageira, que adquiriu o bilhete de transporte – que é consumidora padrão do art. 2.º, *caput* do CDC –, quanto, por exemplo, o terceiro, vítima de atropelamento pelo veículo – que é consumidor por expressa determinação do art. 17 do CDC – são consumidores e essas relações estão sujeitas ao regime jurídico do CDC.

Na verdade, o STJ tem aplicado o CC porque entende injusta a situação de maior proteção de fornecedores e de não consumidores (prescrição vintenária do revogado art. 177 do CC/1916, hoje decenal, segundo o art. 205 do CC/2002), em detrimento da situação do consumidor (prescrição quinquenal do art. 27 do CDC), esse sim hipossuficiente, que deveria merecer maior proteção da lei brasileira.

Aplica o antigo art. 177 do CC/1916 – atual art. 205 do CC/2002 – e não o art. 27 do CDC. Não dá interpretação meramente literal ao tema, mas sim interpretação social. Este é apenas um exemplo de aplicação do CC/2002 a relações jurídicas que, em princípio, não seriam por ele regidas. A isso a doutrina moderna denomina de *diálogo das fontes*, superando-se, assim, a antiga ideia de conflito de normas de que tratava a teoria geral do direito.

O prazo máximo de prescrição no direito brasileiro, quando a lei não haja fixado prazo menor, é de 10 (dez) anos, segundo expressa determinação do art. 205 do CC/2002.

Antes do advento do CC/2002, o prazo máximo de prescrição era de 20 (vinte) anos.

Em sua edição originária, o Código Civil de 1916 previa 30 (trinta) anos como prazo máximo de prescrição no direito brasileiro.

Com isso se quer demonstrar a tendência, sempre presente e crescente no direito brasileiro, desde o início do século XX, de serem abreviados os prazos para o exercício das pretensões em juízo, dada pela necessidade de segurança das relações jurídicas e tendo em vista a velocidade das informações e das comunicações dos dias de hoje.

Sobre prescrição, eis algumas súmulas da jurisprudência dominante de tribunais superiores ou de jornadas de estudos doutrinários:

> STF 150: "Prescreve a execução no mesmo prazo de prescrição da ação".
> Jornada V de Direito Civil do STJ, Enunciado 416: "A propositura de demanda judicial pelo devedor, que importe impugnação do débito contratual ou de cártula representativa do

> direito do credor, é causa interruptiva da prescrição". Jornada V de Direito Civil do STJ, Enunciado 417: "O art. 202, I, do CC/2002 deve ser interpretado sistematicamente com o art. 219 § 1.º, do CPC, de modo a se entender que o efeito interruptivo da prescrição produzido pelo despacho que ordena a citação é retroativo até a data da propositura da demanda".
>
> Jornada V de Direito Civil do STJ, Enunciado 420: "Não se aplica o art. 206 § 3.º, V, do CC/2002, às pretensões indenizatórias decorrentes de acidente de trabalho, após a vigência da EC 45, incidindo a regra do art. 7.º XXIX, da CF/1988".
>
> Jornada V de Direito Civil do STJ, Enunciado 418: "O prazo prescricional de três anos para a pretensão relativa a aluguéis aplica-se aos contratos de locação de imóveis celebrados com a administração pública".
>
> Jornada V de Direito Civil do STJ, Enunciado 419: "O prazo prescricional de três anos para a pretensão de reparação civil aplica-se tanto à responsabilidade contratual quanto à responsabilidade extracontratual".

19. QUITAÇÃO

É direito do devedor que cumpre a prestação obter do credor que recebe a prestação a quitação da dívida e sua formal desoneração. O credor que não pode receber, ou sem justa causa recusar-se a receber o pagamento, ou dar quitação regular ao devedor, incorre em mora. Abre-se para o devedor ou para terceiro, ocasião de depositar a prestação (quantia ou coisa devida) com efeito de pagamento (art. 335, I do CC/2002 e art. 890 *et seq.* do CPC).

A quitação da dívida não requer forma solene, bastando seja confeccionada em escrito particular (arts. 107 e 212, II, do CC/2002).

Se o valor da dívida foi pago e não foi feita expressamente na quitação a reserva de juros, a presunção é de que os juros foram pagos com o capital. A prova que o devedor deve exibir é a quitação, onde se veja ter sido feita, ou não, a ressalva dos juros. Se há a ressalva, o devedor deve, ainda, os juros; se não há a ressalva, a presunção é *iuris et de iure* de que o pagamento foi feito incluindo os acessórios, não podendo o credor exigir do devedor o pagamento de juros. A incidência, ou não, do art. 323 do CC/2002 depende, pois, da prova de que houve reserva dos juros, não do pagamento.

A quitação deve ser clara quanto ao vínculo obrigacional a que se refere, quanto ao título da dívida de que trata, pois não tendo sido especificada a causa que ensejou o crédito e sua quitação, não pode o devedor se esquivar da exigência de pagamento posterior, de dívida que não constou da quitação dada, se mais de um eram os vínculos entre as partes. Nesse sentido a jurisprudência: "*A quitação dada pelo empregado, no caso de plano de demissão voluntária, não impede o ingresso em juízo, de ação fundada em acidente de trabalho*" (STJ, AgRg no Ag 865883/SP, 3.ª T., j. 04.02.2010, rel. Min. Vasco della Giustina, *DJ* 25.02.2010.). Ou ainda: "(I) É devida a restituição da denominada reserva de poupança a ex-participantes de plano de benefícios de previdência privada, devendo ser corrigida monetariamente conforme os índices que reflitam a real inflação ocorrida no período, mesmo que o estatuto da entidade preveja critério de correção diverso, devendo ser incluídos os expurgos inflacionários (Súmula 289 do STJ); (II) A quitação relativa à restituição, por instrumento de transação, somente alcança as parcelas efetivamente quitadas, não tendo eficácia em relação às verbas por ele não abrangidas. Portanto, se os expurgos inflacionários não foram pagos aos participantes que faziam jus à devolução das parcelas de contribuição, não se pode considerá-los saldados por recibo de quitação passado de forma geral; (III) – A atualização monetária das contribuições devolvidas pela entidade de previdência privada ao associado deve ser calculada pelo IPC, por ser o índice que melhor traduz a perda do poder aquisitivo da moeda" (STJ, REsp 1183474/DF, 2.ª Seção, j. 14.11.2012, rel. Min. Raul Araújo, *DJ* 28.11.2012.)

Se o devedor pagou ao legítimo portador do título, antes de conhecer o fato de que o título havia sido extraviado hão de ser observadas as seguintes regras: "O proprietário, que perder ou extraviar título, ou for injustamente desapossado dele, poderá obter novo título em juízo, bem como impedir sejam pagos a outrem capital e rendimentos" (art. 909, *caput*, do CC/2002); o pagamento, feito antes de ter ciência da ação referida neste artigo, exonera o devedor (que pagou a quem lhe apresentou o título – art. 324, *caput* e 901 do CC/2002), salvo se se provar que tinha conhecimento do fato (art. 909, parágrafo único, do CC/2002).

Pode se dar ocasião de a quitação vir a ser dada e, mesmo assim, as partes terem questões outras para serem resolvidas, por decorrência de alguma patologia do vínculo. Há acórdão do STJ que aplica analogicamente a Súmula 286 em casos de rediscussão de contratos findos pela quitação ("A renegociação de contrato bancário ou a confissão da dívida não impede a possibilidade de discussão sobre eventuais ilegalidades dos contratos anteriores"). V. AgRg no Ag 828618/PR, 4.ª T., j. 06.09.2011, rel. Min. Maria Isabel Gallotti, *DJ* 13.09.2011. "(...) A quitação do contrato de compra e venda de imóvel não impede a discussão sobre eventuais ilegalidades alegadas no contrato findo. Precedentes. 2.– Agravo improvido" (STJ, AgRg no AREsp 278202/SP, 3.ª T., j. 21.03.2013, rel. Min. Sidnei Beneti, *DJ* 01.04.2013).

20. QUITAÇÃO CELEBRADA MEDIANTE ADESÃO

O trato de questões que a doutrina considera inseridas em *negócios de massa*, ou que sejam fruto de soluções dadas sem que as partes possam – item por item – discutir entre si as cláusulas dos contratos, por vezes criam situações novas com as quais frequentemente a jurisprudência do STJ tem se deparado, para soluções pontuais.

Uma das consequências da quitação da dívida é a atualização *incontinenti*, pelo credor, do cadastro de inadimplentes onde por ventura tenha feito lançar o nome do devedor. Por isso, juntamente com o dever de dar quitação, o credor tem outro dever anexo de conduta, de atualizar os dados cadastrais de seu devedor junto ao rol de maus-pagadores. Em caso em que essa questão veio à tona, o STJ assim decidiu: "Cabe às entidades credoras que fazem uso dos serviços de cadastro de proteção ao crédito mantê-los atualizados, de sorte que uma vez recebido o pagamento da dívida, devem providenciar o cancelamento do registro negativo do devedor. Quitada a dívida pelo devedor, a exclusão do seu nome deverá ser requerida pelo credor no prazo de 05 dias, contados da data em que houver o pagamento efetivo, sendo certo que as quitações realizadas mediante cheque, boleto bancário, transferência interbancária, ou outro meio sujeito a confirmação, dependerão do efetivo ingresso do numerário na esfera de disponibilidade do credor. Nada impede que as partes, atentas às peculiaridades de cada caso, estipulem prazo diverso do ora estabelecido, desde que não se configure uma prorrogação abusiva desse termo pelo fornecedor, em detrimento do consumidor, sobretudo em se tratando de contratos de adesão. A inércia do credor em promover a atualização dos dados cadastrais, apontando o pagamento, e consequentemente, o cancelamento do registro indevido, gera o dever de indenizar, independentemente da prova do abalo sofrido pelo autor, sob forma de dano presumido. Precedentes. Recurso especial provido" (STJ, Resp 1149998/RS, 3.ª T., j. 07.08.2012, rel. Min. Nancy Andrighi, *DJ* 15.08.2012).

O devedor que demanda contra o credor, por apontar no vínculo da obrigação uma falha que compromete o direito de o credor cobrar-lhe a dívida, deve sempre atentar para os atos sequenciais de sua conduta. Quem paga dívida cuja existência e validade veio a questionar em juízo, por ação própria, deve fazê-lo judicialmente com a ressalva de que o pagamento não se deveu à renúncia ao direito de questionar o débito, sob pena de ver a ação julgada extinta por falta de interesse, como ocorreu no caso seguinte: "A adesão ao parcelamento em que houve assinatura de termo de confissão de dívida equivale à renúncia do direito sobre o qual se funda a ação, devendo ser extinto o feito com julgamento do mérito, nos termos do art. 269, V, do CPC. Deveras, o programa fiscal de quitação de débitos sendo uma opção ao contribuinte, cujas condições estão expressas no regulamento, não há como ser permitido seu ingresso sem o cumprimento das exigências legalmente estipuladas. Destarte, reconhecendo a legitimidade do crédito exequendo, v.g., com o pagamento, o recorrente renuncia ao direito em que se funda a ação de anular o débito fiscal, desaparecendo, a partir de então, o interesse de agir. *In casu*, assentou o Tribunal *a quo* que: "No curso de uma ação de anulação de débito fiscal, o Autor pagou, em sede administrativa, a totalidade da dívida e, ante a comprovação feita nos autos, o juiz proferiu sentença julgando extinto o processo com exame de mérito, com fundamento no art. 269, V, do CPC, condenando o Autor nos encargos da sucumbência (fls. 174). Não houve nenhuma transação e a solução do caso, quanto à sucumbência, é idêntica à hipótese de reconhecimento da procedência do pedido, incidindo o caput do art. 26 do CPC"(STJ, REsp 1061151/RJ, 1.ª T., j. 13.10.2009, rel. Min. Luiz Fux, *DJ* 04.11.2009).

Peculiaridades do comportamento da parte devedora que paga a dívida que discute em juízo precisam ser muito bem especificadas, para não redundar em prejuízo para o devedor: "A extinção da Execução Fiscal pela quitação da dívida objeto de parcelamento tributário não configura hipótese de encerramento do processo por transação entre as partes. Em verdade, a sentença não teve como fundamento o negócio bilateral, mas o completo adimplemento da obrigação. Nesse caso, aplica-se o disposto no art. 26, *caput*, do CPC, pois a satisfação do débito equivale ao reconhecimento do pedido" (STJ, AgRg no Resp 1280482/SC, 2.ª T., j. 07.02.2012, rel. Min. Herman Benjamin, *DJ* 13.04.2012). Ou como nesse caso: "(...) A quitação dada pelo empregado, no caso de plano de demissão voluntária, não impede o ingresso em juízo, de ação fundada em acidente de trabalho. Verificar se o PDV engloba todas as verbas indenizatórias, enseja o reexame da matéria fático-probatória, o que não é admissível em face do óbice da Súmula 7 do STJ. 3. Agravo regimental a que se nega provimento" (STJ, AgRg no Ag 865883/SP, 3.ª T., j. 04.02.2010, rel. Min. Vasco della Giustina, *DJ* 25.02.2010).

Capítulo IV

Inadimplemento e Extinção das Obrigações

1. INADIMPLEMENTO ABSOLUTO E RELATIVO

Quando a obrigação é cumprida conforme a lei ou o contrato, diz-se que houve seu *adimplemento*.

O *inadimplemento* da obrigação, ao contrário, é o não cumprimento, voluntário ou involuntário, dos deveres de prestar, por aquele que estava adstrito a fazê-lo.

O inadimplemento da obrigação, por isso, é circunstância que caracteriza infração contratual (pelo descumprimento de obrigação voluntariamente assumida), ou infração de obrigação extracontratual (pelo descumprimento de obrigação a que a parte legalmente se viu jungida).

A consequência disso é a de sujeitar-se o devedor inadimplente à contingência de sofrer os efeitos do contrato não cumprido, ou os efeitos do descumprimento da obrigação, que deriva da lei: "A infração de dever legal ou de dever contratual poderá levar ao desfazimento da relação jurídica originada pelo contrato... A consequência teoricamente normal para o inadimplemento é responder o inadimplente por perdas e danos" (Alcides Tomasetti, Comentários ao art. 9.º da Lei 8.245/1991. In: Juarez de Oliveira (coord.). *Comentários à Lei de Locação de Imóveis Urbanos*. São Paulo: Saraiva, 1992. p. 137). Sobre o tema, ver também: Nelson Nery Junior, *Soluções práticas de direito*, vol. II, n. 17, p. 505-527.

O inadimplemento pode-se apresentar de maneira irreversível (por virtude de a prestação já não poder ser cumprida, por sua inutilidade – parágrafo único do art. 395 do CC/2002), ou reversível (por virtude de o inadimplemento consistir em mero atraso no cumprimento da obrigação que, entretanto, pode vir a ser, depois, corretamente cumprida, agora com os acréscimos capazes de compensar o credor pelo atraso – art. 395, *caput*, do CC/2002).

Para o inadimplemento irreversível, dá-se o nome de *inadimplemento absoluto*; para o inadimplemento em que a mora no cumprimento da obrigação pode ser *purgada*, ou em que a obrigação pode ser, ainda, fielmente cumprida, pela utilidade da prestação, dá-se o nome de *inadimplemento relativo*.

Verifica-se o *inadimplemento absoluto* da obrigação, portanto, quando já não mais for possível ao devedor o cumprimento da obrigação, com a prestação útil de seu objeto. Havendo inadimplemento absoluto da obrigação, o credor poderá enjeitar a prestação e pedir perdas e danos (art. 402 do CC/2002), capaz de compensar-lhe os efeitos do inadimplemento (art. 395, parágrafo único).

Ocorre o *inadimplemento relativo* quando o devedor ainda puder, de alguma maneira, cumprir a obrigação, mesmo que extemporaneamente. São espécies do inadimplemento relativo: (a) a mora (art. 394); (b) a violação positiva da obrigação ou do contrato.

1.1 Exceção de contrato não cumprido (exceptio non adimpleti contractus)

No direito privado – assim como acontece no direito processual – também, há possibilidade de serem opostas exceções pelos contratantes, para obstar a ação de quem pretende exercer um direito antagonista ao seu.

São elas chamadas de *exceções substanciais*.

A exceção de contrato não cumprido (*exceptio non adimpleti contractus*), também chamada de exceção de inexecução, é a defesa indireta de mérito (exceção substancial) que o réu pode fazer quando acionado, no processo civil, opondo-se à pretensão do autor.

Constitui-se em uma das espécies de fato impeditivo do direito do autor (art. 333, II, do CPC), que pode ser alegado como preliminar de mérito na contestação (art. 326). O autor pode ter, em tese, o direito que pretende haver do réu, mas está impedido, por ora, de fazê-lo, enquanto não cumprir sua parte no contrato bilateral. Daí ser fato impeditivo (temporariamente) da pretensão do autor.

É do réu o ônus de provar os fatos que constituem o mérito da exceção de contrato não cumprido (art. 333, II). Nela não se discute o mérito da pretensão do autor. Ao contrário, o réu excipiente afirma ser devedor e não nega o descumprimento da prestação; apenas não concorda com o fato de o autor estar exigindo a prestação, sem que tenha cumprido sua parte no contrato. O excipiente pede a procedência da exceção, para que seja autorizado a não adimplir (Miguel Maria de Serpa Lopes, *Exceções*, n. 26, p. 135).

Elas obstam o cumprimento de uma prestação, enquanto não superada a causa que justifica a não ação do prestador. Na verdade, a *exceptio* revela uma pretensão de ver realizar um direito contrário ao exercitado pelo autor e, como tal, "um instrumento de flexível proteção de equidade e de boa-fé" (Idem, n. 22, p. 119).

A *exceptio* (exceção substancial) "é uma faculdade contraposta ao direito ou à pretensão do autor" (Idem, n. 10, p. 73).

Os arts. 476 e 491 do CC/2002 aludem a hipóteses que são espécies de *exceptio non adimpleti contractus*, de exceções substanciais, portanto. São situações que os alemães denominam de *Erfüllung Zug um Zug* (cumprimento da obrigação passo a passo), ou seja, situações em que o devedor há de ser condenado a cumprir a prestação em troca de receber a prestação que a ela corresponde, na sequência e na cadência lógica do movimento econômico esperado do contrato.

A *exceptio non adimpleti contractus* fundamenta-se no equilíbrio patrimonial das partes – por decorrência da função econômica dos contratos – em estreita conexão com a ideia de proporcionalidade de prestações e de lealdade negocial, à luz da sistemática dos negócios denominados *contratos bilaterais*, que dotam os dois polos do vínculo, ao mesmo tempo, de um feixe próprio de situações de vantagem e de desvantagem.

Esse é o ponto curioso da palavra chave *contratos bilaterais* do art. 476 do CC/2002: as partes, concomitantemente, vivem situação jurídica de vantagem (podem exigir prestação) e de desvantagem (estão jungidas ao dever de prestação), umas para com as outras.

Insta realçar: contrato bilateral não é negócio bilateral, como já vimos em teoria geral dos negócios jurídicos. Todo contrato tem natureza jurídica de *negócio jurídico bilateral*, porém, nem todo contrato pode ser classificado como contrato bilateral, pois há contratos (negócios jurídicos bilaterais) que se classificam como *contratos unilaterais*.

Por ora, é bom realçar que o art. 476 do CC/2002 cuida especificamente de uma espécie de contratos, *os bilaterais*, ou seja, os que impõem às partes, como se disse, deveres e poderes próprios de credor e de devedor, sendo perfeitamente possível, portanto, que uma parte do contrato ao mesmo tempo, incorra em *mora debitoris* e em *mora creditoris*, dependendo da qualidade do inadimplemento em que incorreu.

É justamente nesse sentido o didático alerta que é feito por Pontes de Miranda, corretamente, quando alude ao manejo da denominada exceção de contrato não cumprido (*exceptio non adimpleti contractus*), quando lembra, por exemplo, que o credor que "exige a contraprestação tem de apresentar a prestação. Se o não faz, incorre em *mora debitoris*. Se o faz e se recusa a receber, incorre em *mora creditoris*. Se não apresenta a prestação, nem recebe a contraprestação que se lhe apresentou, incorre em mora *debitoris* e em mora *creditoris*" (Pontes de Miranda, *Tratado*...cit., vol. 23, § 2772, 12, p. 92).

O objetivo da exceção é suspender o adimplemento, ou seja, autorizar o devedor a não adimplir (Idem, vol. XXV, § 3091, 3, p. 419).

O acolhimento da exceção faz com que não só seja extinto o processo sem resolução do mérito, por falta de interesse processual (art. 267, VI, do CPC), como também "neutraliza a exigibilidade do débito do excipiente, embora vencida a prestação" (Miguel Maria de Serpa Lopes, *Exceções...* cit., n. 26, p. 135).

Tanto pode ver-se na exceção de contrato não cumprido uma situação de justificação da inexecução pelo excipiente (Christophe Paulin. *La clause résolutoire*, n. 78, p. 82, nota 1; François Pillebout, *Recherches sur l'exception d'inéxécution*, n. 205, p. 201), como, também, circunstância que impede o nascimento do direito de resolução (Cécile Chabas, *L'inexécution licite du contrat*, n. 339, p. 330).

De qualquer modo, a procedência da exceção constitui-se como causa de suspensão da exigibilidade da prestação do excipiente. Portanto, não pode o credor, durante a pendência da demanda, exercer seu poder de excussão sobre o patrimônio do devedor. Por isso, "o titular da pretensão prescrita não tem a exceção *non adimpleti contractus*" (Pontes de Miranda, *Tratado*...cit., vol. 23, § 2772,12, p. 94).

É possível ao devedor o exercício da exceção de contrato não cumprido por antecipação, isto é, antes do termo da prestação. Essa possibilidade existe quando mostrar-se previsível o descumprimento da prestação pela contraparte. É o que ocorre, por exemplo, quando se pede para exercer o direito de greve (causa de suspensão do contrato de trabalho), por motivo justificado (Cécile Chabas, *L'inexécution licite du contrat* cit., n. 333, p. 326).

As exceções substanciais são constantemente opostas em processo, pelo que é constante o desafio da jurisprudência na atualização constante do instituto, que sempre apresenta contornos novos.

Recentemente, o STJ apontou para um detalhe importantíssimo para o bom entendimento e aplicação do instituto, ao obtemperar sobre a eventualidade de um contrato bilateral, ou de a lei, prever momentos sequenciais para o cumprimento das obrigações, passo a passo, e ainda de o inadimplemento – no caso objeto do julgamento – ter sido mínimo e insignificante: "A exceção de contrato não cumprido somente pode ser oposta quando a lei ou o próprio contrato não determinar a quem cabe primeiro cumprir a obrigação. (...) A recusa da parte em cumprir sua obrigação deve guardar proporcionalidade com a inadimplência do outro, não havendo de se cogitar da arguição da exceção de contrato não cumprido quando o descumprimento é parcial e mínimo" (REsp 981750/MG, rel. Min. Nancy Andrighi, *DJe* 23.04.2010).

Pela sua lógica impecável, o instituto alcança até mesmo fenômenos submetidos ao direito administrativo, como se vê do seguinte julgado: "O Superior Tribunal de Justiça consagra entendimento no sentido de que a regra de não aplicação da *exceptio non adimpleti contractus*, em sede de contrato administrativo, não é absoluta, tendo em vista que, após o advento da Lei 8.666/1993, passou-se a permitir sua incidência, em certas circunstâncias, mormente na hipótese de atraso no pagamento, pela Administração Pública, por mais de noventa dias (art. 78, XV). A propósito: AgRg no REsp 326.871/PR, 2.ª T., rel. Min. Humberto Martins, *DJ* 20.02.2008; RMS 15154/PE, 1.ª T., rel. Min. Luiz Fux, *DJ* 02.12.2002. Além disso, não merece prosperar o fundamento do acórdão recorrido de que as empresas necessitariam pleitear judicialmente a suspensão do contrato, por inadimplemento da Administração Pública. Isso, porque, conforme bem delineado pela Min. Eliana Calmon no julgamento do REsp 910802/RJ (2.ª T., *DJe* 06.08.2008), 'condicionar a suspensão da execução do contrato ao provimento judicial, é fazer da lei letra morta'. Entretanto, não há como aplicar a 'exceção do contrato não cumprido' na hipótese em exame, porquanto o Tribunal de Justiça do Distrito Federal e Territórios informou que não há obrigações não cumpridas pela empresa pública. Isso porque: (a) houve 'concordância da Administração em efetuar o pagamento dos serviços que ainda faltam faturar e executar, da correção monetária dos pagamentos em atraso e dos valores retidos'; (b) 'a emissão do Certificado de Recebimento Definitivo somente ocorrerá após o recebimento efetivo do sistema, tal como determina o subitem 20.3 do edital (fl. 433 dos autos da execução)'; (c) não há direito à indenização pelos períodos de suspensão do contrato, na medida em que 'os embargantes aderiram a todos os termos aditivos dos contratos sem demonstrar qualquer irresignação' (fls. 849/851). (...)" (STJ, REsp 879046/DF, 1.ª T., j. 19.05.2009, rel. Min. Denise Arruda, *DJ*E 18.06.2009).

Interessantíssimo, por outro lado, o julgamento que segue, em que a Corte ponderou a qualidade da *fonte de direito* de onde provinha a obrigação apontada como não cumprida, para não considerá-la, propriamente, com natureza jurídica de *contrato bilateral*, afastando a incidência do art. 1.092 do CC/1916, correspondente ao atual art. 476 do CC/2002: "Não ostentando a Convenção de Condomínio natureza puramente contratual, inadmissível é ao condômino invocar a exceção de contrato não cumprido para escusar-se ao pagamento das cotas condominiais" (STJ, REsp 195450/SP, j. 08.06.2004, 4.ª T., rel. Min. Barros Monteiro, *DJU* 04.10.2004).

2. VIOLAÇÃO POSITIVA DO CONTRATO. CUMPRIMENTO DEFEITUOSO DA OBRIGAÇÃO (*EXCEPTIO NON RITE ADIMPLETI CONTRACTUS*)

A *violação positiva* do contrato configura hipótese de descumprimento da obrigação, não caracterizado pela decorrente impossibilidade do cumprimento da obrigação (inadimplemento absoluto), nem pelo atraso no cumprimento da obrigação (mora).

Em certa medida, o art. 394, ao definir mora como o não cumprimento da obrigação no tempo (mora *stricto sensu*), lugar e *forma convencionados*, ou previstos pela lei, alargou o conceito de mora para abarcar, também, as hipóteses de violação positiva da obrigação (mora *lato sensu*).

Para que se possa dizer caracterizada a violação positiva do contrato ou da obrigação extracontratual, são necessários os seguintes elementos:

a) que tenha o devedor se desincumbido de uma prestação a que reputa a virtude de servir como adimplemento da obrigação (visão aparente de que tenha havido adimplemento);

b) que o cumprimento da prestação tenha sido realizado de maneira defeituosa (desconformidade entre o prestado e o que deveria sê-lo) (Agostinho Alvim fala em "imperfeição no cumprimento da obrigação" – *Da inexecução das obrigações*...cit., p. 11);

c) que não haja regulamentação para a hipótese em questão, para o cumprimento defeituoso da prestação, à luz das regras postas sobre os vícios dos atos e negócios jurídicos;

d) que do inadimplemento derivem danos que lhe sejam típicos (não comuns às outras hipóteses, de mora e impossibilidade da prestação) Nesse sentido: Jorge Cesa Ferreira da Silva, *A boa-fé e a violação positiva do contrato*, p. 225/226.

Concorrendo esses quatro elementos, dar-se-á hipótese de violação positiva da obrigação ou do contrato, que dará ensejo à rescisão do contrato e/ou à movimentação do sistema de responsabilidade civil, para a reparação dos danos decorrentes desse inadimplemento.

Pode-se apontar como exemplo de violação positiva do contrato a hipótese de a obrigação ter sido cumprida parcialmente, ou de forma defeituosa, fato que dá ensejo à arguição da *exceptio non rite adimpleti contractus* (exceção de contrato cumprido de forma defeituosa). Para estudo mais aprofundado sobre o tema, ver: Jorge Cesa Ferreira da Silva. *A boa-fé e a violação positiva do contrato*; Hermann Staub. *Die positiven Vertragsverletzungen und ihre Rechtsfolgen*.

A obrigação cumprida parcialmente ou de forma defeituosa dá ensejo à arguição da *exceptio non rite adimpleti contractus* (exceção de contrato cumprido de forma defeituosa). O art. 476 do CC/2002 abrange, também, a situação de cumprimento defeituoso do contrato, que pode significar violação positiva do contrato.

3. MORA

Mora é o não cumprimento injustificado da obrigação no tempo devido, isto é, o atraso injusto no cumprimento da obrigação.

Qualquer uma das partes da relação jurídica, tanto aquela apontada como devedora (porque reúne sobre si um feixe maior de prestações por cumprir), como aquela denominada de credora (porque titulariza, na relação jurídica, um feixe maior de situações de vantagem), pode incorrer em mora, de devedor ou de credor, pois estará em mora todo aquele "que falta ao que se lhe poderia exigir" (Pontes de Miranda, *Tratado*...cit., t. 23, § 2801, 2, p. 221).

A mora pelo descumprimento da prestação por culpa do devedor é denominada de *mora solvendi* ou *mora debitoris*.

Quando o credor não quiser receber a prestação devida, conforme obrigação a que está sujeito aquele que deve satisfazer a prestação, fala-se em mora do credor. A mora do credor, portanto, caracteriza-se como um episódio do processo obrigacional em que o devedor quer entregar a prestação no tempo, lugar e forma convencionados, e o credor se recusa a aceitá-la, incorrendo, por isso, em *mora accipiendi* ou *mora creditoris*.

O *atraso* é o elemento objetivo da mora do devedor; a *culpa*, o elemento subjetivo dessa figura jurídica (art. 396 do CC/2002).

O retardamento é o atraso não culposo no cumprimento da obrigação. O mero retardamento não é suficiente para caracterizar a *mora solvendi*. Somente será relevante o retardamento no caso de *mora ex re*, como veremos abaixo, pois não há *mora solvendi* sem culpa do devedor (art. 396) (Nelson Nery Junior e Rosa Maria de Andrade Nery. *Código Civil comentado* cit., comentário 4 ao art. 394; Clóvis Bevilaqua, *Código Civil*...cit., 10 ed., vol. IV, 955, 90; Agostinho Alvim, *Da inexecução das obrigações*...cit., n. 13, p. 14).

Na hipótese de *mora creditoris*, não há necessidade de aferir-se a culpa do credor, pois basta para a configuração da hipótese de sua recusa injustificada, por ocasião da oferta da prestação. Ou seja, para que a *mora creditoris* se caracterize, basta o fato objetivo da recusa, dispensada a averiguação da intenção do credor (No sentido da prescindibilidade da culpa para a verificação da mora do credor: Agostinho Alvim, *Da inexecução das obrigações*...cit., n. 21 *et seq.*, p. 23 *et seq.*; José Ignacio Cano Martínez de Velasco, *Mora*, n. 1.3, p. 5).

Se a prestação devida pelo devedor consistir em um *não fazer*, ou seja, tratando-se de obrigação negativa, o inadimplemento da obrigação ocorre desde o dia em que o devedor praticou o ato de que se deveria abster (art. 390 do CC/2002). A mora se apresenta sob duas formas distintas, *ex re* ou *ex persona*, conforme sejam as circunstâncias necessárias para identificá-la ou caracterizá-la.

Mora ex re ou mora automática é o fenômeno do atraso que decorre da própria coisa, pois o atraso está *in re ipsa*. Para que se caracterize a *mora ex re*, não há necessidade de nenhuma outra providência adicional do credor. O só fato do inadimplemento constitui automaticamente o devedor em mora. É desnecessário, portanto, nessas hipóteses, o agir do credor para constituir o devedor em mora, sendo dispensável a interpelação para que se considere caracterizada a *mora ex re*.

Para que se configure, portanto, a hipótese de mora automática é necessário que a obrigação seja positiva e líquida e com termo certo de vencimento (art. 397). Essa regra é adotada no direito interno de vários países de tradição romano-germânica (Alemanha: BGB, § 286, 2.ª parte; Itália: CC italiano, art. 1.219; Portugal: CC português, art. 805.º; França: CC francês, art. 1.139; Suíça: Código de Obrigações, art. 102, 2.ª parte; Argentina: CC, art. 509). V. Pontes de Miranda. *Tratado*...cit., t. 23, § 2802; Nelson Nery Junior e Rosa Maria de Andrade Nery. *Código Civil comentado*, comentário. 3 ao art. 397.

As hipóteses de *mora automática* dependem de previsão expressa no contrato, na lei, ou em sentença judicial (Wolfgang Ernst in AAVV. *Münchener Kommentar zum BGB*, vol. II, § 286, p. 1018). A previsão contratual pode ocorrer por convenção entre as partes, pactuando-se cláusula resolutória expressa na qual se fixa o termo da obrigação (Otto von Palandt e Christian Grüneberg. *Kommentar zum Bürgerlichen Gesetzbuch*, 72. ed., p. 404; Giorgio Giorgi, *Teoria delle obbligazioni*...cit., vol. II, n. 63 *bis*, p. 103/104).

Diversamente, haverá *mora ex persona* quando o atraso injustificado referir-se a prestações devidas em casos de obrigação não positiva, ou não líquida ou, ainda, quando não houver tempo certo fixado para o adimplemento da obrigação.

Nesse caso, para constituir-se o devedor em mora, é preciso que o credor providencie sua interpelação, que se pode providenciar por notificação (judicial ou extrajudicial), protesto, ou citação em ação judicial (art. 219 do CPC), cautelar ou principal, de conhecimento ou de execução, conforme sejam as peculiaridades do pedido do autor para o atingimento desse fim.

Todo ato pelo qual se dê conhecimento regular ao devedor, no sentido específico de que ele incorreu em atraso injustificado no cumprimento da obrigação é, em princípio, válido e eficaz para constituí-lo em mora, pois a natureza jurídica da interpelação é de *ato jurídico unilateral receptício*: fundamental, portanto, para a validade e eficácia da interpelação, que ela seja claramente escrita, regularmente expedida, para o destinatário certo, ou para seu procurador regular, com poderes para receber interpelação, e que seja o ato, também, revestido da solenidade que a lei e/ou o contrato exigirem, pois a mácula da comunicação, ou a imperfeição da forma, ou, ainda, a imprecisão do nome do destinatário e de seu endereço, levam à invalidade da interpelação e à ineficácia do ato, para o fim de constituir em mora o devedor, repita-se, nas hipóteses de *mora ex persona*.

A consequência disso é a inexigibilidade da prestação, pois a dívida ainda não se considera vencida e exigível, nem obriga o devedor ao pagamento de verbas que decorrem de sua regular constituição em mora (art. 395 do CC/2002). Evidentemente, também, a interpelação feita ao procurador do interpelado, não será operante, eficaz, para constituí-lo em mora, a não ser que o mandatário tenha poderes especiais para pagar.

Importantes consequências decorrem da constituição em mora do devedor. Releva notar esses efeitos:

a) a fluência de juros de mora (arts. 397, parágrafo único, e 405 do CC/2002);

b) o descumprimento da obrigação e a consequente extinção do contrato;

c) as perdas e danos (lucro cessante, despesas decorrentes da mora etc.);

d) pagamento da cláusula penal;

e) risco pela destruição fortuita da coisa devida e não entregue (*obligatio mora perpetuatur*) etc. (arts. 389, 395) (Nelson Nery Junior e Rosa Maria de Andrade Nery, *Código Civil comentado*, comentário 5 ao art. 395).

O art. 395, parágrafo único, do CC/2002 (art. 956, parágrafo único, do CC/1916) dispõe que cessará a mora quando a prestação, ainda que cumprida a destempo, ainda vier a ser útil ao credor.

O fato de haver, eventualmente, avençada entre as partes, cláusula resolutória expressa, dificulta a incidência do disposto no art. 395, parágrafo único (art. 956, parágrafo único, do CC/1916), porque pode tornar desnecessária a demonstração da inutilidade da prestação para o credor (Agostinho Alvim, *Da inexecução...*cit., p. 58; Carvalho de Mendonça, *Doutrina e prática das obrigações*, vol. I, n. 265, p. 481/482).

No entanto, a aceitação do pagamento pelo credor, ainda que a destempo, faz cessar a mora e, *ipso facto*, obsta a resolução do contrato, retirando do credor o título jurídico que legitima seu pedido de resolução do negócio.

A doutrina alemã é expressa ao discutir o tema da extinção da mora, pouco versado entre nós. Uma das causas de cessação da mora é, justamente, o cumprimento da prestação pelo devedor, sem que haja revogação da obrigação ou do contrato (*Beendigung der Mora des Schuldners, ohne gleichzeitige Aufhebung der Obligation* – Friedrich Mommsen, Die Lehre von der *Mora* nebst Beiträgen zur Lehre von der *Culpa – Beiträge zum Obligationenrecht*, vol. III, § 34, p. 319).

Havendo retardo no cumprimento da obrigação, pode ocorrer de ainda não se configurar a mora, nem inadimplemento absoluto da obrigação, quando presente tolerância do credor. Nesse sentido, a lição de René A. Padilla, para quem o credor que não reclama o cumprimento da obrigação efetivamente inadimplida e tolera o atraso descaracteriza a qualidade de *mora* de que o atraso possa se revestir (*Responsabilidad civil por mora*, § 27, p. 53).

Versando sobre o tema *cessação ou extinção da mora*, o Des. Oswaldo Opitz assim se pronuncia: "Merece destaque aqui a distinção entre purgação e cessação da mora. (...) A purgação opera para o futuro, mas sem eliminar os efeitos, motivo por que a lei impõe sanções ao locatário, na ocasião da *emedatio morae*. A cessação faz com que esta desapareça e verifica-se pela novação, perdão da dívida ou renúncia do devedor. A cessação seria o cumprimento tardio da obrigação, sem oposição do credor, remindo a culpa do devedor (...). Nos demais contratos, a distinção não tem muito valor, porque o resultado é idêntico nos dois casos: extinção da mora" (Oswaldo Opitz; Sílvia Opitz, *Mora no negócio jurídico*, 2.ª Parte, n. 12, p. 273).

Nada obstante haver cláusula resolutória expressa do negócio, é possível que com ela convivam situações mitigadoras dessa situação. Mesmo diante dessa cláusula, a doutrina tem entendimento de que a execução dela deve ser revelada por inequívoca vontade resolutória justificada (René A. Padilla, *Responsabilidad civil por mora*, § 202, p. 523).

A *mora intercorrente* é aquela que ocorre nos contratos de execução continuada ou diferida, quando o réu não deposita as prestações que forem se vencendo no curso do processo. Se o credor alegar a insuficiência do depósito, cabe ao devedor complementá--lo ou se arriscar ao prosseguimento do pedido de rescisão pela alegada diferença.

Mesmo nesta última hipótese, o devedor deve continuar a depositar as prestações vincendas nos respectivos vencimentos, sob pena de ser julgada procedente a ação. Não havendo a complementação, o pedido de rescisão prossegue pela diferença. De tal modo, remanescendo a situação de inadimplência, a consequência jurídica daí decorrente é a rescisão do contrato porque o devedor não se desincumbiu de seu ônus de obstar as consequências da mora intercorrente.

Há casos em que não se admite a cláusula resolutória expressa. A lei exige a interpelação prévia para constituição em mora do devedor nos contratos de compromisso de compra e venda de imóveis à prestação (art. 14 do Dec.-lei 58/1937), por exemplo. O Dec.-lei 745/1969, em seu art. 1.º, reforça essa ideia: "Art. 1.º Nos contratos a que se refere o art. 22 do Dec.-lei 58, de 10.12.1937, ainda que deles conste cláusula resolutiva expressa, a constituição em mora do promissário comprador depende de prévia interpelação, judicial ou por intermédio do cartório de Registro de Títulos e Documentos, com 15 (quinze) dias de antecedência". A exigência legal de prévia constituição em mora existe, também, para os imóveis loteados (art. 32 da Lei 6.766/1979) e para a alienação fiduciária.

Para bem compreender-se o conteúdo jurídico da expressão "obrigação positiva", aludida no art. 397 do CC/2002, é necessário voltar à classificação das espécies de prestações:

a) são positivas as obrigações de dar ou de fazer (Clóvis Bevilaqua, *Código Civil...* cit., vol. IV, 960, 95). No mesmo sentido: Carvalho Santos, *Código Civil...* cit., vol. XII, comentário 2 ao art. 960 do CC/1916, p. 348; Agostinho Alvim, *Da inexecução...*cit., n. 91, p. 117; Darcy de Arruda Miranda, *Anotações ao Código Civil brasileiro*, vol. III, anotação. 9 ao art. 960 do CC/1916, p. 37;

b) são negativas as obrigações de não fazer.

O inadimplemento da obrigação de não fazer (negativa) é tratado no art. 390. A inadimplência do devedor de prestação de não fazer verifica-se no momento mesmo em que praticou o ato de que deveria abster-se, observando-se que a obrigação de não fazer, por suas peculiaridades, segue cadência diversa da que se reserva a outras modalidades de obrigação.

Assim, se, sem culpa do devedor, a prestação negativa se lhe tornou impossível, a obrigação se extingue (art. 250 do CC/2002). "Não se pode conceber mora nas obrigações de não fazer, pois que, praticado o ato a cuja abstenção alguém se obrigou, já o inadimplemento é completo" (Manoel Inácio Carvalho de Mendonça, *Doutrina e prática das obrigações*, t. I, n. 254, p. 466/467).

Outro ponto fundamental para o estudo da mora é a busca da precisão técnica do conteúdo jurídico da expressão *obrigação líquida*.

Líquida é a obrigação certa quanto à sua existência e determinada quanto ao seu objeto, dizia o Código Bevilaqua (art. 1.533 do CC/1916), como já se disse.

O conceito de liquidez pressupõe o de certeza. É líquida, por exemplo, a obrigação de dar coisa certa ou incerta, quando haja determinação do objeto: tantos sacos de arroz de tal qualidade (Agostinho Alvim, *Da inexecução...*cit., n. 91, p. 117).

A ideia de *certeza* da obrigação relaciona-se com o fato de não pairar dúvida quanto ao *an debeatur*. A *liquidez* da obrigação implica não haver dúvida relativamente ao *quantum debeatur*. Ou seja: *certa* é a obrigação em que clara está a *existência* de vínculo obrigacional que gera a prestação; *líquida* é a obrigação em que está claro o *quanto* é devido pelo devedor ao credor.

3.1 A mora do devedor nas obrigações positivas e líquidas

A mora do devedor, ou seja, a *mora debitoris*, quando se trata de obrigação positiva e líquida a termo, ocorre *pleno iure*, sem a necessidade de prévia interpelação em mora do devedor, como já vimos. É o que determina o art. 397. Denomina-se de mora *ex re* (Clóvis Bevilaqua. *Código Civil...*cit., vol. IV, comentários ao art. 960 do CC/1916, p. 95; Pontes de Miranda. *Tratado...*cit., t. XXIII, § 2802, n. 2, p. 224; Diniz. *Código Civil anotado*, comentários ao art. 960 do CC/1916, p. 717; Darcy de Arruda Miranda. *Anotações...*cit., vol. 3, p. 37), porque a mora se encontra na própria coisa (*in re ipsa*), diferentemente das demais obrigações, ilíquidas e incertas quanto ao seu vencimento, nas quais é a mora *ex persona* e depende de interpelação para constituir-se.

Fala-se, também, em mora automática (Piero Schlesinger e Giovanna Visintini, *Il Codice Civile: commentario* (*inadempimento e mora del debitore*), arts. 1.218 a 1.222, p. 442; Cano Martínez de Velasco. *Mora*, p. 71; Pontes de Miranda, *Tratado...*cit., t. XXIII, § 2802, p. 224), deixando patente a desnecessidade de prévia interpelação para que ocorra.

Um tema corriqueiro que se põe constantemente para julgamento perante os juízos e tribunais do país, pertine às cobranças de verbas decorrentes de rateio de despesas condominiais, com data certa para seu adimplemento e, portanto, com natureza de obrigação positiva e líquida, justificando-se a afirmação de que "a simples inadimplência na respectiva data do vencimento configura a mora do devedor, em consonância com os arts. 397 e 1.336, § 7.º, do CC/2002" (STJ, AgRg no AREsp 222609/PR, 3.ª T., j. 16.04.2013, rel. Min. Sidnei Beneti, ,*DJUe* 03.05.2013). Isto serve para ilustrar a atualidade da matéria, constantemente desafiadora de análise pela jurisprudência.

3.2 Interpelação do devedor

Interpelação é termo técnico de direito civil que significa o chamado de alguém para a prática de um ato, para a abstenção de uma conduta, ou para a entrega, ou prestação de algo.

São muitas as formas pelas quais a interpelação opera seus efeitos. As mais comuns são a notificação, judicial e extrajudicial e a citação em ação de conhecimento, principal ou acessória, visando à cobrança do débito.

Melhor explicando, por interpelação entende-se o meio escrito, a cargo do credor, de comunicar e fazer certa sua vontade ao devedor, de receber o que lhe é devido, quando e como lhe é devido, *opportuno loco e tempore*.

Tal vontade pode se revelar pela interpelação extrajudicial, pela citação judicial, como se disse, ou, ainda, pelo protesto de letras e pelo protesto que se fazem para garantia de direitos (ex.: protesto contra alienação de bens).

A notificação extrajudicial pode-se dar de maneira menos formal, pela carta com aviso de recebimento (AR), ou até mesmo pela postagem de comunicação eletrônica, pela qual se possa comprovar o efetivo recebimento da mensagem.

A razão de ser da interpelação para constituição em mora do devedor, evidentemente, é o desconhecimento, por parte dele, quanto ao termo exato em que deve adimplir a obrigação. Quando se está diante de hipótese de *obrigação a termo* não há essa dúvida, motivo por que é despicienda a interpelação: a mora é *ex re*.

Mas se o devedor não sabe quando deve cumprir a obrigação, deve ser interpelado para fazê-lo, em data certa, ou no prazo fixado, sob pena de não se iniciar contra ele os efeitos da mora, pois em *mora* não teria ainda incorrido. Ou seja: se não há prazo assinado, a mora e seus efeitos operam da interpelação (art. 397, parágrafo único, do CC/2002).

O tema realça difíceis questões, que a todo o instante provocam solução jurisprudencial:

Súmula 369 do STJ: "No contrato de arrendamento mercantil (*leasing*), ainda que haja cláusula resolutiva expressa, é necessária a notificação prévia do arrendatário para constituí-lo em mora".

Súmula 245 do STJ: "A notificação destinada a comprovar a mora nas dívidas garantidas por alienação fiduciária dispensa a indicação do valor do débito".

"A carta postal com AR, expedida pelo próprio credor, não é instrumento hábil e suficiente para comprovar a mora da devedora, uma vez que o parágrafo 2.º, do art. 2.º, do Dec.-lei 911/69, aplicável analogicamente à espécie, determina que tal comprovação seja feita por notificação extrajudicial levada a efeito pelo Cartório de Títulos e Documentos ou pelo protesto do título" (TJSP, Ap 0129403-33.2011.8.26.0000, 34.ª Câm. de Direito Privado., j. 01.10.2012, rel. Des. Gomes Varjão).

"Notificação extrajudicial realizada pela autora através do escritório de seu patrono. Exegese do art. 2.º. § 2.º, do Dec.-lei 911/69. Providência sem efeito. Mora não caracterizada. Recurso prejudicado. Sentença e processo anulados" (TJSP, Ap 0391542-80.2010.8.26.0000, 34.ª Câm. Civ., j. 18.02.2013, rel. Des. Hélio Nogueira).

3.3 Mora do credor

Se há mora do credor e o devedor cumpriu a sua prestação, colocando-se à disposição do credor, mas a prestação oferecida se tornou impossível ou inexequível, o devedor nada mais deve, posto que não foi satisfeito o credor por sua própria culpa. Assim: Clóvis Bevilaqua, *Código Civil*...cit., vol. IV, 885, 25.

O credor estará em mora (*mora accipiendi*) quando, injustamente, deixar de receber a prestação, no tempo, lugar e forma convencionados. Para que se configure a *mora creditoris*, é imprescindível que o credor tenha se recusado, sem justa causa, a receber a prestação, sendo desnecessária a comprovação da existência de culpa do credor. Neste sentido: Agostinho Alvim, *Da inexecução*...cit., n. 21 ss., p. 23 ss.; José Ignacio Cano Martínez de Velasco, *Mora*, n. 1.3, p. 5.

São requisitos para caracterização da *mora creditoris*: existência de obrigação positiva (certa) e líquida; que o devedor se encontre em condições de cumprir a prestação; que o devedor faça oferta regular do pagamento; que o credor se recuse, injustamente, a recebê-lo. Há, nesses casos, "violação de dever e de obrigação" (Pontes de Miranda, *Tratado*...cit., vol. 23, § 2801, 1, p. 221).

A mora do credor tem eficácia liberatória: exclui a mora do devedor e o libera do cumprimento da prestação. Em razão disso não há, para o devedor, a *obligatio mora perpetuatur*, vale dizer: o devedor não responde pelos eventuais danos ocorridos com a coisa, se a mora se operava por parte do credor (*mora creditoris*).

Caso o devedor tenha tido despesas com a conservação da coisa, o credor em mora deve ressarcir o devedor dessas despesas, desde que necessárias à conservação da coisa (art. 96, § 3.º, do CC/2002).

No caso de o valor da coisa oscilar entre o dia estabelecido para o pagamento e o do efetivo cumprimento deste, o credor em mora é obrigado a receber a coisa restituída pelo seu mais alto valor estimado.

Nas hipóteses de mora do credor, o fundamental "é a oferta do devedor, mas oferta de cumprir imediatamente e não simplesmente de estar pronto a cumprir". "O tempo em que a oferta do devedor deve ser feita é qualquer, quando a obrigação é pura. Quando é a termo, o devedor só pode fazê-la válida para o efeito da *mora accipiendi* se o termo for estipulado em seu favor. Em regra, porém, presume-se o termo estipulado a favor do devedor; logo, pode este, em regra, constituir o credor em mora por oferta válida antes do termo, contanto que ofereça ao credor tudo quanto a este caberia receber se o termo expirasse como estava previsto na convenção" (Manoel Inácio Carvalho de Mendonça, *Doutrina e prática das obrigações*, t. I, n. 263 e 264, p. 479/480).

Correm a favor do credor em mora os juros convencionais, que compensam a utilização do capital, porque o devedor continua no gozo do capital.

Os juros moratórios, estes sim, cessam (Manoel Inácio Carvalho de Mendonça, *Doutrina e prática das obrigações*, t. I, n. 266, p. 484). Neste sentido, entendeu o STJ: "A ausência de diligência do credor restou, de forma cristalina, verificada, pois, após o vencimento da obrigação, houve a fluência de aproximadamente oito meses sem que o credor tenha instado o devedor a cumprir a sua obrigação. Após referido lapso, o credor veio a falecer. É certo, ainda, que, somente após aproximadamente dezesseis anos, é que a cônjuge, representando o espólio, ressalte-se, tentou administrativamente resgatar o produto do investimento, e, judicialmente, por meio da presente ação. Ao assim proceder o credor, descabido se mostra imputar ao devedor, neste prolongado interregno, qualquer encargo moratório. Está-se diante, inequivocamente, da *mora accipiendi* (mora do credor)" (STJ, REsp 1101524/AM, 3.ª T., , j. 12.04.2011, rel. Min. Massami Uyeda, *DJE* 27.04.2011.)

Discutiu-se em caso levado a julgamento perante o STJ, se o credor moroso teria direito de receber o pagamento atualizado, ou seja, corrigido monetariamente. A decisão se deu no sentido de que a atualização do pagamento deveria ser feita: "A correção monetária, como assentado em jurisprudência monótona, não é punição, sanção, mas, tão somente, simples atualização do valor da moeda no tempo. Ora, o que a mora do credor deve dispensar é o pagamento da multa e outros encargos relativos ao contrato. A correção monetária não, esta é sempre devida porque significa manter o valor do débito constante no tempo, o que não ocorreria se acolhida a pretensão do especial. 2. Recurso especial conhecido, mas desprovido" (STJ, REsp 437652/SC 3.ª T., j. 12.08.2003, rel. Min. Carlos Alberto Menezes Direito, *DJ* 29.09.2003).

A consignação em pagamento, que se opera por meio de ação de igual nome, é o mecanismo de que se pode valer o devedor – mesmo que também incorrendo em mora – para desobrigar-se da prestação e executar a obrigação. Neste sentido, decidiu o STJ: "Verificada a mora do credor por se recusar a receber o pagamento da forma que lhe é ofertado, para ele é transferida a responsabilidade pelo inadimplemento. Dessa forma, ainda que esteja em mora, ao devedor é lícita a propositura de ação de consignação em pagamento para eximir-se da obrigação avençada entre as partes" (STJ, REsp 419016/PR, 3.ª T., j. 14.05.2002, rel. Min. Nancy Andrighi, *DJ* 24.06.2002).

3.4 Comissão de permanência

A denominada comissão de permanência, expressão utilizada em contratos (geralmente firmados entre consumidores e agentes financeiros) como fórmula financeira que se presta a reunir num único item valores oriundos de prestações de diversas naturezas, foi precisamente identificada pela jurisprudência do STJ (Segunda Seção do Superior Tribunal de Justiça, nos autos do REsp 863887/RS), que consolidou entendimento no sentido de que a comissão de permanência abrange as seguintes parcelas:

(a) os juros remuneratórios, à taxa média de mercado, nunca superiores àquela contratada para o empréstimo;

(b) os juros moratórios;

(c) multa contratual.

Bem por isso, a Súmula 472 do STJ impede o credor de cumular a cobrança de comissão permanência com essas outras três verbas: "A cobrança de comissão de permanência – cujo valor não pode ultrapassar a soma dos encargos remuneratórios e moratórios previstos no contrato – exclui a exigibilidade dos juros remuneratórios, moratórios e da multa contratual".

Os julgados que seguem demonstram o cuidado da jurisprudência para fixar os contornos dessa figura econômico-financeira, que pede ingresso no rol dos institutos de direito civil como pacto acessório e que tem presença constante nos contratos celebrados por consumidores com financeiras, pela forma de adesão:

"Os juros remuneratórios cobrados pelas instituições financeiras não sofrem as limitações da Lei da Usura, nos termos da Súmula 596 do STF, dependendo eventual redução de comprovação do abuso, não caracterizado pelo simples fato de os juros serem pactuados em percentual superior a 12% ao ano. É admitida a cobrança da comissão de permanência no período da inadimplência nos contratos bancários, à taxa de mercado, desde que (i) pactuada, (ii) cobrada de forma exclusiva – ou seja, não cumulada com outros encargos moratórios, remuneratórios ou correção monetária – e (iii) que não supere a soma dos seguintes encargos: taxa de juros remuneratórios pactuada para a vigência do contrato; juros de mora; e multa contratual. III – Agravo regimental improvido" (STJ, AgRG no REsp 1093000/MS, 3ª. T., j. 08.02.2011, rel. Min. Sidnei Beneti, *DJUe* 22.02.2011).

Se o contrato de arrendamento mercantil, v.g. foi celebrado, em 12.06.2008, a capitalização dos juros estaria vedada, conforme entendimento do e. STJ: "Nos contratos de arrendamento mercantil, ainda que expressamente pactuada, é vedada a capitalização dos juros, somente admitida nos casos previstos em lei. Incidência do art. 4.º do Dec. 22.626/1933 e da Súmula 121 do STF" (AgRg no REsp 503618/RS, 4.ª T., j. 08.03.2005, rel. Min. Aldir Passarinho Junior).

Contudo, recentemente, o e. STJ também decidiu que: "Nos contratos bancários firmados posteriormente à entrada em vigor da MedProv 1.963-17/2000, atualmente reeditada sob o n. 2.170-36/2001, é lícita a capitalização mensal dos juros, desde que expressamente prevista no ajuste" (AgRg no Ag 1028568/RS, j. 27.04.2010, 4.ª T., rel. Min. João Otávio de Noronha, *DJe* 10.05.2010).O autor afirma que lhe estão sendo cobrados juros capitalizados. O contrato (fls. 142/148) não traz essa previsão expressa. O réu, por sua vez, não negou a incidência de capitalização de juros, no contrato entabulado entre as partes, afirmando a sua possibilidade; contudo não abriu seus cálculos, ou seja, não se desincumbiu de provar que, de fato, os juros capitalizados, se incidentes, haviam sido pactuados. E esse ônus a ele pertencia, sem inversão, porque fato impeditivo ou modificativo do direito da autora (art. 333, II, do CPC). Os serviços bancários são remunerados pela Tarifa Interbancária – criada por protocolo assinado em 27.06.1995, pela Febraban, Asbace, ABLD, ABBC e pelo Banco do Brasil, como executante do serviço de compensação – para compensar os custos dos bancos recebedores, com relação à prestação de serviços por eles executada. Diante disso, a cobrança das tarifas, aqui questionadas, mostra-se abusiva, caracterizando enriquecimento sem causa, porque as despesas com o procedimento, seja administrativo ou não, já é remunerado, conforme reconhece a Febraban (FB – 049/2002). Nesse sentido, já decidiu o e. STJ: "(...) 7. Sendo os serviços prestados pelo Banco remunerados pela tarifa interbancária, conforme referido pelo Tribunal de origem, a cobrança de tarifa dos consumidores pelo pagamento mediante boleto/ficha de compensação constitui enriquecimento sem causa por parte das instituições financeira, pois há dupla 'remuneração' pelo mesmo serviço, importando em vantagem exagerada dos Bancos em detrimento dos consumidores, razão pela qual abusiva a cobrança da tarifa, nos termos do art. 39, V, do CDC c/c art. 51, § 1.º, I e III, do CDC. 8. O pedido de indenização pelos valores pagos em razão da cobrança de emissão de boleto bancário, seja de forma simples, seja em dobro, não é cabível, tendo em vista que a presente ação civil pública busca a proteção dos interesses individuais homogêneos de caráter indivisível. (...)". (REsp 794752/MA, 4.ª T., j. 10.03.2010, rel. Min. Luis Felipe Salomão, *DJe* 12.04.2010).Também, segundo a jurisprudência pacífica do e. STJ, é admissível a repetição do indébito de valores impropriamente pagos em virtude de cláusulas ilegais ou abusivas, ante o princípio que veda o enriquecimento injustificado do credor (REsp 821357/RS, 3.ª T., rel. Min. Carlos Alberto Menezes Direito, *DJ* 01.02.2008).Restou provado que o contrato previu a incidência de tarifa de cadastro, no valor de R$ 800,00 (fls. 142). Referida tarifa tem caráter abusivo. Nesse sentido, já entendeu este e. Tribunal: "É abusivo o repasse ao consumidor de tarifas provenientes de operações que são de interesse e responsabilidade exclusivos do fornecedor dos serviços, inerentes à sua atividade voltada ao lucro, como é o caso da tarifa de abertura de crédito, da de emissão de carnê, da de serviços de terceiro e de promotoria de venda e da de ressarcimento de gravame eletrônico" (ApCiv 0011847-83.2011.8.26.0011, 21.ª Câm. de Direito Privado, j. 29.02.2012, rel. Des. Itamar Gaino).

4. CLÁUSULA PENAL

A cláusula penal é *pacto acessório* à obrigação principal, no qual se estipula a obrigação de pagar pena ou multa, para o caso de uma das partes se furtar ao cumprimento da obrigação principal (ou se furtar ao cumprimento de uma cláusula específica do contrato).

A cláusula penal é também denominada *pena convencional*, como esclarece a doutrina: "Pelo fato de poder nascer a cláusula penal concomitante à obrigação à qual adere, ou originar-se de ato posterior, civilistas, entre os quais Windscheid, a denominam, quando simultânea à obrigação principal, cláusula penal e, quando posterior, pena convencional. A diferença é puramente verbal, tratando-se, num e noutro caso, da mesma obrigação penal, conhecida, na denominação verbal e popular, por multa" (Múcio Continentino, *Cláusula penal no direito brasileiro*, p. 10).

Como a cláusula penal é pacto acessório, subordina-se à obrigação principal. Entre suas outras funções, as principais são:

I) obrigar o devedor a cumprir a obrigação principal (cláusula penal compulsória);

II) fixar previamente as perdas e danos nos casos de descumprimento (cláusula penal compensatória).

A redação do art. 408 do CC/2002 prescreve que o devedor incorre em cláusula penal sempre que, culposamente, deixe de cumprir obrigação ou incorra em mora.

Nesse passo, a jurisprudência do STJ adverte sobre a possibilidade de incidir a *cláusula penal moratória* com a pretensão da parte de indenizar-se por perdas e danos, se da cláusula penal não se vê claramente seu abrangente caráter compensatório: "A obrigação de indenizar é corolário natural daquele que pratica ato lesivo ao interesse ou direito de outrem. Se a cláusula penal compensatória funciona como pré-fixação das perdas e danos, o mesmo não ocorre com a cláusula penal moratória, que não compensa nem substitui o inadimplemento, apenas pune a mora. Assim, a cominação contratual de uma multa para o caso de mora não interfere na responsabilidade civil decorrente do retardo no cumprimento da obrigação que já deflui naturalmente do próprio sistema. O promitente comprador, em caso de atraso na entrega do imóvel adquirido pode pleitear, por isso, além da multa moratória expressamente estabelecida no contrato, também o cumprimento, mesmo que tardio da obrigação e ainda a indenização correspondente aos lucros cessantes pela não fruição do imóvel durante o período da mora da promitente vendedora. Recurso Especial a que se nega provimento" (STJ, REsp 1355554/RJ, 3.ª T., j. 06.12.2012, rel. Min. Sidnei Beneti, *DJE* 04.02.2013).

Ademais, o art. 409 do CC/2002 admite, ainda, a livre pactuação de cláusula penal que não se refira ao incumprimento completo da obrigação principal, visando, por exemplo, a assegurar o cumprimento efetivo de uma determinada cláusula específica ("*A cláusula penal estipulada conjuntamente com a obrigação, ou em ato posterior, pode referir-se à inexecução completa da obrigação, à de alguma cláusula especial ou simplesmente à mora*" (destacamos)).

O que de mais importante deve-se dizer sobre cláusula penal é que está sempre sujeita à obrigação principal, é convenção acessória. Isto significa que a clausula penal visa a reforçar a obrigação principal, instando as partes ao cumprimento integral do contrato (caráter compulsório da cláusula penal) e a prefixar o valor dos danos possíveis (caráter compensatório da cláusula compensatória – Orozimbo Nonato, *Curso de obrigações*, vol. II, p. 337-338).

No CDC, não há qualquer proibição à existência de cláusula penal em contratos que envolvam relação de consumo; ao revés, quando o CDC dispõe acerca de *cláusulas penais*, é tão somente para proibir-lhe *valor abusivo*.

Esse é o sentido do art. 52, § 1.º, do CDC, que limita a *cláusula penal moratória* a 2% do valor devido em atraso.

Em última análise, o que temos é que o CDC, ao disciplinar o valor da *cláusula penal moratória*, implicitamente, reconhece a possibilidade de existência de cláusula penal em contratos de consumo.

Sendo assim, atuando de maneira específica para resguardar o interesse do consumidor, o CDC tão somente disciplina a matéria para evitar *abusos* em relação ao *valor* cobrado a título de cláusula penal, mas em momento algum ele *veda* a cobrança em si mesma de cláusula penal. Inclusive, se o fizesse, padeceria de grave equívoco, pois proteger o consumidor não significa eximi-lo de toda e qualquer consequência por seus atos.

Pode, sim, haver cláusula penal em relação de consumo, resguardada a proteção ao consumidor quanto a eventuais abusos no *valor* cobrado, mantendo-se o valor da multa em valor condizente com sua finalidade. Ao revés, ainda em sede normativa, temos, sim, a permissão dada pelo CC/2002 para a inserção em contratos de *cláusulas penais* (cf. arts. 408 e ss.). O CC/2002 apenas veda excessos (abusos) no *valor* eventualmente pactuado para a cláusula penal.

O diploma civil veda a possibilidade de o valor da cláusula penal exceder o da obrigação principal (art. 412: "O valor da cominação imposta na cláusula penal não pode exceder o da obrigação principal"), bem como admite que o juiz possa intervir no contrato para coibir abusos que recaiam sobre seu montante (art. 413: "A penalidade deve ser reduzida equitativamente pelo juiz, se a obrigação principal tiver sido cumprida em parte, ou se o montante da penalidade for manifestamente excessivo, tendo-se em vista a natureza e a finalidade do negócio").

Desse modo, à semelhança do que ocorre no CDC, o CC/2002 não veda a contratação de *cláusula penal*, mas apenas e tão somente veda-lhe os excessos, procurando coibir eventuais abusos em seu montante.

Nesse contexto, em não havendo *proibição*, ao contrário, havendo, ainda, *permissão* (genérica), devem-se respeitar, nessa hipótese, a autonomia privada e a livre iniciativa.

Muitas questões relacionadas à aplicabilidade da cláusula penal constantemente vêm à tona, como se vê da farta expedição de súmulas da jurisprudência dominante do STJ e de ementas de estudos feitos em torno dos temas mais palpitantes de direito civil.

Súmula 285 do STJ: "Nos contratos bancários posteriores ao CDC incide a multa moratória nele prevista".

Enunciado 358 da IV Jornada de Direito Civil,: "O caráter manifestamente excessivo do valor da cláusula penal não se confunde com a alteração de circunstâncias, a excessiva onerosidade e a frustração do fim do negócio jurídico, que podem incidir autonomamente e possibilitar sua revisão para mais ou para menos".

Enunciado 356 da IV Jornada de Direito Civil: "Nas hipóteses previstas no art. 413 do CC/2002, o juiz deverá reduzir a cláusula penal de ofício".

Enunciado 355 da IV Jornada de Direito Civil: "Não podem as partes renunciar à possibilidade de redução da cláusula penal se ocorrer qualquer das hipóteses previstas no art. 413 do CC/2002, por se tratar de preceito de ordem pública".

Enunciado 430 da V Jornada de Direito Civil: "No contrato de adesão, o prejuízo comprovado do aderente que exceder ao previsto na cláusula penal compensatória poderá ser exigido pelo credor independentemente de convenção".

Enunciado 429 da V Jornada de Direito Civil: "As multas previstas nos acordos e convenções coletivas de trabalho, cominadas para impedir o descumprimento das disposições normativas constantes desses instrumentos, em razão da negociação coletiva dos sindicatos e empresas, têm natureza de cláusula penal e, portanto, podem ser reduzidas pelo juiz do trabalho quando cumprida parcialmente a cláusula ajustada ou quando se tornarem excessivas para o fim proposto, nos termos do art. 413 do CC/2002".

O valor da multa devida por virtude do inadimplemento total ou parcial da obrigação deve ser ajustado à situação de fato vivida pelas partes, ao valor da obrigação principal, com olhos atentos ao percentual do inadimplemento e ao peso econômico de sua incidência. Por isso, a jurisprudência do STJ está sempre atenta às oscilações do trato econômico do negócio jurídico onde se dá a incidência de cláusula penal, para fazê-la incidir de forma ponderada, possibilitando ao juiz, com fundamento na regra do art. 924 do CC/1916, reduzir a pena convencional estatuída a um patamar razoável: "A cláusula penal inserta em contratos bilaterais, onerosos e comutativos deve voltar-se aos contratantes indistintamente, ainda que redigida apenas em favor de uma das partes. A cláusula penal não pode ultrapassar o conteúdo econômico da obrigação principal, cabendo ao magistrado, quando ela se tornar exorbitante, adequar o *quantum debeatur*" (STJ, REsp 1119740/RJ, 3.ª T., j. 27.09.2011, rel. Min. Massami Uyeda, *DJE* 13.10.2011).

Ou ainda: "Redução do valor da cláusula penal com fundamento no disposto no art. 924 do CC/1916, que facultava ao juiz a redução proporcional da cláusula penal nas hipóteses de cumprimento parcial da obrigação, sob pena de afronta ao princípio da vedação do enriquecimento sem causa. 3. Doutrina e jurisprudência acerca das questões discutidas no recurso especial" (STJ, REsp 1212159/SP, 3.ª T., j. 19.06.2012, rel. Min. Paulo de Tarso Vieira Sanseverino, *DJe* 25.06.2012).

4.1 Diferença entre cláusula penal e mulcta poenitencialis

A cláusula penal e a multa penitencial são institutos de direito civil absolutamente diversos, e que, por conseguinte, produzem efeitos diferentes no universo jurídico e no mundo dos fatos.

Como afirma Netto Lôbo, "o direito de arrependimento nada tem que ver com cláusula penal: esta incide no inadimplemento, sem direito a desvincular-se da obrigação; naquele há o direito do contratante se retirar do contrato" (Paulo Luiz Netto Lôbo, *Teoria geral das obrigações*, p. 298/299).

Em igual sentir, Orlando Gomes diferencia os institutos, asseverando que a cláusula penitencial atribui aos contratantes a possibilidade da mantença do vínculo obrigacional ou de sua resilição, mediante o pagamento da multa. Confira-se, a partir do excerto ora transcrito: "É frequente a confusão entre cláusula penal e multa penitencial, mas se distinguem nitidamente. A multa penitencial é correspectivo do *jus poenitendi*, verificando-se quando as partes se reservam a faculdade de rescindir o contrato sob a condição de pagar a quantia fixada para esse fim. Prevê-se uma alternativa: conservar o vínculo ou pagar a multa. Se de cláusula penal se tratar, o devedor não se exonera da obrigação, oferecendo a importância predeterminada como indenização" (Orlando Gomes, *Obrigações*, 11. ed., p. 162).

A multa penitencial, como já dissemos, é uma previsão de direito de arrependimento que tem por finalidade proteger a esfera jurídica do devedor: "Multa penitencial não se confunde com cláusula penal. Essa constitui exercício do *jus poenitendi* contra a parte que exerce o direito de arrependimento. Multa penitencial é pagamento pelo exercício do direito de arrependimento (...). Não há inadimplemento quando a parte opta pelo exercício do direito de arrependimento. O inadimplemento é condição essencial para a imposição da cláusula penal, mas não de multa penitencial. Ao contrário da cláusula penal, instituída em benefício do credor, a *mulcta poenitentialis* ou *pactum displentiae* é instituída em favor do devedor" (Nelson Nery Junior e Rosa Maria de Andrade Nery, *Código civil comentado*, comentários ao art. 408).

Na mesma esteira é o pensamento de Limongi França:" A cláusula liberatória também se pode chamar cláusula penitencial ou, ainda, 'cláusula penal imprópria'. É o *pactum displicentiae* ou *mulcta poenitentialis* da mais antiga tradição jurídica. Inicialmente, basta lembrar que o termo 'multa' se tem aplicado tanto para designar a cláusula penal como a multa penitencial.(...)A efetiva diferença específica, a nosso ver, está substancialmente nisto: enquanto a cláusula punitiva e a compensatória servem para reforçar a obrigação, a cláusula liberatória tem a virtude de enfraquecê-la, mediante o correlato direito de arrependimento. Por outro lado, enquanto as duas primeiras se instituem a benefício do credor, a última é estipulada a benefício do devedor" (Rubens Limongi França, *Teoria e prática da cláusula penal*, p. 137/138).

É exatamente nesse sentido que entende a jurisprudência, de maneira uníssona. Como já anotamos a esse respeito, "a jurisprudência tem entendido que, apesar de referir-se ao art. 413 do CC/2002 (art. 924 do CC/1916), o art. 4.º da Lei 8.245/1991 fez alusão a espécie de multa penitencial, que decorre, como se sabe, da faculdade que o contratante tem de retratar-se do negócio" (Nelson Nery Junior e Rosa Maria de Andrade Nery, *Leis civis comentadas*, comentário ao art. 4.º da Lei 8.245/1991).

A jurisprudência já experimentou ocasião de analisar o sentido jurídico e a natureza da multa prevista no art. 40 da Lei de Locações, pela devolução da coisa locada antes de findo o pacto locatício, fato que configura exercício regular do direito, a ensejar a imposição de multa penitencial. É o que se verifica a partir do excerto ora transcrito, *verbis*: "É sabido, porque o art. 4.º da Lei do Inquilinato assim o prescreve, que o locatário possui poder – que a Lei lhe concede – de devolver o imóvel antes do tempo do término da locação. Se o locatário tem o poder de devolver o imóvel, não pode essa conduta lícita ser tida como sinônima de inadimplemento do negócio avençado, pois algo que é lícito fazer não pode ser tido como irregular. Perguntar-se-ia qual seria a natureza jurídica da multa que o art. 4.º da Lei de Locação prevê. Ela não é pena que deriva do inadimplemento do negócio. É cláusula de arrependimento, legalmente prevista, que pode gerar a previsão contratual de *mulcta poenitencialis*. Não é cláusula penal compensatória. É multa penitencial. Por essa razão, não se pode ter como prevista em cláusula genérica em que se prevê multa por inadimplemento (como é o caso da cláusula 14.ª do contrato) a chamada multa penitencial que, se fosse o caso de ter sido pactuada – e assim o poderia ser – deveria ter sido prevista expressamente para essa hipótese, não de inadimplemento, mas de exercício regular de direito, que a lei confere ao locatário" (2.º TACivSP, Ap 587424-00/0, 10.ª Câm. Civ., j. 04.10.2000, rel. Juíza Rosa Maria de Andrade Nery, *DOE* 09.10.2000).

5. PERDAS E DANOS

O direito brasileiro adota a teoria do dano direto.

Agostinho Alvim entende que a melhor escolha que explica essa teoria é a que se reporta à causa. Considera-se causa do dano a que lhe é próxima, ou a remota, desde que esta última ligue-se ao dano diretamente. A causa do dano deve ser necessária, ou seja, é a exclusiva, porque opera por si só, dispensadas as outras causas.

O art. 403 do CC/2002 determina que o dano seja o efeito imediato e direto da inexecução. Assim, ao inadimplemento deve-se atribuir com exclusividade a causa do dano para que haja o dever de indenizar (Agostinho Alvim, *Da inexecução...*cit., n. 222, p. 313). Agostinho Alvim entende, de maneira rigorosa, que o termo imediato significa sem intervalo e direto, aquilo que vem em linha reta, haja ou não intervalo. A expressão direto e imediato significa o nexo causal necessário. Em razão dessa teoria, o nexo de causalidade rompe-se não apenas quando o credor ou terceiro é autor da causa próxima do novo dano, mas ainda quando a causa próxima é fato natural. O legislador, portanto, quando adotou a teoria do dano direto e imediato, repugnou--lhe sujeitar o autor do dano a todas as nefastas consequências do seu ato, quando já não ligadas diretamente a ele. Agostinho Alvim concorda com essa tese; afinal, não é justo decidir-se pela responsabilidade ilimitada do autor do primeiro dano. Assim, a simples distância não rompe o nexo, não assim quando surge uma concausa (Idem, n. 225 et seq., p. 322 et seq., especialmente p. 328).

As perdas e danos incluem os prejuízos efetivos e os lucros cessantes por efeito direto e imediato da inexecução da obrigação (arts. 402 e 403 do CC/2002). Nas obrigações de pagamento em dinheiro serão atualizadas, abrangendo juros (se de mora, desde a citação inicial, art. 405), custas e honorários de advogado, sem prejuízo de pena convencional (art. 404, *caput*).

Provado que os juros de mora não cobrem o prejuízo, e não havendo pena convencional compensatória, pode o juiz conceder ao credor indenização suplementar (art. 404, parágrafo único). A regra se aplica, também, à responsabilidade aquiliana. Neste sentido: Francisco Paulo de Crescenzo Marino, *Perdas e danos*. In: Renan Lotufo; Giovanni Nanni, *Obrigações*, p. 662.

Também se admite a denominada *indenização suplementar*, concedida pelo juiz em caso de desproporção entre o prejuízo e a indenização devida. A solução mantém a mesma equidade preconizada pelo art. 413 do CC/2002.

A expressão *perdas e danos* é muito abrangente, ligada, como é curial, ao descumprimento de contratos, ou à imputação de fatos à responsabilidade de alguém.

O dano e as perdas têm sido a causa primeira dos reclamos de partes contratantes, para a revisão dos contratos e para a justificação de inadimplemento contratual, assim como o dano e as perdas são o mote constante das denominadas *ações de indenização* – que, na verdade, são pretensões indenizatórias que decorrem de variada gama de fatos que geram danos – e de outras ações, como a pauliana, que justificam a multifacetária casuística com que se depara a doutrina e a jurisprudência, para o devido enquadramento jurídico das questões que chegam aos tribunais.

Na análise das ações de revisão de contratos, por exemplo, o dilema do julgador é avançar demais na interferência judicial quanto àquilo que as partes estabeleceram nos contratos – lei privada que rege aquela relação livremente escolhida e pautada – ou submeter uma parte ao desequilíbrio da harmonia econômica do negócio, que gera a um perdas vultosas e a outro ganhos invejáveis.

Desse dilema, constantemente trazido à baila nos processo de indenização e de revisão de contratos, vão se acumulando experiências novas na jurisprudência.

A correção monetária, técnica urdida para recompor a perda do valor da moeda, como consequência da infração, é um desses mecanismos postos nas mãos dos juízes para conter o crescimento de perdas experimentadas pelas vítimas de danos, e quando opera seus efeitos na revisão dos contratos, produz uma verdadeira reviravolta em mecanismos que antes eram considerados intocáveis.

A doutrina não deixa passar despercebido o fenômeno quando adverte: "A todo o momento a jurisprudência consagra, entre nós, modificações ao princípio *pacta sunt servanda*, bastando mencionar que o próprio princípio nominalista (art. 1.061 do CC/1916 – art. 404, *caput*, do CC/2002) vem sendo progressivamente afastado, por força da correção monetária. Observe-se o número crescente das dívidas de valor, que não são apenas dívidas de 'prestar coisas', para ter-se uma ideia da distância em que estamos do princípio da obrigatoriedade dos contratos, pelo número sempre maior das exceções" (Clóvis do Couto e Silva, A teoria da base do negócio jurídico no direito brasileiro, *RT* 655/7).

A partir de quando incide a correção monetária e a partir de quando incidem juros moratórios, é tema que também pode ser objeto de controvérsia: "A jurisprudência desta Corte já se posicionou no sentido de que a correção monetária, em casos de responsabilidade contratual, deve incidir a partir do arbitramento da indenização.

Incidem (juros), desde a citação, em casos de responsabilidade contratual, hipótese observada no caso em tela" (STJ, AgRg no AREsp 182174/PA, 3.ª T., j. 07.08.2012, rel. Min. Sidnei Beneti, *DJe* 29.08.2012).

Há danos cujo montante não se pode aferir durante o período em que se discute, na ação respectiva (ação de revisão de contrato, de indenização por perdas e danos, de resolução de negócio jurídico) os fatos que deram causa às perdas e danos e, por conseguinte, o direito do lesado à indenização, bem como o volume dessa indenização. Uma situação curiosa que a jurisprudência traz para análise e que bem demonstra quão volátil é o critério para a solução dessas equações, vê-se no julgado seguinte, em que a privação do lesado quanto ao desfrute de ações comercializadas em bolsa desperta variada gama de possibilidades, a desafiar o STJ à adoção de um critério que pacifique a jurisprudência: "Dobra acionária. Conversão em perdas e danos. Entendimento pacífico desta Corte Superior no sentido de que o valor da indenização será o resultado do produto da quantidade de ações multiplicado pela sua cotação na Bolsa de Valores, no dia do trânsito em julgado da demanda" (STJ, AgRg no AREsp 197001/RS, 4.ª T., j. 18.04.2013, rel. Min. Marco Buzzi, *DJE* 08.05.2013).

Tem sido constantemente debatida em ações de indenização, também, a possibilidade de o montante total do valor fixado em favor do lesado englobar as verbas de honorários de advogados contratados para por cobro aos fatos de que decorrem dano para o autor da pretensão indenizatória, verba essa com natureza distinta daquela que se fixa por virtude de honorários sucumbenciais. A tese, com as peculiaridades que se colhe caso a caso, tem encontrado eco na jurisprudência do STJ: "Valores despendidos a título de honorários advocatícios contratuais. Perdas e danos. Princípio da restituição integral. Aquele que deu causa ao processo deve restituir os valores despendidos pela outra parte com os honorários contratuais, que integram o valor devido a título de perdas e danos, nos termos dos arts. 389, 395 e 404 do CC/2002" (STJ, REsp 1134725/MG, 3.ª T., j. 14.06.2011, rel. Min. Nancy Andrighi).

Há ações específicas, como é o caso da ação pauliana, em que a parte visa a anulação de negócio jurídico perpetrado em fraude contra credores, em que o eventual prejuízo de terceiro de boa-fé, embora reconhecido como existente, não alcança solução indenizatória nos mesmos autos em que a fraude é trazida à baila. "A ação pauliana cabe ser ajuizada pelo credor lesado (*eventus damni*) por alienação fraudulenta, remissão de dívida ou pagamento de dívida não vencida a credor quirografário, em face do devedor insolvente e terceiros adquirentes ou beneficiados, com o objetivo de que seja reconhecida a ineficácia (relativa) do ato jurídico – nos limites do débito do devedor para com o autor – incumbindo ao requerente demonstrar que seu crédito antecede ao ato fraudulento, que o devedor estava ou, por decorrência do ato, veio a ficar em estado de insolvência e, cuidando-se de ato oneroso – se não se tratar de hipótese em que a própria lei dispõe haver presunção de fraude – a ciência da fraude (*scientia fraudis*) por parte do adquirente, beneficiado, subadquirentes ou sub-beneficiados. O acórdão reconhece que há terceiros de boa-fé, todavia, consigna que, reconhecida a fraude contra credores, aos terceiros de boa-fé, ainda que se trate de aquisição onerosa, incumbe buscar indenização por perdas e danos em ação própria. Com efeito, a solução adotada pelo Tribunal de origem contraria o art. 109 do CC/1916 – correspondente ao art. 161 do CC/2002 – e também afronta a inteligência do art. 158 do mesmo Diploma – que tem redação similar à do art. 182 do CC/2002 – que dispunha que, anulado o ato, restituir-se-ão as partes ao estado, em que antes dele se achavam, e não sendo possível restituí-las, serão indenizadas com o equivalente" (STJ, REsp 1100525/RS, 4.ª T., j. 16.04.2013, rel. Min. Luis Felipe Salomão, *DJE* 23.04.2013).

6. JUROS

O termo jurídico *juros* comporta muitas adjetivações. São *juros moratórios* os interesses devidos pelo atraso, pela mora no cumprimento da prestação. São chamados *juros remuneratórios* os interesses devidos como compensação pela utilização do capital alheio.

Os juros moratórios, por sua vez, podem ser legais ou convencionais. "Os juros legais, nos termos do art. 406 – e já o era do revogado sistema dos arts. 1.062 e 1.063 do CC/1916 – são aqueles impostos pela lei e se referem à demora no pagamento de quantia em dinheiro, isto é, do atraso no cumprimento de obrigação de dar. (...) Os juros legais são espécie do gênero juros de mora. Estes têm duas espécies: os *juros convencionais* e os *legais*. Os legais são subsidiários e somente incidem quando não houver convenção entre as partes a respeito dos juros de mora" (Nelson Nery Junior, *Soluções práticas de direito*, vol. I, n. 5, p. 177 e 179).

As questões que se põem frequentemente para desate jurisprudencial e doutrinário de temas jurídicos alusivos aos juros é relativa a três pontos centrais desse tema:

a) podem ser cobrados juros sobre juros?

b) a partir de quando incidem os juros?

c) como se encontra a taxa de juros moratórios legais, a que se refere a parte final do art. 406 do CC/2002?

Quanto à cobrança de juros sobre juros, a chamada capitalização de juros, ou cobrança de juros compostos, a regra é de que "a capitalização dos juros é admissível quando pactuada e desde que haja legislação específica que a autorize. Não é o caso dos autos, tendo em vista que o contrato objeto da revisional não possui pacto de capitalização de juros" (STJ, AgRg no REsp 18950/RS, 3.ª T., j. 25.10.2011, rel.

Min. Sidnei Beneti, *DJE* 09.11.2011). E ainda: "A CF promulgada em outubro de 1988 foi além das Constituições de 1934, 1937 e 1946, predispondo, em seu art. 192, § 3.º, e em capítulo próprio atinente ao Sistema Financeiro Nacional, não apenas que a 'usura será punida', mas fixando, *verbis*: 'As taxas de juros reais, nelas incluídas comissões e quaisquer outras remunerações direta ou indiretamente referidas à concessão de crédito, não poderão ser superiores a doze por cento'. Essa disposição foi arduamente combatida pelo governo, e a tal ponto chegou que jamais fora efetivamente aplicada, caindo em praticamente total desuso até finalmente ser extirpada do nosso ordenamento jurídico, recentemente através da EC 40, de 29.05.2003. Na realidade, se a União era a maior devedora do mercado internacional, não poderia fazer face a seus compromissos, sem alavancar recursos no mercado interno, por exemplo, com a emissão de títulos indexados a juros altos. Como iria explicar aos credores a sua postura inativa? Portanto, sempre coube à União Federal defender uma política de não tabelamento de juros, deixando passar nas comissões o texto com que se defrontara, em meio ao desemprego e à inadimplência crescentes, fora a escassez de liquidez e recursos disponíveis no mercado" (Henrique Ferraz de Mello. *Da usura*. Dissertação de Mestrado, São Paulo, PUC, 2005, p. 41 e 42).

A Lei de Usura (Dec. 22.626/1933), em seu art. 1.º, veda a estipulação de juros superiores ao dobro da taxa legal. A taxa legal é de 1% ao mês, isto é, de 12% ao ano. A aplicação do art. 1.º da Lei de Usura, o que equivaleria a 24% ao ano de juros, ofenderia o art. 406 do CC/2002 c/c art. 161, § 1.º, do CTN, que delimitam o teto dos juros em 12% ao ano.

A jurisprudência de nossos tribunais costuma coarctar a pretensão de cobrança de juros capitalizados: "Juros remuneratórios. Empréstimo. Existência de estipulação contratual relativa à taxa a ser cobrada. Manutenção de tal taxa, pois foi expressamente pactuada. Hipótese, entretanto, em que deve ser cobrada a taxa fixada no contrato (3,45% ao mês), sem capitalização. Prática não permitida. Recurso não provido. Comissão de permanência. Contrato. Impossibilidade de sua cobrança de forma cumulativa com juros de mora e multa. Comissão de permanência que tem finalidade remuneratória e punitiva. Cumulação que acarretaria bis in idem. Recurso improvido" (TJSP, Ap 9097635-13.2009.8.26.0000, 23.ª Câm. de Direito Privado, j. 17.08.2011, rel. Des. Franco de Godoi).

No sistema financeiro da habitação, curiosamente, a lei e a jurisprudência admitem a cobrança de juros compostos: "Interpretação do decidido pela 2.ª Seção, no Recurso Especial Repetitivo 1.070.297, a propósito de capitalização de juros, no Sistema Financeiro da Habitação. Segundo o acórdão no Recurso Repetitivo 1.070.297, para os contratos celebrados no âmbito do Sistema Financeiro da Habitação, até a entrada em vigor da Lei 11.977/2009, não havia regra especial a propósito da capitalização de juros, de modo que incidia a restrição da Lei de Usura (art. 4.º do Dec. 22.626/33). Assim, para tais contratos, não é válida a capitalização de juros vencidos e não pagos em intervalo inferior a um ano, permitida a capitalização anual, regra geral que independe de pactuação expressa. Ressalva do ponto de vista da Relatora, no sentido da aplicabilidade, no SFH, do art. 5.º da MedProv 2.170-36, permissivo da capitalização mensal, desde que expressamente pactuada. No Sistema Financeiro da Habitação, os pagamentos mensais devem ser imputados primeiramente aos juros e depois ao principal, nos termos do disposto no art. 354 do Código Civil em vigor (art. 993 do CC/1916). Entendimento consagrado no julgamento, pela Corte Especial, do Recurso Especial 1194402/RS (rel. Min. Teori Albino Zavascki), submetido ao rito do art. 543-C. Se o pagamento mensal não for suficiente para a quitação sequer dos juros, a determinação de lançamento dos juros vencidos e não pagos em conta separada, sujeita apenas à correção monetária, com o fim exclusivo de evitar a prática de anatocismo, encontra apoio na jurisprudência atual do STJ. Precedentes. 5. Recurso especial provido" (STJ, REsp 1095852/PR, 2.ª Seção, j. 14.03.2012, rel. Min. Maria Isabel Gallotti, *DJE* 19.03.2012).

Quanto ao termo inicial da incidência de juros moratórios, é importante levar-se em conta a natureza jurídica da responsabilidade do ofensor, em relação à vítima que pede indenização: trata-se de vítima de ilícito contratual, ou extracontratual? "Tratando-se de responsabilidade extracontratual, os juros de mora devem incidir a partir do evento danoso (Súmula 54 do STJ). Cuidando-se de responsabilidade contratual, porém, os juros de mora não incidirão, necessariamente, a partir da citação. Nas hipóteses em que a mora se constitui *ex re*, não se sustenta que os juros moratórios incidam apenas a partir da citação, pois assim se estaria sufragando casos em que, a despeito de configurada a mora, não incidiriam os juros correspondentes. Quando se tratar de obrigação positiva e líquida, os juros moratórios são devidos desde o inadimplemento, mesmo nas hipóteses de responsabilidade contratual" (STJ, REsp 1257846/RS, 3.ª T., j. 17.04.2012, rel. Min. Sidnei Beneti, *DJE* 30.04.2012).

Se a obrigação é cumprida apenas parcialmente, "em hipótese de ilícito contratual, os juros de mora devem incidir a partir da citação e não da data em que efetuado o pagamento parcial da indenização. Precedentes" (STJ, AgRg no AREsp 185909/BA, 4.ª T., j. 07.05.2013, rel. Min. Luis Felipe Salomão, *DJE* 15.05.2013).

Evidentemente, se a mora do devedor ocorreu antes, por virtude de vencimento de dívida exigível em data anterior à citação, a mora e seus efeitos iniciam-se a partir desse marco, que pode ser anterior à citação, diante, evidentemente, de ter sido o título constituído antes.

Se a mora em que incorreu o obrigado se deu em negócio jurídico com pluralidade de devedores, com vínculo solidário, e se apenas um deles venha a ser interpelado para o pagamento, os juros, como acessórios da prestação principal, são devidos por todos os obrigados que, como é natural em obrigação solidária, responderão pela dívida toda (principal e acessórios a partir da exigibilidade da dívida, que se dá com a interpelação de um deles), se a isso forem instados pelo credor. Assim se conduz a doutrina, obtemperando que, ainda que somente um dos codevedores solidários tenha sido constituído em mora, todos responderão pelos juros daí decorrentes, embora a mora seja de um só.

Isso se dá pela incidência do princípio da unidade da obrigação. Essa unidade é imprescindível porque os codevedores solidários não podem separar-se da obrigação principal sem quebrar a solidariedade. Nesse sentido: Clóvis Bevilaqua, *Código Civil...* cit., IV, comentário 1 ao art. 909 do CC/1916, p. 48. Em sentido contrário: Giorgio Amorth, *L'obbligazione solidale*, n. 19, p. 116.

Quando não convencionados pelas partes, os juros de mora são legais, isto é, fixados pela lei. A taxa de juros moratórios legais, a que se refere a parte final do art. 406 do CC em vigor para pagamento de impostos devidos à Fazenda Nacional, é a prevista no art. 161, § 1.º, do CTN, isto é, de 1% (um por cento) ao mês. No mesmo sentido: Enunciado 20 da I Jornada de Direito Civil. A doutrina, entretanto, quanto a esse ponto, diverge, entendendo que a taxa do art. 406 é a Selic: Maria Helena Diniz, *Código Civil anotado*, 8. ed.

A denominada Taxa Selic (*Sistema Especial de Liquidação e de Custódia*) não foi criada por lei, mas por norma interna do Banco Central do Brasil (v. Manual de Normas e Instruções – MNI do Bacen e Circular Bacen 3587/2012), emitida sob fundamento de decorrer de seu poder de vigilância sobre as empresas dos mercados financeiro e de capitais (art. 11, VII, da Lei 4.595/1964).

O Selic é um sistema informatizado que se destina à custódia de títulos escriturais de emissão do Tesouro Nacional e do Banco Central do Brasil, bem como ao registro e à liquidação de operações realizadas com os referidos títulos.

Pode ser modificada, sempre unilateralmente, pelo Copom, que pode delegar essa função ao Presidente do Bacen, vale dizer, é alterável *ad nutum* por ato unilateral do Governo Federal.

Na taxa Selic se incluem juros e correção monetária pelos índices de inflação. "A utilização da taxa Selic como índice para apuração dos juros legais: 1) não é juridicamente segura, porque impede o conhecimento prévio dos juros; 2) não é operacional, porque seu uso será inviável sempre que se calcularem somente juros ou somente correção monetária; 3) é incompatível com a regra do art. 591 do CC/2002, que só permite a capitalização anual dos juros; 4) pode ser incompatível com o art. 192, § 3.º da CF/1988 (o art. 192, com a redação da EC 40/2003, não mais contém limitação de taxa de juros), se resultarem juros reais superiores a 12% ao ano" (Des. Francisco Moesch, TJRS, tese aprovada, por unanimidade, na I Jornada de Direito Civil – Enunciado 20).

A regulamentação da Selic já foi por diversas vezes alterada no âmbito do Bacen: a Circular Bacen 3108/2002 foi revogada pela Circular Bacen 3237/2004, a qual, por sua vez, foi revogada pela Circular Bacen 3316/2006 (*DOU* 14.03.2006). Esta foi revogada pela Circular Bacen 3481/2010, posteriormente revogada pela Circular Bacen 3511/2010. A norma do Bacen atualmente em vigor sobre o tema é a Circular Bacen 3587/2012.

Por isso se entende que a Taxa Selic não é parâmetro para os juros de que trata o art. 406, por ferir vários preceitos constitucionais, além de ser manipulada unilateralmente por órgãos do próprio Governo (Copom, Bacen), essa taxa não pode ser aplicada em matéria tributária.

Como a taxa Selic não é aplicável em matéria tributária, não serve de parâmetro para a fixação dos juros de mora, quando não pactuados pelas partes. Daí por que essa taxa que estiver em vigor para a mora do pagamento de impostos devidos à Fazenda Nacional é a do art. 161, § 1.º, do CTN, única taxa constitucional prevista por lei para tal desiderato. Ao reconhecer a inconstitucionalidade do art. 39, § 4.º, da Lei 9.250/1995, que manda aplicar a taxa Selic, o STJ afirmou que essa taxa não foi criada para fins tributários.

A taxa Selic tem sido aplicada às quotas de imposto de renda de pessoa jurídica em atraso (art. 5.º, § 3.º, da Lei 9.430/1996), sobre auto de infração de multa e juros de mora (art. 43, parágrafo único), aos tributos e contribuições administrados pela Secretaria da Receita Federal (art. 61, § 3.º). Como a taxa Selic é composta não apenas de índices de juros de mora, mas também de atualização monetária de acordo com índices de inflação, sua aplicação como fator de índice de juros de mora, tanto em caso de impostos federais quanto no caso de base para os contratos civis e mercantis (art. 406 do CC/2002), é inconstitucional por ofensa ao princípio do devido processo legal. Para que fosse constitucional, teria de ser criada por lei, com critérios objetivos de fixação dos juros de mora, mas não da forma como se encontra hoje regulada, criada e regida por norma interna, unilateral, do Banco Central do Brasil (v. Circular Bacen 3587/2012).

A Lei 9.250/1995, que estabelece normas sobre o imposto de renda de pessoas físicas, não criou a taxa Selic. Apenas faz menção a ela quanto à matéria de compensação de tributos pagos a maior ou indevidamente (art. 39, § 4.º, da Lei 9.250/1995,; v. art.

66 da Lei 8.383/1991). Não determinou sua aplicação indiscriminada em matéria tributária. Da mesma forma, é inconstitucional porque manda aplicar referida taxa, em desacordo com vários preceitos constitucionais, como demonstrado pela 2.ª T. do STJ, no REsp 215881/PR, cujo inteiro teor da ementa se encontra na casuística, verbete "Taxa Selic. Conteúdo. Cobrança de tributos. Não aplicação em matéria tributária".

Spread bancário é a diferença entre os juros básicos da economia (informados pela taxa Selic) e as taxas cobradas pelos bancos aos clientes (Folha de São Paulo, Caderno B, p. 3, 18.01.2001). "É a diferença entre os juros que o banco cobra de seus clientes e o custo de captação de seus recursos. O Brasil é o campeão mundial dessa diferença. Em julho de 1999, o *spread* médio era de 2,34% ao mês nos empréstimos a pessoas jurídicas e de 4,96% ao mês a pessoas físicas. Nos países desenvolvidos, esse *spread* pode ser de menos de 1% ao ano para empresas de primeira linha. À época, a maior influência sobre o *spread* vinha da inadimplência: 35% do total. As perdas são distribuídas entre todos. Os bons pagam pelos ruins. As despesas administrativas ocupavam o segundo lugar: 22%. É um valor alto para padrões internacionais. Reflete, ainda, o passado, quando os bancos possuíam grandes redes de agências para captar recursos e se beneficiar do imposto inflacionário. Os impostos indiretos (PIS, Cofins e CPMF), a chamada cunha fiscal, eram 14%. Nenhum sistema tributário sério onera as transações financeiras como no Brasil. A situação piora nos empréstimos a pessoas físicas por causa do IOF, que na época do estudo era de impressionantes 6%" (Maílson da Nóbrega, Juros podem continuar altos no novo milênio, *Folha de São Paulo*, 31.12.1999).

Sobre o tema, incidem as seguintes súmulas da jurisprudência dominante do STF e do STJ:

Súmula Vinculante 7 do STF: "A norma do art. 192, § 3.º da Constituição, revogada pela EC 40/03, tinha sua aplicação condicionada à edição de lei complementar".

Súmula 422 do STJ: "O art. 6.º, *e*, da Lei 4.380/1964 não estabelece limitação aos juros remuneratórios nos contratos vinculados ao SFH".

Súmula 382 do STJ: "A estipulação de juros remuneratórios superiores a 12% ao ano, por si só, não indica abusividade".

Súmula 379 do STJ: "Nos contratos bancários não regidos por legislação específica, os juros moratórios poderão ser convencionados até o limite de 1% ao mês".

Súmula 204 do STJ: "Os juros de mora nas ações relativas a benefícios previdenciários incidem a partir da citação válida".

Súmula 186 do STJ: "Nas indenizações por ato ilícito, os juros compostos somente são devidos por aquele que praticou o crime".

Súmula 176 do STJ: "É nula a cláusula contratual que sujeita o devedor a taxa de juros divulgada pela Anbid/Cetip".

Súmula 54 do STJ: "Os juros moratórios fluem a partir do evento danoso, em caso de responsabilidade extracontratual".

Súmula 163 do STF: "Salvo contra a Fazenda Pública, sendo a obrigação ilíquida, contam-se os juros moratórios desde a citação inicial para a ação".

Súmula 121 do STF: "É vedada a capitalização de juros, ainda que expressamente convencionada".

7. ARRAS OU SINAL

Arras ou sinal é objeto de valor (dinheiro ou outro bem móvel) que uma parte dá à outra, por ocasião da conclusão do contrato, para confirmar o negócio, ou para estabelecer a possibilidade de as partes desfazerem o negócio, com previsão antecipada, no valor fixado a título de arras, do custo dessa opção para a parte que se reserva o direito de arrependimento.

Conforme, portanto, sejam as arras *confirmatórias* (garantidoras do direito – art. 417 do CC/2002), ou *penitenciais* (com a mesma natureza da *mulcta poenitencialis* – art. 420 do CC/2002), dar-se-á o tratamento jurídico de sua incidência.

É preciso, portanto, atentar para a natureza jurídica do instituto, que contém funções, de certa maneira, opostas: por arras ou sinal, as partes garantem o negócio, ou se dão mutuamente o direito de dele se arrepender.

Se as arras têm natureza jurídica *confirmatória* e se houve, por parte de quem as desembolsou, culpa na inexecução do contrato, impõe-se o perdimento dessa quantia em favor da outra parte prejudicada, que poderá ter o contrato por desfeito (art. 418 do CC/2002). Se a culpa pela inexecução do negócio for de quem deu arras, poderá este exigir sua devolução, mais o equivalente com atualização segundo índices oficiais, mais juros e honorários de advogado (art. 418 do CC/2002).

Assim se manifesta o STJ, em casos de arras confirmatórias:

Súmula 412 do STF: "No compromisso de compra e venda com cláusula de arrependimento, a devolução do sinal, por quem o deu, ou a sua restituição em dobro, por quem o recebeu, exclui indenização maior, a título de perdas e danos, salvo os juros moratórios e os encargos do processo".

"Se o autor postula na inicial a declaração de nulidade de cláusula, por considerá-la abusiva, ao se contrapor a esse pedido por meio de contestação, está o réu, por imperativo de lógica, a defender sua legalidade e, por conseguinte, a incolumidade do contrato, sendo despiciendo que o faça apenas por meio de reconvenção. Nesse passo, reconhecida a abusividade da cláusula por sentença, poderá a discussão ser devolvida ao conhecimento do Tribunal por meio da apelação. Entendimento que se harmoniza com precedente desta Corte no sentido que a reconvenção será incabível quando a matéria puder ser alegada com idêntico efeito prático em sede de contestação, até porque, em tal hipótese, ela se mostra absolutamente desnecessária, afrontando inclusive os próprios princípios que a justificam, da celeridade e economia processual. (MC 12809/RS, rel. Min. Nancy Andrighi, *DJ* 10.12.2007). Pactuada a venda de imóvel com o pagamento de arras confirmatórias como sinal – que têm a função apenas de assegurar o negócio jurídico – com o seu desfazimento, a restituição das arras é de rigor, sob pena de se criar vantagem exagerada em favor do vendedor. É abusiva a cláusula que fixa a multa pelo descumprimento do contrato com base não no valor das prestações pagas, mas no valor do imóvel, onerando demasiadamente o devedor. Em caso de resilição unilateral do compromisso de compra e venda, por iniciativa do devedor, que não reúne mais condições econômicas de suportar o pagamento das prestações, é lícito ao credor reter parte das parcelas pagas, a título de ressarcimento pelos custos operacionais da contratação. V – Majoração desse percentual de 10% para 25% das prestações pagas que se impõe, em consonância com a jurisprudência do Tribunal. Recurso especial parcialmente provido" (STJ, REsp 907856/DF, 3.ª T., j. 19.06.2008, rel. Min. Sidnei Beneti, *DJE* 01.07.2008).

"A rescisão de um contrato exige que se promova o retorno das partes ao *status quo ante*, sendo certo que, no âmbito dos contratos de promessa de compra e venda de imóvel, em caso de rescisão motivada por inadimplência do comprador, a jurisprudência do STJ se consolidou no sentido de admitir a retenção, pelo vendedor, de parte das prestações pagas, como forma de indenizá-lo pelos prejuízos suportados, notadamente as despesas administrativas havidas com a divulgação, comercialização e corretagem, o pagamento de tributos e taxas incidentes sobre o imóvel e a eventual utilização do bem pelo comprador. O percentual de retenção – fixado por esta Corte entre 10% e 25% – deve ser arbitrado conforme as circunstâncias de cada caso. Nesse percentual, não se incluem as arras, pagas por ocasião do fechamento do negócio e que, nos termos do art. 418 do CC/2002 (art. 1.097 do CC/1916), são integralmente perdidas por aquele que der causa à rescisão. As arras possuem natureza indenizatória, servindo para compensar em parte os prejuízos suportados, de modo que também devem ser levadas em consideração ao se fixar o percentual de retenção sobre os valores pagos pelo comprador" (STJ, REsp 1224921/PR, 3.ª T., j. 26.04.2011, rel. Min. Nancy Andrighi, *DJE* 11.05.2011).

A jurisprudência cuida para que as arras confirmatórias sejam reconhecidas em valor compatível com a função que desempenham, não podendo apresentar valor que represente enriquecimento sem causa, ou desproporcional daquele que puder retê-

-las. Para esse fim, o art. 419 do CC/2002 prevê a intervenção do juiz, para garantia do equilíbrio econômico do contrato que se desfaz, ou que se espera seja cumprido com o apenamento da parte. Bem por isso, o julgado seguinte apresenta um juízo de ponderação, compatível com essa funcionalidade do instituto: "O pagamento inicial do valor do negócio descaracteriza-se como arras confirmatórias quando representa o adimplemento de parte substancial da dívida. É cabível a retenção pelo vendedor de percentual entre 10% e 20% a título de indenização em caso de rescisão contratual decorrente de culpa do comprador, sob pena de enriquecimento ilícito do vendedor. Não se conhece da divergência jurisprudencial quando os julgados dissidentes cuidam de situações fáticas diversas" (STJ, REsp 761944/DF, 4.ª T., j. 05.11.2009, rel. Min. João Otávio de Noronha, ,*DJE* 16.11.2009).

As arras penitenciais (art. 420 do CC/2002), como já se disse, têm outra função: função meramente indenizatória. O instituto presta-se a antecipar e prever as perdas e danos pelo arrependimento da parte que já não se interessa pelo negócio. Por essa razão, elas encerram a questão atinente ao custo pelo arrependimento, limitando o valor da indenização ao que foi previamente fixado à guisa de arras. É um caso de antecipação prévia do valor da indenização por perdas e danos.

Por isso, nesses casos de fixação de arras penitenciais, as partes que a fixaram não podem buscar em juízo indenização suplementar. O valor indenizado é aquele pré-fixado.

Esta é a maior diferença prática entre os dois institutos:

a) as *arras confirmatórias* não encerram a questão sobre o valor da indenização pela inexecução do contrato e, por isso, autorizam indenização suplementar (art. 419 do CC/2002);

b) as *arras penitenciais*, por que foram fixadas exatamente para resolver a questão atinente ao custo do arrependimento – que as partes consideram possível – não autorizam indenização suplementar (art. 420 do CC/2002).

É exatamente isso que está expresso no julgado seguinte: "Tratando-se de arras penitenciais, a restituição em dobro do sinal, devidamente corrigido exclui indenização maior a título de perdas e danos" (STJ, REsp 34793/SP, 4.ª T., j. 09.12.1997, rel. Min. Barros Monteiro, *DJ* 30.03.1998).

8. CASO FORTUITO E FORÇA MAIOR

Descumprida a obrigação por caso fortuito ou força maior, quer seja absoluto ou relativo o inadimplemento, estará ausente a culpa do devedor, pois essas figuras são causas excludentes da culpa. Haverá inadimplemento (obrigação não cumprida), absoluto (impossibilidade de cumpri-la posteriormente) ou relativo (possibilidade de cumprimento tardio), mas não haverá efeitos patrimoniais da mora, por falta de culpa.

Por *caso fortuito* (*casus fortuitus, vis divina, fatum, fatalitas*) entende-se o "fato invencível, cujos efeitos hão de se realizar fatalmente" (Paulo de Lacerda; Tito Fulgêncio, *Manual do Código Civil brasileiro*, vol. X, p. 58).

A doutrina e a jurisprudência questionam sobre a possibilidade de impor ao imputado responsabilidade civil por fato danoso que tenha derivado de caso fortuito ou de força maior, nas hipóteses em que a responsabilidade civil opera de maneira objetiva.

A tendência do STJ é de considerar essas ocorrências a partir de visão conjunta que pondere, também, a eventual ocorrência de fato exclusivo de terceiro, que liberaria o imputado do dever de indenizar. Essa solução tem sido dada pelo STJ, que considera que a força maior deve ser entendida, atualmente, como espécie do gênero fortuito externo, do qual faz parte também a culpa exclusiva de terceiros. Assim, "o roubo, mediante uso de arma de fogo, em regra, é fato de terceiro equiparável a força maior, que deve excluir o dever de indenizar, mesmo no sistema de responsabilidade civil objetiva. Com o julgamento do REsp 435865/RJ, pela Segunda Seção, ficou pacificado na jurisprudência do STJ que, se não for demonstrado que a transportadora não adotou as cautelas que razoavelmente dela se poderia esperar, o roubo de carga constitui motivo de força maior a isentar a sua responsabilidade. 5. Recurso especial provido" (STJ, Resp 976564/SP, 4.ª T., j. 20.09.2012, rel. Min. Luis Felipe Salomão, *DJE* 23.10.2012). "Os eventos 'roubo' ou 'furto', ocorrências absolutamente previsíveis, a considerar os vultosos valores mantidos sob a guarda da instituição financeira, que assume profissionalmente todos os riscos inerentes à atividade bancária, não consubstanciam hipóteses de força maior, mantendo-se, por conseguinte, incólume o nexo de causalidade existente entre a conduta negligente do banco e o prejuízo suportado por seu cliente" (STJ, REsp 1163137/SP, 3.ª T., j. 14.12.2010, rel. Min. Massami Uyeda, *DJE* 03.02.2011).

Quando se põe em pauta a obrigação de dar, ou de restituir coisa, em que por força maior ou por caso fortuito a coisa vem a ser destruída, questiona-se sobre a quem recai o custo da perda.

Nesses casos, pode-se dar as seguintes situações:

a) o credor pode resolver a obrigação; ou aceitar a coisa no estado em que se encontra, abatido do preço o que se perdeu;

b) se tratar-se de obrigação de restituir, o credor deve receber a coisa como se encontra, sem direito à indenização (art. 240, 1.ª parte, do CC/2002).

A coisa que se perde por virtude de caso fortuito ou força maior acarreta ao proprietário o ônus de suportar o dano decorrente dessa perda, conforme conhecido princípio de que *res perit creditori*. O credor não responde pelos prejuízos resultantes de caso fortuito ou força maior e, por isso, "verificando-se deterioração fortuita da coisa restituível, a nenhuma obrigação pode ser obrigado". O risco parcial deixa de pesar sobre o credor e fica a cargo do devedor, na hipótese do art. 393 do CC/2002; quando o fortuito foi determinado por imprudência do devedor; ou, ainda, quando o devedor estava em mora de restituir (art. 399) (Paulo de Lacerda;Tito Fulgêncio. *Manual do Código Civil brasileiro*, vol. X, p. 91).

Enquanto não houver a escolha, não poderá o devedor alegar perda ou deterioração da coisa, inclusive por caso fortuito ou força maior, já que o gênero não perece (art. 246 do CC/2002): *genus nunquam perit* (o princípio deve ser sopesado com base na teoria das coisas fungíveis de existência limitada para se depreender sua limitação). Uma vez realizada a escolha, a obrigação se consubstancia como sendo de dar coisa certa e passa a ser regida.

9. A EXECUÇÃO FORÇADA DO DEVEDOR

O devedor que descumpre a obrigação sujeita-se à ação do credor e responde por perdas e danos que lhe advierem (art. 389 do CC/2002).

Se o credor tem seu crédito expresso em título executivo judicial ou extrajudicial, a lei lhe confere a prerrogativa de executar o patrimônio do devedor caso este, espontaneamente, não cumpra, na forma e no momento avençado, o dever de prestar aquilo a que se comprometeu.

É a inadimplência do devedor, de obrigação líquida e certa, que legitima o credor à execução, sendo esta a forma regular de o credor satisfazer seu crédito, compelindo o devedor a cumprir sua obrigação. Na execução, o credor exercita seu poder, submetendo o devedor ao seu jugo, assumindo, cada um, sua condição de exequente e executado, respectivamente, no processo de execução.

Em regra, o exequente é o credor, titular de crédito estampado em título executivo extrajudicial (art. 585, I a VIII, do CPC; art. 585, § 2.º do CPC: título executivo extrajudicial, oriundo de país estrangeiro), ou titular de situação de vantagem reconhecida judicialmente em ação que garante em seu favor a tutela específica de um direito (arts. 461 e 461-A do CPC), ou a cobrança de quantia certa (art. 475-I c/c 475-N, I a VII, ambos do CPC), e que possui poder de excussão sobre o patrimônio do devedor.

10. PARTES LEGÍTIMAS PARA A EXECUÇÃO

A lei reserva o termo exequente, mais tecnicamente, ao autor da execução por título executivo extrajudicial, mas também é assim que deve ser qualificado o autor da pretensão de cumprimento de sentença, nos termos do art. 475-N do CPC.

Afinal, o pedido de cumprimento da sentença é pretensão processual que tem de vir fundada em título executivo judicial (*nulla executio sine titulo* – art. 618, I, do CPC), títulos esses que se encontram enumerados no art. 475-N.

Excepcionalmente, a execução pode ser intentada pelos sujeitos mencionados no art. 567, I a III, do CPC.

Só haverá interesse processual que autorize o credor a promover a execução, quando caracterizar-se o inadimplemento do devedor relativamente a obrigação certa, líquida e exigível, estampada em título executivo extrajudicial. Caso contrário, a petição inicial da ação de execução deverá ser indeferida por carência da ação (art. 267, VI, do CPC).

A nova redação do art. 580 do CPC é mais técnica, pois prevê que não basta o inadimplemento do devedor; é preciso que a obrigação inadimplida esteja consubstanciada em título executivo e que apresente os requisitos de certeza, liquidez e exigibilidade. *Nulla executio sine titulo* (art. 618 do CPC).

O MP, muitas vezes, é parte ativa legítima para a execução. Sempre pode executar a sentença condenatória dos processos em que tenha sido parte. Além disso, a lei permite que o órgão do *Parquet* promova a execução nos casos que enumera, como, por exemplo:

a) ação de execução de obrigação de fazer imposta pelo doador ao donatário em benefício do interesse geral (art. 553 do CC/2002; art. 1.180 do CC/1916; arts. 632 e 466-B do CC/2002);

b) ação de execução para cobrança de multas penais (art. 68 do CPP);

c) ação de execução de sentença condenatória em ação popular, quando não a promova dentro de sessenta dias decorridos da publicação o autor ou terceiro (art. 16 da Lei da Ação Popular);

d) ação de execução de sentença condenatória promovida em ação civil pública de que o MP não era autor (art. 15 da Lei da Ação Civil Pública);

e) ação de execução de sentença condenatória promovida em ação civil pública com base em relação de consumo (arts. 100 e 82 do CDC).

São partes legítimas para figurar como réus em ação de execução os seguintes:

a) o réu condenado por sentença civil (art. 584, I, do CPC (revogado); art. 475-N, I, do CPC);

b) o réu condenado por sentença penal (art. 584, II, do CPC (revogado); art. 475-N, II, do CPC);

c) o que assumiu obrigação em transação ou conciliação homologada judicialmente (art. 584, III, do CPC (revogado); art. 475-N, III, do CPC);

d) o condenado por sentença arbitral (art. 584, III, CPC (revogado); art. 475-N, IV do CPC e arts. 26 e 31 da Lei de Arbitragem);

e) o condenado por sentença estrangeira homologada pelo STJ (art. 584, IV, do CPC (revogado); arts. 475-N, VI e 483 do CPC);

f) o inventariante, herdeiros e sucessores obrigados ao pagamento do quinhão hereditário (art. 584, V, parágrafo único, do CPC (revogado); art. 475-N, VII, do CPC);

g) o emissor ou subscritor de títulos ao portador (art. 905 do CC/2002; art. 1.505 do CC/1916 e art. 585, I, do CPC);

h) o devedor de obrigação contratual (art. 585, II, III, IV e V do CPC);

i) o devedor de despesa judicial aprovada por decisão judicial (art. 585, VI, do CPC);

j) o devedor de obrigação fiscal (art. 585, VII, do CPC);

k) o devedor de obrigação líquida e certa expressa em título com força executiva (art. 585, VIII, do CPC);

l) o estipulante em acordo extrajudicial de qualquer natureza, homologado judicialmente (art. 475-N, V, do CPC).

Se o devedor de obrigação líquida e certa, expressa em título executivo, vem a falecer, seus herdeiros respondem pelo pagamento das dívidas do falecido, em proporção da parte que na herança lhe coube (arts. 1.792, 1.821 e 1.997 do CC/2002), a não ser que a obrigação seja personalíssima, hipótese em que não será transmitida aos herdeiros do devedor.

Se a obrigação for solidária e morrer um dos devedores, os herdeiros serão obrigados a pagar a cota que corresponder ao seu quinhão hereditário, a não ser que a obrigação seja indivisível (art. 276 do CC/2002).

Em caso de novação subjetiva passiva, decorrente do fato de novo devedor suceder ao antigo, ficando este quite com o credor (art. 360, II, do CC/2002), a novação feita sem consenso do fiador importa em sua exoneração (art. 366 do CC/2002).

Em procedimento cautelar, pode a parte interessada postular a prestação de caução, que pode vir em forma de fiança judicial (art. 827 do CPC). Pode o juiz determinar *ex officio* a prestação de caução (art. 804 do CPC), hipótese em que a prestação de caução não se rege pelo art. 826 e ss.

Se a execução versar sobre parte de obrigação líquida e certa estampada no título que a aparelha, em outra oportunidade poderá o credor executar o restante do título que remanesce hábil, dentro do período de sua eficácia, para novos pedidos. Pode o credor deixar de executar um ou alguns dos executados, bem como desistir da execução relativamente a um dos coobrigados.

Não pode o credor desistir de excutir os bens do devedor e preferir os do fiador se a fiança foi prestada como garantia subsidiária (art. 827 do CC/2002; art. 1.491 do CC/1916). Nessa hipótese, o fiador pode postular o benefício de ordem.

A regra disciplina a execução de título executivo extrajudicial que consubstancie celebração entre as partes, tendo por objeto obrigação alternativa (o devedor pode cumprir a obrigação de mais de um modo). Também se presta a execuções aparelhadas por título judicial, em que na sentença tenha a parte sido condenada a prestar obrigação alternativa. O pedido alternativo (art. 288 do CPC) tem como causa de pedir obrigação de natureza alternativa e pode ou não gerar sentença de conteúdo condenatório alternativo (art. 288, *caput*, do CPC). Se a natureza da obrigação assumida pelas partes é de conteúdo alternativo, e se cabia ao devedor a escolha (art. 252 do CC/2002; art. 884 do CC/1916), pode o juiz proferir sentença condenando o vencido a cumprir a obrigação da forma como ele escolher, ainda que o pedido não seja alternativo (art. 288, parágrafo único, do CPC), hipótese em que a execução será de obrigação alternativa como aqui prevista.

Se, pelo contrato, couber ao credor a escolha de qual prestação deve ser prestada pelo devedor (art. 252 do CC/2002; art. 884 do CC/1916), deve indicar na petição inicial da execução a sua opção, sob pena de indeferimento da inicial por ausência de um de seus requisitos: o pedido (art. 282, IV, do CPC; art. 284 do CPC).

Deve acompanhar a petição inicial da execução a prova de que a condição ou o termo se verificaram, sob pena de indeferimento da inicial (art. 284 do CPC), porque não demonstrado o interesse jurídico do exequente.

Se o fiador foi cientificado de ação de cobrança contra o devedor principal, sem integrar a relação jurídica como réu, não pode fazer parte do polo passivo do cumprimento da sentença, pois os efeitos da coisa julgada não o poderão atingir. O credor poderá, todavia, utilizar-se do contrato como título executivo, seja com base no art. 585, II, do CPC, seja com base no art. 585, V. Nesse sentido, Nelson Nery Junior e Rosa Maria de Andrade Nery, *Código Civil comentado*, comentário ao art. 818.

Havendo cumprimento da obrigação pelo devedor, desaparece o interesse processual que legitimaria o credor a ajuizar a execução.

Há momentos em que é necessário permitir-se que ao Estado se dê ocasião de substituir, pela voz do juiz, a vontade das partes. Não se deve fazer disso a regra, mas a possibilidade deve constar do sistema. Negar que o Estado profira sentença que tenha o efeito de declaração de vontade que deixou de ser expressa acarretaria respeito à soberania da vontade individual dentro dos limites da esfera jurídica da pessoa que deveria prestá-la. Aceitar o fato mostra respeito ao princípio da exequibilidade das obrigações livremente assumidas. Para defender a segunda possibilidade, vale lembrar que a vontade não merece proteção por ser vontade humana, mas porque se expressa conforme ao Direito. Chiovenda salientava a limitação do princípio da autonomia da vontade no cumprimento das obrigações. Também é muito pequena a parcela de vontade individual realmente querida e prevista pelas partes ao contratarem. A vontade das partes contratantes acaba sendo em grande parte vontade do legislador (Luiz Eulálio de Bueno Vidigal, *Da execução direta das obrigações de prestar declaração de vontade*, p. 77-81). Sendo assim, é perfeitamente possível estabelecer que o poder estatal profira sentença que substitua a declaração de vontade não manifestada por uma das partes. Considerada em sua estrutura, essa sentença, é ato de declaração da existência da vontade da lei aplicável ao caso concreto e é ato de execução forçada; considerada em sua função, é sentença constitutiva, em sentido amplo (Idem, p. 91).

Por fim, anote-se que é direito concedido ao devedor de pagar (art. 304 do CC/2002) ou consignar (art. 334 do CC/2002) a importância devida, ao credor, antes de adjudicados ou alienados os bens que estão penhorados, garantindo-se a execução. O depósito feito em pagamento ou consignação deve ser aquele correspondente ao do valor total da dívida, atualizado, acrescido de juros, custas e honorários advocatícios. Esse procedimento, que se dá no curso de processo de execução, e que se denomina *remição da execução*, é espécie de satisfação da obrigação e extinção da execução (art. 794, I, do CPC). Assim, se contra o devedor tramita ação de execução, diz-se que o pagamento pode ser feito (remição da execução) antes de adjudicados ou alienados os bens. Ou seja: pode o executado, a todo tempo, remir a execução, pagando ou consignando a importância atualizada da dívida, mais juros, custas e honorários advocatícios (art. 651 do CPC).

A Lei 11.382/2006 revogou os artigos que tratavam do procedimento da remição (arts. 787/790 do CPC). O executado que quiser cumprir voluntariamente o comando emergente do título executivo poderá fazê-lo na forma do cumprimento da sentença (art. 475-I) e da remição, prevista pelo art. 651 (redação dada pela Lei 11.382/2006).

Se o devedor está sujeito à execução por dívida, por inadimplemento absoluto, e o credor, por virtude da inutilidade da prestação, a enjeitou, sua pretensão executória é de perdas e danos, portanto. A satisfação do credor, pelo pagamento do valor capaz de indenizá-lo por perdas e danos pode ocorrer, também, na fase da execução, e dar--se, então, a mesma hipótese já tratada acima, de remição de dívida.

PARTE III
Sistema de Responsabilidade Civil

Capítulo I

Teoria Geral da Responsabilidade Civil

1. Responsabilidade civil na teoria geral do direito privado

Denomina-se "sistema de responsabilidade civil" o mecanismo lógico-jurídico por cujas regras se buscam apurar as causas de eventos danosos e, consequentemente, apontar o responsável por sua ocorrência e/ou reparação (imputação civil), para fazê-lo responder pela indenização, ou pela reparação correspondente, nos termos da lei, ou do contrato, em favor de quem sofreu prejuízo.

Ou, em sentido menos amplo, usa-se a expressão, *responsabilidade civil*, para aludir-se à consequência da imputação civil do dano ao sujeito que lhe deu causa, ou que responde pela indenização, indenização essa capaz de repor as pessoas e coisas ao estado anterior ao evento de que se saíram vítimas ou experimentaram perdas e danos, com deterioração ou perda de bens, objetos de seus direitos.

Como já vimos no Capítulo III, as obrigações de indenizar podem nascer tanto da lei, quanto do fato jurídico (atos jurídicos, negócios jurídicos, contratos, declaração unilateral de vontade, ato ilícito e, até mesmo, de ato lícito) e para a adequada sistematização do mecanismo jurídico próprio, para resolver as questões atinentes à indenização e reparação de danos, fala-se em *sistema jurídico de responsabilidade civil*.

É o sistema de responsabilidade civil, em verdade, um microssistema – que reside dentro do sistema maior de direito privado –, que tem um conteúdo lógico e teórico, capaz de pôr em prática a pretensão indenizatória do lesado, com segurança jurídica, coibindo a vindita privada e a desarmonia social.

Se na malha das relações jurídicas advém um acontecimento que gera para alguém um efeito prejudicial (um dano de natureza argentária – ou seja, a diminuição econômica do patrimônio do lesado; ou um dano de natureza moral – ou seja, a destruição ou apequenamento de um bem de natureza essencial, ou potencial da natureza humana da vítima), põe-se em prática um sistema de segurança, capaz de – da melhor maneira possível – recompor o patrimônio do lesado, às custas do patrimônio daquele a quem se imputou a ocorrência causadora do evento danoso.

A responsabilidade civil, por isso, assenta-se: (a) na conduta do agente (hipótese de responsabilidade subjetiva); (b) no fato da coisa, ou do produto, ou no risco da atividade (hipóteses de responsabilidade objetiva).

Nas hipóteses de responsabilidade objetiva, o sistema impõe ao imputado o dever de indenizar, independentemente de culpa ou dolo com que ele tenha agido, bastando à imputação a simples ocorrência que ligue o risco da atividade, ou o fato da coisa, ou do produto, ao resultado experimentado pela vítima, que reclama a indenização. Essa ligação denomina-se nexo de causalidade.

Nas hipóteses de responsabilidade subjetiva, o dever de indenizar ancora-se em ter sido apurada específica conduta do agente, dolosa ou culposa, como geradora do dano. Há, portanto, neste caso, de responsabilidade subjetiva, uma relação de causa e efeito – entre a conduta do agente e o resultado danoso que dessa conduta deriva –, de modo a justificar a imputação, justamente, daquele que deu causa ao evento e ao dano que se quer ver reparado.

A indenização devida pelo responsável pode ter natureza compensatória e/ou reparatória do dano causado.

Então, como se disse, dois são os sistemas de responsabilidade civil, que foram adotados pelo CC/2002:

a) Sistema de responsabilidade civil objetiva;

b) Sistema de responsabilidade civil subjetiva.

O sistema geral do CC/2002 é o da responsabilidade civil subjetiva (arts. 186 e 927, *caput*), que se funda na teoria da culpa – para que haja o dever de indenizar é necessária a existência:

a) Do dano;

b) Do nexo de causalidade entre o fato e o dano;

c) Da culpa *lato sensu*: (a) culpa – imprudência, negligência ou imperícia ou agir ou omitir-se ou; (b) dolo – intenção de o agente praticar o ato ou a omissão danosa.

O sistema subsidiário do CC/2002 é o da responsabilidade civil objetiva (art. 927, parágrafo único), que se funda na teoria do risco: para que haja o dever de indenizar é irrelevante a conduta (dolo ou culpa) do agente, pois basta a existência:

a) Do dano;
b) Do nexo de causalidade entre o fato e o dano.

Dar-se-á hipótese de responsabilidade civil objetiva quando a lei assim o determinar (v.g., art. 933), ou quando a atividade habitual do agente, por sua natureza, implicar risco para o direito de outrem (v.g., exercício de atividades perigosas – art. 927, parágrafo único).

No sistema jurídico brasileiro, em geral, há outros subsistemas derivados desses dois sistemas principais, mencionados, que se encontram previstos tanto no CC/2002, como no CDC e em leis extravagantes e, até mesmo, na CF/1988, como ocorre com a hipótese prevista no art. 37, § 6.º, que de toda a maneira desafia outra lógica de tratamento.

Assim, podem-se visualizar dois outros subsistemas de responsabilidade civil que o nosso ordenamento jurídico prevê, exemplificativamente:

a) CF/1988: (I) Responsabilidade civil da administração pública (art. 37, § 6.º) – a CF/1988 adota a responsabilidade objetiva (contratual e extracontratual) e a teoria do risco administrativo. Nessas hipóteses, são requisitos para a administração pública indenizar: (a) a existência do dano e (b) o nexo causal entre o fato da administração (comissivo ou omissivo) e o dano; (II) Responsabilidade civil pelo dano ambiental (art. 225, § 3.º) – a CF/1988 determina ser objetiva a responsabilidade civil pelo dano ambiental, pelo risco da atividade. Bastam o dano e o nexo de causalidade entre fato (atividade) e dano para que haja o dever de indenizar;

b) CDC: Responsabilidade civil nas relações de consumo (art. 6.º, VI) – o CDC, aplicável às relações de consumo, adota, como regra, a responsabilidade objetiva (contratual e extracontratual) e a teoria do risco da atividade: (a) a existência do dano e (b) do nexo de causalidade entre o fato e o dano impõem ao fornecedor o dever de indenizar (v. arts. 6.º, VI; 12 a 25). Como exceção a seu sistema geral da responsabilidade objetiva, o art. 14, § 4.º, determina ser subjetiva a responsabilidade do profissional liberal.

c) Lei de Política Nacional do Meio Ambiente (art. 14, § 1.º, da Lei 6.938/1981) – estabelece a responsabilidade civil objetiva por dano ambiental com fundamento no risco da atividade.

A responsabilidade civil pelos atos da administração pública será estudada no final deste Capítulo.

A responsabilidade civil no CDC se assenta no risco da atividade do fornecedor em face do consumidor, tanto pelo aspecto contratual quanto pelo aspecto extracontratual.

Tanto a responsabilidade pelos acidentes de consumo como a decorrente dos vícios do produto ou serviço (arts. 12, 14 e 18 do CDC) se estribam na teoria objetiva. O fundamento do dever de indenizar, aqui, é o risco da atividade: por isso a responsabilidade objetiva se aplica a todas as hipóteses decorrentes de danos experimentados pelo consumidor em decorrência de relação jurídica de consumo (arts. 6.º, VI e 8.º). A responsabilidade pessoal do profissional liberal no CDC, entretanto, excepcionalmente, se assenta na responsabilidade subjetiva (arts. 14, § 4.º e 6.º, VI).

Em nosso ordenamento vige o sistema da solidariedade legal. Notemos que o art. 7.º, parágrafo único, do CDC, quando foi editado, inspirou-se e repetiu literalmente a regra do revogado art. 1.518, 2.ª parte, do CC/1916, que foi repetido no vigente art. 942, *caput*, 2.ª parte. Por expressa disposição do art. 265 do CC/2002 (art. 896 do CC/1916), e considerando o regime da solidariedade legal, nosso sistema não admite a presunção de solidariedade, razão pela qual ela deve resultar da lei ou da vontade das partes.

Há previsão legal expressa para a solidariedade na responsabilidade extracontratual (arts. 932 e 942 do CC/2002). São solidariamente responsáveis com os autores do dano as pessoas enumeradas no art. 932 (pais, tutores, curadores, empregadores etc.) (art. 942, parágrafo único). Caso mais de um autor haja contribuído para a causação do dano, todos devem, solidariamente, indenizar (art. 942, *caput*, 2.ª parte).

A indenizabilidade tarifada de danos, como prevista no Código Brasileiro de Aeronáutica e na Convenção de Varsóvia, "em caso de responsabilidade do transportador aéreo por extravio de carga, sub-rogando-se a seguradora nos direitos do segurado, tem sido considerada inaplicável ao nosso sistema" (STJ, 4.ª T., AgRg no AREsp 84.013/RJ, j. 05.03.2013, rel. Min. Antonio Carlos Ferreira, *DJe* 19.03.2013). A causa desse entendimento é de que o sistema de responsabilidade civil do CDC não concebe limitação no valor da indenização. Com efeito, o art. 6.º, VI do CDC, ao falar em "efetiva" reparação como direito básico do consumidor, traz como consequência a conclusão de que somente a reparação integral pode ser considerada efetiva. Além disso, o contrato de transporte pressupõe prestação de serviços, tema submetido às regras do CDC, caso esteja caracterizada relação de consumo.

Bem por isso, a indenização pelo dano moral, por violação aos direitos da personalidade, impõe-se seja integral e não pode ser limitada (art. 5.º, V e X, da CF/1988).

Além do sistema de responsabilidade civil do CC/2002, do CDC e da CF/1988, ainda pode ser lembrado, pela sua importância, o sistema de responsabilidade civil ambiental.

O tratamento jurídico da proteção ambiental no Brasil submete-se aos princípios fundamentais da precaução (art. 225, *caput*, da CF/1988) e do "poluidor-pagador" (art. 225, § 3.º, *in fine*) e a responsabilidade civil por danos causados ao meio ambiente impõe ao seu causador responder pelos danos pelo sistema da responsabilidade civil objetiva.

O fundamento para isso é o *risco da atividade*, pois o causador do dano responde em virtude de o dano advir de sua atividade. É irrelevante a licitude da atividade (v. art. 2.7 da Convenção de Lugano [1993]). A norma que impõe a responsabilidade não exige a investigação sobre a conduta do agente para que seja fixado o dever de indenizar. Tal sistema, com previsão genérica no art. 225, § 3.º, da CF/1988, está regulado no art. 14, § 1.º, da Lei 6.938/1981.

Como a hipótese é de responsabilidade objetiva pelo risco da atividade, tudo o que disser respeito à conduta do agente não pode ser considerado para a caracterização ou descaracterização do dever de indenizar.

Caso fortuito e força maior são circunstâncias que excluem a *culpa*, sendo, portanto, inaplicáveis à responsabilidade ambiental para a qual a culpa é irrelevante. Há quem entenda que essas figuras (caso fortuito e força maior) excluem o nexo de causalidade, o que não corresponde à verdade, pois o dano só ocorreu porque pressuposta a atividade que desencadeou o dano. Nexo, portanto, existe; o causador do dano não teve culpa em virtude do caso fortuito ou da força maior, mas isso não é a questão central.

Como essas causas (caso fortuito e força maior) são estranhas à responsabilidade objetiva, subsiste o dever de indenizar porque presentes o *fato*, o *dano* e o *nexo de causalidade* (dano decorreu da atividade do causador). Para essa responsabilidade concorrem solidariamente todos os que exercem a atividade que desencadeou o evento danoso (art. 942, *caput*, 2.ª parte do CC/2002). O Estado tem o dever de defender e de preservar o meio ambiente (art. 225, *caput*, da CF/1988), de modo que pode ser responsabilizado solidariamente quando não agir conforme a CF/1988.

No sistema de direito privado, há hipóteses de responsabilidade extracontratual que se determinam pelo critério subjetivo (arts. 186 e 927, *caput*, do CC/2002) e pelo critério objetivo (art. 927, parágrafo único). Igualmente, há situações de responsabilidade civil por dano contratual que se apuram pelo critério da responsabilidade subjetiva (hipótese em que se verificam os aspectos que compõem a base subjetiva do negócio jurídico) e outros que se resolvem pelo sistema de responsabilidade objetiva, quando a matéria sob análise aborda a base objetiva do negócio jurídico (arts. 421 e 422), ou ainda, nos casos em que se põe para análise o cumprimento de contratos que geram *obrigações de resultado*.

Ambos os mecanismos têm a mesma importância no sistema do CC/2002, não havendo predominância de um sobre o outro.

Conforme o caso, aplica-se um ou outro regime da responsabilidade civil. Há quem entenda, entretanto, tratar-se o sistema de responsabilidade objetiva uma espécie de regra e exceção dentro do CC/2002 (Moreira Alves, A responsabilidade extracontratual e seu fundamento: culpa e nexo de causalidade, *Direito contemporâneo: estudos em homenagem a Oscar Dias Corrêa*, n. 5, p. 200).

Outro ponto para o qual se deva dar atenção é a possibilidade de um mesmo fato poder gerar mais de uma imputação, como dar-se-ia num caso em que alguém, embriagado, conduz veículo automotor, atropela e causa ferimentos em outrem. Pode ocorrer, perfeitamente, que esse indigitado motorista se veja obrigado a pagar indenização por danos à vítima (imputação e responsabilidade civil); que venha a ser condenado criminalmente (por ter praticado crime de lesão corporal – imputação e responsabilidade penal) e que venha a ter suspensa sua permissão de direção (perda de sua carteira de habilitação – imputação e responsabilidade administrativa), por infração administrativa.

Pelo princípio da independência das responsabilidades, adotado pelo sistema brasileiro, o mesmo fato pode, mesmo, dar origem a sanções civis, penais e administrativas, aplicáveis cumulativamente.

De toda a maneira, cumpre observar que a coisa julgada penal não interfere na área civil (art. 935 do CC/2002), pois, a absolvição do réu no processo penal, por exemplo, não significa, *per se*, automática liberação de sua responsabilidade na esfera civil. A coisa julgada penal somente influencia o aspecto civil quanto à autoria e materialidade, quer dizer: se no juízo criminal já tiverem sido decididas as questões sobre a existência do fato e quem é o autor desse mesmo fato, não se pode questionar mais essas circunstâncias no âmbito civil. De outra parte, se a sentença penal for condenatória, um de seus efeitos é tornar certa a obrigação de o réu, do processo penal, indenizar no cível os danos causados pelo crime (art. 91, I, do CP).

A imputação penal é muito mais severa (porque ultrapassa o patrimônio do condenado para atingir-lhe a liberdade) e, por conseguinte, a prova da responsabilidade penal obedece a critérios mais rígidos na busca da verdade efetiva, fato que reclama maior rigor na análise da prova para que possa haver condenação penal. Na apuração civil da responsabilidade os critérios são mais flexíveis.

O direito penal desafia a prova da culpa em sentido estrito para a condenação, enquanto o direito civil pode sancionar o devedor que tenha agido com culpa, ainda que no grau mínimo.

Assim, pode o réu ser absolvido no processo penal por falta de provas (art. 386, V, do CPP) e, mesmo assim, responder ação civil e, por conseguinte, vir a ser condenado a indenizar pelo mesmo fato.

Quando as questões da existência do fato (materialidade) e de quem seja o seu autor (autoria) estiverem decididas no processo penal, essas matérias se projetam no processo civil. Nessa parte há influência da coisa julgada penal no processo civil. "Assim, a autonomia dos dois processos não exclui a influência de um sobre o outro, e a preponderância do criminal (que é de ordem pública) sobre o civil (que é de natureza privada), sempre que naquele se tenha resolvido acerca da existência do crime e de sua autoria" (Eduardo Espínola, *Questões jurídicas e pareceres*, p. 144).

Por isso, um dos efeitos da condenação criminal é tornar certa a obrigação de indenizar o dano causado pelo crime (art. 91, I, do CP). Assim, condenado o réu no âmbito criminal, a ele se impõe a obrigação de indenizar a vítima dos danos causados pelo crime, sem que se lhe dê o poder de discutir a justiça da decisão criminal na esfera civil.

A vítima pode executar na justiça civil a sentença penal condenatória, desde que o faça contra o próprio réu (art. 475-N, II, do CPC e art. 63 do CPP). Só é executável a sentença penal condenatória transitada em julgado que seja líquida. Havendo iliquidez, a vítima deve promover sua liquidação no juízo cível (art. 475-A do CPC), para, depois, executá-la.

Se, pelo advento de revisão criminal (art. 622 do CPP) procedente, o título executivo judicial penal vier a perder sua eficácia executória, a vítima pode ainda pleitear o reconhecimento do ilícito civil (art. 186 do CC/2002) e pedir indenização (art. 927, *caput*, do CC/2002), por ação de conhecimento, se pela sentença de revisão criminal não tiver ficado afastada a autoria do fato, ou a existência do próprio fato; de sua parte, o condenado, se inocentado do fato, ou provada sua inexistência, pode repetir o que, eventualmente, tenha pago ou sido obrigado a pagar indevidamente (Araken de Assis, *Cumprimento de sentença*, n. 78.2, p. 208).

Caso o interessado no recebimento do valor da indenização queira obtê-la de qualquer outro coobrigado (v.g., patrão, pai, responsável legal, Estado etc.), deve promover a ação civil, de conhecimento, para atingir seu desiderato, pois a execução do título penal somente pode ser dirigida contra o obrigado, assim entendido aquele que consta como tal do título executivo (réu condenado no processo penal) (Nelson Nery Junior e Rosa Maria de Andrade Nery, *Código de processo civil comentado*, coment. 7 ao art. 475-N, II).

Nota-se que é imprescindível, para que haja qualquer tipo de indenização, a comprovação de que, de fato, houve dano. O dano não pode ser hipotético; impõem-se que seja real, efetivo, demonstrado.

Uma questão nova, muito ventilada na jurisprudência, é alusiva à demonstração de efetivo dano nas hipóteses em que se alega a "perda de uma chance".

Se a perda de uma oportunidade de ganho se mostra como causa de um dano material, a quantificação da indenização será feita de maneira mais objetiva e simples. Se o caso versar sobre dano moral, a quantificação dependerá, na maioria das vezes, da análise do grau de culpa do agente: se foi grave, leve ou levíssima.

Tomemos por exemplo um caso julgado recentemente pelo STJ, em que a relatora, Min. Nancy Andrighi, reduziu o valor de indenização por danos morais que se buscava, baseado o autor na teoria da perda de uma chance. Tratava-se de pedido de indenização promovido pelo espólio de uma falecida paciente contra seu médico oncologista, que culminou no REsp 1.254.141 de 20.02.2013. Provou-se que o médico teve culpa no resultado morte de sua paciente, pois escolheu mal o tratamento a que ela foi submetida, realizou intervenção cirúrgica que não retirava de forma integral a mama afetada pelo câncer e ainda não teria aconselhado a paciente de forma adequada quanto a uma futura e eventual gravidez.

A Ministra relatora, ao argumentar sobre a aplicabilidade da teoria da perda de uma chance na seara médica, disse: "A perda da chance, em verdade, consubstancia uma modalidade autônoma de indenização, passível de ser invocada nas hipóteses em que não se puder apurar a responsabilidade direta do agente pelo dano final. Nessas situações, o agente não responde pelo resultado para o qual sua conduta pode ter contribuído, mas apenas pela chance de que ele privou a paciente. Com isso, resolve-se, de maneira eficiente, toda a perplexidade que a apuração do nexo causal pode suscitar" (STJ, 3.ª T., REsp 1.254.141/PR, j. 04.12.2012, rel. Min. Nancy Andrighi, *DJe* 20.02.2013, p. 8).

É claro que o resultado morte de um paciente de câncer não é causado exclusivamente por culpa do médico, mas basta que este prive o doente de uma chance de cura, por mais remota que esta possa ser, para que se configure a figura que se aponta sob a nomenclatura *perda de uma chance*. Como diz Miguel Kfouri Neto, "admite-se que a culpa do médico comprometeu as chances de vida e a integridade do paciente", sendo que "a culpa é precisamente não ter dado todas as oportunidades ('chances') ao doente." (Miguel Kfouri Neto, Graus da culpa e redução equitativa da indenização, In: Gilmar Mendes e Rui Stoco, *Doutrinas Essenciais de Direito Civil, Parte Geral*, p. 832).

No caso em questão, o espólio da paciente recebeu indenização por danos morais por sua morte, que ocorreu por culpa (parcial) do médico, que lhe privou de uma chance de cura (por mais que remota) ao indicar terapias inadequadas para o tratamento da doença. O espólio, neste caso, é vítima indireta do dano moral, mas mesmo assim legitimado a receber reparação pela chance de cura da paciente, que foi perdida por culpa do médico.

Enunciado 444 da Jornada V de Direito Civil: "A responsabilidade civil pela perda de uma chance não se limita à categoria de danos extrapatrimoniais, pois, conforme as circunstâncias do caso concreto, a chance perdida pode apresentar também a natureza jurídica de dano patrimonial. A chance deve ser séria e real, não ficando adstrita a percentuais apriorísticos".

2. UMA IDEIA ANTERIOR À IMPUTAÇÃO: A RELAÇÃO POTENCIAL DE CAUSA/CAUSADO

O uso jurídico mais corriqueiro do termo *causa* se dá no sentido de *causa efficiens*, quando da apuração da responsabilidade de alguém por algo, ou seja, quando da análise do dever de indenizar um dano sofrido por outrem, ocasião em que se analisa o nexo de causalidade, entre o evento e seu resultado, como critério para identificar *se*, *por quem* e *a favor de quem* a indenização é devida e em que medida.

Em Tácito há menção a esse vínculo, de imputar algo a alguém por ter dado causa a uma situação nefasta (Tácito, *Agrícola*, XXXIV).

É nessa quadra que surge a pergunta sobre o que seria causa juridicamente relevante de algo (de interesse para a ciência do direito), para imputar a alguém a responsabilidade pela ocorrência de determinado fato, "pois o desenvolvimento da relação de causa e efeito pode sofrer a interferência de outra causa que atua conjuntamente com a anterior, desviando as consequências que normalmente ocorrem por ação da primeira de acordo com sua ordem natural" (Antonio Vazquez Vialard, *La responsabilidad en el derecho del trabajo*, p. 339).

Especificamente sobre esse ponto, ou seja, sobre a pergunta que sempre se impõe a respeito da ocorrência das causas dos danos e do eventual agravamento de um dano por efeitos que não derivam diretamente da causa de que se trata, a doutrina propõe muitas teorias, sendo mais consideradas as seguintes:

a) Teoria da equivalência;
b) Teoria da causalidade adequada.

Pela teoria da equivalência considera-se "causal toda a condição de que não se pode abstrair sem que o resultado deixe de se verificar" (Alarcão, *Obrigações*, p. 236). De sorte que todas as condições que se ponham como determinantes de um efeito se equivalham. Se o questionamento se dá quando da apuração da responsabilidade de alguém, por eventual dano sofrido por outrem, toda a condição, por mais longínqua que esteja na cadeia do processo de causalidade desse evento danoso, se considera causa.

A teoria, entretanto, leva a consequências ilógicas que ferem a sensatez do equilíbrio jurídico, porque permite que se chegue a absurdos, como o de atribuir responsabilidade para o industrial que, anos antes, fabricou uma telha que caiu de uma construção e atingiu uma pessoa.

A doutrina, por isso, busca conter esses exageros, limitando a extensão da ideia por meio do conceito de culpa. Por essa vertente da teoria da equivalência somente seria responsável aquele que tivesse condições de prever o resultado danoso como "uma consequência possível de sua conduta" (Alarcão, *Direito das obrigações*, p. 236).

Mas a limitação não resolve o problema da apuração da responsabilidade, porque nem sempre a apuração da responsabilidade de alguém se liga à realização de uma conduta, já que pode existir responsabilidade que se apura de forma objetiva, como é o caso da responsabilidade pelo risco da atividade e, então, a resposta à pergunta "*quem deu causa a*?" já não é necessária ou útil.

Também o critério não resolve porque – mesmo que se esteja diante da apuração da situação de responsabilidade de algum sujeito de direito a partir do critério de se indagar sobre sua culpa (o que aconteceu derivou de um fato que poderia ter sido previsto pelo sujeito como o resultado danoso e possível de sua conduta?) – a verificação da culpa do agente deve ser feita levando-se em conta, apenas, a culpa pelo próprio fato, mas não com relação a todas as consequências efetivamente verificadas em razão do ato ilícito (Alarcão, *Direito das obrigações*, p. 237).

Outros, como Manuel Andrade, tentam aproveitar a teoria da equivalência das condições expurgando esses exageros, a partir da tentativa de delinear um traço capaz de distinguir condição de causa.

Por essa vertente, somente se poderia dizer da potência de causa a algo que se pudesse qualificar como a condição mais próxima do dano (*in iure non remota causa, sed proxima spectatur*). Mas, mais adiante, na prática jurídica, a teoria não é eficaz, também, porque a apuração da responsabilidade pressupõe uma valoração que ultrapassa a do conceito filosófico de causa/causado.

A teoria da causalidade adequada é acolhida pelo sistema civilístico português (art. 563.º do Código Civil português): "A obrigação de indenização só existe em relação aos danos que o lesado provavelmente não teria sofrido se não fosse a lesão".

Também é do sistema português a possibilidade de o juiz, ao apurar a causa da responsabilidade, corrigir exageros do valor indenizatório, como se vê do art. 494.º do Código Civil português.

A teoria da causalidade adequada, na apuração da responsabilidade, lida com a ideia cultural de probabilidade: ou seja, não é qualquer condição do processo causal que é *causa*, nesse processo que ensejou determinado resultado. Causa é a condição que se mostra apropriada para produzir o resultado a respeito de cuja lesividade se indaga. A questão seria, então, a de saber dar resposta a essa pergunta: "É um fato deste tipo apto a produzir este gênero de dano?" (Alarcão, *Direito das obrigações*, 239).

Enneccerus formulou a pergunta na negativa: "A condição (*sine qua non*) não será causa jurídica do resultado, ou, como parece preferível, não será imputável à esfera ou âmbito de responsabilidade (*Verantwortungsbereich*) do agente quando [segundo a sua natureza geral, era de todo indiferente para o surgir de um tal dano, e só se tornou uma condição dele em resultado de outras circunstâncias extraordinárias]?" (Alarcão, *Direito de obrigações*, 239).

De qualquer maneira, tanto nas hipóteses de responsabilidade civil contratual, como nos casos de responsabilidade civil extracontratual; tanto nas hipóteses de imputação subjetiva, quanto nas de imputação objetiva da responsabilidade, uma tal pergunta sobre a causalidade do evento aparece – com força mais determinante e suficiente, ou não – como pressuposto lógico do dever de indenizar.

3. A RESPONSABILIDADE CONTRATUAL E EXTRACONTRATUAL

A todo instante surge na lida forense ocasião de se pôr em pauta nova forma de compreender os prejuízos que a vida moderna a todos impõe. Assim, ocorrências que não seriam antes consideradas como hipóteses de dano, assumem essa feição; outros aspectos que – à primeira vista – pareceriam não revelar razão para indenização, porque irrelevantes, passam a ser compreendidos pela doutrina como de efetivos danos, a justificar pedidos de indenização.

Essa realidade, como se disse, muito comum na atualidade, vem sendo analisada pela jurisprudência que, a cada dia, traz à pauta uma visão nova para problemas antigos, ou uma solução cada vez mais nova para temas modernos.

Pode-se antever essa experiência jurídica moderna, tanto nos casos em que a lei e a doutrina definem como de *responsabilidade contratual*, como nas hipóteses de *responsabilidade extracontratual*.

É da experiência jurídica que se tiram as hipóteses que redundam na distinção que a doutrina faz, de responsabilidade civil contratual e extracontratual.

Por responsabilidade contratual se entende a consequência jurídica de o obrigado cumprir o contrato (negócio jurídico bilateral), adimplindo a obrigação que dele deriva, entregando o devedor a prestação devida (de dar, de fazer, de não fazer) ao credor e cumprindo, ambas as partes, com perfeição, os deveres anexos de conduta decorrentes desse vínculo obrigacional, que a todos une e obriga. O descumprimento por qualquer das partes das obrigações que decorrem do contrato, se lhes importar dano, implica a imputação daquele que se conduziu de maneira contrária ao esperado pelo negócio, impondo-se-lhe o dever de indenizar o lesado na proporção da perda que causou.

Esse fenômeno, da responsabilidade contratual, alcança as partes em todo o interregno do processo obrigacional, do período que antecede à contratação, àquele que ultrapassa o termo final para o cumprimento da obrigação, decorrendo disso e do sistema legal as denominadas responsabilidades *pré* e *pós-contratual*.

Se a obrigação de indenizar, ao contrário, derivou de um fato ocorrido como consequência do trato humano das relações sociais, por virtude de um acontecimento que atingiu pessoas que não se haviam vinculado livremente pelo negócio jurídico, mas que foram apanhadas pelo infortúnio de um acontecimento nefasto, de consequências danosas, a hipótese de estudo denomina-se *responsabilidade civil extracontratual*. Seu tratamento – da responsabilidade civil incidente para fatos ocorridos fora do contrato, ou seja, para as hipóteses de responsabilidade civil extracontratual – é dado pelo art. 186 e 927, *caput*, do CC/2002, que justamente cuida da *responsabilidade civil extracontratual*, também denominada de *responsabilidade aquiliana*, em memória da origem romana do instituto, fruto da aplicação da *Lex Aquilia*.

O imputado, à luz do art. 186, responde pelo dano causado – e tem o dever de indenizar o lesado – todo aquele que procede com culpa, aqui modulada em todas as modalidades (grave, leve e levíssima), bem como aquele que intencionalmente buscou causar o dano (dolo), agindo com incúria, negligência, imperícia, imprudência, má-fé, intenção de prejudicar, ou disposição para lesar.

A responsabilidade civil extracontratual funda-se no ato ilícito absoluto, composto por elementos objetivos e subjetivos. São elementos objetivos do ato ilícito absoluto (Moreira Alves, A responsabilidade extracontratual... cit., n. 5, p. 201):

a) A existência de ato ou omissão (ato comissivo por omissão), antijurídico (violadores de direito subjetivo absoluto ou de interesse legítimo);

b) A ocorrência de um dano material ou moral;

c) Nexo de causalidade entre o ato ou a omissão e o dano.

São elementos subjetivos do ato ilícito absoluto:

a) A imputabilidade (capacidade para responder pela indenização);

b) A culpa em sentido lato (abrangente do dolo e da culpa em sentido estrito).

Pode-se dizer que há algumas cláusulas gerais extraídas do sistema do CC/2002, para a responsabilidade extracontratual.

Há o direito do prejudicado de ser indenizado e o dever de o ofensor indenizar quando:

a) A ofensa se der a qualquer direito (patrimonial, material ou imaterial – como o moral, à imagem, da personalidade etc.);
b) A ofensa ocorrer em desrespeito a norma de ordem pública imperativa (v.g. abuso de direito – art. 187 do CC/2002; direito protegido por norma imperativa: constitucional, penal, administrativa etc.);
c) O dano causado for apenas moral;
d) Por expressa especificação legal, ou quando a atividade normalmente desenvolvida pelo autor do dano implicar, por sua natureza, risco para os direitos de outrem, independentemente de dolo ou culpa (responsabilidade objetiva – art. 927, parágrafo único);
e) A ofensa se der por desatendimento à boa-fé e aos bons costumes. Em sentido mais ou menos conforme, a exemplificação, para o direito alemão, das cláusulas gerais da responsabilidade extracontratual em: Karl Larenz e Claus-Wilhelm Canaris. *Lehrbuch des Schuldrechts*, vol. II, 213, § 75, I, 3, p. 354-355; Dieter Medicus. *Schuldrecht I*, vol. II 10, § 135, III, n. 744 a 746, p. 366-367 e § 140, p. 390 *et seq.*

Há previsão legal expressa para a solidariedade na responsabilidade extracontratual (arts. 932 e 942 do CC/2002). Ou seja, todos os que participam da causa que gerou o dano convivem em vínculo de solidariedade com relação a todos quantos experimentaram prejuízo por decorrência do ato, ou do fato que o gerou.

São solidariamente responsáveis, por isso, com os autores do dano as pessoas enumeradas no art. 932 do CC/2002 (pais, tutores, curadores, empregadores etc.) (art. 942, parágrafo único).

Caso mais de um autor haja contribuído para a causação do dano, todos devem, solidariamente, indenizar (art. 942, *caput*, 2.ª parte).

Já tivemos ocasião de observar, anteriormente, que tanto a responsabilidade civil contratual, como a responsabilidade civil extracontratual, convivem com os dois sistemas, de *responsabilidade civil objetiva* e *subjetiva*.

4. RESPONSABILIDADE PÓS E PRÉ-CONTRATUAL

As partes devem guardar a boa-fé, tanto na fase pré-contratual, das tratativas preliminares, como durante a execução do contrato e, ainda, depois de executado o contrato (pós-eficácia das obrigações).

Isso decorre da cláusula geral da boa-fé objetiva, adotada expressamente pelo art. 422 do CC/2002. O BGB, § 242, que inspirou a norma brasileira, mantém sua redação original, de 1896, que não menciona nem a fase pré-contratual nem tampouco a pós-contratual, e nem por isso a doutrina e a jurisprudência deixaram de incluir aquelas duas circunstâncias no âmbito de sua aplicação (Boehmer, *Grundlagen der bürgerlichen Rechtsordnung*, vol. II, t. II, § 25, p. 77-79 e § 26, p. 99; Günther H. Roth, *Münchener Kommentar zum Bürgerlichen Gesetzbuch*, 3. ed., vol. II, p. 88-289).

Portanto, estão compreendidas no art. 422 as tratativas preliminares, antecedentes do contrato, como também as obrigações derivadas do contrato, ainda que já executado.

Com isso os entabulantes – ainda não contratantes – podem responder por fatos que tenham ocorrido antes da celebração e da formação do contrato (responsabilidade pré-contratual) e os ex-contratantes – o contrato já se findou pela sua execução – também respondem por fatos que decorram do contrato findo (*pós-eficácia das obrigações contratuais*).

É nesse sentido que segue a jurisprudência dos tribunais superiores, que anteveem – na fase em que as partes estão em tratativa para celebrar o contrato que almejam –, um vínculo bastante para lhes impor responsabilidade pela expectativa que criam uns nos outros. Assim, "a responsabilidade pré-contratual não decorre do fato de a tratativa ter sido rompida e o contrato não ter sido concluído, mas do fato de uma das partes ter gerado à outra, além da expectativa legítima de que o contrato seria concluído, efetivo prejuízo material. [...]" (STJ, 3.ª T., REsp 1.051.065/AM, j. 21.02.2013, rel. Min. Ricardo Villas Bôas Cueva, *DJe* 27.02.2013).

As cláusulas gerais de boa-fé e da função social do contrato, desse modo, apresentam para a teoria do negócio jurídico um componente novo, exatamente consistente no fato de apresentar-se aos que vivem a experiência negocial, a contingência de se verem obrigados a condutas que não decorrem da vontade declarada, efetivamente declarada, mas da conduta induzida, da expectativa criada, da realidade negocial efetiva, colhida dos efeitos experimentados e expectados pelas partes.

Isto, para nossa formação latina, é muito mais que uma revolução de costumes jurídicos: é uma postura nova de vivenciar o risco dos negócios jurídicos, hoje, também, por essa razão, muito mais ampliados.

Assim, fenômenos que ficariam de fora de qualquer teorização jurídica pedem ingresso no contexto de hipóteses que, tanto quanto se passa nas obrigações derivadas dos contratos e dos atos ilícitos em geral (objetivos e subjetivos), criam ocasião de responsabilidade para os que auferem lucros, em troca de perdas alheias, ainda que sem relação imediata de causa e efeito jurídico, atribuíveis a elas.

Um exemplo dessa experiência pode-se ter ao ler o julgado seguinte, em que a imputação do dano à parte tem raízes em condutas e em atividades, que não foram previstas especificamente em instrumento de negócio jurídico celebrado, tampouco foram imaginadas como possíveis, no contexto da previsibilidade do negócio escolhido: "De acordo com os arts. 124 do Código Comercial e 129 do CC/1916 [cuja essência foi mantida pelo atual e vigente art. 107 do CC/2002], não havendo exigência legal quanto à forma, o contrato pode ser verbal ou escrito. Até o advento do vigente CC/2002, o contrato de distribuição era atípico, ou seja, sem regulamentação específica em lei, de sorte que sua formalização seguia a regra geral, caracterizando-se, em princípio, como um negócio não solene, podendo a sua existência ser provada por qualquer meio previsto em lei. A complexidade da relação de distribuição torna, via de regra, impraticável a sua contratação verbal. Todavia, sendo possível, a partir das provas carreadas aos autos, extrair todos os elementos necessários à análise da relação comercial estabelecida entre as partes, nada impede que se reconheça a existência do contrato verbal de distribuição. A rescisão imotivada do contrato, em especial quando efetivada por meio de conduta desleal e abusiva – violadora dos princípios da boa-fé objetiva, da função social do contrato e da responsabilidade pós-contratual – confere à parte prejudicada o direito à indenização por danos materiais e morais. Os valores fixados a título de danos morais e de honorários advocatícios somente comportam revisão em sede de recurso especial nas hipóteses em que se mostrarem exagerados ou irrisórios. A distribuição dos ônus sucumbenciais deve ser pautada pelo exame do número de pedidos formulados e da proporcionalidade do decaimento das partes em relação a esses pleitos" (STJ, 3.ª T., REsp 1.255.315/SP, j. 13.09.2011, rel. Min. Nancy Andrighi, *DJe* 27.09.2011).

5. RESPONSABILIDADE OBJETIVA E SUBJETIVA

Embora o sistema de responsabilidade civil do CC/2002 possa ser considerado, preponderantemente, como adotante do sistema da responsabilidade subjetiva, que está retratado no art. 186 do CC/2002, o art. 927, parágrafo único, regula a responsabilidade objetiva, daquele que opera alguma atividade (empresarial ou negocial) de risco.

O legislador leva em conta a objetividade intrínseca da atividade do autor do dano como fenômeno extraordinário que tem potencialidade para provocar situação jurídica de vantagem para a vítima, em face do empresário de atividade de risco, de exigir indenização por dano sofrido em decorrência de fato danoso derivado do exercício dessa atividade, sem precisar demonstrar que o dano experimentado pelo lesado originou-se de culpa (imperícia, negligência ou imprudência), ou dolo de quem o causou.

A lógica desse sistema é a seguinte: quem aufere os bônus, arca com os ônus da atividade.

Quatro pontos merecem destaque imediato nessa consideração:

a) O autor do dano é quem exerce atividade (empresarial ou negocial), podendo ser empresário ou não, fornecedor de serviços ou produtos, ou não, ou qualquer ente despersonalizado que aufere vantagem com a atividade desenvolvida;
b) A imputação civil é objetiva, porque gerada do fato do exercício da atividade de risco;
c) A responsabilidade é objetiva, independentemente de culpa;
d) Vítimas do dano podem ser: insumidores, consumidores, empresários, entes despersonalizados e quaisquer sujeitos de direito.

Uma das situações em que incide o sistema subsidiário da responsabilidade objetiva ocorre quando a lei expressamente assim o determinar.

É o caso, por exemplo, da responsabilidade das pessoas indicadas no art. 932 do CC/2002, que, segundo regra expressa do art. 933, respondem independentemente de culpa, ou seja, pelo sistema da responsabilidade objetiva.

Quando vier à baila, por exemplo, hipótese versada para exame, de eventual responsabilidade civil de quem tenha se conduzido para desincumbir-se de obrigação de resultado, a natureza dessa obrigação indicará ser objetiva a responsabilidade por danos dela decorrentes, como ocorre nas hipóteses dos arts. 6.º, VI, 12, 14 e 18 do CDC.

Isto porque, na prestação devida, há um componente evidente de risco, assumido pelo devedor, risco esse que molda a natureza da prestação de maneira a colocá-lo em desvantagem, perante aquele que esperava do contrato um resultado que não adveio. Esse fenômeno, do resultado esperado e não obtido, onera o devedor, objetivamente, ou seja, independentemente de ter havido por parte dele, culpa (imperícia, negligência ou imprudência), ou dolo, para a não consecução do resultado esperado.

Nem sempre a obrigação de resultado ressalta evidente da contratação, se as partes não a previram especificamente. Num caso em que um paciente submeteu-se a cirurgia plástica estético-reparadora, o STJ entendeu não se configurar na hipótese sob julgamento caso de responsabilidade objetiva: "Em procedimento cirúrgico para fins estéticos, conquanto a obrigação seja de resultado, não se vislumbra responsabilidade objetiva pelo insucesso da cirurgia, mas mera presunção de culpa médica, o que importa a inversão do ônus da prova, cabendo ao profissional elidi-la de modo a exonerar-se da responsabilidade contratual pelos danos causados ao paciente, em razão do ato cirúrgico" (STJ, 4.ª T., REsp 985.888/SP, j. 16.02.2012, rel. Min. Luis Felipe Salomão, *DJe* 13.03.2012).

Aqui há duas questões que não aparecem bem reveladas no julgado. O fato de o contrato aludido sugerir a existência de um contrato de resultado não necessariamente se confirma, pois, de fato, não se presume a obrigação de resultado, que deve ser colhida da avença de forma indene de dúvidas, especificamente contratada.

Se a obrigação se confirma como sendo de resultado, a responsabilidade é objetiva, nada impedindo o direito do interessado de demonstrar que, no caso, a cirurgia não teria sido a causa dos danos experimentados, fato que pode ter ocorrido, por razões decorrentes de outros fenômenos não atribuíveis ao indigitado responsável.

Por outro lado, se a obrigação não é de resultado, a responsabilidade do médico pode se impor, por falha médica, que precisaria ter sido demonstrada por provas, pois a responsabilidade nesse caso é subjetiva e não objetiva, apesar de se tratar de caso de prestação de serviços, porque o CDC especialmente releva essa situação, para retirá-la daqueles casos em que a responsabilidade se dá objetivamente. Assim, a responsabilidade pessoal do profissional liberal no CDC se assenta na responsabilidade subjetiva (arts. 14, § 4.º e 6.º, VI, do CDC).

A regra do art. 927, parágrafo único, do CC/2002 determina que seja objetiva a responsabilidade, quando a atividade do causador do dano, por sua natureza, implicar risco para o direito de outrem. É a chamada responsabilidade pelo risco da atividade, como se disse, que também tem lugar nas hipóteses dos arts. 6.º, VI, 12, 14 e 18 do CDC, no sistema de proteção do consumidor.

Situações específicas também merecem o tratamento do sistema de responsabilidade civil objetiva: são aquelas que envolvem as lides acidentárias, que ensejam o preenchimento de pressupostos específicos, consistentes na demonstração do nexo causal entre a doença desenvolvida e a redução da capacidade laborativa, sem o que não há previsão legal para a concessão do benefício acidentário.

A efetiva indenizabilidade, nesses casos, opera-se de maneira muito interessante, porque ocorre prévia constituição de um fundo capaz de suportar a indenizabilidade daquele que se vê premido pelas circunstâncias de que derivam suas limitações para o exercício de atividade laboral. Por isso, por decorrência dessa circunstância, auferível por perícia médica, aquele que se apresenta na condição de merecer indenização será assim indenizado, ocorrendo hipótese curiosa de a imputação não verter contra o patrimônio de um sujeito especificamente imputado, mas de ser suportada por um fundo, criado para essa contingência emergencial.

É uma solução moderna, fruto do estado social liberal, que tem rendido bons resultados para a sociedade, que suporta – com recursos conjuntos oriundos da atividade empresarial – o custo da indenização, que não onera a ninguém em particular, mas a todos convoca para participar de solução previa e juridicamente criada, que a todos interessa.

É um fenômeno da renovação frequente e bem urdida de institutos jurídicos antigos.

O sistema de responsabilidade civil recebe tratamento muito singular nas hipóteses exemplificativas que estão apontadas nos arts. 932 a 934 do CC/2002. Não haveria necessidade dessas previsões específicas que o legislador faz, porque a teoria do fato da coisa bastaria para superar os impasses que essas situações criam, para correta imputação do dano.

De toda maneira, a norma do art. 933 do CC/2002 determina que os responsáveis indicados no art. 932, I a V respondam objetivamente pelos danos causados diretamente pelas pessoas mencionadas nos mesmos dispositivos legais.

A hipótese legal [art. 936] cuida da responsabilidade pelo fato da coisa e é objetiva, independendo de ter tido o proprietário, possuidor, ou detentor da coisa culpa ou dolo pelo ocorrido. Detentor, no caso da lei, é aquele que assumiu a responsabilidade pela guarda e zelo do animal. Não é o fâmulo da posse, nem o possuidor, mas quem se dispõe a ter para si o animal.

Igualmente, a hipótese do art. 937 do CC/2002 contém uma imposição de ordem pública, visando a agravar, deliberadamente, a responsabilidade daqueles que descuram da segurança de seus edifícios e outras construções que põem em risco a vizinhança e a coletividade em geral (Hely Lopes Meirelles, *Direito de construir*, p. 232).

Fundada na teoria do risco da atividade, a responsabilidade objetiva do CDC não é compatível com causas de exclusão do dever de indenizar derivadas da culpa. O caso fortuito e a força maior excluem a culpa do agente, que é irrelevante para a fixação do dever de indenizar no CDC.

Sobre o tema tratado neste item, eis alguns exemplos do posicionamento do STJ a respeito:

Súmula 479 do STJ: "As instituições financeiras respondem objetivamente pelos danos gerados por fortuito interno relativo a fraudes e delitos praticados por terceiros no âmbito de operações bancárias".

Enunciado 37 da Jornada I de Direito Civil: "A responsabilidade civil decorrente do abuso do direito independe de culpa e fundamenta-se somente no critério objetivo-finalístico".

Enunciado 38 da Jornada I de Direito Civil: "A responsabilidade fundada no risco da atividade, como prevista na segunda parte do parágrafo único do art. 927 do novo Código Civil, configura-se quando a atividade normalmente desenvolvida pelo autor do dano causar a pessoa determinada um ônus maior do que aos demais membros da coletividade".

Enunciado 47 da Jornada I de Direito Civil: "O art. 945 do novo Código Civil, que não encontra correspondente no Código Civil de 1916, não exclui a aplicação da teoria da causalidade adequada".

Enunciado 377 da Jornada IV de Direito Civil: "O art. 7.º, inc. XXVIII da Constituição Federal não é impedimento para a aplicação do disposto no art. 927, parágrafo único, do Código Civil, quando se tratar de atividade de risco".

Enunciado 448 da Jornada V de Direito Civil: "A regra do art. 927, parágrafo único, segunda parte do CC aplica-se sempre que a atividade normalmente desenvolvida, mesmo sem defeito e não essencialmente perigosa, induza, por sua natureza, risco especial e diferenciado aos direitos de outrem. São critérios de avaliação desse risco, entre outros, a estatística, a prova técnica e as máximas de experiência".

Enunciado 452 da Jornada V de Direito Civil: "A responsabilidade civil do dono ou detentor de animal é objetiva, admitindo-se a excludente do fato exclusivo de terceiro".

Enunciado 459 da Jornada V de Direito Civil: "A conduta da vítima pode ser fator atenuante do nexo de causalidade na responsabilidade civil objetiva".

Enunciado 460 da Jornada V de Direito Civil: "A responsabilidade subjetiva do profissional da área de saúde, nos termos do art. 951 do Código Civil e do art. 14, § 4.º, do Código de Defesa do Consumidor, não afasta a sua responsabilidade objetiva pelo fato da coisa da qual tem a guarda, em caso de uso de aparelhos ou instrumentos que, por eventual disfunção, venham a causar danos a pacientes, sem prejuízo do direito regressivo do profissional em relação ao fornecedor do aparelho e sem prejuízo da ação direta do paciente, na condição de consumidor, contra tal fornecedor".

Enunciado 553 da Jornada VI de Direito Civil: "Nas ações de responsabilidade civil por cadastramento indevido nos registros de devedores inadimplentes realizados por instituições financeiras, a responsabilidade civil é objetiva".

Enunciado 554 da Jornada VI de Direito Civil: "Independe de indicação do local específico da informação a ordem judicial para que o provedor de hospedagem bloqueie determinado conteúdo ofensivo na Internet".

Enunciado 555 da Jornada VI de Direito Civil: "Os 'direitos de outrem' mencionados no parágrafo único do art. 927 do Código Civil devem abranger não apenas a vida e a integridade física, mas também outros direitos, de caráter patrimonial ou extrapatrimonial".

Enunciado 556 da Jornada VI de Direito Civil: "A responsabilidade civil do dono do prédio ou construção por sua ruína, tratada pelo art. 937 do CC, é objetiva".

Enunciado 559 da Jornada VI de Direito Civil: "Observado o Enunciado 369 do CJF, no transporte aéreo, nacional e internacional, a responsabilidade do transportador em relação aos passageiros gratuitos, que viajarem por cortesia, é objetiva, devendo atender à integral reparação de danos patrimoniais e extrapatrimoniais".

Enunciado 562 da Jornada VI de Direito Civil: "Aos casos do art. 931 do Código Civil aplicam-se as excludentes de responsabilidade objetiva".

6. RESPONSABILIDADE E IMPUTAÇÃO CIVIL

Quem viola o direito alheio deve indenizar. O devedor que não cumpre as suas obrigações deve se sujeitar a que sejam apreendidos os seus bens penhoráveis para que com isso possam ser atendidas as necessidades do credor insatisfeito e reparado o dano causado.

A pena corporal e de privação da liberdade é típica do direito penal, não do direito civil. Ao lado dos denominados direitos fundamentais, a responsabilidade civil patrimonial constitui grande avanço no reconhecimento de aspectos da natureza do homem e de sua tutela jurídica. São os bens de valor meramente material que garantem o crédito e o poder de excussão do credor.

O sistema da responsabilidade civil extracontratual pressupõe sejam todos os causadores do dano solidariamente responsáveis pela reparação, submetendo-se todos ao poder do credor, que pode atingir-lhes o patrimônio para satisfação de seu crédito.

No sistema de responsabilidade civil, repita-se, cabe ao credor buscar o patrimônio penhorável do devedor ou dos demais obrigados, não lhe sendo lícito avançar para ressarcir-se de outra forma. Isto é decorrência do princípio da imputação civil do dano.

A impenhorabilidade e a não sequestrabilidade de certos bens do devedor, entretanto, relacionam-se com o princípio da intangibilidade dos bens essenciais à vida ou estruturalmente ligados à pessoa, preceito que se denomina de patrimônio mínimo (Giorgio Oppo, *Sui principi generali del diritto privato*, p. 491).

Quando se preserva o patrimônio mínimo, preserva-se um dos aspectos dos direitos de humanidade (personalidade) do sujeito de direito, na medida em que não se permite que alguns bens, de especial valor, possam ser constritos judicialmente. Segundo o sistema jurídico, ninguém pode ser fisicamente obrigado a fazer seja o que for.

7. RESPONSABILIDADE E INDENIZABILIDADE: DANO MORAL E MATERIAL

São cumuláveis os pedidos de indenizações por dano moral e patrimonial (Súmula 37 do STJ), pois visam ao ressarcimento do sujeito pela perda de bens jurídicos diferentes e têm fundamentos distintos. No sistema das relações de consumo ocorre o mesmo fenômeno, pois o art. 6.º, VI, do CDC resguarda a efetiva prevenção e reparação de danos das mais distintas naturezas (patrimoniais, morais, coletivos...), prescrevendo, por conseguinte, a possibilidade de indenização cumulada dos danos patrimoniais com os morais.

A indenizabilidade do dano moral está consagrada na CF/1988, em seu art. 5.º, V e X, que asseguram sua reparação quando do ato ilícito decorrer agravo à honra e à imagem ou violação à intimidade e à vida privada.

A reparação do dano moral também está prevista no CC/2002, especialmente nos arts. 953 e 954, que versam sobre a reparação da injúria, da calúnia e da difamação e, ainda, prevista em outras leis federais.

O constituinte brasileiro qualifica como *dano moral* aquele dano cujas consequências se pode depois neutralizar com indenização de índole civil, traduzida em dinheiro, embora a sua própria configuração não seja material.

O art. 186 do CC/2002 trata do ato ilícito cometido por aquele que viola direito e causa dano a outrem, instituindo o sistema de *responsabilidade subjetiva*, sendo requisitos necessários para que haja o dever de indenizar: (i) o ato; (ii) o dano; (iii) o nexo de causalidade entre o ato e o dano e (iv) o dolo ou a culpa do agente causador do dano.

Já o art. 187 do mesmo diploma legal também prevê a ocorrência de ato ilícito, contudo sem a necessidade de comprovação da conduta do agente (dolo ou culpa), sendo suficiente, para ensejar a obrigação de indenizar, a demonstração: (i) do ato; (ii) do dano e (iii) do liame causal entre o ato e o dano.

Todo o indivíduo tem, pois, o dever de não praticar certos atos nocivos, danosos ou prejudiciais a outrem dos quais possam resultar-lhes prejuízos de natureza moral, sob pena de cometer ato ilícito.

Tendo em vista os sistemas de responsabilidade civil insertos em nosso ordenamento jurídico de direito privado, temos que a prática do ato ilícito coloca o que sofreu o dano em posição de recuperar, da forma mais completa possível, a satisfação de seu direito, recompondo o patrimônio lesado do titular prejudicado.

A reparação constitui, portanto, o ato pelo qual alguém está obrigado a restabelecer o *status quo ante* daquele que se viu apequenado pelas perdas e danos.

Na hipótese de ser impossível restaurar as coisas conforme seu estado original se diz que reparação deve ser entendida como ato de indenizar, de compensar, de ressarcir (Carlos Edison do Rêgo Monteiro Filho, *Elementos de responsabilidade civil por dano moral*, p. 40-47).

Normalmente, o dano moral pode ser conceituado como a dor em função da conduta contrária ao direito, ou, tecnicamente, como o efeito moral da lesão a interesse juridicamente protegido, como a *dor*, o *trauma* e o *sofrimento* suportados. Estaria ligado à *dor*, às *ofensas à moral*, ao *decoro*, à *paz interior* de cada um, às *crenças íntimas*, aos *sentimentos afetivos*, à *liberdade*, à *vida* (Américo Luís Martins da Silva, *O dano moral e a sua reparação civil*, p. 246). Nesse sentido, o dano moral tem natureza extrapatrimonial, emocional e simbólica, que se exterioriza pela dor, pelo sofrimento ou pela humilhação (Maria Francisca Carneiro, *Avaliação do dano moral e discurso jurídico*, p. 57).

Prefere-se, entretanto, outra conceituação para os chamados "danos morais". Nosso entendimento é de que o dano moral assim se qualifica porque os bens aviltados pelo fato que se lhe aponta como causa estão reunidos na natureza humana e compõem as essências, potências e atos da humanidade do ser, ou seja, do homem. Esses danos podem, ou não, ter repercussão econômica, mas sempre serão patrimoniais, ainda que imateriais.

Observe-se a diferença de duas hipóteses: (a) alguém teve um trabalho escrito seu, fraudulentamente copiado, por alguém que se pôs a dizer seu autor. O bem atingido, nesse caso, é a potência intelectiva do autor, que invoca ser vítima do fraudador. Há danos morais para serem indenizados, com repercussão econômica (o autor não recebeu direitos autorais que foram, entretanto, recebidos pelo plagiador) e sem repercussão econômica (não pode o legítimo autor do texto merecer as glórias de seu trabalho). A indenização pode, sim, vir em forma de compensação econômica por ambos os acontecimentos derivados da ilicitude, sem que se deva qualificar essas consequências como de dano patrimonial e não patrimonial. Todos os bens estão no patrimônio da pessoa (do sujeito) e todas as lesões aos bens do sujeito (quer respeitem aos bens materiais; quer respeitem aos bens componentes da natureza humana – de que, no nosso exemplo, a potência intelectiva é uma expressão), são danos patrimoniais.

Por isso não se pode vislumbrar adequação nas expressões "danos morais" e "danos materiais", que cotidianamente a jurisprudência utiliza para impor-lhes uma diferença conceitual.

É desse paradoxo que surge outra singular impropriedade, sobre trazer-se à discussão infindáveis argumentos para dizer ser possível que alguém possa ser indenizado por "danos morais" cumulativamente com "danos estéticos".

Evidentemente, o pedido de indenização por danos deve ser completo, com indicação da extensão de *todos* os danos. Imagine-se a hipótese de alguém sofrer um acidente de veículo, de cujo fato resulte as seguintes consequências: (a) ferimento corto-contuso na perna com limitação da capacidade de ambular; (b) corte no rosto, com sequela consistente em cicatriz que enfeia e envergonha a vítima; (c) diminuição do valor do veículo, que precisou ser reparado; (d) perda de um relógio, que foi esmagado por virtude do evento.

Evidentemente, caberá à vítima elencar os bens que perdeu, que foram danificados, para poder demonstrar os danos experimentados e pedir a indenização de suas perdas: (a) custo médico cirúrgico para correção da lesão; (b) custo para a compra de material de apoio para ambulação; (c) custo das perdas pelo tempo em que durou a convalescença da vítima; (d) indenização pela dor física sentida; (e) indenização pela vergonha de se ver deformado; (f) indenização pelo custo da reforma do carro; (g) indenização pela depreciação do veículo; (h) indenização pelo valor do relógio perdido; (i) correção monetária; (j) juros moratórios; (k) custo da contratação de advogado, fisioterapeuta, médicos, psicólogos; (l) custo com hospitais, ambulatórios, remédios etc.

Vê-se, desse longo rol, que todos os danos e todas as perdas decorrem do apequenamento patrimonial experimentado pela vítima: quer quanto a bens que compõem seu patrimônio material; quer quanto a bens que compõem seu patrimônio imaterial; quer com relação a bens que estão no círculo de sua titularidade real (carro, disposição e possibilidade de trabalhar, relógio, economias despendidas com gastos a que não deu causa); quer quanto a bens que estão no círculo de sua titularidade natural [potência ambulativa; potência sensitiva (dor); potência afetiva (vergonha)]. Aqui há danos corporais, anatômicos, estéticos, psicológicos, todos eles podendo ser classificados como danos morais, assim como danos materiais de diversas ordens.

Tudo isso tem um preço para aquele a quem foi imputado o dano, que responderá por eles, indenizando a vítima com relação a todos os danos e perdas alegados e provados na ação condenatória.

Tanto os atos ilícitos como os fatos e os atos lícitos podem, potencialmente, criar situação de dano moral a alguém e, por isso, conforme tenha sido a causa eficiente do dano, a responsabilidade civil, objetiva ou subjetiva, poderá alcançar reparação por dano moral e material.

Ignacio Llambías (Agravio Moral, *Enciclopedia de la Responsabilidad Civil*, vol. I, p. 338-346) distingue o dano moral do dano patrimonial sob vários aspectos:

a) *Pela sua natureza* [o dano patrimonial consiste em uma lesão pecuniária, enquanto o dano moral consiste em um sentimento lastimado];

b) *Pela sua avaliação em dinheiro* [o dano patrimonial é suscetível de estimação quantitativa, enquanto os bens espirituais não são mensuráveis em dinheiro];

c) *Pelo diferente critério de reparação do dano* [frente a um dano patrimonial, a indenização é medida pela extensão do dano, enquanto o dano moral, não há valores econômicos em jogo]. O STJ assim se posiciona em relação ao dano moral:

Súmula 403 do STJ: "Independe de prova do prejuízo a indenização pela publicação não autorizada de imagem de pessoa com fins econômicos ou comerciais".

Súmula 388 do STJ: "A simples devolução indevida de cheque caracteriza dano moral".

Súmula 387 do STJ: "É lícita a cumulação das indenizações de dano estético e dano moral".

Súmula 385 do STJ: "Da anotação irregular em cadastro de proteção ao crédito, não cabe indenização por dano moral, quando preexistente legítima inscrição, ressalvado o direito ao cancelamento".

Súmula 370 do STJ: "Caracteriza dano moral a apresentação antecipada de cheque pré-datado".

Súmula 362 do STJ: "A correção monetária do valor da indenização do dano moral incide desde a data do arbitramento".

Súmula 227 do STJ: "A pessoa jurídica pode sofrer dano moral".

Súmula 37 do STJ: "São cumuláveis as indenizações por dano material e dano moral oriundos do mesmo fato".

Enunciado 159 da Jornada III de Direito Civil: "O dano moral, assim compreendido todo o dano extrapatrimonial, não se caracteriza quando há mero aborrecimento inerente a prejuízo material".

Enunciado 445 da Jornada V de Direito Civil: "O dano moral indenizável não pressupõe necessariamente a verificação de sentimentos humanos desagradáveis como dor ou sofrimento".

Enunciado 456 da Jornada V de Direito Civil: "A expressão 'dano' no art. 944 abrange não só os danos individuais, materiais ou imateriais, mas também os danos sociais, difusos, coletivos e individuais homogêneos a serem reclamados pelos legitimados para propor ações coletivas".

Enunciado 455 da Jornada V de Direito Civil: "Embora o reconhecimento dos danos morais se dê, em numerosos casos, independentemente de prova (*in re ipsa*), para a sua adequada quantificação, deve o juiz investigar, sempre que entender necessário, as circunstâncias do caso concreto, inclusive por intermédio da produção de depoimento pessoal e da prova testemunhal em audiência".

Enunciado 551 da Jornada VI de Direito Civil: "Nas violações aos direitos relativos a marcas, patentes e desenhos industriais, será assegurada a reparação civil ao seu titular, incluídos tanto os danos patrimoniais como os danos extrapatrimoniais".

8. Indenizabilidade do dano moral

Grande dificuldade enfrentada pela doutrina e pela jurisprudência em matéria de dano moral respeita à mensuração da lesão e, por conseguinte, a fixação do valor da indenização devida à vítima, para recolocá-la no estado anterior.

Isto se deve ao fato de que o dano moral atinge certa esfera do patrimônio do sujeito que não é mensurável de maneira argentária, porque os bens lesados ou postos em risco, pertencem à esfera da natureza humana, em sua essencialidade, em sua potencialidade, ou na expressão de atos humanos realizados.

O que se busca, então, com a quantificação do dano moral, não é a ressarcibilidade do dano em si, pois o dano moral não é tarifável (Matilde Zavala de Gonzales, *Resarcimiento de daños*, vol. II, p. 513), é incomensurável (Jorge Mosset Iturraspe, *Responsabilidad por daños*, vol. IV, p. 196), mas sim formas sucedâneas de valor que, na impossibilidade de suprimir um sofrimento moral, possam oferecer outras alegrias ou estados de bem-estar social e psíquico à vítima, de modo a compensar e equilibrar o dano (Maria Francisca Carneiro, *Avaliação do dano moral e discurso jurídico*, p. 58-59), ou minorar-lhe ou cessar-lhe os efeitos maléficos.

Ao tratar da dificuldade da mensuração do dano moral, Roberto Brebbia (*El daño moral*, p. 222) entende que se deve considerar dois aspectos:

a) A gravidade objetiva do dano, que significa avaliar a extensão e a profundidade da lesão, em seus aspectos concretos [tempo para cura e recuperação, intencionalidade do agente, meios empregados, sequelas deixadas, implicações de ordem material etc.].

b) A personalidade da vítima, levando-se em conta a sua situação familiar e sua posição social, que podem influenciar na avaliação da responsabilidade.

Os danos morais podem ser verificados independentemente, e, também, concomitantemente com os danos materiais, podendo ser, a estes, cumuláveis, devido à existência de pressupostos próprios, passando pelo arbítrio judicial tanto na sua aferição, quanto na sua quantificação (STF, RT 769/149).

Um critério legal utilizado pela jurisprudência para apurar a equidade da fixação do valor da indenização devida é o da mensuração da culpa com que se houve aquele que praticou o ato ou ensejou o fato que causou o dano. O art. 944, parágrafo único, abre ocasião para o juízo de equidade, diante de eventuais circunstâncias que tenham feito gerar uma consequência anormal no resultado do dano. Caso não seja possível proceder-se à fixação do valor da indenização na sentença, será necessário liquidá-la, conforme o permite interpretação conjunta do art. 949 do CC/2002 e do art. 475-A *et seq.* do CPC.

O homicídio, por exemplo, notadamente na forma dolosa, causa imensa perda a parentes e a outras pessoas que possuem estreito vínculo afetivo com a vítima. As "outras reparações" a que se refere o art. 948 do CC/2002 são as de ordem moral, em função da perda do ente querido. O art. 1.537 do CC/1916 previa apenas as reparações de ordem patrimonial. O dano moral, entretanto, já era indenizável mesmo no sistema do código anterior, por construção jurisprudencial em torno do art. 159 do CC/1916.

A fixação do valor da indenização, em casos assim, pode levar em conta numerosos critérios destinados a se encontrar a equação justa da indenização. Se, por exemplo, a vítima do homicídio deixou credores de alimentos, o crédito dessa natureza, apesar de decorrer do fato de o falecido, vítima do ato ilícito de outrem, dever alimentos àqueles que buscam indenização, não tem natureza de crédito alimentar e, por isso, não goza de privilégio geral ou especial algum. Tal questão pode levar a muitas outras consequências daí derivadas, como a que foi tratada no seguinte julgado, em que se analisou a natureza jurídica dessa verba: "A alusão a alimentos (art. 1.537, II, do CC/1916 e art. 948, II, do CC/2002) representa simples ponto de referência para o cálculo do ressarcimento devido, não alterando, portanto, a própria natureza da obrigação de indenizar o dano decorrente do evento" (RSTJ 19/348).

Se ao juiz não for possível fixar a indenização na sentença proferida no processo de conhecimento, o *quantum* deverá ser apurado em liquidação por artigos (art. 475-E do CPC), quando ao credor se abre ocasião para alegar e provar fato novo, demonstrando a extensão do dano e o volume da indenização capaz de operar o efeito de lhe devolver ao estado anterior ao da perda, conforme lhe garantiu a sentença proferida na ação de conhecimento (condenatória).

O objeto da liquidação por artigos é a apuração do *quantum* constante da condenação e não a existência do dano, que já terá sido afirmado na sentença do processo de conhecimento. Despesas existentes até o fim da convalescença podem ocorrer até depois de proferida a sentença. Elas podem ser objeto da liquidação por artigos, também.

A indenização em casos de homicídio, por exemplo, pode consistir em uma espécie de constituição de renda, para garantir ao lesado o fornecimento de pensão alimentícia.

Nada impede, em casos assim, que o credor de alimentos, em virtude de ato ilícito de outrem, comprove que há necessidade de ser provido meio seguro de produção de recursos para o pagamento de alimentos e, com isso, postular em juízo a constituição de capital ou bem de raiz de onde provenha renda capaz de prover os valores da pensão a que faz jus.

Isto deve ser feito por força do poder de cautela geral do juiz. Tudo dependerá da situação de cada caso, da higidez econômica do devedor e da possibilidade e conveniência, ou não, de a pensão ser paga de uma só vez ao credor. Sendo incapazes os credores e instável a situação econômica do devedor, estão presentes os requisitos que autorizam a constituição de renda como uma solução razoável e segura aos interesses dos credores.

Para casos assim a jurisprudência costuma dar a seguinte solução: "Pensão mensal. Montante fixado tomando-se como base de cálculo o comprovado valor recebido como benefício da previdência pela vítima, incluindo-se o correspondente ao 13.º salário. A fração deve corresponder a 1/3 para a filha até quando completar 25 anos de idade e 1/3 para a esposa, cessando até a presumida longevidade da vítima, fixada em 13 anos após o acidente, por contar com mais de 70 anos à época do acidente. Utilização da tabela de 'Esperança de vida às idades exatas', de autoria do Instituto Brasileiro de Geografia e Estatística" (TJSP, 25.ª Câm. Dir. Priv., Ap 9216874-11.2009.8.26.0000, j. 07.11.2012, rel. Des. Hugo Crepaldi).

Se a hipótese em questão, por exemplo, aludir à reparação de dano moral, pode ser que interesse ao lesado que a sentença que lhe deu ganho de causa e que recupera seu bem nome, possa vir a ser publicada, em jornal de grande tiragem, às expensas do ofensor, para que passe a ser do conhecimento de toda a gente a retratação forçada feita pelo ofensor. Disso cuida Pontes de Miranda, ao elencar maneiras de reparação do dano moral, que decorre de terem sido divulgadas inverdades ou fatos ofensivos à honra de alguém, indicando meios pelos quais a reparação pode ser obtida: "A reintegração em forma específica faz-se: (a) pela publicação da sentença de condenação, de maneira suficiente a restabelecer o bom nome do ofendido, ou a estima pública; (b) pela retificação; (c) pela inserção de resposta; (d) pela supressão dos escritos lesivos" (Pontes de Miranda, *Tratado*, vol. VII, § 737, 8, p. 109).

Os danos morais podem, também, decorrer de inadimplemento contratual, como tem reconhecido a jurisprudência, em casos em que o descumprimento da obrigação agrava sobremaneira os efeitos deletérios da prestação não cumprida, na medida em que potencializa efeitos que não se podia esperar, justamente, porque eram aqueles que o contrato mesmo visava impedir que adviessem. Assim: "Embora geralmente o mero inadimplemento contratual não seja causa para ocorrência de danos morais, é reconhecido o direito à compensação dos danos morais advindos da injusta recusa de cobertura de seguro saúde, pois tal fato agrava a situação de aflição psicológica e de angústia no espírito do segurado, uma vez que, ao pedir a autorização da seguradora, já se encontra em condição de dor, de abalo psicológico e com a saúde debilitada. 2. O arbitramento da indenização em valor correspondente ao décuplo do valor dos materiais utilizados na cirurgia, entretanto, não guarda relação de razoabilidade ou proporcionalidade, devendo ser reduzido. 3. Recurso especial parcialmente provido" (STJ, 3.ª T., REsp 1.289.998/SE, j. 23.04.2013, rel. Min. Nancy Andrighi, *DJe* 02.05.2013); "(...) Embora não se possa falar propriamente em culpa da menor, por faltar-lhe o necessário entendimento, constata-se por meio dos elementos constantes dos autos que a vítima, também, contribuiu para a eclosão do acidente, uma vez que sua conduta também não foi adequada para o local, podendo, desta maneira, afirmar que concorreu para a eclosão do efeito danoso. Desta maneira, de rigor a modificação da r. sentença, reconhecendo-se a concorrência para o fato, que não exonera a apelada da obrigação, mas reduz seu montante à metade. Assim, é arbitrada a pensão mensal no valor equivalente a 50 (cinquenta por cento) do salário mínimo e, tendo em vista que a vítima à época do acidente contava 11 anos de idade, a indenização será devida a partir da data em que a menor completaria 14 anos, idade em que poderia exercer atividade como aprendiz, devendo ser considerado o salário mínimo dessa época (27 de agosto de 2005), até a data em que viesse a completar 25 anos de idade, pois, a partir de então, presumir-se-ia que iria constituir nova família (STJ, RT 697/192 e STJ, RTJ 83/642). Referida indenização deverá ser corrigida monetariamente pela tabela prática desta Corte a partir deste julgamento e juros de mora desde a data do evento" (TJSP, 34.ª Câm. Dir. Priv., Ap 9298269-59.2008.8.26.0000, j. 14.01.2013, rel. Des. Nestor Duarte).

Não teria sentido o desenvolvimento técnico e científico de disciplinas, como é o caso do direito civil e do direito empresarial, estruturando-se, por inteiro, sobre a livre manifestação da vontade e sobre a capacidade que decorre do princípio da autonomia privada e da livre iniciativa – que permitem aos sujeitos de direito conduzirem-se de acordo com regras privadas, livremente formadas a partir da vontade negocial de pessoas livres –, se não houvesse como resguardar a liberdade delas, fonte inesgotável de sua própria racionalidade e que comanda todas as declarações de vontade, as potências humanas, os atos e os negócios jurídicos. Não somente liberdade para contratar, mas para estabelecer as cláusulas dos contratos e escolher como se conduzir, livre e legitimamente, na sociedade civil.

Evidentemente, a indenização – assim utilizada a expressão para designar o volume das prestações devidas pelo condenado – deve ser fixada pelo juiz dentro de parâmetros razoáveis que surgem no processo, pela prova dos fatos, pelas circunstâncias do ocorrido, pelos aspectos que se colhem da situação pessoal e familiar da vítima e do ofensor.

O juiz atua com arbítrio na fixação da soma devida. A *arbitratu judicis* leva em conta os seguintes aspectos:

a) As utilidades perdidas pelo ofendido;
b) Soma que lhe faculte o gozo de outros confortos, próprios para compensar a perda sofrida ou torná-la menos sensível e dolorosa;
c) Considerar as peculiaridades de quem recebe a indenização e de quem está obrigado a pagá-la;
d) Não permitir que a indenização seja fonte de enriquecimento.

O comando normativo recomenda "um juízo de equidade no caso de ofensa à liberdade pessoal, se a vítima não puder provar o prejuízo" (Francisco dos Santos Amaral Neto, Os princípios jurídicos na relação obrigatória, *Roma e América, Diritto Romano Comune* 16/2003, p. 82).

As questões jurídicas que surgem em torno do tema da indenizabilidade do dano moral são tão variadas e reiteradas, que o STJ tem um número significativo de súmulas de sua jurisprudência dominante, para bem encaminhar as soluções práticas das soluções que elas demandam.

Súmula 498 do STJ: "Não incide imposto de renda sobre a indenização por danos morais".

Súmula 416 do STJ: "É devida a pensão por morte aos dependentes do segurado que, apesar de ter perdido essa qualidade, preencheu os requisitos legais para a obtenção de aposentadoria até a data do seu óbito".

Súmula 362 do STJ: "A correção monetária da indenização por dano moral incide desde a data do arbitramento".

Súmula 43 do STJ: "Incide correção monetária sobre dívida por ato ilícito a partir da data do efetivo prejuízo".

Súmula 490 do STF: "A pensão correspondente à indenização oriunda de responsabilidade civil deve ser calculada com base no salário mínimo vigente ao tempo da sentença e ajustar-se-á às variações ulteriores".

Súmula 562 do STF: "Na indenização de danos materiais decorrentes de ato ilícito cabe a atualização de seu valor, utilizando-se, para esse fim, dentre outros critérios, dos índices de correção monetária".

Enunciado 48 da Jornada I de Direito Civil: "O art. 950, parágrafo único, do novo Código Civil institui direito potestativo do lesado para exigir pagamento da indenização de uma só vez, mediante arbitramento do valor pelo juiz, atendidos os arts. 944 e 945 e a possibilidade econômica do ofensor".

Enunciado 192 da Jornada III de Direito Civil: "Os danos oriundos das situações previstas nos arts. 949 e 950 do Código Civil de 2002 devem ser analisados em conjunto, para o efeito de atribuir indenização por perdas e danos materiais, cumulada com dano moral e estético".

Enunciado 381 da Jornada IV de Direito Civil: "O lesado pode exigir que a indenização sob a forma de pensionamento seja arbitrada e paga de uma só vez, salvo impossibilidade econômica do devedor, caso em que o juiz poderá fixar outra forma de pagamento, atendendo à condição financeira do ofensor e aos benefícios resultantes do pagamento antecipado".

Enunciado 453 da Jornada V de Direito Civil: "Na via regressiva, a indenização atribuída a cada agente será fixada proporcionalmente à sua contribuição para o evento danoso".

Enunciado 544 da Jornada VI de Direito Civil: "O seguro de responsabilidade civil facultativo garante dois interesses, o do segurado contra os efeitos patrimoniais da imputação de responsabilidade e o da vítima à indenização, ambos destinatários da garantia, com pretensão própria e independente contra a seguradora".

Enunciado 550 da Jornada VI de Direito Civil: "A quantificação da reparação por danos extrapatrimoniais não deve estar sujeita a tabelamento ou a valores fixos".

Enunciado 560 da Jornada VI de Direito Civil: "No plano patrimonial, a manifestação do dano reflexo ou por ricochete não se restringe às hipóteses previstas no art. 948 do Código Civil".

Enunciado 561 da Jornada VI de Direito Civil: "No caso do art. 952 do Código Civil, se a coisa faltar, dever-se-á, além de reembolsar o seu equivalente ao prejudicado, indenizar também os lucros cessantes".

9. RESPONSABILIDADE CIVIL DA ADMINISTRAÇÃO PÚBLICA

A responsabilidade civil da Administração Pública foi reconhecida inicialmente sob o regime da responsabilidade subjetiva pelo CC/1916 (art. 15), o que foi reforçado pela Constituição de 1934 e Constituição de 1937. Foi após a Constituição de 1946 que se instituiu a responsabilidade objetiva da Administração, o que retirou a eficácia do art. 15 do CC/1916. Essa orientação foi mantida nos textos constitucionais posteriores e é a que consta do art. 37, § 6.º, da CF/1988.

Nesse caso, há responsabilidade civil pelo risco administrativo: a atividade do Estado não deve causar problemas ao particular, e, se assim o fizer, o particular merece ser indenizado pelo prejuízo. O dever de indenizar do Estado é fundado no princípio da boa-fé objetiva, tendo em vista a própria função de que é investido o Estado. No atual sistema, não se admite mais a teoria da culpa administrativa (*faute du service*).

Como visto em item anterior, por se tratar de hipótese de responsabilidade objetiva, não se cogita da verificação de dolo ou culpa. A doutrina controvertia, anteriormente, sobre a existência de responsabilidade objetiva nos casos de ato omissivo da Administração; havia quem sustentasse que havia dever de indenizar, mas baseado na responsabilidade subjetiva, embora parte da doutrina entendesse que, também nesse caso, havia responsabilidade objetiva, desde que houvesse falta anônima do serviço (Hely Lopes Meirelles. *Direito administrativo brasileiro*. 24. ed. São Paulo: Malheiros, 1999. p. 590 – Dano a pessoas sob guarda do Poder Público).

Porém, dados os termos em que traçada a responsabilidade da Administração na atual ordem constitucional, todos os casos de responsabilidade civil envolvendo a Administração Pública serão sempre de responsabilidade objetiva, independentemente da natureza da conduta (comissiva ou omissiva), pois a Constituição Federal só exige dois requisitos para a verificação do dever de indenizar: a existência do dano (patrimonial ou moral) e o nexo de causalidade entre a conduta da Administração e o dano (Nelson Nery Junior, Responsabilidade civil da Administração Pública: aspectos do direito brasileiro positivo vigente, *RDPriv* 1, jan.-mar. 2000).

Não obstante esse fato, o STJ já decidiu, em acórdão relativamente recente, que a omissão do Poder Público caracteriza hipótese em que deve ser aplicada a teoria da responsabilidade subjetiva (STJ, 2.ª T., REsp 135.542/MS, j. 19.10.2004, rel. Min. Castro Meira, *DJ* 29.08.2005).

Todavia, se e quando a Administração decide exercer seu direito de regresso perante o real causador do dano – seu agente ou preposto, isto é, o servidor público envolvido no ato, ou o particular investido de função pública, como a empresa contratada pelo Estado mediante licitação para o exercício de determinada atividade pública –, deve-se, nessa oportunidade, avaliar a existência do dolo ou da culpa, por exigência do mesmo art. 37, § 6.º, da CF/1988. O direito de regresso é a possibilidade de que dispõe aquele que indenizou de reaver o que pagou do efetivo causador do dano.

E por que a Administração deve providenciar o pagamento, apenas com a certeza do dano e do nexo de causalidade, e só depois exercer esse direito de regresso com a discussão acerca da culpa do servidor? Porque o particular não pode ficar à mercê da discussão sobre a existência ou não de culpa do servidor público, devendo ser prontamente indenizado (Nelson Nery Junior, Responsabilidade civil da Administração Pública: aspectos do direito brasileiro positivo vigente, *RDPriv* 1, jan.-mar. 2000). Vale acrescentar também que, nesses casos, estimula-se também a Administração a melhor preparar seus prepostos, de forma a evitar ou, pelo menos, minimizar a ocorrência de prejuízo ao administrado.

Não há restrições dentro da organização do Estado quanto à imputação da responsabilidade civil objetiva prevista no art. 37 da CF/1988. Basta que se trate de um ato que provenha de um órgão do Estado, ou tenha sido causado por alguém que trabalha em seu nome.

E não é a licitude, ou não, do ato que irá determinar a incidência do dever de indenizar, mas a existência de prejuízo ao particular (Nelson Nery Junior, Responsabilidade civil da Administração Pública: aspectos do direito brasileiro positivo vigente, *RDPriv* 1, jan.-mar.2000). Portanto, a Administração não pode se furtar ao dever de indenizar apenas calcada no fato de que não cometeu ato ilícito, talvez partindo de uma premissa errada, como era possível na vigência do art. 15 do CC/1916 – naquela época, a indenização só seria devida se o órgão administrativo, ou seu preposto, agisse de "modo contrário ao direito" ou "faltando a dever prescrito em lei". O art. 37, § 6.º, da CF/1988 não faz esse tipo de especificação.

Além disso, a responsabilidade objetiva e seus critérios mais simples – "objetivos", fundados no risco propiciado pela atividade administrativa – não pressupõe que a Administração será necessariamente responsabilizada na ocorrência de prejuízo. Como também já discutido em item anterior, em exposição acerca da teoria da responsabilidade objetiva, existem situações que excluem o dever de indenizar, fundadas em culpa exclusiva da vítima – isto é, se a própria vítima do dano deu causa à ocorrência daquele, então não existe dever indenizatório da Administração.

Se ocorre culpa concorrente, isto é, tanto o agente administrativo como a vítima praticaram atos ou omissões que ensejaram a ocorrência do dano, a indenização deve ser fixada de forma proporcional à participação do agente administrativo na consecução do dano.

Outra possibilidade que exclui o dever de indenizar da Administração é a inexistência de prejuízo para o particular, seja porque o ato praticado não causou prejuízo, seja porque o ato danoso não existiu.

Também em itens anteriores, discorremos sobre a impropriedade de tomar o caso fortuito e a força maior como excludentes do dever de indenizar em casos nos quais é aplicada a teoria da responsabilidade civil objetiva, já que tais situações são ligadas à verificação de culpa. Isso também é válido para a responsabilidade civil do Estado. Mas uma ressalva evidente deve ser feita, dizendo respeito às hipóteses nas quais a Administração decide exercer seu direito de regresso contra o verdadeiro causador do dano, seu agente. Nesses casos, o agente pode alegar a existência de caso fortuito e de força maior?

Entendemos que sim, pois, em casos como esses, há discussão efetiva da culpa. Não importa que a Administração já tenha indenizado o particular; afinal, ela deve indenizar por força do risco da atividade que exerce, como já visto.

Por fim, é importante ressaltar que toda e qualquer atividade da Administração está sujeita à possibilidade de ressarcimento do particular – os únicos requisitos, para isso, são a ocorrência do dano e a existência de ligação entre a conduta da Administração e o nexo de causalidade e esse dano.

Um exemplo interessante é o da absolvição de réu submetido a prisão cautelar: nesse caso, a simples ocorrência da absolvição de réu enseja a indenização (Catarina Veiga, Prisão preventiva, absolvição e responsabilidade do Estado, *Estudos em homenagem a Cardoso da Costa*, vol. II, p. 465-470). Aqui, temos a atividade de um órgão da Administração Pública, no caso do juiz penal. Essa atividade causa prejuízo a um particular, que fica privado de seu direito constitucional de ir e vir em função de uma investigação criminal. A privação de um direito fundamental deve ser seriamente fundamentada e deve ser medida tomada em último caso; se, ao final, se verifica que a pessoa cuja liberdade foi restrita não era culpada, deve ser ela devidamente compensada por isso (sem falar em eventuais dissabores ocorridos à sua imagem em razão do fato de ter sido levada à prisão).

Bibliografia

AAVV. *Münchener Kommentar zum Bürgerlichen Gesetzbuch.* 5. ed. München: Beck, 2006-2009. 11 vol.

_____. _____. 3. ed. München: Beck, 1992-2005. 10 vol.

AGUIAR JUNIOR, Ruy Rosado de. *Comentários ao novo Código Civil: da extinção do contrato – Arts. 472 a 480.* Coord. Sálvio de Figueiredo Teixeira. Rio de Janeiro: Forense, 2011. vol. VI, t. II.

_____. *Extinção dos contratos por incumprimento do devedor (resolução).* 2. ed. de acordo com o Novo Código Civil. Rio de Janeiro: Aide, 2003.

ALARCÃO, Rui de. *A confirmação dos negócios anuláveis.* Coimbra: Atlântida, 1971.

_____. *Direito das obrigações.* Coimbra: João Abrantes, 1983.

ALMEIDA COSTA, Mário Júlio. Aspectos modernos do direito de obrigações. In: CAETANO, Marcello (coord.). *Estudos de direito civil brasileiro e português: I Jornada Luso-Brasileira.* São Paulo: Ed. RT, 1980.

ALVIM, Agostinho Neves de Arruda. *Da inexecução das obrigações e suas consequências.* 5. ed. São Paulo: Saraiva, 1980.

AMARAL NETO, Francisco dos Santos. Os princípios jurídicos na relação obrigatória. *Roma e América. Diritto Romano Comune 16/2003.* Mucchi Editore.

AMORIM FILHO, Agnelo. Critério para distinguir a prescrição da decadência e para indenizar as ações imprescritíveis. *Revista dos Tribunais.* vol. 300. p. 7-37. São Paulo: Ed. RT, out. 1960.

_____. _____. *Revista dos Tribunais.* vol. 744. p. 725-750. São Paulo: Ed. RT, out. 1997.

AMORTH, Giorgio. *L'obbligazione solidale.* Milano: Giuffrè, 1959.

ANDRADE, Manuel A. Domingues de. *Teoria geral da relação jurídica.* Coimbra: Almedina, 1997. vol. 1 (reimp.); 1998. vol. 2 (8. reimp.).

_____. *Teoria geral das obrigações.* 3. ed. Coimbra: Almedina, 1966.

ANTUNES VARELA, João de Matos. *Direito das obrigações.* Rio de Janeiro: Forense, 1978. vol. II.

_____. *Das obrigações em geral.* 7. ed. 2. reimp. Coimbra: Almedina, 2006.

ASSIS, Araken de. *Cumprimento da sentença.* Rio de Janeiro: Forense, 2006.

ARRUDA ALVIM NETTO, José Manoel de. *Código de Processo Civil comentado.* São Paulo: Ed. RT, 1975. vol. 2.

ARRUDA MIRANDA, Darcy de. *Anotações ao Código Civil brasileiro*. 3. ed. São Paulo: Saraiva, 1987. vol. I e II; 2. ed., vol. III.

AZEVEDO, Antonio Junqueira de. Bens acessórios. In: *Estudos ao Prof. Washington de Barros Monteiro*. São Paulo: Saraiva, 1982.

BAMBERGER, Heinz Georg; ROTH, Herbert (coords.). *Kommentar zum Bürgerlichen Gesetzbuch*. 2. ed. München: Verlag C.H.Beck, 2007. vol. 1.

BARASSI, Lodovico. *Teoria della ratifica del contratto annullabile*. Milano: Ulrico Hoepli, 1898.

BDINE JÚNIOR, Hamid Charaf. Aspectos objetivos do pagamento e alteração das circunstâncias. In: LOTUFO, Renan; NANNI, Giovanni Ettore (coords.). *Obrigações*. São Paulo: Atlas, 2011.

BERRUEZO, Lozano. *La extinción de las obligaciones por novación*. Barcelona: GASA, sem data.

BESSONE, Mario (dir.). *Trattato di diritto privato*. Torino: Giappichelli, 2005. vol. XIV (I contratti speciali; i contratti aleatori).

BETTI, Emilio. *Teoria generale del negozio giuridico*. 3. ed. Torino: UTET, 1960.

BEVILAQUA, Clóvis. *Código Civil dos Estados Unidos do Brasil comentado*. Rio de Janeiro/São Paulo: Francisco Alves; vol. I e II, 11. ed., 1956; vol. III e IV, 10. ed., 1955; vol. V, 9. ed., 1954; vol. VI, 9. ed., 1955.

BIANCA, C. Massimo. *Diritto civile*. Milano: Giuffrè, 1987-1999. 6 vol.

BOEHMER, Gustav. *Grundlagen der bürgerlichen Rechtsordnung*. Tübingen: J.C.B. Mohr (Paul Siebeck), 1950-1952. 2 vol.

BONFANTE, Pietro. *Corso di diritto romano*. Milano: Giuffrè, 1958-1959. 6 vol., vol. III a VIII de *Opere complete di Pietro Bonfante*.

BOURDILLAT, Jean-Jacques. Les astreintes. In: GUINCHARD, Serge; MOUSSA, Tony (dirs.). *Droit et pratique des voies d'éexecution*. 5. ed. Paris: Dalloz, 2007.

BREBBIA, Roberto. *El daño moral*. 2. ed. Cordoba: Orbir, 1967.

BURKERT, Michael. *Der Einfluß von Treu und Glauben bei der Vertragsabwicklung*. Tese de Doutorado em Direito, Münster, Faculdade de Direito e Ciências Políticas da Westfälischen Wilhelms-Universität, 1967.

CAMBLER, Everaldo Augusto; GONÇALVES, Carlos Roberto; MAIA, Mairan. *Comentários ao Código Civil Brasileiro – Arts. 233 a 303*. Coord. Arruda Alvim e Thereza Alvim. Rio de Janeiro: Forense, 2003.

CAMPOS, Diogo Leite de. *Contrato a favor de terceiro*. Coimbra: Almedina, 1980.

CAMPOS, Francisco. *Revisão dos contratos – Teoria da imprevisão*. Direito civil. Rio de Janeiro: Freitas Bastos, 1956.

CANO MARTÍNEZ DE VELASCO, José Ignacio. *Mora*. [S.L.]: Derecho Privado, 1978.

CARNEIRO, Maria Francisca. *Avaliação do dano moral e discurso jurídico*. Porto Alegre: Sergio Antonio Fabris Ed., 1998.

CARRESI, Franco. *Contratto*. Milano: Giuffrè, 1987. vol. II.

CARVALHO DE MENDONÇA, José Xavier. *Pareceres: fallencias*. Colligidos por Achilles Bevilacqua e Roberto Carvalho de Mendonça. Rio de Janeiro: Freitas Bastos, 1933.

CARVALHO DE MENDONÇA, Manuel Ignácio. *Doutrina e prática das obrigações ou Tratado geral dos direitos de crédito*. 4. ed. aum. e atual. por José de Aguiar Dias. Rio de Janeiro: Forense, 1956. 2 vol.

CARVALHO SANTOS, J. M. de. *Código Civil brasileiro interpretado*. 12. ed. Rio de Janeiro: Freitas Bastos, 1985. vol. XII.

_____. _____. 11. ed. Rio de Janeiro: Freitas Bastos, 1986. vol. XIV.

_____. *Pareceres*. Rio de Janeiro: Borsoi, 1963.

CHABAS, Cécile. *L'inéxécution licite du contrat*. Paris: LGDJ, 2002.

CHABAS, François. L'astreinte in droit français. *Revue Trimestrielle de Droit Civil*. n. LXIX. Paris: Dalloz, 1971.

CIAN, Giorgio; TRABUCCHI, Alberto (coords.). *Commentario breve al Codice Civile*. 9. ed. Padova: Cedam, 2009. Obra coletiva.

CÍCERO. *De officiis*. London: Harvard University Press, 1990 (*Obras*, vol. 21).

COASE, R.H. The institutional structure of production. *Essays on economics and economists*. Chicago/London: The University of Chicago Press, 1994.

COELHO, Fábio Ulhôa. *Curso de direito civil*. 4. ed. São Paulo: Saraiva, 2010. vol. 2.

COELHO DA ROCHA, M. A. *Instituições de direito civil portuguez*. 7. ed. Lisboa: Livraria Clássica Editora, 1907. 2 vol.

COLÁS ESCANDÓN, Ana María. *La ratificación*. Granada: Comares, 2000.

COMPARATO, Fábio Konder. Financiamento a consumidor com alienação fiduciária. *Revista dos Tribunais*. vol. 514. p. 49. São Paulo: Ed. RT, 1978.

CONTINENTINO, Múcio. *Cláusula penal no direito brasileiro*. São Paulo: Saraiva, 1926.

CORDEIRO, António Manuel da Rocha e Menezes. *Direito das obrigações*. 2. ed. rev. e atual. Lisboa: Associação Acadêmica da Faculdade de Direito de Lisboa, 1991-1994. 3 vol.

_____. *Direitos reais*. Lisboa: Imprensa Nacional, 1979. vol. 2.

CORREA, Alexandre; SCIASCIA, Gaetano. *Manual de direito romano*. 2. ed. São Paulo: Saraiva, 1951. vol. III.

COUTO E SILVA, Clóvis do. A teoria da base do negócio jurídico no direito brasileiro. *Revista dos Tribunais*. vol. 655. p. 7. São Paulo: Ed. RT, 1990.

_____. *Comentários ao Código de Processo Civil*. São Paulo: Ed. RT, 1977. vol. XI, t. I (arts. 890 a 1045).

_____. O princípio da boa-fé no direito brasileiro e português. In: CAETANO, Marcello (coord.). *Estudos de direito civil brasileiro e português: I Jornada Luso-Brasileira*. São Paulo: Ed. RT, 1980.

CROME, Carl. Die Abfindungscession. *Festgabe der Bonner Juristische Fakültat für Paul Krüger zum Doktor-Jubiläum*. Berlin: Weidmannsche Buchhandlung, 1911.

CUNHA GONÇALVES, Luiz da Cunha. *Tratado de direito civil*. São Paulo: Max Limonad, 1955-1968. 14 vol.

DE PAGE, Henri. *Traité élémentaire de droit belge*. 2. ed. Bruxelles: Bruylant, 1950. vol. III.

DELL'AQUILA, Enrico. *Il diritto cinese – Introduzione e principi generali*. Padova: Cedam, 1981.

DEMOGUE, René. *Traité des obligations en général*. Paris: Librairie Arthur Rousseau, 1923-1933. 7 vol.

DIEGO Y GUTIÉRREZ, D. F. Clemente de. *Transmisión de las obligaciones*. Madrid: Librería General de Victoriano Suárez, 1912.

DÍEZ-PICAZO GIMENEZ, Gema. *La mora y la responsabilidad contractual*. Madrid: Civitas, 1996.

DINAMARCO, Cândido Rangel. *Execução civil*. 7. ed. São Paulo: Malheiros, 2000.

DINIZ, Maria Helena. *Código Civil anotado*. 8. ed. São Paulo: Saraiva, 2002.

_____. _____. 5. ed. São Paulo: Saraiva, 1999.

_____. *Curso de direito civil brasileiro*. 24. ed. São Paulo: Saraiva, 2009. vol. 2.

_____. _____. 16. ed. São Paulo: Saraiva, 2002. vol. 2.

EBERLE, Simone. Do universo cambiário para o universo obrigacional: viabilidade e requisitos do protesto de documentos de dívida. *Revista de Direito Mercantil, Industrial, Econômico e Financeiro*. n. 147. p. 117-143. São Paulo: Ed. RT, jul.-set. 2007.

ENGISCH, Karl. *Einführung in das juristiche Denken*. 8. ed. Stuttgart-Berlin-Köln-Mainz: Kohlhammer, 1983.

ENNECERUS, Ludwig; LEHMANN, Heinrich. *Recht der Schuldverhältnisse*. 14. ed. Tübingen: J. C. B. Mohr (Paul Siebeck), 1954.

_____; NIPPERDEY, Hans-Carl. *Allgemeiner Teil des Bürgerlichen Rechts*. 14. ed. Tübingen: J. C. B. Mohr (Paul Siebeck), 1959-1960. 1 vol., 2 tomos.

ESPÍNOLA, Eduardo. *Questões jurídicas e pareceres (nova série)*. São Paulo: Companhia Editora Nacional, sem data.

_____. *Sistema de direito civil brasileiro*. 4. ed. Rio de Janeiro: Conquista, 1960. 12 vol.

FABRÍCIO, Adroaldo Furtado. *Comentários ao Código de Processo Civil*. 9. ed. Rio de Janeiro: Forense, 2008. vol. VIII, t. III (arts. 890 a 945).

FAIRÉN-GUILLÉN, Víctor. Refuerzo de las órdenes judiciales por medio de medidas específicas indirectas: las *astreintes* y el *contempt of court* en el Tribunal de las Aguas de Valencia. *Revista de Derecho Procesal*. n. 1. 1985.

FERNÁNDEZ, Gastón; BULLARD, Alfredo. *Derecho civil patrimonial*. Lima: Pontificia Universidad Católica del Perú/Fondo Editorial 1997.

FLUME, Werner. *Allgemeiner Teil des Bürgerlichen Rechts*. 4. ed. Berlin/Heidelberg/New York/Tokyo/London/Paris/Barcelona/Hong Kong/Budapest: Springer Verlag, 1992. vol. II (*Das Rechtsgeschäft*) (O negócio jurídico).

FULGÊNCIO, Tito. *Do direito das obrigações*. 2. ed. Rio de Janeiro: Forense, 1958.

FRAGA, Affonso. *Instituições do processo civil do Brasil.* São Paulo: Saraiva, 1940. t. I.

LIMONGI FRANÇA, Rubens. Do objeto do direito obrigacional. *Revista dos Tribunais.* vol. 422. p. 38. São Paulo: Ed. RT, dez. 1970.

_____. *Teoria e prática da cláusula penal.* São Paulo: Saraiva, 1988.

GARCÍA DEL CORRAL, Ildefonso L. *Cuerpo del Derecho Civil Romano.* Barcelona: Jaime Molinas, 1889. t. 1 [primeira parte (Institutas-Digesto)]; t. 3 [primeira parte (Digesto)], 1897.

GARCEZ, Martinho. *Da hypotheca e das acções hypothecarias.* Rio de Janeiro: Jacintho Ribeiro dos Santos, 1923.

GHESTIN, Jacques (dir.). *Traité de droit civil.* 3. ed. Paris: Librairie Générale de Droit et de Jurisprudence, 2001. vol. III (Jacques Ghestin, Christophe Jamin e Marc Billiau, *Les obligations – Les effets du contrat*).

GIERKE, Otto von. *Deutsches Privatrecht.* Leipzig: Duncker & Humblot, 1885 (vol. 1 – *Allgemeiner Teil und Personenrecht*); 1905 (vol. 2 – *Sachenrecht*); 1917 (vol. 3 – *Schuldrecht*).

_____. *Schuld und Haftung im älteren deutschen Recht (insbesondere die Form der Schuld - und Haftungsgeschäfte).* Aalen: Scientia Verlag, 1969 (reimpressão inalterada da edição de M. & H. Marcus, Breslau, 1910).

GIORGI, Giorgio. *Teoria delle obbligazioni nel diritto moderno italiano.* 7. ed. Firenze: Fratelli Cammelli, 1907-1911. vol. I a VIII.

GOMES, Luiz Roldão de Freitas. *Da assunção de dívida e sua estrutura negocial.* 2. ed. Rio de Janeiro: Lumen Juris, 1998.

GOMES, Orlando. *Contratos.* 18. ed. Rio de Janeiro: Forense, 1999.

_____. *Obrigações.* 17. ed. Rio de Janeiro: Forense, 2007.

_____. _____. 13. ed. Rio de Janeiro: Forense, 2000.

_____. _____. 11. ed. Rio de Janeiro: Forense, 1996.

GONDIM, Regina Bottentuit. *Natureza jurídica da solidariedade.* Rio de Janeiro: Conquista, 1958.

GONZALES, Matilde Zavala de. *Resarcimiento de daños.* 2. ed. Buenos Aires: Hammurabi, 1991. vol. II.

GORPHE, François. *Le principe de la bonne foi.* Paris: Dalloz, 1928.

GRAMATICA, Filippo. Dal diritto di punire al dovere di defesa. In: TURANO, Federico. *La funzione del diritto nell'attuale momento storico.* Roma: Mario Zulzoni, 1969.

GRESSAYE, J. Brethe de la. La réhabilitation du droit par l'enseignement. In: TURANO, Federico. *La funzione del diritto nell'attuale momento storico.* Roma: Mario Zulzoni, 1969.

GRYNMBAUM, Luc. La notion de solidarisme contractuel. In: GRYNMBAUM, Luc; NICOD, Marc (dirs.). *Le solidarisme contractuel.* Paris: Economica, 2004.

GUERRA, Marcelo Lima. *Execução indireta.* São Paulo: Ed. RT, 1998.

GUHL, Theo. *Das Schweizerische Obligationenrecht.* 8. ed. Zürich: Schulthess Polygraphischer Verlag, 1991.

HURT III, Harry. Investidor defende empréstimos a pobres, para acabar com a pobreza. *O Estado de S. Paulo*, 29.08.2003, B6.

HONTEBEYRIE, Antoine. *Le fondement de l'obligation solidaire en droit privé français*. Paris: Economica, 2004.

KARAM, Munir. A transmissão das obrigações: cessão de crédito e assunção de dívida. In: MENDES, Gilmar Ferreira; FRANCIULLI NETTO, Domingos; MARTINS FILHO, Ives Gandra da Silva (coords.). *O Novo Código Civil: estudos em homenagem a Miguel Reale*. 2. ed. São Paulo: Ed. LTr, 2006.

KFOURI NETO, Miguel. Graus da culpa e redução equitativa da indenização. In: MENDES, Gilmar Ferreira; STOCO, Rui (orgs.). *Doutrinas Essenciais. Direito Civil. Parte Geral*. São Paulo: Ed. RT, 2011. vol. IV.

KRÜGER, Wolfgang (coord.). *Münchener Kommentar zum Bürgerlichen Gesetzbuch*. 5. ed. München: Verlag C.H.Beck, 2007. vol. 2 (Schuldrecht – Allgemeiner Teil).

LACERDA, Paulo de (coord.). *Manual do Código Civil brasileiro*. Rio de Janeiro: Jacintho Ribeiro dos Santos Editor, 1916-1934. 20 vol. 27 tomos. Obra coletiva de comentários ao Código Civil, coordenada por Paulo de Lacerda. Comentários de Paulo de Lacerda, Rodrigo Octávio, Milcíades Mário de Sá Freire, Antonio Marques dos Reis, Eduardo Espínola, Luiz Frederico Sauerbronn Carpenter, Cândido de Oliveira, Estevam de Almeida, Virgílio de Sá Pereira, Dídimo Agapito da Veiga, Tito Fulgêncio, Pontes de Miranda, Astolpho Rezende, Clóvis Beviláqua, Hermenegildo de Barros, Joaquim Augusto Ferreira Alves (citação: coordenador, autor, obra, volume, tomo, artigo, e página). Citação: Paulo de Lacerda-outro. *Manual CC*.

LACERDA DE ALMEIDA, Francisco de Paula. *Dos effeitos das obrigações*. Rio de Janeiro: Freitas Bastos, 1934.

_____. Novação (verbete). *Repertório Enciclopédico do Direito Brasileiro*. Rio de Janeiro: Borsoi, sem data.

_____. *Obrigações*. 2. ed. Rio de Janeiro: Ed. RT, 1916.

LARENZ, Karl. *Geschäftsgrundlage und Vertragserfüllung (Die Bedeutung veränderter Umstände'im Zivilrecht)*. 3. ed. München-Berlin: Beck, 1963.

_____. *Lehrbuch des Schuldrechts*. 14. ed. München: Beck, 1987. vol. I (*Allgemeiner Teil*).

_____; CANARIS, Claus-Wilhelm. *Lehrbuch des Schuldrechts*. 13. ed. München: Beck, 1994. vol. II, t. II (*Besonderer Teil*).

_____; WOLF, Manfred. *Allgemeiner Teil des Bürgerlichen Rechts*. 8. ed. München: C.H. Beck Verlag, 1997.

LLAMBÍAS, Ignacio Héctor. Agravio moral. In: ALTERINI, Atilio Anibal; LÓPEZ CABANA, Roberto (dirs.). *Enciclopedia de la responsabilidad civil*. Buenos Aires: Abeledo-Perrot, 1996. vol. I.

LÔBO, Paulo Luiz Netto. *Teoria geral das obrigações*. São Paulo: Saraiva, 2005.

LOTUFO, Renan. *Código Civil comentado*. São Paulo: Saraiva, 2003. 2 vol.

_____; NANNI, Giovanni Ettore (coords.). *Obrigações*. São Paulo: Atlas, 2011. Obra coletiva.

LUCA, Alfredo de. *Gli oneri reali e le obbligazioni ob rem*. Roma: Athenaeum, 1915.

MALINVAUD, Philippe. *Droit des obligations*. 9. ed. Paris: Litec, 2005.

MANRESA Y NAVARRO, José María. *Comentarios al Código Civil español*. 4. ed. Madrid: Reus, 1929. vol. VIII.

MARINONI, Luiz Guilherme. *Tutela específica (arts. 461, CPC e 84, CDC)*. 2. ed. São Paulo: Ed. RT, 2001.

_____. *Tutela inibitória (individual e coletiva)*. 2. ed. São Paulo: Ed. RT, 2000.

MARQUES, José Frederico. *Manual de direito processual civil*. Campinas: Bookseller, 1997. vol. IV.

MARTINS-COSTA, *A boa-fé no direito privado*. São Paulo: Ed. RT, 1999.

_____. As cláusulas gerais como fatores de mobilidade do sistema jurídico. *Revista dos Tribunais*. vol. 680. p. 47-58. São Paulo: Ed. RT, jun. 1992.

_____. *Comentários ao Código Civil – Do inadimplemento das obrigações*. Coord. Sálvio de Figueiredo Teixeira. Rio de Janeiro: Forense, 2003. vol. V, t. 2.

MARTINS DA SILVA, Américo Luís. *O dano moral e a sua reparação civil*. 3. ed. São Paulo: Ed. RT, 2005.

MEDICUS, Dieter. *Schuldrecht I (Allgemeiner Teil), Ein Studienbuch*. 15. ed. München: Verlag C. H. Beck, 2004.

_____. *Schuldrecht II (Besonderer Teil)*. 10. ed. München: Beck, 2000.

MEIRELLES, Hely Lopes. *Direito de construir*. 7. ed. São Paulo: Malheiros, 1996.

MELLO, Henrique Ferraz de. *Da usura*. Dissertação de Mestrado, São Paulo, PUC, 2005.

MELLO, Marcos Bernardes de. *Teoria do fato jurídico: plano da validade*. 6. ed. São Paulo: Saraiva, 2004.

MESQUITA, Manuel Henrique. *Obrigações reais e ónus reais*. Coimbra: Almedina, 2000.

MOMMSEN, Friedrich. Die Lehre von der Mora nebst Beiträgen zur Lehre von der Culpa. *Beiträge zum Obligationenrecht*. Braunschweig: Schwestschke und Sohn, 1855. vol. III.

MONTEIRO, Washington de Barros. *Das modalidades das obrigações*. Tese (Cátedra), São Paulo, USP, 1959.

MONTEIRO, António Joaquim de Matos Pinto; CUNHA, Carolina. Sobre o contrato de cessão financeira ou de *factoring*. *Boletim da Faculdade de Direito de Coimbra – Volume comemorativo dos 75 anos*, Coimbra: Universidade de Coimbra, 2003.

MONTEIRO FILHO, Carlos Edison do Rêgo. *Elementos de responsabilidade civil por dano moral*. Rio de Janeiro: Renovar, 2000.

MORAES, Walter. Concepção tomista de pessoa: um contributo para a teoria do direito de personalidade. *Revista de Direito Privado*. vol. 2. p. 187-204. São Paulo: Ed. RT, abr.-jun. 2000.

MOREIRA ALVES, José Carlos. A responsabilidade extracontratual e seu fundamento: culpa e nexo de causalidade. *Direito contemporâneo: estudos em homenagem a Oscar Dias Corrêa*. Rio de Janeiro/São Paulo: Forense Universitária, 2001.

_____. *Da alienação fiduciária em garantia*. São Paulo: Saraiva, 1973.

MOSSET ITURRASPE, Jorge. *Contratos*. Buenos Aires: Ediar, 1992.

_____. *Responsabilidad por daños*. Buenos Aires: Ediar, 1985. vol. IV.

MÜLLER, Friedrich. *Métodos de trabalho do direito constitucional*. 3. ed. Rio de Janeiro: Renovar, 2003.

NERY, Rosa Maria de Andrade. *Noções preliminares de direito civil*. São Paulo: Ed. RT, 2002.

NERY JUNIOR, Nelson. Contrato de seguro de vida em grupo e o Código de Defesa do Consumidor. *Revista de Direito Privado*. vol. 10. p. 165-210. São Paulo: Ed. RT, 2003.

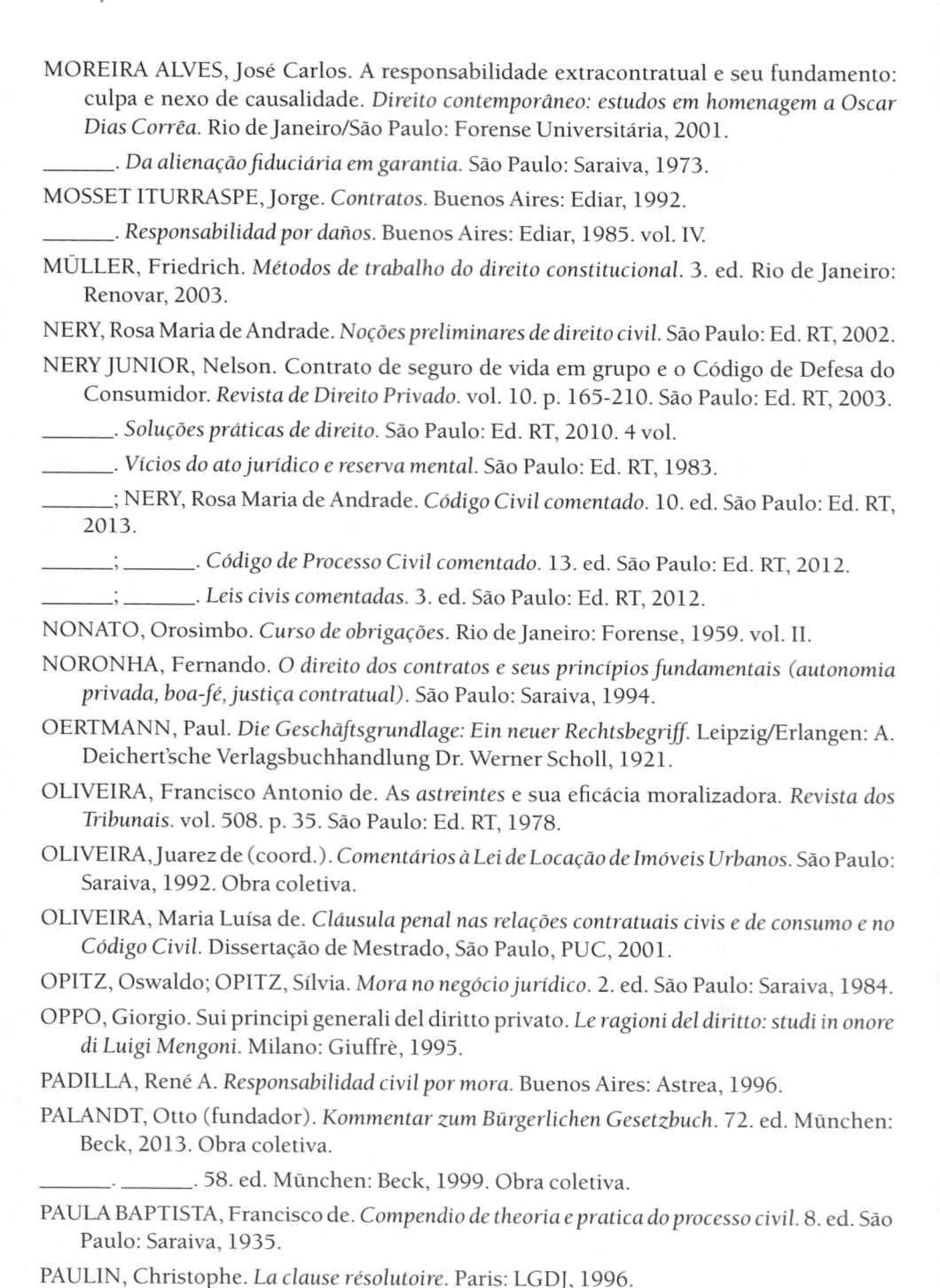

_____. *Soluções práticas de direito*. São Paulo: Ed. RT, 2010. 4 vol.

_____. *Vícios do ato jurídico e reserva mental*. São Paulo: Ed. RT, 1983.

_____; NERY, Rosa Maria de Andrade. *Código Civil comentado*. 10. ed. São Paulo: Ed. RT, 2013.

_____; _____. *Código de Processo Civil comentado*. 13. ed. São Paulo: Ed. RT, 2012.

_____; _____. *Leis civis comentadas*. 3. ed. São Paulo: Ed. RT, 2012.

NONATO, Orosimbo. *Curso de obrigações*. Rio de Janeiro: Forense, 1959. vol. II.

NORONHA, Fernando. *O direito dos contratos e seus princípios fundamentais (autonomia privada, boa-fé, justiça contratual)*. São Paulo: Saraiva, 1994.

OERTMANN, Paul. *Die Geschäftsgrundlage: Ein neuer Rechtsbegriff*. Leipzig/Erlangen: A. Deichert'sche Verlagsbuchhandlung Dr. Werner Scholl, 1921.

OLIVEIRA, Francisco Antonio de. As *astreintes* e sua eficácia moralizadora. *Revista dos Tribunais*. vol. 508. p. 35. São Paulo: Ed. RT, 1978.

OLIVEIRA, Juarez de (coord.). *Comentários à Lei de Locação de Imóveis Urbanos*. São Paulo: Saraiva, 1992. Obra coletiva.

OLIVEIRA, Maria Luísa de. *Cláusula penal nas relações contratuais civis e de consumo e no Código Civil*. Dissertação de Mestrado, São Paulo, PUC, 2001.

OPITZ, Oswaldo; OPITZ, Sílvia. *Mora no negócio jurídico*. 2. ed. São Paulo: Saraiva, 1984.

OPPO, Giorgio. Sui principi generali del diritto privato. *Le ragioni del diritto: studi in onore di Luigi Mengoni*. Milano: Giuffrè, 1995.

PADILLA, René A. *Responsabilidad civil por mora*. Buenos Aires: Astrea, 1996.

PALANDT, Otto (fundador). *Kommentar zum Bürgerlichen Gesetzbuch*. 72. ed. München: Beck, 2013. Obra coletiva.

_____. _____. 58. ed. München: Beck, 1999. Obra coletiva.

PAULA BAPTISTA, Francisco de. *Compendio de theoria e pratica do processo civil*. 8. ed. São Paulo: Saraiva, 1935.

PAULIN, Christophe. *La clause résolutoire*. Paris: LGDJ, 1996.

PEGAS, Manuel Álvares. *Resolutiones Forenses Practicabiles.* Coimbra: Ex Typographia Antoninii Simoens Ferreyra, 1737. vol. 1.

PENTEADO, Luciano de Camargo. *Direito das coisas.* 2. ed. São Paulo: Ed. RT, 2012.

PEREIRA, Caio Mário da Silva. *Anteprojeto de Código de Obrigações.* Rio de Janeiro: Imprensa Nacional, 1964.

PEREIRA, Lafayette Rodrigues. *Direito das coisas.* 6. ed. Rio de Janeiro/São Paulo: Freitas Bastos, 1956.

PERLINGIERI, Pietro (diretor). *Manuale di diritto civile.* 5. ed. Napoli/Roma: Edizioni Scientifiche Italiane, 2005. Obra coletiva.

PEZZELLA, Federico. *L'obbligazione in solido nei riguardi dei creditori.* Milano: Società Editrice Libraria, 1934.

PIÉDELIÈVRE, Alain. Le matériel et l'immateriel. Essai d'approche de la notion de bien. *Aspects du droit privé en fin du 20.ª siècle: études réunis en l'honneur de Michel de Juglart.* Paris: Librairie Générale de Droit et Jurispridence, 1986.

PILLEBOUT, François. *Recherches sur l'exception d'inéxecution.* Paris: LGDJ, 1971.

PLANIOL, Marcel; RIPERT, Georges. *Traité pratique de droit civil français.* 2. ed. Paris: Librairie Générale de Droit et de Jurisprudence: t. I (Les persones), 1952; t. II (La famille), 1952; t. III (Les biens), 1952; t. IV (Sucessions), 1956; t. V (Donations et testaments), 1957; t. VI (Obligations – Première Partie), 1952; t. VII (Obligations – Deuxième Partie), 1954; t. VIII (Les régimes matrimoniaux – Première Partie), 1957; t. IX (Les régimes matrimoniaux – Deuxième Partie), 1960; t. X (Contrats civils – Première Partie), 1956; t. XI (Contrats civils – Deuxième Partie), 1954; t. XII (Sûretés réelles – Première Partie), 1953; t. XIII (Sûretés réelles – Deuxième Partie), 1953.

PLANITZ, Hans. *Principios de derecho privado germánico.* Trad. Carlos Melón Infante. Barcelona: Casa Editorial Bosch, 1957.

PONTES DE MIRANDA, Francisco Cavalcanti. *Comentários ao Código de Processo Civil.* Rio de Janeiro: Forense, 1977. t. XIII (arts. 890-981).

_____. *Fontes e evolução do direito civil brasileiro.* Rio de Janeiro: Pimenta de Melo & C., 1928.

_____. *Tratado da ação rescisória.* 2. ed. Campinas: Bookseller, 2003.

_____. *Tratado de direito privado.* Atualizado por diversos autores. São Paulo: Ed. RT, 2012. 60 vol.

QUARTIERI, Rita. *Comentários à execução civil.* São Paulo: Saraiva, 2008.

RESCIGNO, Pietro (dir.). *Codice Civile.* 7. ed. Milano: Giuffrè, 2008.

_____ (dir.). *Trattato di diritto privato.* 3. ed. Torino: UTET, 2002. vol. X.

RICCI, Francesco. *Corso teorico-pratico di diritto civile.* Torino: UTET, 1912. vol. VI.

RIEZLER, Erwin. *Venire contra factum proprium: Studien im römischen, englischen und deutschen Zivilrecht.* Leipzig: Duncker & Humblot, 1912.

ROPPO, Vincenzo. *Il contratto.* Bologna: Il Mulino, 1977.

SALLES, Carlos Alberto de. Propriedade imobiliária e obrigações *propter rem* pela recuperação ambiental do solo degradado. *Revista de Direito Ambiental*. vol. 34. p. 9-18. São Paulo: Ed. RT, abr.-jun. 2004.

SAN TIAGO DANTAS, Francisco Clementino. *Programa de direito civil. Parte geral*. 4. tir. Rio de Janeiro: Rio, 1979.

SANTOS, Reinaldo Velloso dos. *Apontamentos sobre o protesto notarial*. Tese de Doutorado, São Paulo, USP, 2012.

SAVATIER, René. *La théorie des obligations en droit privé économique*. 4. ed. Paris: Dalloz, 1979.

SAVIGNY, Friedrich Carl von. *System des heutigen römischen Rechts*. 2.ª nova impressão da edição de Berlim de 1840. Aalen: Scientia Verlag, 1981. vol. I e III.

SCHLESINGER, Piero (diretor); VISINTINI, Giovanna. *Il Codice Civile – Commentario: inadempimento e mora del debitore*. Arts. 1.218-1.222. 2. ed. Milano: Giuffrè, 2006.

SCHUNCK, Giuliana Bonanno. *A onerosidade excessiva superveniente no Código Civil: críticas e questões controvertidas*. São Paulo: Ed. LTr, 2010.

SCHMIDT-RIMPLER, Walter. Zum Problem der Geschäftsgrundlage. *Festschrift für Hans--Carl Nipperdey zum 60. Geburstag*. München: Beck, 1955.

SCONAMIGLIO, Renato. Il risarcimento del danno in forma specifica. *Rivista Trimestrale di Diritto e Procedura Civile*. p. 201-245. Milano: Giuffrè, 1957.

SERPA LOPES, Miguel Maria de. *Curso de direito civil – Obrigações em geral*. 5. ed. Rio de Janeiro: Freitas Bastos, 1989.

_____. *Exceções substanciais: exceção de contrato não cumprido* (exceptio non adimpleti contractus). Rio de Janeiro/São Paulo: Livraria Freitas Bastos, 1959.

SILVA, João Calvão da. *Cumprimento e sanção pecuniária compulsória*. 4. ed. Coimbra: Almedina, 2007; 2. ed. Coimbra: Coimbra Editora, 1997.

SILVA, Jorge Cesa Ferreira da. *A boa-fé e a violação positiva do contrato*. Rio de Janeiro/São Paulo: Renovar, 2002.

SILVA, Manuel Gonçalves da. *Commentaria Ordinationes Regni Portugaliae*. Lisboa: Typographia Antonii Pedrozo Galram, 1733. vol. 3.

SOUSA, Joaquim José Caetano Pereira de. *Primeiras linhas sobre o processo civil*. Nova edição. Lisboa: Typographia Rollandiana, 1858. t. III.

SOUZA DINIZ. *Código Napoleão ou Código Civil dos franceses*. Rio de Janeiro: Record, 1962.

SOUZA NETO, José Soriano de. *Novação*. 2. ed. São Paulo: Acadêmica, 1937.

_____. *Pareceres*. Recife: [s.n.], 1947.

SPADONI, Joaquim Felipe. *Ação inibitória*. 2. ed. São Paulo: Ed. RT, 2007.

SPOTA, Alberto Gaspar. *Contratos/Instituciones de derecho civil*. 2. ed. Buenos Aires: La Ley, 2009. vol. 3 (Parte General: forma, prueba, efectos).

STAUB, Hermann. Die positiven Vertragsverletzungen und ihre Rechtsfolgen. *Feschrift für den XXVI. Deutschen Juristentag*. Berlin: J. Guttentag Verlagsbuchhandlung, 1902.

STAUDINGER, Julius von (fundador). *Kommentar zum Bürgerlichen Gesetzbuch mit Einführungsgesetz und Nebengesetz*. 14. ed. Berlin: Sellier/Walter de Gruyter, 2003.

TEIXEIRA DE FREITAS, Augusto. *Esboço do Código Civil*. Rio de Janeiro: Ministério da Justiça e Negócios Interiores, 1952. vol. II.

TELLES, Inocêncio Galvão. *Direito de obrigações*. 7. ed. Coimbra: Coimbra Ed., 1997.

_____. *Manual dos contratos em geral*. 4. ed. Coimbra: Coimbra Ed., 2002.

THODE, Reinhold. *Münchener Kommentar zum Bürgerlichen Gesetzbuch*. 3. ed. München: Beck, 1994. vol. II.

TORRES, Antonio Magarinos. *Nota promissória*. 5. ed. São Paulo: Saraiva, 1943.

TRABUCCHI, Alberto. *Istituzioni di diritto civile*. 41. ed. Padova: Cedam, 2004.

_____. _____. 18. ed. Padova: Cedam, 1971.

VAMPRÉ, Spencer. *Manual de direito civil brasileiro*. Rio de Janeiro: F. Briguiet & Cia., 1920. 3 vol.

VENOSA, Silvio de Salvo. *Direito civil*. 3. ed. São Paulo: Atlas, 2003. 7 vol.

VIALARD, Antonio Vazquez. *La responsabilidad en el derecho del trabajo*. Buenos Aires: Astrea, 1998.

VIANA, Marco Aurélio S. *Curso de direito civil – Direito das obrigações*. Rio de Janeiro: Forense, 2007.

VIDIGAL, Luiz Eulálio de Bueno. *Da execução direta das obrigações de prestar declaração de vontade*. São Paulo: Ed. RT, 1940.

VILLELA, João Baptista. O plano Collor e a teoria da base negocial. *Repertório IOB de Jurisprudência*. n. 19-90. p. 385. São Paulo: IOB, out. 1990.

WIEACKER, Franz. *Privatrechtsgeschichte der Neuzeit*. 2. ed. Göttingen: Vandenhoeck & Ruprecht, 1996.

ZAVASCKI, Teori Albino. *Código de Processo Civil*. São Paulo: Ed. RT, 2000. vol. 8 (Processo de execução).

ZIRKER, Matthias. *Vertrag und Geschäftsgrundlage in der Zeit des Nationalsozialismus*. Würzburg: Ergon Verlag, 1996.

ÍNDICES
Legislativo
Onomástico
Alfabético-Remissivo

Índice Legislativo

(Os números em romano referem-se aos capítulos, os números em arábico referem-se aos tópicos.)

BGB
§§
119, II: VI.2.6.2
140: VI.2.1.1
242: VIII.4
286, 2.ª Parte: VII.3
400: V.2.1

CIRCULAR BACEN
N.
3.108/2002: VII.6
3.316, 09.03.2006: VII.6
3.481, 15.01.2010: VII.6
3.511, 05.11.2012: VII.6
3.587, 26.03.2012: VII.6
4.595, 31.12.1964: VII.6
Art.:
11, VII: VII.6

CÓDIGO CIVIL – 1916
Arts.:
109: VII.5
112: III.2.1
129: VIII.4
130: V.2.4
134, II: V.2.4
135: V.2.4
148: VI.2.2.1
153: IV.13

159: VIII.8
172: VI.18
177: VI.18
884: VII.10
896, *caput*: V.3.2; VIII.1
909: VII.6
922: IV.13
924: VII.4; VII.4.1
950: VI.7
952: VI.8
956, par.ún.: VII.3
960: IV.12; IV.15; VII.3; VII.3.1
961: IV.12
962: IV.12
970: VI.18
1008: VI.2.2.1
1009: VI.15
1010: VI.15
1061: VII.5
1062: VII.6
1063: VII.6
1065: V.2.1; V.2.3
1067: V.2.4
1067, par.ún.: V.2.4
1077: V.2.6
1092: VII.10
1097: VII.7
1180: VII.10

1482: VI.11
1491: VII.10
1502: VI.14
1505: VII.10
1518, 2.ª Parte: VIII.1
1533: IV.15; VII.3
1537: VIII.8
1537, II: VIII.8

CÓDIGO CIVIL – 2002
  Arts.:
  1.º-232: I.1.2
  80: V.2.1
  82: V.2.4
  104: VI.2.1
  104-184: I.1.1
  107: VI.19; VIII.4
  108: V.2.5
  110: VI.2.2.1
  112: VI.2.7
  121: IV.12; VI.2.8
  122: VI.2.8
  131: IV.12
  136: IV.12
  138: VI.2.6.2
  140: VI.2.6.2
  157: VI.2.2.1; VI.4
  157, § 1.º: VI.2.2.1
  157, § 2.º: VI.2.2.1
  158: VI.16
  161: VII.5
  166, I: V.2.6
  166, VII: V.2.6
  167: VI.2.2.1
  169: VI.2.1; VI.2.2.1
  170: VI.2.1.1; VI.2.2.1
  171: III.5; VI.2.5

171, II: VI.2.2.1
172: III.5; VI.2.2.1; VI.14
173: VI.14
174: VI.2.2.1
177: VI.2.2
179: VI.2.2
181: VI.4
182: VII.5
184: IV.13
185: III.13
186: III.10; VIII.1; VIII.3; VIII.5; VIII.7
187: II.6; VIII.3; VIII.7
189: VI.2.2; VI.18
189-206: VI.18
190: VI.18
202: VI.18
202, I: VI.18
204: VI.18
205: VI.18
206, § 3.º: VI.18
207: VI.2.2
212: IV.11
212, II: VI.19
215: V.2.5
221: V.2.4
233: IV.9; VI.6
233-965: I .1.1
234: VI.6
235: VI.6
236: IV.4
239: VI.6
240: IV.4; VII.8
243: IV.9
244: VI.6
246: VII.8

247: IV.5.1; VI.6
252: IV.6; VI.13; VII.10
252, § 2.: IV.6
252, § 3.: IV.6
252, § 4.: IV.6
252-256: IV.4; IV.6
253: VI.13
254: VI.13
255: VI.13
256: VI.13
259: VI.11
259, par.ún.: VI.11
263: IV.7
265: IV.7; V.3.2
271: IV.7
276: VII.10
278: VI.14
284: IV.10; VII.10
286: V.2.6
286: III.4; V.2.1; V.2.3
286-298: V.2.1
287: V.2.1; V.2.6
288: V.2.4
289: V.2.4
294: V.2.1
295: V.2.1
298: V.2.6
299: V.2.1; V.3; V.3.2
300: V.2.1; V.3
301: V.2.1; V.3
302: V.2.1; V.3
303: V.2.1; V.3
304: VI.1; VI.4; VII.10
304, par.ún.: VI.4
305: VI.11
305, par.ún.: VI.4; VI.11

308: VI.4
309: VI.4
310: VI.4
311: VI.4; VI.5
313: VI.13
314: VI.6
315: IV.11
317: VI.2.6; VI.2.6.2; VI.2.7; VI.6
319: VI.6
320: VI.13
321: VI.5
323: VI.19
324: VI.5; VI.19
327: VI.7
331: VI.8
332: VI.2.8
333: VI.8
334: VI.1; VI.10; VII.10
335: VI.12
335, I: VI.5; VI.10; VI.19
336: VI.10.1
346, I: VI.11
346, III: VI.11
347, II: VI.4
356: VI.6; VI.13
356-359: IV.4; IV.6; VI.13
358: VI.13
360, I: VI.14
360, II: VI.14; VII.10
360, III: VI.14
361: VI.14
362: VI.14
366: VII.10
367: VI.14
368: VI.15
369: VI.15

373: VI.15
381: VI.17
382: VI.17
383: VI.17
384: VI.17
385: VI.16
389: VII.3; VII.5; VII.9
390: IV.12; VII.3
393: VII.8
394: VII.1; VII.2
395: VII.1; VII.3; VII.5
395, par.ún.: VII.1; VII.3
396: IV.12; VII.3
397: IV.12; IV.15; VII.3; VII.3.1
397, par.ún.: VII.3
399: VII.8
402: VII.1; VII.5
403: VII.5
404: VII.5
404, par.ún.: VII.5
405: VII.3
406: VII.6
408: VII.4; VII.4.1
409: VII.4
412: VII.4
413: VII.4; VII.4.1; VII.5
417: VII.7
418: VII.7
419: VII.7
420: VII.7;
421: I.6; II.6; III.5; III.6; VI.2.6; VI.2.6.1; VI.2.6.2; VI.2.7
422: I.6; II.6; II.6.1; III.6; VI.2.6; VI.2.6.1; VI.2.6.2; VI.2.7; VIII.4
466-B: VII.10
472-480: II.18

476: VII.1.1; VII.2; VII.10
478: VI.2.6; VI.2.6.2; VI.2.7
479: VI.2.6.2
491: VII.1.1
497: V.2.1
497, par.ún.: V.2.1; V.2.6
504, *caput*: III.19
548: V.1
553: VII.10
591: VII.6
623: II.6
625, II: VI.2.6
632: VII.10
654: V.2.4
654, § 1.º: V.2.4
818: VII.10
827: VII.10
829: VI.11
837: VI.14
861: III.13.1
868: II.6
876: III.11
882: IV.2
884: III.11
885: VII.3.3
901: VI.19
909, *caput*: VI.5; VI.19
909, par.ún.: VI.5
927: III.9; VIII.1
927, par.ún.: II.6; III.10; VIII.1; VIII.3; VIII.5
931: VIII.5
932: IV.8; VIII.1; VIII.3; VIII.5
933: III.10; VIII.1
934: VIII.5
935: VIII.1

936: VIII.5
937: VIII.5
939: VI.8
941: VI.8
942: IV.8; VIII.1; VIII.3
942, par.ún.: VIII.1; VIII.3
944: VI.2.6; VIII.7; VIII.8
944, par.ún.: VI.2.6; VIII.8
945: VIII.5; VIII.8
948, II: VIII.8
949: VIII.8
951: VIII.5
953: VIII.7
954: VIII.7
1009: VI.17
1050: VI.17
1051: VI.17
1103: VI.2.6
1208: II.6
1228, caput.: IV.9
1314: IV.11
1336, I: III.19
1336, § 7.º: VII.3.1
1403, I: III.19
1404,caput: III.19
1419-1510: V.2.5
1424: V.2.5
1482: VI.16
1616: IV.11
1634, III: II.6
1647, I: V.2.5; VI.2.2.1
1649, par.ún.: VI.2.2.1
1707: V.2.6
1784: V.2.1
1792: VII.10

1793, caput: V.2.1
1821: VII.10
1997: VII.10
2035, par.ún.: III.5; III.6; VI.2.6; VI.2.6.1

CÓDIGO CIVIL – Argentina
Art.:
575: IV.4.1

CÓDIGO CIVIL – França
Art.:
1139: VII.3

CÓDIGO CIVIL – Itália
Arts.:
1219: VII.3
1268: V.3.1
1424: VI.2.1.1
1448: VI.2.6
1477: IV.4.1

CÓDIGO CIVIL – Portugal
Arts.:
402: II.8
424: V.4
483, n.2.: III.9
494: VIII.2
563: III.9; VIII.2
577: V.2.6
578: V.2.1
595, 2: V.3.2
805: VII.3

CÓDIGO COMERCIAL
Arts.:
119: VI.2.6
124: VIII.4
131, § 1.º: III.6

CÓDIGO DE DEFESA DO CONSUMIDOR
Arts.:
2.º: VI.18
3.º: VI.2.6
4.º, III: II.6
6.º, V: III.6
6, VI: VIII.1; VIII.5; VIII.7
7.º: VI.18; VIII.1
7.º. Par.ún.: VIII.1
8.º: VIII.1
8.º, I: VII.3.4
8.º, III: VII.3.4
12: VIII.1; VIII.5
12-25: VIII.1
14: VIII.1; VIII.5
14, § 4.º: VIII.1; VIII.5
17: VI.18
18: VIII.1; VIII.5
26: VI.18
27: VI.18
29: VI.2.6
39, V: VII.3.4
46-54: III.7
51, IV: VI.2.5
51, § 1.º: VII.3.4
52, § 1.º: VII.4
54: III.7
81, par.ún.: III.6
82: III.6; VII.10
100: VII.10

CÓDIGO DE OBRIGAÇÕES – Suíça
Arts.:
23: VI.2.6.2
24: VI.2.6.2
102: VII.3
373, II: VI.2.6.2

CÓDIGO DE PROCESSO CIVIL – 1939
Arts.:
941: V.2.1; V.2.6
942, I: V.2.1; V.2.6
942, VII: V.2.1; V.2.6
942, VIII: V.2.1; V.2.6
942, XIV: V.2.1
943, I: V.2.1; V.2.6

CÓDIGO DE PROCESSO CIVIL – 1973
Arts.:
4.º: VI.2.1
6.º: V.2.1
42: V.2.1; V.2.6
47: VI.2.2
77: IV.10
126: VI.2.6
148: VI.10.2
150: VI.10.2
219: VI.18; VII.3
219, § 1.º: VI.18
219, § 5.º: VI.18
220: VI.18
243: V.2.6
244: V.2.6
258: IV.7
267, VI: VI.18; VII.1.1; VII.10
267, X: VI.17
269, V: VI.20
274, § 4.º: III.11
282: VII.10
282 IV: VII.10
288: VII.10
288, par.ún.: VII.10
332: VI.9
333, II: VII.1.1

460, par.ún.: VII.10
461: IV.11; IV.17; VII.10
461, § 3.º: IV.11; VII.10
461, § 4.º: IV.11; IV.17
461, § 6.º: III.11; VII.9
461-A: IV.17; VII.9
461-A, § 3.º: IV.17
475, I: VI.1; VII.9; VII.10
475, I-VII: VII.9
475-I: VII.9
475-A: VIII.1
475-E: VIII.8
475-N: VII.9; VII.10; VIII.1
475-N, I: VII.10
475-N, II: VII.10
475-N, III: VII.10
475-N, IV: VII.10
475-N, V: VII.10
475-N, VII: VII.10
543-C: V.2.2
580: VII.10
584, I: VII.10
584, II: VII.10
584, III: VII.10
584, IV: VII.10
584, V, par.ún.: VII.10
585, I: III.4; VII.9
585, I-VIII: VII.9
585, II: VII.10
585, III: VII.10
585, IV: VII.10
585, V: VII.10
585, VI: VII.10
585, VII: VII.10
585, VIII: VII.10
585, § 2.º: VII.9
592, V: V.2.6

593, II: V.2.6
604: IV.15
618, I: VII.10
620: VI.2.6
632: VII.10
644: IV.11
645: IV.11; VII.10
649: II.1.3
651: VI.1; VII.10
671, II: V.2.6
748: V.2.1
750: V.2.1
787-790: VI.1; VII.10
794: VI.1
794, I: VII.10
804: VII.10
813, I: V.2.1
813, II: V.2.1
813, III: V.2.1
826: VII.10
827: VII.10
890: VI.5; VI.10; VI.10.2; VI.19
891: VI.10.2
896, IV: VI.10.1

CÓDIGO DE PROCESSO PENAL
Art.:
63: VIII.1
68: VII.10
386, V: VIII.1
622: VIII.1

CÓDIGO PENAL
Art.:
91, I: VIII.1

CÓDIGO TRIBUTÁRIO NACIONAL
Art.:
161, § 1.º: VII.6

CONSTITUIÇÃO FEDERAL – 1946
Art.:
192, § 3.º: VII.6

CONSTITUIÇÃO FEDERAL – 1988
Arts.:
1.º, III: II.9; III.11
5.º: II.1.3
5.º, V: VIII.1; VIII.7
5.º, X: VIII.1; VIII.7
7.º, XXVIII: VIII.5
37, § 6.º: VIII.1
225, caput: VIII.1
225, § 3.º: VIII.1

CONVENÇÃO DE LUGANO – 1993
Art.:
2.7: VIII.1

DECRETO 737/1850
Art.:
19: VI.2.6

DECRETO 22.626/1933
Art.:
1.º: VII.6
4.º: VII.6
33: VI.2.5

DECRETO-LEI 58/1937
Art.:
14: VII.3
22: VII.3

DECRETO-LEI 745/1969
Art.:
1.º: VII.3

DECRETO-LEI 911/1969
Art.:
2.º: VII.3.2

EMENDA CONSTITUCIONAL: 40, 29.05.2003: VII.6

LEI DE ARBITRAGEM: IV.11

LEI DO CHEQUE
Arts.:
20: III.4; V.2.2
22: V.2.2
27: III.4

LEI DAS SOCIEDADES ANÔNIMAS
Art.:
2.º: VI.2.6

LEI DE REGISTROS PÚBLICOS
Arts.:
129 9.º: V.2.4
167 II 21: V.2.5
246: V.2.5

LEI DE USURA: VI.2.5; VII.6

LEI 4.595/1964
Arts.:
2.º: VI.2.6
11: VII.6

LEI 4.717/1965 (Ação Popular)
Art.:
16: VII.10

LEI 6.766/1979
Art.:
32: VII.3

LEI 6.938/1981
Art.:
14, § 1.º: VIII.1

LEI 7.347/1985 (Ação Civil Pública)
Art.:
15: VII.10

LEI 8.245/1991
Arts.:
1.º: VI.2.6.2
4.º: VII.4.1
8.º: VI.11
9.º: VII.1
19: VI.2.6.1
27: III.19
40: VII.4.1

LEI 8.383/1991
Art.:
66: VII.6

LEI 8.666/1993: VII.1.1

LEI 8.935/1994
Art.:
22: IV.10

LEI 8.987/1995: IV.10

LEI 9.250/1995
Art.:
39, § 4.º: VII.6

LEI 9.307/1996 – Arbitragem
Arts.:
26: VII.10
31: VII.10

LEI 9.430/1996
Art.:
5.º, § 3.º: VII.6
43: VII.6
61, § 3.º: VII.6

LEI 10.257/2001
Arts.:
25: III.19
26: III.19

LEI 11.101/2005
Arts.:
59: VI.14
61: VI.14

LEI 11.382/2006: VI.1; VII.10

MEDIDA PROVISÓRIA 2.170-36
Art.:
5.º: VII.3.4; VII.6

Índice Onomástico

(Os números em romano referem-se aos capítulos, os números em arábico referem-se aos tópicos.)

A

AGUIAR JUNIOR, Ruy Rosado de: II.18; V.2.1; VI.2.3; VI.2.3; VI.2.5; VI.2.6; VI.10.1; VI.10.2; VI.18; Bibliografia

ALARCÃO, Rui de: IV.3; IV.5; IV.16; VI.2.2.1; VIII.2; Bibliografia

ALMEIDA COSTA, Mário Júlio: I.1.4; II.19; Bibliografia

ALMEIDA, Estevam de: Bibliografia

ALMEIDA, Franscisco de Paula Lacerda de:

Vide:

LACERDA DE ALMEIDA, Franscisco de Paula

ALTERINI, Atilio Anibal: Bibliografia

ALVES, Joaquim Augusto Ferreira: Bibliografia

ALVES, José Carlos Moreira

Vide:

MOREIRA ALVES, José Carlos

ALVIM, Agostinho Neves de Arruda: IV.12; VII.2; VII.3; VII.3.3; VII.5; Bibliografia.

ALVIM NETTO, José Manoel de Arruda:

Vide:

ARRUDA ALVIM NETTO, José Manoel de:

AMARAL NETO, Francisco dos Santos: VIII.8; Bibliografia

AMORIM FILHO, Agnelo: VI.18; Bibliografia

AMORTH, Giorgio: Bibliografia

ANDRADE, Manuel A. Domingues de: II.3; IV.7; IV.12; V.2.5; Bibliografia

ANDRIGHI, Nancy: III.2.1; III.6; IV.7; VI.2.4; VI.2.6; VI.7; VI.18

VI.20; VII.1.1; VII.3.4; VII.5; VII.7; VIII.1; VIII.5; VIII.8

ANTUNES VARELA, João de Matos: IV.11; VI.10; Bibliografia

AQUILA, Enrico dell: Bibliografia

ARAÚJO, Raul: VI.19

ARAÚJO CINTRA, Antonio Carlos de: Bibliografia

ARRUDA, Denise: VII.1.1

ARRUDA ALVIM NETTO, José Manoel de: Bibliografia

ARRUDA MIRANDA, Darcy de: VII.3.1; Bibliografia

ASSIS, Araken de: VIII.1; Bibliografia

AZEVEDO, Antonio Junqueira de: IV.14; Bibliografia

B

BAMBERGER, Heinz Georg: V.2.1; V.2.3; Bibliografia

BAPTISTA, Francisco de Paula:
Vide:
PAULA BAPTISTA, Francisco de: III.18; Bibliografia
BARASSI, Lodovico: VI.2.2.1; Bibliografia
BARROS, Hermenegildo de: Bibliografia
BARROS MONTEIRO: VI.7; VII.7
BDINE JÚNIOR, Hamid Charaf: Bibliografia
BELLIZZE, Marco Aurélio: III.9
BENETI, Sidnei: III.6; IV.14; VI.19; VII.3.1;VII.6
BENJAMIN, Antônio Herman de Vasconcellos: III.11; IV.5; IV.10; IV.17 VI.15; VI.17
BERRUEZO, Lozano: Bibliografia
BETTI, Emilio: I.5; Bibliografia
BEVILACQUA, Achilles: Bibliografia
BEVILÁQUA, Clóvis: IV.6; IV.9; IV.15; V.2.1; VI.17; VII.3.1;VII.3
Bibliografia
BIANCA, C. Massimo: VI.2.6; Bibliografia
BILLIAU, Marc: VI.2.7; Bibliografia
BÔAS CUEVA, Ricardo Villas:
Vide:
VILLAS BÔAS CUEVA, Ricardo
BOEHMER, Gustav: Bibliografia
BONFANTE, Pietro: I.3.1; Bibliografia
BOURDILLAT, Jean-Jacques: IV.11; Bibliografia
BREBBIA, Roberto: VIII.8; Bibliografia
BURKERT, Michael: VI.2.62; Bibliografia
BUZZI, Marcos: VI.19;VII.5

C

CABANA, Roberto Lopes:
Vide:
LOPES CABANA, Roberto
CAETANO, Marcello: Bibliografia
CALMON, Eliana: III.11; VII.1.1
CÂMARA LEAL: VI.18
CAMBLER, Everaldo Augusto: V.2.5; Bibliografia
CAMPOS, Diogo Leite de: V.3; V.3.1; V.3.2; V.3.3; Bibliografia
CAMPOS, Francisco: II.5; VI.2.6; Bibliografia
CANARIS, Claus-Wilhelm: VIII.4; Bibliografia
CANO MARTÍNEZ DE VELASCO, José Ignacio: VII.3.1; VII.3.3; Bibliografia
CARNEIRO, Maria Francisca: VIII.7; VIII.8; Bibliografia
CARRESI, Franco: IV.12; Bibliografia
CARPENTER, Luis Frederico Sauerbronn: Bibliografia
CARVALHIDO, Hamilton: IV.7
CARVALHO DE MENDONÇA, José Xavier: V.1; VI.6; Bibliografia
CARVALHO DE MENDONÇA, Manuel Ignácio: I.3.1; IV.1; IV.2; IV.5; IV.12 IV.16; V.1; V.2.1; V.2.4; VI.6; VI.12; VII.3; VII.3.3; Bibliografia
CARVALHO DE MENDONÇA, Roberto: Bibliografia
CARVALHO SANTOS, João Manuel de: IV.12; V.2.5; V.2.6; VI.14; Bibliografia
CASTRO MEIRA
Vide:
MEIRA, Castro

CHABAS, Cécile: VII.1.1; Bibliografia

CHABAS, François; IV.11; Bibliografia

CIAN, Giorgio: VI.2.6.2; Bibliografia

CÍCERO: I.3.2; III.6; Bibliografia

CINTRA, Antonio Carlos de Araújo:
Vide:
ARAÚJO CINTRA, Antonio Carlos de: IV.12

COASE, R. H.: II.19; Bibliografia

COELHO, Fábio Ulhôa: IV.12; Bibliografia

COELHO DA ROCHA, Manuel Antonio: VI.1; VI.4; Bibliografia

COLÁS ESCANDÓN, Ana María: VI.2.2.1; Bibliografia

COMPARATO, Fábio Konder: Bibliografia

CONTINENTINEO, Múcio: Bibliografia

CORDEIRO, António Manuel da Rocha e Menezes: I.10; II.3; VI.15; Bibliografia

CORRAL, Ildefonso L. García del :
Vide:
GARCÍA DEL CORRAL, Ildefonso L.:

CORRÊA, Oscar Dias. VIII.1; Bibliografia

CORREIA, Alexandre: Bibliografia

COSTA, Judith Hofmeister Martins:
Vide:
MARTINS-COSTA, Judith Hofmeister

COSTA, Mário Júlio Almeida
Vide:
ALMEIDA COSTA, Mário Júlio

COUTO E SILVA, Clóvis do: I.6; II.3; VII.5; Bibliografia

CROME, Carl: V.2.1; Bibliografia

CUEVA, Ricardo Villas Bôas
Vide:
VILLAS BÔAS CUEVA, Ricardo: III.6; V.2.3; V.2.4; VII.4

CUNHA, Carolina: V.2.1; VI.11; Bibliografia

CUNHA GONÇALVES: V.2.5; Bibliografia

D

DANTAS, Francisco Clementino Santiago:
Vide:
SANTIAGO DANTAS, Francisco Clementino:

DELGA, José: VI.10.2

DELL´ AQUILA, Enrico:
Vide:
AQUILA, Enrico dell:

DEMOGUE, René: VI.14; Bibliografia

DIEGO Y GUTIÉRREZ, Clemente de: V.1; V.3.2

DÍEZ-PICAZO GIMENEZ, Gema: Bibliografia

DINAMARCO, Cândido Rangel: V.2.6; Bibliografia

DINIZ, Maria Helena: IV.12; VI.14; VII.3.1; VII.6; Bibliografia

DIREITO, Carlos Alberto Menezes: III.9; VI.18; VII.3.3; VII.3.4

DUARTE, Nestor: VI.2.3

E

EBERLE, Simone: VI.18; Bibliografia

ENGISCH, Karl: II.6; Bibliografia

ENNECERUS, Ludwig: V.2.1; VI.2.6; VI.2.6.2; VIII.2;Bibliografia

ESCANDÓN, Ana María Colás:

Vide:

COLÁS ESCANDÓN, Ana María: V.2.2.1; Bibliografia

ESPÍNOLA, Eduardo: I.10.1; V.1; V.2.1; VIII.1; Bibliografia

F

FABRÍCIO, Adroaldo Furtado: VI.10; Bibliografia

FAIRÉN-GUILLÉN, Víctor: Bibliografia

FERNANDES, Og.: V.2.3

FERNÁNDEZ, Gastón: II.1.2; Bibliografia

FERREIRA, Antonio Carlos: VIII.1

FERRONI, Lanfranco: VI.14

FLUME, Werner: VI.2.1; Bibliografia

FRAGA, Affonso: III.18; Bibliografia

FRANÇA, Rubens Limongi: IV.12; VII.4.1; Bibliografia

FREIRE, Mário de Sá: Bibliografia

FREITAS, Augusto Teixeira de:

Vide:

TEIXEIRA DE FREITAS, Augusto: IV.11; Bibliografia

FRANCIULLI NETO, Domingos: Bibliografia

FULGÊNIO, Tito: I.1.4; III.19; IV.6; IV.7; IV.15; IV.16; V.2.1; VI.6

VI.13; VI.14; Bibliografia

FUX, Luiz: V.3; VI.15; VI.20; VII.1.1

G

GALLOTTI, Maria Isabel: III.7; III.11; VI.10.1; VI.19;VII.6

GARCÍA DEL CORRAL, Ildefonso L: I.4; Bibliografia

GARZES, Martinho: Bibliografia

GHESTIN, Jacques: VI.2.7; Bibliografia

GIANDOMENICO, Giovanni: VI.2.6

GIERKE, Otto von: II.17; Bibliografia

GIMENEZ, Gema Díez-Picazo: Bibliografia

Vide:

DÍEZ–PICAZO GIMENEZ, Gema: Bibliografia

GIUSTINA, Vasco Della: VI.19; VI.20; VI.19

GIORGI, Giogio: IV.12; VII.3; Bibliografia

GODOI, Franco de: VII.6

GOMES, Luiz Roldão de Freitas: V.3.2; Bibliografia

GOMES, Orlando: V.3.2; VI.17; VII.4.1; Bibliografia

GOMES VARJÃO: VII.3.2

GONÇALVES, Carlos Roberto: V.2.5; Bibliografia

GONÇALVES CUNHA:

Vide:

CUNHA GONÇALVES: V.2.5; Bibliografia

GONDIM, Regina Bottentuit: IV.16; V.3.2; Bibliografia

GONÇALVES, Benedito: III.14

GONZALES, Matilde Zavala de: VIII.8; Bibliografia

GORPHE, François: III.6; Bibliografia

GRAMATICA, Filippo: Bibliografia

GRESSYE, J. Brethe de la: Bibliografia

GRYNMBAUM, Luc: IV.8; Bibliografia

GUERRA, Marcelo Lima: IV.11; Bibliografia

GUHL, Thel: Bibliografia

GUILLÉN, Víctor Fairén:

Vide:

FAIRÉN-GUILLÉN, Víctor: Bibliografia

GUINCHARD, Serge: IV.11; Bibliografia

GUTIÉRREZ, D. F. Diego y: II.1

Vide:

DIEGO Y GUTIÉRREZ, D. F: Bibliografia

H

HURT III, Harry: II.19; Bibliografia

HONTEBEYRIE, Antoine: IV.8; Bibliografia

J

JAMIM, Christophe: VI.2.7; Bibliografia

K

KARAM, Munir: V.2.6; Bibliografia

KFOURI NETO, Miguel: VIII.1; Bibliografia

KRÜGER, Wolfgang: V.2.1; V.2.3; Bibliografia

L

LACERDA, Paulo de: I.1.4; III.19; IV.6; IV.7; IV.14; IV.16; V.2.1; VI.6 VI.8; VI.9; VI.13; Bibliografia

LACERDA DE ALMEIDA, Franscisco de Paula: I.8; III.11; V.2.5; V.2.6; VI.6; VI.8; VI.9; VI.14; VI.18; Bibliografia

LARENZ, Karl: II.6; IV.11; V.2.1; VI.2.6.2; VIII.4; Bibliografia

LEHMANN, Heinrich: VI.2.6.2; VIII.7; Bibliografia

LLAMBÍAS, Ignacio Héctor: Bibliografia

LÔBO, Paulo Luiz Netto: VII.4.1; Bibliografia

LOPES, Miguel Maria de Serpa:

Vide:

SERPA LOPES, Miguel Maria de: IV.6; VI.14; VI.17; VII.1.1; Bibliografia

LOPES CABANA, Roberto: Bibliografia

LOTUFO, Renan: V.2.6; VI.8; VII.5; Bibliografia

M

MAIA, Cambler Gonçalves e: V.2.5; V.2.6; V.2.6

MAIA, Mairan: V.2.5; V.2.6; Bibliografia

MALINVAUD: VI.6;

MANRESA Y NAVARRO, José María: VI.2.4; Bibliografia

MARINO, Francisco Paulo de Crescenzo: VII.5

MARINONI, Luiz Guilherme: IV.11; VI.18; Bibliografia

MARQUES, José Frederico: VI.10.2; Bibliografia

MARQUES, Mauro Campbell: VI.19

MARTINS, Humberto: IV.10; VII.1.1

MARTINS-COSTA, Judith Hofmeister: : II.6; III.14; IV.11; Bibliografia

MARTINS FILHO, Ives Gandra da Silva: Bibliografia

MARTINS DA SILVA, Américo Luís: Bibliografia

MEDICUS, Dieter: VIII.3; Bibliografia

MEIRA, Castro: III.11

MEIRELLES, Hely Lopes: VIII.5; Bibliografia

MELLO, Henrique Ferraz de: VII.6; Bibliografia

MELLO, Marcos Bernardes de: V.2.6; Bibliografia

MENDES, Gilmar Ferreira: VIII.1; Bibliografia

MENDONÇA, José Xavier Carvalho de:
Vide:
CARVALHO DE MENDONÇA, José Xavier

MENDONÇA, Manuel Ignácio Carvalho de:
Vide:
CARVALHO DE MENDONÇA, Manuel Ignácio

MENGONI, Luigi: Bibliografia

MESQUITA, Manuel Henrique: III.19; Bibliografia

MIRANDA, Darcy de Arruda:
Vide:
ARRUDA MIRANDA, Darcy de

MIRANDA, Francisco Cavalcanti Pontes de:
Vide:
PONTES DE MIRANDA, Francisco Cavalcanti

MOSCH, Francisco: VII.6

MOMMSEN, Friedrich:VII.3; Bibliografia

MONTEIRO, António Joaquim de Matos Pinto: V.2.1; VI.11; Bibliografia

MONTEIRO, Washington de Barros: IV.14; Bibliografia

MONTEIRO FILHO, Carlos Edilson de Rêgo: VIII.7; Bibliografia

MORAES, Walter: I.10.1; Bibliografia

MOREIRA ALVES, José Carlos: VIII.1; VIII.3; Bibliografia

MOSSET ITURRASPE, Jorge: IV.1; Bibliografia

MOURA, Maria Thereza de Assis: V.2.3

MOUSSA, Tony: IV.11; Bibliografia

MÜLLER, Friedrich: Bibliografia

Mussi, Jorge: VI.2.6.1

N

NANNI, Giovanni Ettore: VI.8; VII.5; Bibliografia

NAVARRO, José María Manresa y:
Vide:
MANRESA Y NAVARRO, José María

NERY, Rosa Maria Barreto Borriello de Andrade: I.10.1; IV.5; IV.11; V.2.6
VII.3; VII.4.1; Bibliografia

NERY JUNIOR, Nelson: II.3; IV.11; V.2.1; V.2.6; VI.2.2.1; VI.2.6.2
VII.1; VII.3; VII.4.1; VII.6; Bibliografia

NIPPERDEY, Hans-Carl: IV.2.6; VI.2.6.2; Bibliografia

NICOD, Marc: Bibliografia

NOBREGA, Maílson: VII.6

NONATO, Orosimbo: V.2.3; V.2.1; VII.4; Bibliografia

NORONHA, Fernando: I.1.4; Bibliografia

NORONHA, João Otávio: IV.17; VII.3.4; VII.7

O

OCTÁVIO, Rodrigo: Bibliografia

OERTMANN, Paulo: VI.2.6.2; Bibliografia

OLIVEIRA, Cândido de: Bibliografia

OLIVEIRA, Francisco Antonio de: IV.11; Bibliografia

OLIVEIRA, Juarez de: VI.2.6.2; VII.1; Bibliografia

OLIVEIRA, Maria Luísa de: IV.13; Bibliografia

OLIVEIRA ASCENSÃO: III.19

OPITZ, Oswaldo: VII.3; Bibliografia

OPITZ, Sílvia: VII.3; Bibliografia

OPPO, Giorgio: VIII.6; Bibliografia

P

PADILLA, René A: VII.3; Bibliografia

PALANDT, Otto: Bibliografia

PARGENDLER, Ari: II.3; VI.2.6.2

PASSARINHO JUNIOR, Aldir: VI.17; VI.18; VII.3.4

PAULA BAPTISTA, Francisco de: III.18; Bibliografia

PAULIN, Christophe: VII.1.1; Bibliografia

PEGAS, Manuel Álvares: Bibliografia

PELLEGRINI, Gianluca Mauro: VI.2.6

PENTEADO, Luciano de Camargo: IV.12; Bibliografia

PEREIRA, Caio Mário da Silva: IV.11; V.1; V.2.1; Bibliografia

PEREIRA, Virgílio de sá: Bibliografia

PEREIRA, Lafayette Rodrigues: IV.4.1; V.2.5; Bibliografia

PERLINGIERI, Pietro: VI.14; Bibliografia

PEZZELLA, Frederico: IV.9; Bibliografia

PIÉDELIÈVRE, Alain: I.10.1; Bibliografia

PILLEBOUT, François: Bibliografia

PLANTOL, Marcel: IV.8; VI.11; Bibliografia

PLANITZ, Hans: II.17; Bibliografia

PONTES DE MIRANDA, Francisco Cavalcanti: III.15; IV.6; IV.8; IV.9
 IV.10; IV.12; V.2.1; V.2.3; V.2.6; V.3; VI.2.1; VI.2.4; VI.4; VI.7
 VI.8; VI.13; VI.14; VI.15; VII.1.1; VII.3; VII.3.1; VII.3.2; VIII.8; Bibliografia

Q

QUARTIERI, Rita: VI.10.2; Bibliografia

R

REALE, Miguel: Bibliografia

REIS, Antonio Marques dos: Bibliografia

RESCIGNO, Pietro: VI.2.6; Bibliografia

RECENDE, Astolpho: Bibliografia

RICCI, Francesco: IV.6; Bibliografia

RIEZLER, Erwin; II.6.1; Bibliografia

RIMPLER, Walter Schmidt: *Vide*:

SCHMIDT-RIMPLER, Walter
RIPERT, Georges: IV.9; Bibliografia
ROCHA, Manuel Antonio Coelho da:
   Vide:
   COELHO DA ROCHA, Manuel Antonio
RODRIGUES, Silvio: IV.12
ROHE, Mathias: V.2.1; V.2.3
ROPPO, Vincenzo: III.5; Bibliografia
ROSENVALD, Nelson: IV.11
ROTH, Günter H.: V.2.3; VIII.4
ROTH, Herbert: V.2.1; V.2.3; VI.2.1; Bibliografia

S

SALLES, Carlos Alberto de: Bibliografia
SALOMÃO, Luis Felipe: III.2.1; VI.10.1; VII.3.4
SALVADOR, Raphael: V.2.6
SANTIAGO DANTAS, Francisco Clementino: II.11; Bibliografia
SANTOS, João Manuel de Carvalho:
   Vide:
   CARVALHO SANTOS, João Manuel de
SANTOS, Reinaldo Velloso dos: VI.18; Bibliografia
SAVATIER, René: I.1.4; I.10.1; II.2; IV.1; V.2.1; Bibliografia
SAVIGNY, Friedrich Carl Von: III.4; Bibliografia
SCHLESINGER, Piero: VII.3.1; Bibliografia
SCHMIDT-RIMPLER, Walter: VI.2.6.2; Bibliografia

SCHUNCK, Giuliana Bonamo: IV.2.6.2; Bibliografia
SCIASCIA, Gaetano: I.4; Bibliografia
SCONAMIGLIO, Renato: VI.18; Bibliografia
SERPA LOPES, Miguel Maria de: IV.6; VI.14; VI.17; VII.1.1; Bibliografia
SILVA, Clóvis do Couto e
   Vide:
   COUTO E SILVA, Clóvis do
SILVA, João Calvão da: IV.17; VI.3; VI.5; Bibliografia
SILVA, Jorge Cesa Ferreira da: VII.3; Bibliografia
SILVA, Manuel Gonçalves da: Bibliografia
SOUSA, Joaquim José Caetano Pereira de: V.2.6; V.2.6; Bibliografia
SOUSA NETO, José Soriano de: VI.11; VI.14; Bibliografia
SOUZA DINIZ: Bibliografia
SPADONI, Joaquim Felipe: IV.17; Bibliografia
SPOTA, Albert Gaspar: VI.2.3; Bibliografia
STAUB, Hermann: VII.3; Bibliografia
STAUDINGER, Julius Von: Bibliografia
STOCO, Rui: VIII.2; Bibliografia

T

TÁCITO: VIII.2
TEIXEIRA, Sálvio de Figueiredo: II.18; III.18; IV.11; Bibliografia
TEIXEIRA DE FREITAS, Augusto: Bibliografia

TELLES, Inocêncio Galvão: II.6.1; III.17; V.4; Bibliografia

THEODORO JUNIOR, Humberto: VI.17

THODE, Reinhold: Bibliografia

TOMASETTI JUNIOR, Alcides: VI.1; VI.2.6.2; VI.11; VII.1

TORRES, Antonio Magarinos: VI.14; Bibliografia

TRABUCCHI, Alberto: II.9.1; VI.2.6.2; VI.13; Bibliografia

TURANO, Federico: Bibliografia

U

UYEDA, Massami: VI.17; VII.3.3; VII.7

V

VAMPRÉ, Spencer: IV.2; V.1; Bibliografia

VARELA, João de Matos Antunes:
  Vide:
  ANTUNES VARELA, João de Matos: Bibliografia

VARJÃO, Gomes
  Vide:
  GOMES VARJÃO: Bibliografia

VENOSA, Silvio de Salvo: VI.14; Bibliografia

VEIGA, Didimo Agapito da: Bibliografia

VELASCO, José Ignacio Cano Martínez de:
  Vide:
  CANO MARTÍNEZ DE VELASCO, José Ignacio: Bibliografia

VIALARD, Antonio Vazquez: VIII.2; Bibliografia

VIANA, Marco Aurélio S: IV.11; Bibliografia

VIDIGAL, Luiz Eulálio de Bueno: Bibliografia

VILLAS BÔAS CUEVA, Ricardo: III.7; VI.2.3; VI.2.4; VI.19; VIII.4

VILLENA, João Baptista: II.12; Bibliografia

VISINTINI, Giovanna: VII.3.1; Bibliografia

W

WIEACKER, Franz: II.6; Bibliografia

WOLFE, Manfred: II.6; Bibliografia

WOLFGANG, Ernst: VII.3

Z

ZAVASCKI, Teori Albino: IV.6; V.2.6; VI.15; VII.6; Bibliografia

ZIRKER, Matthias: VI.2.6.2; Bibliografia

Índice Alfabético-Remissivo

(Os números em romano referem-se aos capítulos, os números em arábico referem-se aos tópicos.)

A

ABRANGÊNCIA DO DIREITO DAS OBRIGAÇÕES: I.2
  Direito das Obrigações-Conceito Fundamental: I.2
  Execução Forçada-Devedor: I.2
  Prestação: I.2
  Vínculo Obrigacional: I.2

ABUSO DO DIREITO
  Ofensa: VIII.3

AÇÃO ANULATÓRIA
  Negócio Jurídico: VI.2.2

AÇÃO CIVIL PÚBLICA
  Ação de Execução-Sentença Condenatória: VII.10
  Interesses Individuais Homogêneos: VII.3.4

AÇÃO de COBRANÇA
  Fiador: VII.10

AÇÃO COLETIVA
  Consumidor: III.6.1

AÇÃO de CONHECIMENTO
  Credor: II.4

AÇÃO de CONSIGNAÇÃO EM PAGAMENTO
  Depósito Insuficiente: VI.10.1
  Direito Civil: VI.10
  Direito Processual Civil: VI.10
  Liberação do Devedor: VI.10
  Mora: VII.3.3

AÇÃO de EXECUÇÃO
  Credor: II.4; VII.9
  Ministério Público: VII.10
  Partes Legítimas: VII.10

AÇÃO PAULIANA
  Acção Pauliana ou Revocatória: III.18
  Ajuizamento: VII.5
  Credor Lesado: VII.5
  Credor Lesado: Acção Pauliana ou Revocatória: III.18
  Negócio Jurídico-Anulação: VII.5

AÇÃO POPULAR
  Ação de Execução-Sentença Condenatória: VII.10

AÇÃO PREVIDENCIÁRIA
  Juros: VII.6

AÇÃO de REEMBOLSO
  Conceito: IV.10

AÇÃO de REVISÃO
Contrato: VII.5

ACCESSORIUM SEQUITUR PRINCIPALE: IV.14

ACIDENTE DE VEÍCULO
Responsabilidade: VIII.1; VIII.7
Indenização: VIII.7

ADIMPLEMENTO E EXTINÇÃO DAS OBRIGAÇÕES: VI
Adimplemento-Expressão: VI.1
Anulabilidade-Negócio Jurídico: VI.2.2
Compensação: VI.15
Confirmação-Negócio Jurídico Anulável: VI.2.2.1
Confusão: VI.17
Consignação em Pagamento: VI.10
Contrato-Revisão Judicial: VI.2.7
Conversão-Negócio Jurídico: VI.2.1.1
Cumprimento da Obrigação-Impedimento: VI.2
Desfazimento do Negócio: VI.2
Execução das Obrigações-Forma: VI.1
Extinção do Contrato-Resolução: VI.2.4
Forma como as Obrigações são Executadas-Noções Gerais: VI.1
Impedimento para o Cumprimento da Obrigação: VI.2
Inexistência do Negócio Jurídico: VI.2.1
Nulidade do Negócio Jurídico: VI.2.1

Obrigações Sujeitas à Condição: VI.2.8
Onerosidade Excessiva-Negócio Jurídico: VI.2.6
Pagamento-A Quem Se Deve Pagar: VI.5
Pagamento-Consignação: VI.10
Pagamento-Dação: VI.13
Pagamento-Imputação: VI.12
Pagamento-Lugar: VI.7
Pagamento-Objeto: VI.6
Pagamento-Prova: VI.6
Pagamento-Quem Deve Pagar: VI.4
Pagamento-Sub-Rogação: VI.11
Pagamento- Tempo: VI.8
Prescrição Liberatória: VI.18
Quitação: VI.19
Quitação-Mediante Adesão: VI.20
Remissão de Dívida: VI.16
Rescisão-Negócio Jurídico: VI.2.5
Resilição-Negócio Jurídico Bilateral: VI.2.3
Resolução-Extinção do Contrato: VI.2.4
Revisão Judicial-Contrato: VI.2.7
Revogação: VI
Teoria da Base do Negócio: VI.2.6.2
Teoria da Imprevisão: VI.2.6.1
Vínculo Obrigacional-Patologias: VI.2

ADMINISTRAÇÃO PÚBLICA
Atos-Responsabilidade: VIII.1
Atraso de Pagamento: VII.1.1
Responsabilidade Civil: VIII.1

ALIENAÇÃO DE BEM PENHORADO
Vide:
  PENHORA

ALIENAÇÃO FIDUCIÁRIA
  Mora: VII.3.2

ANULABILIDADE
  Eficácia *Ex Nunc*: VI.2.2
  Eficácia *Ex Tunc*: VI.2.2
  Negócio Jurídico: VI.2.2
  Prazo Decadencial-Negócio Jurídico: VI.2.2

APREENSÃO DE BENS
  Devedor: VIII.6

AQUISIÇÃO DE DIREITO
  Conceito: V.1
  Derivada: III.3
  Originária: III.3

ARRAS
  Conceito: VII.7
  Confirmatórias: VII.7
  Definição: VII.7
  Modalidade da Obrigação: IV.13
  Natureza Jurídica: VII.7
  Penitenciais: VII.7
  Restituição: VII.7
  Sinal: VII.7

ARRENDAMENTO MERCATIL
Vide:
  CONTRATO DE ARRENDAMENTO MERCANTIL

ASSUNÇÃO DE DÍVIDA: V.3
  Aplicação do Instituto: V.3
  Assunção Cumulativa: V.3.2
  Coassunção: V.3.2
  Delegação: V.3.1
  Delegação-Função: V.3.1
  Direito Comparado: V.3; V.3.2
  Estipulação em Favor de Terceiro: V.3.3
  Expromissão: V.3.3
  Hipoteca: V.3
  Liberatória: V.3.2
  Modalidades: V.3.2
  Novação-Distinção: V.3
  Sucessão *Inter Vivos*: V.2.1
  Tácita: V.3.2
  Terceiro-Estipulação em Favor: V.3.3

ASTREINTES
  Conceito: IV.17
  Fixação: IV.17
  Modalidade da Obrigação: IV.17
  Multa: IV.11
  Obrigação de Fazer: IV.5; IV.17
  Obrigação de Não Fazer: IV.17

ATIVIDADE DE RISCO: III.9; VIII.1; VIII.2; VIII.5
  Ônus da Atividade: VIII.5

ATO ILÍCITO ABSOLUTO
  Ato Comissivo por Omissão: VIII.3
  Culpa: VIII.3
  Dano: VIII.3
  Dano Material: VIII.3
  Dano Moral: VIII.3; VIII.7

Elementos Objetivos: VIII.3

Elementos Subjetivos: VIII.3

Imputação: VIII.3

Omissão do Dano: VIII.3

Responsabilidade Cvil Extracontratual: VIII.3

ATO ILÍCITO CIVIL

Absoluto: VIII.3

Dano: III.9

Dever de Indenizar-Comprovação de Conduta do Agente: VIII.7

Dever de Indenizar-Requisitos: VIII.7

Grau de Ilicitude: III.9

Ilícito Penal: III.9

Indenização: III.9

Obrigação de Indenizar: III.9; VIII.7

Responsabilidade Subjetiva: VIII.7

Satisfação do Direito-Aquele que Sofreu o Ato: VIII.7

Violação de Direito: III.10; VIII.7

ATO JURÍDICO

Confirmação: VI.2.2.1

Fonte de Obrigação: III.1

Ilícito: III.1; III.2

Lícito: III.1; III.2

Unilateral Receptício: VII.3

ATO LÍCITO

Ato Jurídico em Sentido Amplo: III.13

Ato Jurídico em Sentido Estrito: III.13.1; III.13.2

Gestão de Negócios: III.13.1

Negotiorum Gestio: III.13.1

Operação jurídica: III.13.2

Quase Negócio Jurídico: III.13.1

ATROPELAMENTO

Crime de Lesão Corporal: VIII.1

Embriaguez: VIII.1

Imputação Civil: VIII.1

Responsabilidade Civil: VIII.1

Veículo Automor-Mais de Uma Imputação: VIII.1

ÄQUIVALENZERSTÖRUNG: II.3

AUFLASSUNG: V.2.5

AUTONOMIA

Vide:
    PRINCÍPIO DA AUTONOMIA

B

BASE DO NEGÓCIO JURÍDICO

Alteração: II.3

Conceito: II.3

Objetiva: II.3

Subjetiva: II.3

Vide Também:
    NEGÓCIO JURÍDICO

BEM ACESSÓRIO

Natureza: IV.14

BESCHLÜSSE: III.8

BOA-FÉ

Causa da Obrigação-Concepção Objetiva: I.6

Cessionário: V.2.3
Cláusula Geral: VIII.4
Conceito: I.6
Direito de Fato: III.6
Exceptio: VII.1.1
Objetiva: I.6; I.9; II.3; II.5; II.6; II.17; III.6.1; VI.2.4; VI.2.6
VI.2.7; VIII.4
Perdas e Danos: VII.5
Valor Autônomo: I.6
Verba Alimentar: III.11
Vide Também:
    PRINCÍPIO DA BOA-FÉ

C

CARTÃO DE CRÉDITO: II.9.1.

CASO FORTUITO E FORÇA MAIOR
Conceito: VII.8
Perda da Coisa: VII.8

CAUSA
Efficiens: VIII.2
Uso Jurídico do Termo: VIII.2

CAUSA/CAUSADO
Ideia Anterior à Imputação: VIII.2
Risco de Atividade: VIII.2
Uso Jurídico do Termo: VIII.2

CAUSA DA OBRIGAÇÃO
Concepção Objetiva: I.6

CAUSA JURIDICAMENTE RELEVANTE
Teorias: III.9

CAUSA MORTIS
Confusão: VI.17
Sucessão: V.1; VI.17

CAUSAE
Direito Romano: I.5

CESSÃO DE CRÉDITO
Autonomia: V.2.1
Cedibilidade: V.2.3
Cessão de Bens-Distinção: V.2.1
Cessão de Direitos de Garantia: V.2.5
Conceito: V.2.1
Direito Comparado: V.2.1
Direito de Formação: V.2.1
Direito Real-Garantia: V.2.1
Efeitos: V.2.1
Eficácia Perante Terceiros: V.2.4
Endosso: V.2.2
Enriquecimento Ilícito: V.2.1
Forma do Negócio: V.2.4
Forma de Transmissão: V.2.1,.
Gratuita: V.2.1
Hipoteca: V.2.5
Litigioso: V.2.6
Onerosa: V.2.1
Penhor: V.2.5
Prova: V.2.1
Sucessão *Inter Vivos*: V.2; V.2.1
Requisitos: V.2.1
Transmissão: V.2.1
Vide Também:
    CRÉDITO

CESSÃO DE DIREITO LITIGIOSO
Bem Penhorado: V.2.6

Conceito: V.2.6
Declaração de Ineficácia: V.2.6
Penhora: V.2.6

CESSÃO DE POSIÇÃO CONTRATUAL
Conceito: V.4

CHEQUE
Apresentação Antecipada: VIII.7
Devolução Indevida-Dano Moral: VIII.7
Endosso: V.2.2
Teoria do Cheque: V.2.2

CIÊNCIA
Função: II.1

CITAÇÃO
Interpelação Extrajudicial: VII.3.2
Interrupção da Prescrição: VI.18
Juros Moratórios: VII.6

CIVILIDADE
Direito de Obrigações: I.1.1

CLASSIFICAÇÃO DAS OBRIGAÇÕES
Complexa: IV.6
Conceito-Prestação: IV.2
Indivisibilidade: IV.7
Quanto a Forma: IV.7
Simples: IV.6
Solidariedade: IV.6

CLÁUSULA ABUSIVA
Consumidor: VII.3.4
Nulidade: VII.7

CLÁUSULA CONTRATUAL
Vide:
CONTRATO

CLÁUSULA DE ARREPENDIMENTO
Compromisso de Compra e Venda: VII.7
Devolução em Dobro-Sinal: VII.7
Sinal-Devolução: VII.7

CLÁUSULA GERAL
Base Objetiva do Negócio: VI.2.7
Boa-Fé Objetiva: II.6; VI.2.6; VIII.4
Comportamento Contraditório-Proibição: II.6.1
Conceitos Legais-Distinção: II.6
Exemplos: II.6
Função: II.6
Função Social do Contrato: III.5; VI.2.6; VI.2.7; VIII.4
Desvantagens: II.6
Direito Comparado: II.6
Norma Jurídica: II.6
Responsabilidade Civil Extracontratual: VIII.3

CLÁUSULA PENAL
Aplicabilidade: VII.4
Cláusula Liberatória: VII.4.1
Compensatória: VII.4
Compensatória-Contrato de Adesão: VII.4
Conceito: IV.11; VII.4
Consumidor: VII.4
Contrato: VII.4
Contrato de Adesão: VII.4
Convenção Acessória: VII.4
Convenção Coletiva: VII.4
De Ofício: VII.4
Distinção – *Mulcta Poenitencialis*: VII.4.1

Estipulada Conjuntamente com a Obrigação: VII.4

Funções: VII.4

Moratória: VII.4

Multa: VII.4

Multa Penitencial-Distinção: VII.4.1

Obrigação Acessória: IV.13

Obrigações com Cláusula Penal: IV.13

Pacto Acessório: VII.4

Pena: IV.11

Pena Convencional: VII.4

Penitencial: VII.4.1

Prestação Pecuniária: IV.11

Redução do Valor: VII.4

Relação de Consumo: VII.4

CLAUSULA REBUS SIC STANTIBUS: II.3

COISA CERTA

Acessórios-Obrigação de Dar: IV.4.1

Direito Comparado: IV.4.1

Vide Também:
PRESTAÇÃO

COISA FUNGÍVEL

Compensação: VI.15

COISA JULGADA

Penal: VIII.1

Penal no Processo Civil: VIII.1

COMISSÃO DE PERMANÊNCIA

Consumidor: VII.3.4

Contrato: VII.3.4

Juros Moratórios: VII.3.4

Juros Remuneratórios: VII.3.4

Multa Contratual: VII.3.4.

COMPENSAÇÃO

Adimplemnto de Obrigação: VI.15

Conceito: VI.15

Crédito Tributário: VI.15

Expressão: VI.15

Definição: VI.15

Dívidas Líquidas: VI.15

Honorário Advocatício: VI.15

Natureza: VI.15

Requerimento do Interessado: VI.15

Tributária: VI.15

COMPORTAMENTO CONTRADITÓRIO

Proibição: II.6.1

COMPRA E VENDA

Vide:
CONTRATO DE COMPRA E VENDA

COMPROMISSO DE COMPRA E VENDA

Cláusula de Arrependimento: VII.7

CONDOMÍNIO

Não Cumprimento da Obrigação: VII.1.1

CONDUTA SOCIALMENTE TÍPICA

Obrigação: I.7

CONFIRMAÇÃO

Negócio Jurídico: VI.2.2.1

Ratificação-Distinção: VI.2.2.1

Requisitos para Confirmação: VI.2.2.1

CONFUSÃO
  Causa Mortis: VI.17
  Causas Determinantes: VI.17
  Conceito: VI.17
  Definição: VI.17
  Devedor: VI.17
  Dívida-Extinção Total ou Parcial: VI.17
  Efeito da Cessação: VI.17
  Extinção da Confusão: VI.17
  Extinção da Obrigação: VI.17
  Hipóteses Comuns: VI.17
  Sucssão Singular: VI.17

CONSUMIDOR
  Boa-Fé Objetiva: II.6
  Cadastro de Proteção ao Crédito: VIII.7
  Cláusula Abusiva: VII.3.4
  Cláusula Contratual: III.6.1
  Cláusula Contratual Abusiva: VI.2.6
  Cláusula Penal Compensatória: VII.4; VII.4.1
  Cláusula Penal Moratória: VII.4
  Comissão de Permanência: VII.3.4
  Contrato de Adesão: III.7; VI.2.6
  Pacta Sunt Servanda: III.6.1
  Proteção Contratual: III.6.1
  Relações de Consumo: II.6; III.16

CONTRADITÓRIO
  Proibição: II.6.1

CONTRATO
  Ação de Revisão: VII.5

Cessão da Posição Contratual: V.4
Cláusula Abusiva: VI.2.6
Cláusula Contratual Geral: III.6
Cláusulas Gerais-Controle: III.6.1; VI.2.6
Comissão de Permanência: VII.3.4
Condições Gerais: III.6
Definição: VI.2.6
Descumprimento das Partes: VIII.3
Efeito: IV.1
Exceção de Contrato Não Cumprido: VII.1.1
Extinção-Resolução: VI.2.4
Fiança: IV.14
Função Social: II.9; II.12; III.5; VI.2.6
Infração Contratual: VII.1
Não Cumprido: VII.1
Objeto: I.5; IV.1
Posição Contratual: III.16
Princípio da Autonomia da Vontade: III.5
Princípio da Obrigatoriedade: I.5
Relação Contratual: III.5
Rescisão: VI.2.5; VI;2.6; VII.7
Resolução do Contrato: VI.2.4
Revisão: II.5; VI.2.7; VII.5
Revisão Judicial: I.7; VI.2.7
Solidariedade Ativa: IV.9
Teoria da Imprevisão: II.3
Teoria da Quebra da Base Objetiva: VI.2.6.2
Trativa Preliminar: VIII.4
Violação Positiva do Contrato: VII.2
Vide Também:

ÍNDICE ALFABÉTICO-REMISSIVO | 329

RESPONSABILIDADE CIVIL CONTRATUAL

RESPONSABILIDADE CIVIL EXTRACONTRATUAL

CONTRATO DE ADESÃO: II.9.1; III.7
 Cláusula Penal: VII.4
 Cláusula Penal Compensatória: VII.4
 Cláusulas Predispostas Unilateralmente: III.7
 Consumidor: III.7, VI.2.6
 Definição Legal: III.7

CONTRATO ADMINISTRATIVO
 Exceptio Non Adimpleti Contractus: VII.1.1

CONTRATO ALEATÓRIO
 Rescisão: VI.2.6

CONTRATO de ALIENAÇÃO
 Dação: VI.13

CONTRATO de ARRENDAMENTO MERCANTIL
 Juros: VII.3.4
 Mora-Notificação Prévia: VII.3.2

CONTRATO BANCÁRIO
 Cláusula Penal: VII.4
 Juros-Capitalização Mensal: VII.3.4
 Juros Moratórios: VII.6
 Multa Moratória: VII.4
 Spread Bancário: VII.6

CONTRATO BILATERAL
 Cláusula Penal: VII.4

Distinção-Negócio Jurídico Bilateral: VII.1.1
Exceção de Contrato Não Cumprido: VII.1.1
Não Cumprimento: VII.1.1
Vide Também:
 NEGÓCIO JURÍDICO BILATERAL

CONTRATO DE COMPRA E VENDA
 Cláusula de Arrependimento-Devolução do Sinal: VII.7
 Quitação: VI.19
 Sinal-Devolução:

CONTRATO DE CONSUMO
 Onerosidade Excessiva: VI.2.6

CONTRATO DE EXECUÇÃO
 Teoria da Imprevisão: II.3

CONTRATO DE DISTRIBUIÇÃO
 Verbal: VIII.4

CONTRATO DE MASSA: II.9.1; III.7

CONTRATO DE MÚTUO
 Quitação: VI.19

CONTRATO DE SEGURO
 Rescisão Unilateral: III.6.1
 Vida em Grupo: VI.2.6.2

CONTRATO NÃO CUMPRIDO
 Conceito: VII.1
 Exceção: VII.1.1

CONTRATO SINALAGMÁTICO
 Posição das Partes: V.4

CONTRATO-TIPO: II.9.1

CONVERSÃO
Negócio Jurídico-Modificação da Qualificação: VI.2.1.1
Negócio Jurídico Anulável: VI.2.2.1
Requisitos Objetivos: VI.2.1.1
Requisitos Subjetivos: VI.2.1.1

CORPUS IURIS CIVILIS
Direito Romano: I.4

CORREÇÃO MONETÁRIA
Dano Moral: VIII.7; VIII.8
Indenizabilidade do Dano Moral: VIII.8
Perdas e Danos: VII.5

CRÉDITO
Cedibilidade: V.2.1; V.2.3
Cessão: V.2; V.2.2
Credibilidade: V.2.3
Eficácia Jurídica: II.2
Extinção-Efeito Básico da Confusão: VI.17
Forma de Transmissão: V.2.1
Incedibilidade: V.2.3
Incedíves por Imposição Legal: V.2.1
Natureza não Permite Cessão: V.2.1
Relativos a Direitos: V.2.1
Satisfação: II.4
Tributário-Compensação: VI.15
Vide Também:
    CESSÃO DE CRÉDITO

CREDOR
Alimentos-Ato Ilícito de Outrem: VIII.8
Conceito: II.1.2
Credor Putativo: VI.4
Definição: III.16
Elemento da Noção de Obrigação: II.1.2
Execução Forçada: I.2
Inutilidade da Prestação: VI.1
Lesado-Ação Pauliana: III.18; VII.5
Mora *Accipiendi*: VII.3.3
Mora do Credor: III.16; VII.3.3
Obrigação Natural: II.8
Poder Sobre o Patrimônio do Devedor: II.1.3; II.4
Posição Contratual: III.16
Putativo: VI.4;
Quitação pelo Credor: VI.4;
Recusa da Prestação: IV.16; VI.19
Satisfação: VI.3
Solidariedade: IV.9
Solidariedade Passiva: IV.10
Vínculo Obrigacional: II.10

CULPA
Ato Ilícito-Indenização: VIII.7
Ato Ilícito Absoluto: VIII.3
Caso Fortuito e Força Maior: VIII.1
Dano Moral: VIII.8
Dever de Indenizar: VIII.1
Direito Penal: VIII.1
Exclusão: VIII.1
Risco de Atividade: VIII.2
Responsabilidade: III.9; VIII.1; VIII.2
Responsabilidade Ambiental: VIII.1
Responsabilidade Subjetiva: VIII.1
Teoria da Culpa: VIII.1

CUMPRIMENTO DA PALAVRA
Frutos da Confiança: I.3.2

CUMPRIMENTO DA OBRIGAÇÃO
Adimplemento: VII.1
Atraso: IV.13
Dar: I.10
Data Certa: VII.3.2
Fazer: I.10
Impedimento: VI.2
Liberação do Devedor: VI.3
Natural: VI.1
Pagamento: VI.3
Prazo: VII.3.2
Quem Deve Pagar: VI.3; VI.4
Responsabilidade Contratual: VIII.3

CUMPRIMENTO DO CONTRATO
Exceção-Contrato Não Cumprido: VII.1; VII.1.1
Inadimplência-Devedor: VII.1

CUMULAÇÃO DE PEDIDO
Indenização-Dano Estético: VIII.7
Indenização-Dano Moral: VIII.7
Indenização-Dano Patrimonial: VIII.7

CUR DEBETUR:
Direito Romano-Conceito: I.4

D

DAÇÃO EM PAGAMENTO
Alienação de Bens: VI.13
Distinção-Obrigação Alternativa: IV.6; VI.13

DANO
Ato Ilícito: III.9
Ato Ilícito Absoluto: VIII.3
Causa do Dano-Conceito: VII.5
Causado Pelo Crime: VIII.1
Imputação Civil: I.10.1; II.1.3; II.4; VIII.1
Indenizabilidade Tarifada: VIII.1
Natureza Argentária: VIII.1
Omissão-Ato Ilícito Absoluto: VIII.3
Princípio da Imputação Civil: II.1.3; II.4
Teoria do Dano Direto: VII.5
Vide Também:
    PERDAS E DANOS

DANO AMBIENTAL
Responsabilidade Civil: VIII.1

DANO MATERIAL
Ato Ilícito: VIII.8
Atro Ilícito Absoluto: VIII.3
Indenização-Responsabilidade Civil: VIII.7
Responsabilidade Civil Extracontratual: VIII.3
Responsabilidade e Indenizabilidade: VIII.7

DANO MORAL
Ato Ilícito Absoluto: VIII.3
Conceito: VIII.7
Consumidor-Cadastro de Proteção ao Crédito: VIII.7
Culpa: VIII.8
Cumulação de Pedidos-Indenização: VIII.7

Dano Extrapatrimonial: VIII.7
Devolução Indevida de Cheque: VIII.7
Direitos Autorais: VIII.7
Direitos da Personalidade: VIII.1
Distinção-Dano Patrimonial: I.10.1; VIII.7
Fixação do Valor: VIII.8
Inadimplemento Contratual: VIII.8
Indenizabilidade: VIII.8
Indenização: III.11, VIII.1; VIII.7; VIII.8
Indenização-Cumulação de Pedidos: VIII.7
Indenização-Fixação do Valor: VIII.8
Indenização-Responsabilidade Civil: VIII.7; VIII.8
Mensuração-Dificuldade: VIII.8
Natureza Extrapatrimonial, Emocional e Simbólica: VIII.7
Patrimonial-Distinção: I.10.1
Patrimônio: I.10.1; VIII.7
Pessoa Jurídica: VIII.7
Plagiador: VIII.7
Prova: VIII.7
Qualificação: VIII.8
Reparação: VIII.7; VIII.8
Repercussão Econômica: VIII.7
Responsabilidade Civil Extracontratual: VIII.3
Responsabilidade e Indenizabilidade: VIII.7
Seguro Saúde: VIII.8

DANO PATRIMONIAL
Dano Moral-Distinção: I.10.1; VIII.7
Cumulação de Pedidos-Indenização: VIII.7
Estimação Quantitativa: VIII.7
Natureza: VIII.7

DECADÊNCIA
Distinção-Prescrição: VI.18
Extinção da Ação: VI.18

DECLARAÇÃO DE VONTADE
Pessoa Física: III.2
Pessoa Jurídica: III.2
Vide Também:
    VONTADE

DECLARAÇÃO UNILATERAL DE VONTADE
Acordos: III.8
Atos Coletivos: III.8
Deliberações: III.8
Vide Também:
    VONTADE

DELEGAÇÃO
Novação: VI.14

DEPOSITÁRIO
Distinção-Judial e Convencional: VI.10.2
Judial: VI.10.2
Poder Público: VI.10.2

DEPÓSITO
Atualização-Responsabiliade: VI.10.2
Depositário (Particular ou Público): VI.10.2
Distinção-Depositário Judicial e Convencional: VI.10.2

Em Juízo: VI.10.2
Insuficiente: VI.10.1
Judicial: VI.10.2
Vide Também:
   PAGAMENTO

DESAPROPRIAÇÃO
Vide:
   PROPRIEDADE

DEVEDOR
   Adimplemento da Obrigação: III.16
   Aprensão de Bens: VIII.6
   Conceito: II.1.2
   Confusão: VI.17
   Cumprimento da Obrigação: VI.3
   Definição: III.16
   Demanda Contra Credor: VI.20
   Dever de Prestação: III.14
   Elemento da Noção de Obrigação: II.1.2
   Excussão do Patrimônio: VI.18
   Execução Forçada: I,2; VII.9
   Execução por Dívida: VI.1
   Impenhorabilidade de Bens: VIII.6
   Inadimplemento Absoluto-Execução por Dívida: VI.1
   Inadimplência: VII.1; VII.9
   Inadimplente-Conceito: VII.1
   Inadimplente-Contrato Não Cumprido: VII.1
   Inadimplente-Obrigação Líquida e Certa: VII.9
   Liberação-Cumprimento da Obrigação: VI.3
   Mora: IV.13; VII.3; VII.3.1
   Mora-Interpelação do Devedor: VII.3.1; VII.3.2
   Morte-Obrigação Solidária: VII.10
   Obrigação Natural: II.8
   Obrigação Solidária: VII.10
   Onerosidade Excessiva: VI.2.6
   Pagamento: VI.3
   Patrimônio: II.4; II.15; VIII.6
   Patrimônio Penhorável: VIII.6
   Posição Contratual: III.16
   Princípio da Excussão Menos Gravosa: II.13
   Responsabilidade por Perdas e Danos: VII.9
   Solidariedade Ativa: IV.9; IV.10
   Vínculo de Obrigação: II.1.2; II.10; VI.3; VIII.3

DEVER
   Indenização: III.9; VIII.1
   Obrigação- Distinção: I.3.3,
   Ônus-Distinção: I.8.1

DEVER ACESSÓRIO
   Cumprimento: III.14
   Primário: III.14
   Secundário-Conceito: III.14

DEVER DE INDENIZAR
   Ato Ilícito-Comprovação de Conduta do Agente: VIII.7
   Ato Ilícito-Requisitos: VIII.7
   Caso Fortuito e Força Maior: VIII.1
   Dano Ambiental: VIII.1
   Fornecedor: VIII.1
   Indenização: III.9; VIII.1; VIII.7

Responsabilidade Objetiva-Risco de
    Atividade: VIII.1
Risco de Atividade: VIII.1

DEVER JURÍDICO: I.3
    Obrigacional: III.19

DEVER MORAL: I.3
    Obrigação Jurídica-Distinção: I.1.4

DINHEIRO
    Obrigação de Pagar Quantia: IV.15
    Pagamento-Atualização: VII.5
    Prestação Pecuniária: IV.11

DIREITO de ARREPENDIMENTO
    Multa Penitencial: VII.4

DIREITO AUTORAL
    Dano Moral: VIII.7
    Operação Jurídica: III.13.2
    Plagiador: VIII.7

DIREITO COMPARADO
    Assunção de Dívida: V.3; V.3.2
    Boa-Fé Objetiva: VIII.4
    Cessão de Crédito: V.2.1
    Cláusula Geral: II.6; VIII.4
    Coisa Certa-Obrigação de Dar: IV.4.1
    Contrato-Prestações Recíprocas: V.4
    Delegação: V.3.1
    Dívida: II.16; II.17; V.3.1
    Extinção da Mora: VII.3
    Imputação Civil: II.4
    Mora: VII.3
    Negócio Real: V.2.5

Obrigação Natural: II.8
Risco de Atividade: VIII.1
Teoria da Causalidade Adequada: VIII.2

DIREITO DE ESCOLHA
    Obrigação Alternativa: III.15

DIREITO DE FORMAÇÃO: III.15
    Formativo Extintivo: III.15
    Formativo Modificativo: III.15

DIREITO DE INTERPELAR: III.15

DIREITO DE OBRIGAÇÕES
    Abrangência: I.2
    Circulação Livre e Civilizada de Riquezas: I.1.1
    Estrutura Axiológica-Pressuposto Lógicos: II
    Experiência Jurídica-Peculiaridades: I.1.2
    Fenomenologia-Composição: II.1.1
    Introdução: I
    Obligatio para os Romanos-Conceito: I.4
    Obrigações Jurídicas-Outros Interesses: I.1.4
    Preocupações Preliminares: I.1
    Pressupostos Lógicos para a Compreensão da Estrutura Axiológica: II
    Relações Jurídicas: I.1.3
    Sistema Econômico-Financeiro: II.19
    Sistematição: III
    Vínculo Obrigacional: I.2

DIREITO DE OPÇÃO: III.15

DIREITO GERMÂNICO
Breves Apontamentos: II.16
Schuld e Haftung: II.17

DIREITO LITIGIOSO
Alienação-Distinção: V.2.6
Cessão: V.2.6

DIREITO MATERIAL
Pretensão: VI.18

DIREITO PERSONALÍSSIMO
Doutrina: V.1

DIREITO POTESTATIVO
Definição: III.15

DIREITO ROMANO
Actiones Bonae Fidei: II.10
Actiones Stricti Iuris: II.10
Causae: I.5
Cives: I.5
Cláusula Geral: II.6.1
Corpus Iuris Civilis: I.4
Cur Debetur: I.4
Institutas-Prestação: I.10
Negócio Jurídico: I.5
Objeto da Obrigação: I.4
Quid Debetur: I.4
Res: I.5
Venire Contra Factum Proprium: II.6.1
Vínculo Obrigacional: I.4

DIREITOS REAIS
Conceito: III.19

DÍVIDA
Assunção-Sucessão: V.2.1

Direito Germânico-Responsabilidade: II.16
Distinção-Dinheiro e Valor: IV.11
Execução-Devedor: VI.1
Extinção-Novação: IV.9; VI.14
Fungível: VI.15
Líquida-Compensação: VI.15
Novação: IV.9; V.3; VI.14
Pagamento: VI.4;
Pagmento-Valor Total da Dívida: VI.1
Pecuniária: IV.11
Quitação: VI.19
Ratificação: VI.14
Recíproca: VI.15
Remissão: VI.16
Responsabilidade: II.15
Sub-Rogação: VI.11
Vide Também:
    ASSUNÇÃO DE DÍVIDA

DOAÇÃO
Bem Penhorado: V.2.6

DOLO
Ato Ilícito-Indenização: VIII.7
Dever de Indenizar: VIII.1; VIII.7
Vício da Vontade: VI.2.2

E

ECONOMIA
Direito de Obrigações: I.1.4

ENDOSO
Teoria do Endoso: V.2.2

Título de Crédito: V.2.2

ELEMENTOS DA NOÇÃO DE
OBRIGAÇÃO
  Credor: II.1.2
  Devedor: II.1.2
  Prestação: II.1.2
  Vínculo de Obrigação: II.1.2

ENRIQUECIMENTO sem CAUSA:
III.11
  Consumidor-Pagamento Mediante
    Boleto: VII.3.4
  Hipótese Legal: III.11
  Multa: IV.11
  Pagamento Indevido: III.11
  Verba Alimnetar: III.11

ENRIQUECIMENTO ILÍCITO
  Cessão de Crédito: V.2.1

ERFÜLLUNG ZUG UM ZUG: VII.1.1

ESTRUTURA AXIOLÓGICA DOS
DIREITO DE OBRIGAÇÕES: II
  Autonomia Privada-Princípio: II.9;
    II.9.1
  Bases do Negócio Jurídico: II.3
  Boa-Fé: II.5
  Boa Fé Objetiva: II.6
  Cláusula Geral-Boa Fé Objetiva: II.6
  Comportamento Contraditório-
    Proibição: II.6.1
  Crédito-Eficácia Jurídica: II.2
  Dano-Imputação Civil: II.4
  Devedor-Excussão Menos Gravosa:
    II.13
  Direito Compardo: II.16

Direito Germânico-Apontamentos:
  II.16
Dívida e Responsabilidade: II.15
Haftug: II.17
Obrigação Natural: II.8
Patrimônio Mínimo: II.4
Prestação-Princípio da
  Proporcionalidade: II.12; II.18
Pressupostos Lógicos para a
  Compreensão: II
Princípio da Autonomia Privada:
  II.9
Princípio da Excussão Menos
  Gravosa-Devedor: II.12
Princípio da Proporcionalidade-
  Prestações: II.12
Princípio da Solidariedade Social:
  II.7; II.11; II.12
Proporcionalidade das Prestações:
  II.12; II.18
Sistema de Direito: II.1
Sistema Econômico Financeiro:
  II.19
Solidariedade Social-Princípio: II.7
Schuld: II.17
Venire contra Factum Proprium: II.6.1
Vínculo de Obrigação: II.14
Vínculo de Proporção: II.14

EXCEÇÃO DE CONTRATO NÃO
CUMPRIDO
  Boa-Fé: VII.1.1
  Conceito: VII.1.1
  Contrato Bilateral: VII.1.1
  Exceção Substancial: VII.1.1
  Exceptio Non Adimpleti Contractus:
    VII.1.1

Objetivo da Exceção: VII.1.1
Obrigação Cumprida Parcialmente: VII.2
Ônus da Prova: VII.1.1
Prestação-Suspensão da Exigibilidade: VII.1.1

EXCEPTIO NON ADIMPLETI CONTRACTUS
Contrato Não Cumprido-Exceção: VII.1.1

EXCEPTIO NON RITE ADIMPLETI CONTRACTUS
Contrato Administrativo: VII.1.1
Cumprimento Parcial da Obrigação: VII.2
Obrigação: VII.2
Violação Positiva do Contrato-Cumprimento Defeituoso: VII.2

EXECUÇÃO
Inadimplemento Absoluto: VI.1
Interesse Processual: VII.10
Partes Legítimas: VII.10
Obrigação Alternativa: VII.10

EXECUÇÃO ESPECÍFICA
Obrigação de Fazer e Não Fazer: IV.11

EXECUÇÃO FISCAL
Extinção-Quitação da Dívida: VI.20

EXECUÇÃO FORÇADA
Credor e Devedor: I.2
Devedor: I.2; VII.9

EXECUÇÃO da OBRIGAÇÃO-NOÇÕES GERAIS SOBRE A FORMA: VI.1

EXECUÇÃO POR QUANTIA CERTA
Devedor Solvente: VI.18

EXTINÇÃO DO CONTRATO
Resolução: VI.2.4

EXTINÇÃO DA OBRIGAÇÃO E ADIMPLEMENTO
Anulabilidade-Negócio Jurídico: VI.2.2
Compensação: VI.15
Confirmação-Negócio Jurídico Anulável: VI.2.2.1
Confusão: VI.17
Consignação em Pagamento-Consignão: VI.10
Contrato-Revisão Judicial: VI.2.7
Conversão-Negócio Jurídico: VI.2.1.1
Cumprimento da Obrigação-Impedimento: VI.2
Desfazimento do Negócio: VI.2
Execução das Obrigações-Forma: VI.1
Extinção do Contrato-Resolução: VI.2.4
Extinção Recíproca da Obrigação-Compensação: VI.15
Forma como as Obrigações são Executadas-Noções Gerais: VI.1
Impedimento para o Cumprimento da Obrigação: VI.2
Inexistência do Negócio Jurídico: VI.2.1
Novação: VI.14
Nulidade do Negócio Jurídico: VI.2.1
Obrigações Sujeitas à Condição: VI.2.8

Onerosiade Excessiva-Negócio Jurídico: VI.2.6

Pagamento-A Quem Se Deve Pagar: VI.5

Pagamento-Consignação: VI.10

Pagamento-Dação: VI.13

Pagamento-Imputação: VI.12

Pagamento-Lugar: VI.7

Pagamento-Objeto: VI.6

Pagamento-Prova: VI.6

Pagamento-Quem Deve Pagar: VI.4

Pagamento-Sub-Rogação: VI.11

Pagamento- Tempo: VI.8

Prescrição Liberatória: VI.18

Quitação: VI.19

Quitação-Mediante Adesão: VI.20

Remissão de Dívida: VI.16

Rescisão-Negócio Jurídico: VI.2.5

Resilição-Negócio Jurídico Bilateral: VI.2.3

Resolução-Extinção do Contrato: VI.2.4

Revisão Judicial-Contrato: VI.2.7

Teoria da Base do Negócio: VI.2.6.2

Teoria da Imprevisão: VI.2.6.1

Vínculo Obrigacional-Patologias: VI.2

EXTINÇÃO DA OBRIGAÇÃO E INADIMIMPLEMENTO

Arras ou Sinal: VII.7

Caso Fortuito ou Força Maior: VII.8

Cláusula Penal: VII.24

Comissão de Permanência: VII.3.4

Contrato Não Cumprido-Exceção: VII.1.1

Cumprimento Defeituoso da Obrigação: VII.2

Dano: VII.5

Devedor-Execução Forçada: VII.9

Exceptio Non Adimpleti Contractus: VII.1.1

Exceptio Non Rite Adimpleti Contractus: VII.2

Execução-Partes Legítimas: VII.10

Execução Forçada do Devedor: VII.9

Inadimplemento Absoluto: VII.1

Inadimplemento Relativo: VII.1

Interpelação do Devedor: VII.3.2

Juros; VII.3.4; VII.6

Mora: VII.3

Mora-Credor: VII.3.3

Mora-Devedor nas Obrigações Positivas e Líquidas? VII.3.2

Mulcta Poenitencialis: VII.4.1

Multa Contratual: VII.3.4

Partes Legítimas para Execução: VII.10

Perdas e Danos: VII.5

Sinal: VII.7

Violação Positiva do Contrato-Cumprimento Defeituoso: VII.2

F

FAKTISCHE VERTRAGSVERHÄLTNISSE: II.9.1

FATO

Comissivo: VIII.1

Nexo de Causalidade Entre Fato e Dano: VIII.1

Obrigação: I.9
Omissivo: VIII.1

FATO JURÍDICO
Efeitos: III.3
Fonte de Obrigação: III.1
Involuntário: III.1
Lato Sensu: III.1
Natureza Jurídica: I.3.1
Objeto de Obrigações: I.3.1
Stricto Sensu: III.1
Voluntário: III.1

FENOMENOLOGIA DO DIREITO DE OBRIGAÇÕES
Relações Jurídicas: II.1.1
Situações Jurídicas Absolutas: II.1.1

FESTSETZENDES URTEIL: VI.2.6

FIANÇA
Ação de Cobrança-Fiador: VII.10
Contrato: IV.14
Novação: VI.14
Obrigação Acessória: IV.14

FONTES DE OBRIGAÇÕES: III.1

FONTES DE RESPONSABILIDADE CIVIL
Atividade-Conceito: III.12
Ato e Atividade: III.12

FORMA DE EXECUÇÃO DA OBRIGAÇÃO
Adimplemento da Obrigação: VI.1
Cumprimento da Obrigação: VI.1
Depósito: VI.1
Pagamento-Expressão: VI.1
Noções Gerais: VI.1
Satisfação da Prestação: VI.1

FORNECEDOR
Dever de Indenizar: VIII.1
Risco de Atividade: VIII.1

FRAUDE CONTRA CREDOR
Ação Pauliana: VII.5
Estado de Perigo: VI.2.2
Lesão: VI.2.2
Negócio Jurídico-Anulação: VII.5

FRAUDE DE EXECUÇÃO
Distinção-Alienação e Direito Litigioso: V.2.6
Ineficácia: V.2.6
Negócio Jurídico: V.2.6

FRUTO DA VONTADE
Negócio Jurídico: I.5

FUNÇÃO ECONÔMICA DO CONTRATO
Equilíbrio Patrimonial das Partes: VII.1.1

FUNÇÃO SOCIAL DO CONTRATO: II.9; II.12; III.5; VI.2.6; VIII.4
Cláusula Geral: III.5; VI.2.6; VI.2.7; VIII.4
Vide Também:
  CONTRATO

FUNGÍVEL
Dívida-Substituição pela Mesma Espécie: VI.15

G

GENERALKLAUSELN: II.6

GENUS NUNQUAM PERIT: VII.8

GESAMTAKTEN: III.8

GESCHÄFTSGRUNDLAGE: VI.2.6.2; VI.2.7

GLÄUBIGERSCHULD: II.17

HAFTUNGSVERHÄLTNISSE: II.17

HALTENSOLLEN: II.17

H

HIPOTECA
    Assunção da Dívida: V.3
    Cessão de Crédito: V.2.5
    Remissão: VI.16

HOMICÍDIO
    Indenização: VIII.8
    Reparação de Ordem Moral: VIII.8
    Reparação de Ordem Patrimonial: VIII.8

HONORÁRIO ADVOCATÍCIO
    Compensação: VI.15

I

ILÍCITO
    Ato Jurídico: III.1; III.2
    Contratual-Juros de Mora: VII.6
    Dano-Ato Ilícito: III.1
    Enriquecimento: V.2.1
    Indenização-Ato Ilícito: VII.6
    Penal: III.9

IMPOSTO DE RENDA
    Indenizabilidade do Dano Moral: VIII.8

IMPREVISÃO
    Revisão Contratual: II.5; VI.2.7
    Vide Também:
        TEORIA DA IMPREVISÃO

IMPUTAÇÃO
    Causa/Causado: VIII.2
    História: VIII.2
    Imputabilidade-Ato Ilícito Absoluto: VIII.3

IMPUTAÇÃO CIVIL
    Atropelamento-Veículo Automotor: VIII.1
    Dano: I.10.1; II.1.3; II.4; VIII.1; VIII.6
    Definição: VIII.1
    Devedor-Apreensão de Bens: VIII.6
    Direito Comparado: II.4
    Mais de Um Fato: VIII.1
    Objetiva: I.9
    Responsabilidade Civil: VIII.1; VIII.6
    Subjetiva: I.9
    Vide Também:
        PRINCÍPIO DA IMPUTAÇÃO CIVIL

IMPUTAÇÃO do PAGAMENTO
  Conceito: VI.12
  Mais de Um Vínculo Obrigacional: VI.12

IMPUTAÇÃO PENAL
  Prova-Responsabilidade: VIII.1

INADIMPLEMENTO
  Absoluto-Inadimplemento Irreversível: VII.1
  Cláusula Penal: VII.4
  Contratual-Dano Moral: VIII.8
  Execução Forçada-Inadimplemento do Devedor: VI.1
  Infração Contratual: VII.1
  Irreversível: VII.1
  Relativo: VII.1
  Reversível: VII.1

INADIMPLEMENTO E EXTINÇÃO DA OBRIGAÇÃO
  Arras ou Sinal: VII.7
  Caso Fortuito ou Força Maior: VII.8
  Cláusula Penal: VII.24
  Comissão de Permanência: VII.3.4
  Contrato Não Cumprido-Exceção: VII.1.1
  Cumprimento Defeituoso da Obrigação: VII.2
  Dano: VII.5
  Devedor-Execução Forçada: VII.9
  Exceptio Non Adimpleti Contractus: VII.1.1
  Exceptio Non Rite Adimpleti Contractus: VII.2
  Execução-Partes Legítimas: VII.10

Execução Forçada do Devedor: VII.9
Inadimplemento Absoluto: VI.1; VII.1
Inadimplemento Relativo: VI.1; VII.1
Interpelação do Devedor: VII.3.2
Juros; VII.3.4; VII.6
Mora: VII.3; VII.5
Mora-Credor: VII.3.3
Mora-Devedor nas Obrigações Positivas e Líquidas? VII.3.2
Mulcta Poenitencialis: VII.4.1
Multa Contratual: VII.3.4
Partes Legítimas para Execução: VII.10
Perdas e Danos: VII.5
Sinal: VII.7
Violação Positiva do Contrato-Cumprimento Defeituoso: VII.2

INCOTERMS
  Cláusula Comercial: II.9.1

INDENIZAÇÃO
  Acidente de Veículo: VIII.7
  Ato Ilícito: III.9; VII.6
  Caso Fortuito e Força Maior: VIII.1
  Condenação Criminal: VIII.1
  Cumulação de Pedidos: VIII.7
  Dano-Causa: VII.5
  Dano-Causado pelo Crime: VIII.1
  Dano-Existência: III.10
  Dano Material: VIII.7
  Dano Moral: III.11; VIII.1;VIII.7; VIII.8
  Dano Moral-Fixação do Valor: VIII.8

Dever de Indenizar: III.9; VIII.1; VIII.3
Direito do Prejudicado: VIII.3
Extensão do Dano: Cumulação de Pedidos: VIII.7
Homicídio: VIII.8
Lesão Corporal: VIII.1
Natureza: VIII.1
Nexo de Causalidade: III.10; VII.5; VIII.1
Obrigação de Indenizar: III.9
Ofensa: VIII.3
Plágio-Direito Autoral: VIII.7
Pretensão Indenizatória-Lesado: VIII.1
Responsabilidade Civil: VIII.1
Responsabilidade Objetiva: III.9
Risco de Atividade: VIII.1
Seguro Saúde-Dano Moral: VIII.8
Solidariedade: VIII.1
Suplementar: VII.5
Vício do Produto ou Serviço: VIII.1

INDENIZABILIDADE DO DANO MORAL: III.11; VIII.1;VIII.7; VIII.8
Correção Monetária: VIII.8
Dano Extrapatrimonial: VIII.8
Dano Material-Ato Ilícito: VIII.8
Imposto de Renda: VIII.8
Pensão por Morte: VIII.8
Tarifação: VIII.8

INDIVISIBILIDADE DA OBRIGAÇÃO
Conceito: IV.7

INQUÉRITO CIVIL
Controle Administrativo-Cláusula Contratual Geral: III.6.1

INTERDIÇÃO
Conceito: I.1.2

INTERESSE PROCESSUAL
Execução: VII.10

INTERPELAÇÃO DO DEVEDOR
Extrajudicial: VII.3.2
Mora: VII.3.1; VII.3.2

INTER VIVOS
Exemplos: V.2.1
Sucessão: V.1; V.2.1

INTRODUÇÃO AO PENSAMENTO DE DIREITO DAS OBRIGAÇÕES: I
Abrangência do Direito das Obrigações: I.2
Boa-Fé: I.6
Conduta Socialmente Típica: I.7
Cur Debetur(Romanos): I.4
Dever-Situação Jurídica: I.8.1
Dever Jurídico: I.3
Dever Moral: I.3
Objeto das Obrigações: I.10
Obligatio(Romanos): I.4
Obrigação-Sentido Amplo: I.8
Ônus-Situação Jurídica: I.8.1
Pacta Sunt Servanda: I.5; I.7
Patrimonialidade da Prestação-Objeto das Obrigações: I.10.1
Quid Debetur(Romanos): I.4
Preocupações Preliminares: I.1
Sentido Amplo-(Obrigação): I.8
Vontade: I.5; I.9
Vontade-Pressupostos Lógicos: I.9

ÍNDICE ALFABÉTICO-REMISSIVO | 343

J

JUROS
A Partir de Quando?: VII.6
Ação Previdenciária: VII.6
Atualização-Pagmento em Dinheiro: VII.5
Capitalização: VII.6
Compostos: VII.6
Conceito: VII.6
Contrato de Arrendamento Mercantil: VII.3.4
Contrato Bancário: VII.3.4; VII.6
Convencionais: VII.6
Definição: VII.6
Legais-Conceito: VII.6
Lei de Usura: VII.3.4; VII.6
Mora do Credor: VII.3.3
Moratórios: IV.13; VI.2.4; VII.3.3; VII.3.4; VII.5;VII.6
Moratórios-Benefício Previdenciário: VII.6
Moratórios-Citação: VII.6
Moratórios-Comissão de Permanência: VII.3.4
Moratórios-Contrato Bancário: VII.6
Moratórios-Natureza Jurídica da Responsabilidade: VII.6
Morátorios-Responsabilidade Extracontratual: VII.6
Moratórios Legais: VII.6
Remuneratórios: VII.3.4; VII.6
Remuneratórios-Comissão de Permanência: VII.3.4
Sistema Financeiro de Habitação: VII.6

Sobre Juros: VII.6
Spread Bancário: VII.6
Taxa de Juros Moratórios Legais: VII.6
Taxa de Juros Reais: VII.6
Vencidos-Capitalização: VII.6

JUROS COMPOSTOS
Capitalização: VII.6
Cobrança: VII.6
Indenização-Ato Ilícito: VII.6

JUROS DE MORA:
Conceito: VII.3.3
Legais: VII.6
Ofensor-Natureza Jurídica da Responsabilidade: VII.6
Responsabilidade Extracontratual: VII.6

L

LEISTENSOLLEN: II.17

LESÃO CORPORAL
Atropelamento: VIII.1
Indenização: VIII.1

LIBERDADE CIVIL DA PESSOA
Direito de Obrigações: I.1.1

LIQUIDAÇÃO POR ARTIGOS
Objeto: VIII.8

LIQUIDEZ DA OBRIGAÇÃO
Vide:
    OBRIGAÇÃO

LOCAÇÃO
Multa Penitencial: VII.4
Satisfação da Prestação: VI.1
Sub-Rogação: VI.11

LÓGICA JURÍDICA
Conceito: I.1.4

M

MASSENVERTRAGE: II.9.1

MEIO AMBIENTE
Dano-Responsabiliade Civil Objetiva: VIII.1
Poluidor-Pagador: VIII.1
Responsabilidade Civil: VIII.1
Vide Também:
    PROTEÇÃO AMBIENTAL

MINISTÉRIO PÚBLICO
Ação Civil Pública: VII.10
Ação de Execução: VII.10
Ação Popular: VII.10

MODALIDADES DAS OBRIGAÇÕES: IV
Arras: IV.13
Astreintes: IV.17
Classificação-Prestação em Relação ao Sujeito: IV.2
Cláusula Penal: IV.13
Condicional, a Termo e com Encargo: IV.12
Dar: IV.3; IV.4; IV.5
Dar Coisa Certa: IV.4
Exigibilidade da Prestação: IV.16

Fazer: IV.5
Fazer-Natureza Infungível: IV.5.1
Não Fazer: IV.5
Natureza Jurídica da Obrigação: IV.17
Obrigação Acessória: IV.14
Obrigação com Arras: IV.13
Obrigação com Cláusula Penal: IV.13
Obrigação Condicional, a Termo e com Encargo: IV.12
Obrigação Ilíquida: IV.15
Obrigação Líquida: IV.15
Obrigação Positiva: IV.15
Obrigação Principal: IV.14
Obrigação Pura: IV.12
Obrigação-Natureza Jurídica: IV.17
Obrigação-Prestação Pecuniária: IV.11
Prestação: IV.1
Prestação Alternativa: IV.6
Prestação Conjuntiva: IV.6
Prestação de Dar: IV.3
Prestação de Dar Coisa Certa: IV.4
Prestação de Dar Coisa Incerta: IV.4
Prestação Divisível: IV.7
Prestação Indivisível: IV.7
Prestação Pecuniária: IV.11
Prestação Solidária: IV.8
Prestação-Exigibilidade: IV.16
Prestação-Recusa: IV.16
Prestação-Relação ao Sujeito: IV.2
Recusa da Prestação: IV.16
Solidariedade Ativa: IV.9
Solidariedade Passiva: IV.10

MODIFICAÇÃO DO DIREITO
  Conceito: V.1

MOEDA
  Metálica: IV.11
  Valores: IV.11
  Vide Também:
    DINHEIRO

MORA
  Accipiendi: VI.5
  Alienação Fiduciária-Notificação: VII.3.2
  Atrazo-Conceito: VII.3
  Automática: IV.12; VII.3; VII.3.1
  Carta Postal AR: VII.3.2
  Cessação da Mora: VII.3
  Cláusula Penal: VII.4
  Cláusula Resolutória: VII.3
  Conceito: IV.12; VII.3; VII.3.1
  Conceito-Mora Automática: VII.3
  Consequências: IV.13
  Consumidor: VII.4
  Credenti: VI.5;
  Creditoris: VII.1.1; VII.3; VII.3.3
  Creditoris-Caracterização: VII.3.3
  Credor: VII.3.3
  Debitoris: VI.7; VII.1.1;VII.3; VII.3.1
  Definição: VII.3
  Devedor: IV.13; VII.3; VII.3.1;VII.6
  Devedor-Interpelação: VII.3.2
  Direito Comparado: VII.3
  Eficácia Liberatória-Mora do Credor: VII.4.3
  Elemento Objetivo: VII.3
  Ex Persona: VII.3

Ex Re: IV.12; VI.7; VII.3; VII.3.1; VII.6
Extinção da Mora: VII.3
Intercorrente: VII.3
Interpelação do Devedor: VII.3.1; VII.3.2
Juros Moratórios: IV.13; VII.3; VII.3.3. ; VII.3.4; VII.6
Juros Remuneratórios: VII.3.4
Não Cumprimento da Obrigação: VII.2
Notificação Extrajudicial: VII.3.2
Obrigação Líquida: VII.3; VII.3.1
Obrigação Negativa: VII.3
Obrigação Positiva: VII.3; VII.3.1
Perpetuatur: VII.3
Pluralidade de Devedores: VII.6
Restituição: VII.8
Solvendi: VI.7; VII.3
Taxa Selic: VII.6

MORA DO CREDOR
  Atualização do Pagamento: VII.3.3
  Conceito: III.16; VII.3.3
  Consignação em Pagamento: VII.3.3
  Correção Monetária: VII.3.3
  Eficácia Liberatória: VII.3.3
  Juros Convencionais: VII.3.3
  Mora *Accipiendi*: VII.3.2
  Mora *Creditoris*: VII.3.3

MORTIS CAUSA
  Sucessão: V.1

MUDANÇA DO TITULAR
  Situação Jurídica: V.1

Sucessão *Inter Vivos*: V.1
Sucessão *Mortis Causa*: V.1

MULTA
Cláusula Penal: VII.4
Contratual-Comissão de Permanência: VII.3.4
Diária: IV.11; IV.17
Fixação: IV.11
Locação: VII.4.1
Modificação: IV.11
Moratória-Contrato Bancário: VII.4
Mulcta Poenitencialis: VII.4.1
Penitencial: VII.4.1

MUTATE DEBITORE: VI.14

N

NEGÓCIO JURÍDICO
Ação Anulatória: VI.2.2
Anulabilidade: VI.2.2; VII.5
Anulável: VI.2.1
Bases: II.3
Bilateral: II.9; II.9.1; III.4; VI.2; VI.2.3
Causa Fundante de Obrigações: I.5
Cláusula Acessória: IV.12
Conceito: I.5
Condição Potestativa: VI.2.8
Confirmação: VI.2.2.1
Confirmação-Requisitos: VI.2.2.1
Conversão: VI.2.1
De Cessão: V.2.6
Desconstituição: VI.2.5

Desfazimento Sem o Devido Cumprimento: VI.2
Direito Romano: I.5
Efeitos: III.2.1
Eficácia: III.4; VI.2; VI.2.8
Ex Tunc: VI.14
Familiar: III.2
Fonte de Obrigação: III.1
Formação: III.4
Fraude de Execução: V.2.6
Fruto da Vontade: I.5
Ineficácia: II.3
Inexistência e Nulidade: VI.2.1
Invalidade-Modos: VI.2.1
Invalidade Absoluta: VI.2.1
Invalidade Relativa: VI.2.2
Inválido: VI.2.8
Modificação da Qualificação-Conversão: VI. 2.1.1
Mora-Pluralidade de Devedor: VII.6
Novação: VI.14
Nulidade: V.2.6; V.3; VI.2.1; VI.2.1.1
Obrigação Derivada do Negócio Jurídico: VI.2
Onerosidade Excessiva: VI.2.6
Pluralidade de Devedores: VII.6
Poder de Declarar: I.5
Prestação Alternativa: IV.6
Princípio da Boa-Fé: II.3
Quebra da Base Objetiva: VI.2.6.1; VI.2.6.2; VI.2.7
Ratificação: VI.2.2.1
Rescisão: VI.2.5
Resilição: VI.2.3
Teoria da Base do Negócio: VI.2.6.2

Teoria da Quebra da Base Objetiva: VI.2.6.1; VI.2.6.2; VI.2.7

Translativo: V.2.6

Unilateral: III.4; VI.2; VI.2.3

Validade: VI.2.8

Vício da Vontade: VI. 2.2

NEGÓCIO JURÍDICO BILATERAL

Conceito: II.9; II.9.1; III.4; VI.2; VI.2.3

Distinção-Contrato Bilateral: VII.1.1

Resilição: VI.2.3

Responsabilidade Contratual: VIII.3

NEGÓCIO JURÍDICO SUCEDÂNEO

Confirmação-Negócio Jurídico: VI.2.1

NEGÓCIO TRANSLATIVO

Nulidade: V.2.6

NEXO DE CAUSALIDADE

Conceito: VIII.1

Entre o Fato e o Dano: VIII.1

Indenização: III.10; VII.5; VIII.1

Responsabilidade Civil Extracontratual: VIII.3

Responsabilidade Civil Objetiva: VIII.1; VIII.5

Responsabilidade Civil Subjetiva: VIII.1

NOVAÇÃO

Assunção da Dívida: V.3

Aval-Não Faz Novação: VI.14

Definição: VI.14

Delegação: VI.14

Dívida: IV.9; V.3; VI.14

Dívida-Extinção: IV.9

Extinção da Obrigação: VI.14

Fiador: VI.14

Negócio Jurídico: VI.14

Nova Obrigação: VI.14

Obrigação Anterior: VI.14

Subjetiva Passiva: VII.10

Transformação da Obrigação: VI.14

NULIDADE

Cláusula Abusiva: VII.7

Negócio Jurídico: V.2.6; V.3; VI.2.1

NULLA EXECUTIO SINE TITULO: VII.10

O

OBJETO DA OBRIGAÇÃO

Conceito: I.10; II.1.2

Direito Romano: I.4

Elemento da Noção de Obrigação: II.1.2

Patrimonialiade da Prestação: I.10.1

Prestação: II.1.2; IV.1

OBLIGATIO

Romanos-Conceito: I.4

OBRIGAÇÃO

A Termo: IV.12; VII.3.2

Alternativa: IV.6

Certeza da Obrigação: VII.3

Com Encargo: IV.12

Como Processo: III.17

Conceito: II.2; II.5; IV.1

Cumprimento de Forma Defeituosa: VII.2
Cumprimento Parcial: VII.2; VII.6
De Dar: IV.1; IV.7; IV.15
De Fazer: IV.1; IV.5.1; IV.7
De Fazer-Natureza Infungível: IV.5.1
De gênero: IV.6
De Não Fazer: IV.1
Descumprimento: VII.1.1
Dever-Distinção: I.3.3
Direito Comercial: I.8
Direito Privado: I.8
Direito Público: I.8
Extranegocial: II.11
Fungibilidade: VI.15
Impedimento para o Cumprimento: VI.2
Inadimplemento: VII.1
Indivisível: IV.7
Infungibilidade: IV.5.1
Liquidez: VII.3; VII.3.1
Modal: IV.12
Natural: II.8
Natureza Jurídica: IV.17
Novação: VI.14
Objeto: II.1.2; IV.1; IV.6; IV.15
Periódica: IV.6
Positiva: IV.15; VII.3.1
Pura: IV.12
Sentido Amplo: I.8

OBRIGAÇÃO ALTERNATIVA
Conceito: IV.6
Distinção-Obrigação de Gênero: IV.6
Objeto: IV.6
Periódica: IV.6

OBRIGAÇÃO ACESSÓRIA
Cláusula Penal: IV.13
Conceito: IV.14
Dever Acessório: III.14

OBRIGAÇÃO CIVIL
Distinção-Obrigação Natural: IV.8

OBRIGAÇÃO CONDICIONAL
Conceito: IV.12
Resolutiva: IV.12
Suspensiva: IV.12

OBRIGAÇÃO DE DAR
Conceito: IV.1; IV.7
Divisível: IV.7
Indivisível: IV.7
Obrigação Positiva: IV.15

OBRIGAÇÃO DE FAZER
Conceito: IV.1; IV.5.1; IV.7
Divisível: IV.7
Indivisível: IV.7
Obrigação Positiva: IV.16

OBRIGAÇÃO DE INDENIZAR: III.9; VIII.1
Vide Também:
    DEVER DE INDENIZAR

OBRIGAÇÃO ILÍQUIDA
Conceito: IV.15

OBRIGAÇÃO *IN REM SCRIPTAE*
Conceito: III.18

OBRIGAÇÃO JURÍDICA
Conceito: I.3.1

Dever-Distinção: I.3.3
Dever Moral-Distinção: I.1.4
Valoração: I.3.1

OBRIGAÇÃO LÍQUIDA
Conceito: IV.15; VII.3.1

OBRIGAÇÃO LÍQUIDA E CERTA
Inadimplência do Devedor: VII.9

OBRIGAÇÃO MODAL
Conceito: IV.12

OBRIGAÇÃO NATURAL
Credor: II.8
Devedor: II.8
Direito Comparado: II.8
Distinção-Obrigação Civil: III.2

OBRIGAÇÃO POSITIVA
Conceito: IV.15
Mora do Devedor: VII.3.1
Obrigação de Dar: IV.15
Obrigação de Fazer: IV.15

OBRIGAÇÃO PRINCIPAL
Conceito: IV.14

OBRIGAÇÃO PURA
Conceito: IV.12

OBRIGAÇÃO DE RESULTADO: VIII.1; VIII.5

OBRIGAÇÃO SOLIDÁRIA
Conceito: IV.8
Devedor Solidário: IV.10
Morte do Devedor: VII.10
Objeto: IV.10

OBRIGAÇÕES COM ARRAS
Conceito: IV.13

OBRIGAÇÕES COM CLÁUSULA PENAL
Conceito: IV.13

OBRIGAÇÕES EM GERAL
Adimplemento e Extinção das Obrigações: VI
Inadimplemento e Extinção das Obrigações: VII
Modalidades das Obrigações: IV
Transmissão das Obrigações: V

OBRIGAÇÕES *IN REM SCRIPTAE*
Acção *ad Exhibedum*: III.18
Acção Pauliana ou Revocatoria: III.18
Conceito: III.18
Quod Metus Causa: III.18

OBRIGAÇÕES *OB REM*: III.19
Causa da Obrigação Pessoal-Possuidor: III.19
Conceito: III.19
Crédito/Débito-Relação: III.19

OBRIGAÇÕES *PROPTER REM*: III.19
Ato de Informar: III.19
Caráter Pecuniário: III.19
Causa Real-Obrigações *Propter Ren*: III.19
Conceito: III.19
Despesas Condominiais-Exemplo: III.19
Dever de Causa Real: III.19,
Deveres Jurídico de Causa Real: III.19

Ônus Reais-Obrigações *Propter Ren*: III.19

Taxatividade das Obrigações: III.19

OBRIGAÇÕES SUJEITAS À CONDIÇÃO
Conceito: VI.2.8
Prestações-Tempo para Cumprimento: VI.2.8

OFENSA
Abuso do Direito: VIII.3
Bons Costumes: VIII.3
Desatendimento à Boa-Fé: VIII.3
Desrespeito: VIII.3
Direitos de Outrem: VIII.3
Vide Também:
INDENIZAÇÃO

ONEROSIDADE EXCESSIVA
Devedor: VI.2.6
Prestação: VI.2.6

ÔNUS
De Atividade-Responsabilidade: VIII.5
Dever-Distinção: I.8.1

ÔNUS DA PROVA
Contrato Não Cumprido: VII.1.1

OPERAÇÃO JURÍDICA
Ato Jurídico em Sentido Estrito: III.13.1
Direitos do Autor: III.13.2

OPFERGRENZE: IV.16

ORDEM PÚBLICA
Desrespeito: VIII.3

P

PACTA SUNT SERVANDA: I.5; I.7

PAGAMENTO
A Quem Se Deve Pagar: VI.5
Atualização do Depósito: VI.10.2
Consignação: VI.1; VI.10
Credor: VI.4
Credor Incapaz: VI.4
Credor Putativo: VI.4
Dação: VI.13
Depositário-Responsabilidade: VI.10.2
Depósito: VI.1
Depósito Insuficiente: VI.10.1
Devedor: VI.3
Dinheiro: VII.5
Expressão: VI.1
Imputação: VI.12
Lugar: VI.7
Modalidade-Dação em Pagamento: VI.13
Objeto: VI.6
Parcial: VII.6
Prova: VI.6
Quantia em Dinheiro: IV.11
Quem Deve Pagar: VI.4
Quitação: VI.4
Quitação pelo Credor: VI.4
Ratificação pelo Credor: VI.4
Responsabiliade do Depositário: VI.10.2
Sub-Rogação: VI.11
Tempo: VI.8

Validade: VI.4

Valor Total da Dívida: VI.1

PAGAMENTO EM SUB-ROGAÇÃO

Cessão de Crédito: VI.11

Liberação do Devedor: VI.11

PAGAMENTO INDEVIDO

Caracterização: III.11

PARTE I – TEORIA GERAL DO DIREITO DE OBRIGAÇÕES

Introdução ao Pensamento de Direito de Obrigações: I

Pressupostos Lógicos para a Compreensão da Estrutura Axiológica do

Direito de Obrigações: II

Sistematização do Direito de Obrigações: III

PARTE II – OBRIGAÇÕES EM GERAL

Adimplemento das Obrigações: VI

Extinção das Obrigações: VI; VII

Inadimplemento: VII

Modalidade das Obrigações: IV

Transmissão das Obrigações: V

PARTE III – SISTEMA DE RESPONSABILIDADE CIVIL

Teoria Geral de Responsabilidade Civil: VIII

PARTES

Conceito: VII.10

Descumprimento das Obrigações: VIII.3

Interesse Processual: VII.10

Legítimas para Execução: VII.10

Ministério Público: VII.10

Responsabilidade Contratual: VIII.3

Réus em Ação de Execução: VII.10

PATRIMÔNIO

Ativo: I.10.1

Conceito: I.10.1

Dano: VIII.7

Dano-Perda de Uma Chance: VIII.1

Dano Moral: I.10.1

Definição: I.10.1

Devedor: II.15; VI.1

Devedor-Limites: II.4

Lesão-Responsabilidade: VIII.1

Líquido: I.10.1

Mínimo: II.4

Moral: I.10.1

Passivo: I.10.1

Poder do Credor: II.1.3

Satisfação do Crédito: VI.1

PENHORA

Alienação de Bem Penhorado: V.2.6

Cessão-Declaração de Ineficácia: V.2.6

Cessão de Crédito: V.2.5

Finalidade: V.2.6

PERDA DE UMA CHANCE

Dano Material-Indenização: VIII.1

Dano Moral-Grau de Culpa do Agente: VIII.1

Dano Patrimonial: VIII.1

Responsabilidade Civil: VIII.1

PERDAS E DANOS

Atualização-Pagmento em Dinheiro: VII.5

Boa-Fé: VII.5
Causa do Dano-Conceito: VII.5
Contrato-Descumprimento: VII.5
Contrato-Revisão: VII.5
Descumprimento de Contrato: VII.5
Devedor-Responsabilidade: VII.9
Indenização-Causa do Dano: VII.5
Lucros Cessantes: VII.5
Nexo de Causalidade: VII.5
Prejuízos Efetivos: VII.5
Responsabilidade Civil: VIII.1
Revisão de Contrato: VII.5
Teoria do Dano Direto e Imediato: VII.5

PESSOA FÍSICA
Declaração de Vontade: III.2

PESSOA JURÍDICA
Dano Moral: VIII.7
Declaração de Vontade: III.2
Direito Público: III.2

PLÁGIO
Direito Autoral: VIII.7
Indenização: VIII.7

PODER DE CAUTELA GERAL
Pensão Mensal: VIII.8

PODER DO CREDOR
Patrimônio do Devedor: II.1.3

POSIÇÃO CONTRATUAL
Credor: III.16
Devedor: III.16
Vínculo Obrigacional: III.16

PRAZO
Conceito: IV.12
Cumprimento da Obrigação-Data Certa: VII.3.2
Decadencial-Anulidade do Negócio Jurídico: VI.2.2.
Distinção-Termo: IV.12
Prescricional: IV.15; VI.2.7; VI.18

PRESCRIÇÃO
Causa Extintiva do Direito: VI.18
Citação-Interrupção da Prescrição: VI.18
Conceito: VI.18
Distinção-Decadência: VI.18
Interpretação da Prescrição: VI.18
Interrupção: VI.18
Prazo Prescricional: IV.15; VI.2.7; VI.18

PRESCRIÇÃO LIBERATÓRIA
Devedor-Excussão do Patrimônio: VI.18
Interrução: VI.18

PRESSUPOSTO LÓGICO-OBRIGAÇÕES
Fato: I.9
Vontade: I.9

PRESTAÇÃO
Acessoriedade: IV.14
Alternativa: IV.6
Classificação da Obrigação-Prestação em Relação ao Sujeito: IV.2
Cobrança-Direito do Credor: VI.2
Conceito: II.1.2; IV.3

Conceito-Prestação de Dar: IV.3; IV.5

Conceito-Prestação de Dar Coisa Certa: IV.4

Conceito-Prestação de Dar Coisa Incerta: IV.4

Conceito-Prestação de Fazer e Não Fazer: IV.5

Cumprimento: VII.1.1

Cunho Indenizatório: II.1.2

Conjuntiva: IV.6

Dar: I.10; II.1.2; IV.1; IV.3; IV.4; VII.3; VIII.3

Dar Coisa Certa: IV.4

Dar Coisa Incerta: IV.4

Devida: I.10

Direito Romano: I.10,

Distinção-Prestações Solidárias e Indivisíveis: IV.7

Divisível: IV.7

Espécies: VII.3

Exigibilidade: IV.16

Fazer: I.10; II.1.2; IV.1; IV.5; VII.3; VIII.3

Impossibilidade: II.3

Indivisível: IV.7

Institutas: I.10

Modal-Conceito: IV.12

Modalidade das Obrigações: IV.1

Mora: VII.3; VII.3.1

Não Fazer: IV.1; IV.5; VII.3; VIII.3

Negativa-Impossibilidade: VII.3

Negócio Jurídico-Prestação Alternativa: IV.6

Objeto da Obrigação: II.1.2; IV.1

Onerosidade Excessiva: VI.2.6

Pecuniária: IV.11

Patrimonialidade: I.10.1

Pluralidade: IV.6

Princípio da Proporcionalidade: II.12; II.18; VI.2.6

Proporcionalidade: II.12; II.18; VI.2.6

Recusa: IV.16

Relação ao Sujeito-Classificação das Obrigações: IV.2

Satisfação da Prestação: VI.1

Solidária: IV.7; IV.8

Suspensão da Exigibilidade: VII.1.1

Vínculo Obrigacional: IV.5

PRESTAÇÃO PECUNIÁRIA

Cláusula Penal: IV.11

Dinheiro: IV.11

Obrigação: IV.11

PRESTAÇÃO RECÍPROCA

Contrato-Direito Comparado: V.4

PRESTAÇÃO SOLIDÁRIA

Conceito-Obrigação Solidária: IV.8

PRETENSÃO DE DIREITO MATERIAL

Prescrição-Causa Extintiva: VI.18

PRETENSÃO PROCESSUAL

Cumprimento da Sentença: VII.10

PRINCÍPIO DA AUTONOMIA DA VONTADE

Contrato: III.5

Efeitos: I.5

Nova Maneira de Ver: II.9.1

Princípio da Dignidade da Pessoa Humana: II.9

PRINCÍPIO DA AUTONOMIA
PRIVADA
Conceito: II.9
Negócio Jurídico: I.5
Obrigação Extranegocial: II.11
Vínculo Obrigacional: II.11

PRINCÍPIO DA BOA-FÉ
Conceito: I.6
Contrato: II.6
Negócio Jurídico: II.3
Objetiva: II.3; II.11
Vide Também:
BOA-FÉ

PRINCÍPIO DA DIGNIDADE
HUMANA: II.9; II.12

PRINCÍPIO DA EXCUSSÃO MENOS
GRAVOSA
Devedor: II.13

PRINCÍPIO DA IMPUTAÇÃO CIVIL
Dno: II.1.3; II.4

PRINCÍPIO DA INDEPENDÊNCIA
DAS RESPONSABILIDADES: VIII.1

PRINCÍPIO DA PRECAUÇÃO
Poluidor-Pagador: VIII.1
Proteção Ambiental: VIII.1

PRINCÍPIO DA PROBIDADE
Contrato: II.6

PRINCÍPIO DA
PROPORCIONALIDADE
Prestação: II.12; II.18

Princípio da Dignidade Humana:
II.12
Vínculo Obrigacional: II.14

PRINCÍPIO DA SOLIDARIEDADE
SOCIAL: II.7; II.11; II.12

PROCESSO CAUTELAR
Caução: VII.10

PROCESSO OBRIGACIONAL
Obrigação como Processo: III.17

PROFISSIONAL LIBERAL
Responsabilidade Civil Subjetiva:
VIII.1

PROPORCIONALIDADE
Vide:
PRINCÍPIO DA
PROPORCIONALIDADE

PROPRIEDADE
Desapropriação Indireta: IV.6
Transferência: V.2.6

PROTEÇÃO AMBIENTAL
Poluidor-Pagador: VIII.1

PROTESTO
Alienação de Bens: VII.3.2

PROVA
Cessão de Crédito: V.2.1
Culpa-Direito Penal: VIII.1
Dano Moral: VIII.7
Ônus da Prova-Contrato Não
Cumprido: VII.1.1
Quitação: VI.19

Q

QUASE NEGÓCIO JURÍDICO
Ato Jurídico em Sentido Estrito: III.13.1
Expressão: III.13.1

QUEM DEVE PAGAR
Cumprimento da Obrigação: VI.3; VI.4
Pagamento-Ratificação pelo Credor: VI.4

QUEM SE DEVE PAGAR (A): VI.5

QUID DEBETUR
Direito Romano-Conceito: I.4
Prestação Devida: I.9; IV.1; IV.6

QUITAÇÃO
Consequência da Quitação: VI.20
Contrato de Compra e Venda: VI.19
Demissão Voluntária: VI.19
Direito do Devedor: VI.19
Extravio de Título: VI.19
Forma: VI.19
Mediante Adesão: VI.20
Prova: VI.19
Sem Reserva de Juros: VI.19
Tardia: VI.20
Vínculo Obrigacional: VI.19

RATIFICAÇÃO
Distinção-Confirmação: VI.2.2.1
Negócio Jurídico: VI.2.2.1

R

RECHTSERFOLGSWILLE: III.2.1

RECIPROCIDADE
Dívida: VI.15

RECUSA DA PRESTAÇÃO
Credor: IV.16

RELAÇÃO CONTRATUAL
Locação: VI.11

RELAÇÃO DE CONSUMO
Cláusula Penal: VII.4
Consumidor: II.6; III.16
Elementos: VI.2.6
Jurídica: VI.2.6
Reparação de Danos: VIII.7
Responsabilidade Civil: VIII.1

RELAÇÃO JURÍDICA OBRIGACIONAL
Conceito: I.1.3
Elementos: II.1.2
Objeto: I.8.1
Objeto do Contrato: I.5
Sujeitos: I.8.1

RELAÇÃO JURÍDICA PATRIMONIAL
Bens-Natureza Econômica: I.10.1

REMISSÃO DE DÍVIDA
Definição: VI.16
Hipotéca: VI.16
Inadimplemento do Devedor: VI.1
Renúncia: VI.16

RENÚNCIA
Vide:
REMISSÃO

RESCISÃO
    Conceito: VI.2.5
    Contrato: VII.7
    Contrato Aleatório: VI.2.6
    Negócio Jurídico: VI.2.5

RESILIÇÃO
    Denúncia-Resilição Unilateral: VI.2.3
    Negócio Jurídico Bilateral: VI.2.3
    Unilateral: VI.2.3

RESOLUÇÃO
    Extinção do Contrato: VI.2.4
    Distinção-Rescisão de Negócio Jurídico: VI.2.4
    Negócio Jurídico: VI.2.4

RESPONSABILIDADE
    Apuração: III.9
    Contratual: III.9; VIII.3
    Culpa: III.9
    Depositário-Atualização do Depósito: VI.10.2
    Dívida: II.15
    Dívida-Direito Germânico: II.16
    Extracontratual: III.9; VIII.3
    Imputação Civil: VIII.1; VIII.6
    Indenizabilidade: VIII.7
    Médico-Morte da Paciente: VIII.1
    Médico-Presunção de Culpa: VIII.5
    Objetiva: VIII.1;VIII.5
    Pós-Contratual: VIII.4
    Pré-Contratual: II.17; VIII.4
    Risco de Atividade: III.9
    Subjetiva: VIII.1;VIII.5

Teoria da Causalidade Adequada: III.9
Teoria da Equivalência: III.9

RESPONSABILIDADE AQUILIANA
    Indenização Suplementar: VII.5
    Responsabilidade Civil Extracontratual: VIII.3

RESPONSABILIDADE CIVIL
    Administração Publica: VIII.1
    Ato e Atividade como Fontes: III.12
    Dano Ambiental: VIII.1
    Dano Contratual: VIII.1
    Dano à Pessoa-Imputação Civil: III.9
    Direito Germânico: II.16
    Imputação Civil: III.9; VIII.1; VIII.6
    Meio Ambiente: VIII.1
    Objetiva: II.1.2; II.12; III.9; III.10; VIII.1
    Objetiva-Hipóteses: VIII.1
    Perda de Uma Chance: VIII.1
    Perdas e Danos: VIII.1
    Política Nacional do Meio Ambiente: VIII.1
    Relações de Consumo: VIII.1
    Subjetiva: II.1.2; III.10; VIII.1
    Subjetiva-Hipóteses: VIII.1
    Vide Também:
        SISTEMA DE RESPONSABILIDADE CIVIL

RESPONSABILIDADE CIVIL-TEORIA GERAL
    Dano Material: VIII.7
    Dano Moral: VIII-106
    Dano Moral-Tarifa da Indenizabilidade: VIII.8

Ideia Anterior a Imputação: VIII.2

Relação Potencial de Causa/
Causado: VIII.2

Responsabilidade-Imputação Civil:
VIII.6

Responsabilidade-Indenizabilidade:
VIII.7

Responsabilidade Contratual: VIII.3

Responsabilidade Extracontratual:
VIII.3

Responsabilidade Objetiva: VIII.5

Responsabilidade Pós-Contratual:
VIII.4

Responsabilidade Pré-Contratual:
VIII.4

Responsabilidade Subjetiva: VIII.5

Teoria Geral do Direito Privado:
VIII.1

RESPONSABILIDADE CIVIL
CONTRATUAL: III.9, VIII.3

Conceito: VIII.3

Distinção-Extracontratual: VIII.3

Pós-Contratual: VIII.3; VIII.4

Pré-Contratual: VIII.3; VIII.4

RESPONSABILIDADE CIVIL
EXTRACONTRATUAL

Ato Comissivo por Omissão: VIII.3

Ato Ilícito Absoluto: VIII.3

Cláusulas Gerais: VIII.3

Conceito: VIII.1; VIII.3

Critério Objetivo: VIII.1

Critério Subjetivo: VIII.1

Dano Material: VIII.3

Dano Moral: VIII.3

Distinção-Contratual: VIII.3

Juros de Mora: VII.6

Onerosidade Excessiva: VI.2.6

Responsabilidade Aquiliana: VIII.3

Solidariedade: VIII.1; VIII.3

RESPONSABILIDADE CIVIL
OBJETIVA: II.1.2; II.12; III.9; III.10
VIII.1; VIII.5

Animal-Dono ou Detentor: VIII.5

Cadastro-Devedor Inadimplente:
VIII.5

Caso Fortuito e Força Maior: VIII.1

Conceito: VIII.1;

Dano: VIII.1

Dano Ambiental-Risco de Atividade:
VIII.1

Devedor Inadimplente-Cadastro:
VIII.5

Dever de Indenizar: VIII.1

Excludentes: VIII.5

Fato da Coisa: VIII.5

Hipótese: VIII.1

Lides Acidentárias: VIII.5

Negócio Jurídico-Base Objetiva:
VIII.1

Nexo de Causalidade: VIII.1; VIII.5

Obrigação de Resultado: VIII.5

Procedimento Cirúrgico-Fins
Estético: VIII.5

Profissional da Saúde-Guarda da
Coisa: VIII.5

Relações de Consumo: VIII.1

Responsabilidade Contratual: VIII.1;
VIII.3

Responsabilidade Extracontratual:
VIII.1; VIII.3

Risco de Atividade: VIII.1; VIII.5;VIII.8

Sistema Subsidiário do Código Civil: VIII.1

Transporte Aéreo-Cortesia: VIII.5

RESPONSABILIDADE CIVIL PÓS-CONTRATUAL: VIII.3; VIII.4

RESPONSABILIDADE CIVIL PRÉ-CONTRATUAL: VIII.3; VIII.4

Fatos Anteriores-Celebração do Contrato: VIII.4

Tratativas Preliminares: VIII.4

RESPONSABILIDADE CIVIL SUBJETIVA: II.1.2; III.10; VIII.1; VIII.5

VIII.7

Ato Ilícito: VIII.7

Culpa *Lato Sensu*: VIII.1

Dano: VIII.1

Dano Contratual: VIII.1

Dever de Indenizar: VIII.1; VIII.7

Negócio Jurídico-Base Subjetiva: VIII.1

Nexo de Causalidade: VIII.1

Profissional Liberal: VIII.1

Responsabilidade Civil Contratual: VIII.3

Responsabilidade Civil Extracontratual: VIII.3

Sistema Geral do Código Civil? VIII.1

RESPONSABILIDADE E INDENIZABILIDADE

Dano Material: VIII.7

Dano Moral: VIII.7

Indenização-Cumulação: VIII.7

REVISÃO DO CONTRATO

Imprevisão: II.5, VI.2.7

Perdas e Danos: VII.5

Revisão Judicial: I.7; VI.2.7

Vide Também:

CONTRATO

REVISÃO CRIMINAL

Autoria do Fato: VIII.1

Título Excetivo Judicial Penal: VIII.1

RISCO DE ATIVIDADE

Causa/Causado: VIII.2

Culpa: VIII.2

Dever de Indenizar: VIII.1

Direito Comparado: VIII.1

Fornecedor: VIII.1

Responsabilidade: VIII.2

Responsabilidade Objetiva: VIII.1; VIII.5;VIII.8

RÜCKGRIFFSANSPRUCH: IV.10

S

SCHULDNERSCHULD: II.17

SCHULDÜBERNAHME: V.3

SANÇÃO CUMULATIVA

Independência das Responsabilidades: VIII.1

SATISFAÇÃO DA PRESTAÇÃO

Vide:

PRESTAÇÃO

ÍNDICE ALFABÉTICO-REMISSIVO | 359

SEGURO SAÚDE
  Dano Moral: VIII.8

SENTENÇA PENAL
  Condenatória: VIII.1
  Justiça Civil: VIII.1

SENTIDO AMPLO DA OBRIGAÇÃO
  Conceito: I.8

SINAL
  Devolução-Cláusula de Arrependimento: VII.7
  Garantia do Negócio: VII.7
  Valor-Confirmação do Negócio: VII.7

SISTEMA DE DIREITO
  Significado: II.1

SISTEMA DE DIREITO DAS OBRIGAÇÕES: II.1; II.1.1
  Estrutura Objetiva: II.1.1
  Estrutura Subjetiva: II.1.1

SISTEMA DE RESPONSABILIDADE CIVIL: III.10
  Dano-Reparação: VIII.1
  Denominação: VIII.1
  Elementos da Noção de Obrigação: II.1.2
  Indenização: VIII.1
  Microssistema do Direito Civil: VIII.1
  Objetiva: VIII.1
  Pretensão Indenizatória-Lesado: VIII.1
  Subjetiva: VIII.1

Teoria Geral de Responsabilidade Civil: VII
Vide Também:
  RESPONSABILIDADE CIVIL

SISTEMA FINANCEIRO ECONÔMICO
  Direito de Obrigações: II.19

SISTEMA FINANCEIRO DE HABITAÇÃO
  Juros: VII.6

SISTEMATIZAÇÃO DO DIREITO DE OBRIGAÇÕES: III
  Atividade-Responsabilidade Civil: III.12
  Ato-Responsabilidade Civil: III.12
  Ato Ilícito Civil: III.9
  Ato Lícito: III.13
  Ato Jurídico-Sentido Amplo: III.13
  Cláusulas Contratuais-Controle: III.6.1
  Cláusulas Contratuais Gerais: III.6
  Cláusulas Predispostas Unilateralmente: III.7
  Conclusão da Autora: III.19
  Condição Geral do Contrato: III.6
  Contrato: III.5
  Contrato de Adesão: III.7
  Contrato de Massa: III.7
  Declaração de Vontade: III.2
  Declaração Unilateral de Vontade: III.8
  Dever Acessório: III.14
  Direitos de Formção: III.15
  Enriquecimento Sem Causa: III.11
  Fato Jurídico: III.1

Fato Jurídico-Efeitos: III.3
Fontes de Obrigações: III.1
Função Social do Contrato: III.5
Gestão de Negócios: III.13.1
Negócio Jurídico: III.1; III.4
Negotiorum Gestio: III.13.1.
Obrigação como Processo: III.17
Obrigações *In Rem Scriptae*: III.18
Obrigações *Ob Rem e Propter Rem*: III.19
Operações Jurídicas: III.13.2
Pagamento Indevido: III.11
Pessoa Física-Declaração de Vontade: III.2
Pessoa Jurídica-Declaração de Vontade: III.2
Posição Contratual: III.16
Quase Negócio Jurídico: III.13.1
Responsabilidade Civil-Ato e Atividades: III.12
Responsabilidade Civil-Sistemas: III.11
Sistemas de Responsabilidade Civil: III.11
Vontade-Declaração: III.2
Vontade-Declaração Unilateral: III.8
Vontade de Efeitos Jurídicos: III.2.1

SITUAÇÃO JURÍDICA
Absoluta: I.1.3; I.8.1; I.9; II.1.2
Analítica: I.1.3
Ativa: I.1.3
Classificação: I.1.3
Complexa: I.1.3
Compreensiva: I.1.3
Conceito: I.1.3

Direito Obrigacional: I.6; I.8.1; I.9
Mudança do Titular: V.1
Passiva: I.1.3
Patrimonial: I.1.3
Plurissubjetiva: I.1.3
Relativa: I.1.3,; I.8.1; I.9
Simples: I.1.3
Titular-Mudança: V.1
Titularidade: V.1
Unissubjetiva: I.1.3

SOLIDARIEDADE
Ativa: IV.8; IV.9
Ativa-Conceito: IV.9
Classificação das Obrigações: IV.6
Credor: IV.9
Indenização: VIII.1
Passiva: IV.8; IV.10
Prestação: IV.11
Princípio da Solidariedade Social: II.7; II.11; II.12
Responsabilidade Civil Extracontratual: VIII.1;VIII.3
Vide Também:
PRESTAÇÃO SOLIDÁRIA

SOLIDARIEDADE ATIVA
Conceito: IV.8; IV.9
Contrato: IV.9
Devedor: IV.9; IV.10
Elementos para Constituição: IV.9
Modalidade de Obrigação: IV.9

SOLIDARIEDADE PASSIVA
Conceito: IV.8; IV.10
Credor-Garantia: IV.10

ÍNDICE ALFABÉTICO-REMISSIVO | 361

Função: IV.10

SPREAD BANCÁRIO
Diferença de Juros: VII.6

SUB-ROGAÇÃO
Conceito: VI.11
Hipótese Legal: VI.11
Pagamento: VI.11

SUBSTITUIÇÃO PROCESSUAL
Cessionário: V.2.6

SUCESSÃO
Aberta: V.2.1
Cessão de Direitos Hereditários: V.2.1
Inter Vivos: V.1; V.2.1
Mortis Causa: V.1
Singular: VI.17
Título Singular: V.1
Universal: V.1

SUCESSÃO *INTER VIVOS*
Assunção de Dívida: V.2.1
Cessão de Crédito: V.2.1
Conceito: V.1; V.2.1

T

TAXA SELIC
Correção Monetária: VII.6
Criação: VII.6
Juros: VII.6
Imposto de Renda-Pessoa Jurídica: VII.6

Inaplicabilidade: VII.6
Regulamentação: VII.6

TEORIA DA BASE DO NEGÓCIO
Conceitos: VI.2.6.2
Quebra da Base: VI.2.6.2
Vide Também:
  NEGÓCIO JURÍDICO

TEORIA DA CAUSALIDADE ADEQUADA
Conceito: III.9; VIII.2
Direito Comparado: VIII.2
Responsabilidade: III.9

TEORIA DAS COISAS FUNGÍVEIS: VII.8

TEORIA DA CULPA
Responsabilidade Subjetiva: VIII.1

TEORIA DO DANO
Direto e Imdiato: VII.5
Conceito: VII.5
Vide Também:
  PERDAS E DANOS

TEORIA DA EQUIVALÊNCIA
Causal: VIII.2
Responsabilidade: III.9; VIII.2

TEORIA DA IMPREVISÃO
Abrangência: VI.2.6.1
Contrato: II.3; II.5; VI.2.6.1
Negócio Jurídico: VI.2.6.1
Revisão Contratual: II.5, VI.2.7

TEORIA DO NEGÓCIO JURÍDICO
Cláusula Geral de Boa-Fé: VIII.4

Função Social do Contrato: VIII.4

TOEIRA DA PERDA DE UMA CHANCE
Redução da Indenização: VIII.1

TEORIA DA QUEBRA DA BASE OBJETIVA
Negócio Jurídico: VI.2.6.1; VI.2.7

TEORIA DO RISCO
Atividade: VIII.1
Responsabilidade Civil Objetiva: III.10; VIII.1

TEORIA GERAL DO DIREITO
Cumprimento da Palavra: I.3.2

TEORIA GERAL DO DIREITO DE OBRIGAÇÕES
Introdução ao Pensamento de Direito de Obrigações: I
Pressupostos Lógicos para a Compreensão da Estrutura Axiológicas do
Direito das Obrigações: II
Sistematização do Direito de Obrigações: III

TEORIA GERAL DO DIREITO PRIVADO
Responsabilidade Civil: VIII.1

TEORIA GERAL DA RESPONSABILIDADE CIVIL: VIII
Dano Material: VIII.7
Dano Moral: VIII.7
Dano Moral-Tarifa da Indenizabilidade: VIII.8
Ideia Anterior a Imputação: VIII.2
Indenizabilidade: VIII.7

Relação Potencial de Causa/Causado: VIII.2
Responsabilidade-Imputação Civil: VIII.6
Responsabilidade-Indenizabilidade: VIII.7
Responsabilidade Contratual: VIII.3
Responsabilidade Extracontratual: VIII.3
Responsabilidade Objetiva: VIII.5
Responsabiliade Pós-Contratual: VIII.4
Responsabilidade Pré-Contratual: VIII.4
Responsabilidade Subjetiva: VIII.5
Teoria Geral do Direito Privado: VIII.1

TERMO
Certo-Obrigação: IV.12
Conceito: IV.12
Definições: IV.12
Determinado: IV.12
Distinção-Prazo: IV.12
Indeterminado: IV.12
Inicial: IV.12
Expressão "No Seu Termo": IV.12
Obrigação a Termo-Conceito: IV.12

TITULARIDADE DE SITUAÇÃO JURÍDICA
Alteração: V.1

TÍTULO DE CRÉDITO
Endosso: V.2.2

TÍTULO EXECUTIVO
Cumprimento Voluntário: VI.1

Extrajudicial: VII.9; VII.10
Extrajudicial-Execução: VII.10
Judicial: VII.9
Judicial Penal: VIII.1

TRANSFORMAÇÃO DA OBRIGAÇÃO
Novação: VI.14

TRANSMISSÃO DA DÍVIDA
Conceito: V.3

TRANSMISSÃO DAS OBRIGAÇÕES: V
Assunção de Dívida: V.3
Assunção de Dívida-Delegação: V.3.1
Assunção de Dívida-Estipulação em Favor de Terceiro: V.3.3
Assunção de Dívida-Expromissão: V.3.3
Assunção de Dívida-Modalidades: V.3.2
Assunção de Dívida-Terceiro-Estipulação em Favor: V.3.3
Cedibilidade do Crédito: V.2.3
Cessão de Crédito: V.2
Cessão de Crédito-Eficácia Perante Terceiros: V.2.4
Cessão de Crédito-Forma de Negócio: V.2.4
Cessão de Crédito Litigioso: V.2.6
Cessão e Endosso: V.2.2
Cessão da Posição Contratual: V.4
Conceito de Cessão: V.2.1
Crédito-Cessão: V.2
Crédito-Cedibilidade: V.2.3
Delegação-Assunção de Dívida: V.3.1
Endosso e Cessão: V.2.2
Expromissão-Assunção de Dívida: V.3.3

Estipulação em Favor de Terceiro-Assunção de Dívida: V.3.3
Modalidades-Assunção de Dívida: V.3.2
Mudança do Titular-Situação Jurídica: V.1
Sucessão *Inter Vivos*: V.1
Sucessão *Mortis Causa*: V.1
Título Singular-Mudança do Titular: V.1
Título Universal-Mudança do Titular: V.1
Transmissão de Direito: V.1

TRANSMISSÃO DE CRÉDITO
Vide:
    CESSÃO DE CRÉDITO

TRANSMISSÃO DE DIREITO
Conceito: V.1
Direitos Reais: V.2.5

V

VENIRE CONTRA FACTUM PROPRIUM: II.6.1

VERANTWORTUNGSBEREICH: III.9; VIII.2

VEREINBARUNGEN: III.8

VÍCIO do ATO JURÍDICO
Conceito: VI.2.2.1

VÍCIO do PRODUTO OU SERVIÇO
Indenização: VIII.8
Responsabilidade Civil Objetiva: VIII.1

VÍCIO REDIBITÓRIO
Abatimento do Preço: VI.18
Contrato: VI.2.5

VÍCIO DA VONTADE
Coação: VI.2.2
Dolo: VI.2.2
Erro: VI.2.2

VÍNCULO OBRIGACIONAL
Aspectos Fundamentais: II.1.3
Característica Bipolar: II.1.3
Conceito: I.2; II.1.2
Credor: II.10
Devedor: II.1.2; II.10; VI.3; VIII.3
Direito Romano: I.4
Elemento da Noção de Obrigação: II.1.2
Imputação do Pagamento: VI.12
Independente da Disposição Volitiva: II.10
Liberação: VI.5;
Patologias: VI.2
Posição Contratual: III.16
Prestação: IV.5
Proporcionalidade: II.14
Quitação Clara: VI.19
Responsabilidade do Sujeito: II.14

VÍNCULO PESSOAL OBRIGATÓRIO
Conceito: II.1.2

VIOLAÇÃO POSITIVA DO CONTRATO
Cumprimento Defeituoso da Obrigação: VII.2
Exceptio Non Rite Adimplenti Contractus: VII.2

VONTADE
Declarações Unilaterais: III.8; VI.2.3
Efeitos Jurídicos: III.2.1
Emissão: III.2
Livre: III.2.1
Manifestação: III.2.1
Negócio Jurídico: I.5
Obrigação: I.9
Sujeito: III.2
Vício-Negócio Jurídico: VI.2.2
Vide Também:
    DECLARAÇÃO DE VONTADE

VORSTELLUNGEN: II.3

Z

ZWECKVEREIEILUNG: II.3

Outras Obras dos Autores

Nelson Nery Junior

Código Civil anotado. São Paulo: Ed. RT, 2013 (em coautoria com Rosa Maria de Andrade Nery).

Código Civil comentado. 10. ed. São Paulo: Ed. RT, 2013 (em coautoria com Rosa Maria de Andrade Nery).

Código de Processo Civil comentado. 13. ed. São Paulo: Ed. RT, 2013 (em coautoria com Rosa Maria de Andrade Nery).

Constituição Federal comentada e legislação constitucional. 4. ed. São Paulo: Ed. RT, 2013 (em coautoria com Rosa Maria de Andrade Nery).

Leis civis comentadas. 3. ed. São Paulo: Ed. RT, 2012 (em coautoria com Rosa Maria de Andrade Nery).

Princípios do processo na Constituição Federal. 11. ed. São Paulo: Ed. RT, 2013.

Responsabilidade civil. São Paulo: Ed. RT, 2010. *Coleção Doutrinas Essenciais*. (Organizador, juntamente com Rosa Maria de Andrade Nery).

Soluções práticas de Direito. São Paulo: Ed. RT, 2010.

Rosa de Andrade Nery

Código Civil anotado. São Paulo: Ed. RT, 2013 (em coautoria com Nelson Nery Junior).

Código Civil comentado. 10. ed. São Paulo: Ed. RT, 2013 (em coautoria com Nelson Nery Junior).

Código de Processo Civil comentado. 13. ed. São Paulo: Ed. RT, 2013 (em coautoria com Nelson Nery Junior).

Constituição Federal comentada e legislação constitucional. 4. ed. São Paulo: Ed. RT, 2013 (em coautoria com Nelson Nery Junior).

Introdução à Ciência do direito e à teoria geral do direito privado. São Paulo: Ed. RT, 2008.

Introdução ao pensamento jurídico e à teoria geral do direito privado. São Paulo: Ed. RT, 2008.

Leis civis comentadas. 3. ed. São Paulo: Ed. RT, 2012 (em coautoria com Nelson Nery Junior).

Manual de direito de família. São Paulo: Ed. RT, 2013.

Noções preliminares de direito civil. São Paulo: Ed. RT, 2002.

Responsabilidade civil. São Paulo: Ed. RT, 2010. *Coleção Doutrinas Essenciais.* (Organizadora, juntamente com Nelson Nery Junior).

Diagramação eletrônica:
Editora Revista dos Tribunais Ltda., CNPJ 60.501.293/0001-12.
Impressão e encadernação:
Edelbra Indústria Gráfica e Editora Ltda., CNPJ 87.639.761/0001-76.

A.S. L8281